WESTEND

WOLFGANG HETZER

FINANZKRIEG

ANGRIFF AUF DEN SOZIALEN FRIEDEN IN EUROPA

WESTEND

Mehr über unsere Autoren und Bücher:
www.westendverlag.de

Die Deutsche Nationalbibliothek verzeichnet diese Publikation in
der Deutschen Nationalbibliografie; detaillierte bibliografische Daten
sind im Internet über http://dnb.d-nb.de abrufbar.

ISBN 978-3-86489-022-2
© Westend Verlag GmbH, Frankfurt/Main 2013
Satz: Publikations Atelier, Dreieich
Druck und Bindung: CPI – Clausen & Bosse, Leck
Printed in Germany

Inhalt

And Caesar's spirit, ranging for revenge,
With Ate by his side come hot from hell,
Shall in these confines with a monarch's voice
Cry havoc and let slip the dogs of war,
That this foul deed shall smell above the earth
With carrion men, groaning for burial.

(Und Caesars Geist, ausspähend nach Möglichkeiten für seine Rache und mit Ate neben sich, heiß aus der Hölle kommend, wird in diesen Gegenden mit Herrscherstimme »Vernichtung« schreien und die Kriegshunde herauslassen, auf dass diese böse Tat zum Himmel stinke durch Menschen in Verwesung, die nach Begräbnis stöhnen.)

William Shakespeare, *Julius Caesar*. Übersetzt, kommentiert und mit einem Nachwort herausgegeben von Dietrich Klose, Stuttgart 1976, S. 92 f.

Vorwort

Die Finanzmärkte dieser Welt haben sich in Schlachtfelder verwandelt. Dort finden Stellvertreterkriege statt. Sie sind durch nationale und partikulare Interessen und durch eine Gewaltausübung besonderer Art geprägt. Die Schulden-, Kredit- und Zinspolitik von Regierungen, Zentralbanken, Geschäftsbanken und anderen Finanzinstitutionen hat zur Verbreitung von Brandherden geführt. Dort verglüht das durch langjährige harte und ehrliche Arbeit geschaffene Vermögen ganzer Generationen. Der Kapitalismus ist zu einer Kampfansage an die bisher überwiegend von der Leistungsethik bestimmte bürgerliche Welt geworden. Die moderne »Finanzialisierung« kommt einer Kriegstreiberei etlicher Machtcliquen in Wirtschaft und Politik gleich. Individuelles Glück und gesellschaftliche Ordnung sind in das Visier von Angreifern geraten, die das Gemeinwohl hemmungsloser persönlicher Bereicherungsgier opfern. Der gesellschaftliche Frieden ist deshalb nicht nur in Europa in Gefahr geraten. Das 20. Jahrhundert zeigte in erschreckender Fülle und Eindeutigkeit, dass wirtschaftliche Probleme, ethnische Spannungen und staatlicher Machtzerfall immer die Vorboten blutiger Gemetzel sind. Zu Beginn des 21. Jahrhunderts gibt es aber so viele neue Brandherde wie nie zuvor. Dort prallen alle Vorbedingungen für Kriege und Bürgerkriege zeitgleich aufeinander.

Die Situation der Euro-Zone erinnert an Zeiten, in denen ein unmittelbar bevorstehender militärischer Angriff auf ein Territorium zu befürchten war. Staaten waren dann stets zur Abgabe von Souveränität im großen Stil bereit. Heute steht selbst der Westen vor harten Zeiten. Die Zerstörung des Geldes hat den Geist der säkularen Gesellschaften beschädigt. Sollte der Euro scheitern, dürfte das nicht nur gewaltige wirtschaftliche Turbulenzen auslösen. Auch die politische Integration Europas könnte gefährdet werden. Die Historiker werden vielleicht die Euro-Krise als dritten europäischen Bürgerkrieg interpretieren. Es ist noch nicht entschieden, ob er nur mit »friedlichen« Mitteln geführt wird.

Die entstandenen Risiken sind Folgen umfassenden Politikversagens. Die Abdankung der Politik ist neben den wirtschaftlichen Folgen eine der schlimmsten Konsequenzen der Finanzkrise. Sie war auch eine Voraussetzung der Entwicklung, die zu den größten schadenstiftenden Ereignissen der neueren Wirtschaftsgeschichte geführt hat. Mit Rattenfängerformeln (»Leistung muss sich wieder lohnen«) hat man zum Aufbau einer infamen Täuschungskultur beigetragen. Die Märkte wurden auf einmal zum Ort sozialer Gerechtigkeit. Man brauchte ihnen angeblich nur möglichst viele Entscheidungen zu überlassen. Die behauptete Vernünftigkeit von Marktprozessen ließ eine Auseinandersetzung über die Sinnhaftigkeit bestimmter Marktprozesse als überflüssig erscheinen.

Die vergangenen Jahre der Finanzkrise haben jedoch den illusorischen, wenn nicht betrügerischen Charakter dieser »Philosophie« enthüllt. Heute steht fest, dass sich die Finanzmärkte ausgerechnet durch ihr eigenes Versagen die Staaten unterworfen haben. Jedermann kann erkennen, dass Märkte sich nicht von selbst regulieren. Sie sind nicht darauf programmiert, dem Gemeinwohl zu dienen. Angeblich hochprofessionelle Banker mussten einräumen, dass sie die Papiere, die sie für Milliardenbeträge gekauft hatten, selbst nicht verstanden hatten. Noch schlimmer: Sie mussten davon ausgehen, dass fast alle Mitbewerber sich ebenfalls mit diesen toxischen Abfällen eingedeckt hatten. Deshalb waren sie noch nicht einmal mehr kreditwürdig. Daher sollte es auf einmal keinen Kredit mehr ohne Staatsgarantie geben. Das war die Geburtsstunde einer paradoxen Welt: Die Staaten mussten die Banken retten, nicht umgekehrt.

In der Politik ist wie in der Wirtschaft ein Zustand eingetreten, der unter anderem deshalb an kriegsähnliche Verhältnisse erinnert, weil er sich durch die Abwesenheit von Vernunft und Logik auszeichnet. Im Verlauf von Kriegen kommt es regelmäßig zur Verselbstständigung und schließlich zur Institutionalisierung menschenverachtenden Irrsinns. So wie man in Kriegen dem siegreichen Feldherrn zu folgen bereit ist, so glaubt man heute, dass »Expertenregierungen« den Müll beseitigen können, den die Akteure auf den Finanzmärkten hinterlassen haben. Demokratisch legitimierte Regierungen sind immer weniger imstande, die weitere Ausbreitung der toxischen Abfälle in den Tresoren von Geschäfts- und Zentralbanken zu verhindern. Sie agieren in einer rauchenden Trümmerlandschaft, die von Cliquen der Finanzwirtschaft in der Manier marodierender Söldnerarmeen ohne Rücksicht auf Verluste angerichtet wurde.

Es stellt sich deutlicher denn je die Frage, ob die gegenwärtige Krise groß genug ist, um trotzdem zu einem anderen Kapitalismus zu kommen, und ob Regierungen doch eine Katastrophe brauchen, um das Gebotene zu tun. Gleichzeitig ist man mit einer paradoxen Situation konfrontiert: einer Finanz- und Wirtschaftskrise historischen Ausmaßes, die kaum nachhaltige Spuren im Alltagsbewusstsein der Bevölkerung in Deutschland hinterlassen hat. Die Krise wird nach wie vor überwiegend wirtschafts-, fiskal- und arbeitsmarktpolitisch bearbeitet. Sie steht in Deutschland noch nicht im Zentrum größerer sozialer Auseinandersetzungen. Es gibt keine Gleichzeitigkeit von Krise und Konflikt. In Griechenland, Spanien und Portugal scheint sich das allerdings zu verändern. Vielleicht hat man dort schon verstanden, dass sich auf den Schauplätzen der internationalen Finanzwirtschaft kein effizientes Zusammenspiel vernünftiger Akteure, sondern ein »Spektakel reiner Unvernunft« vollzieht. Es hat sich sogar der Eindruck festgesetzt, dass die Billionen Euro, die in »Rettungsschirme« gesteckt werden, Europa nicht einigen, sondern die Völker wieder auseinanderdividieren und sie auf ihre nationalen Traditionen zurückwerfen.

Die Dynamik der Entwicklung hat zu einem ständigen Wettlauf mit der Zeit geführt. Im Format eines Buches war das Rennen um Aktualität nicht zu gewinnen. Das ist schon im Medium von Tageszeitungen schwierig. So konnte keine komplette Chronologie der Finanz-, Schulden- und Eurokrise entstehen. Ein Kompendium mit Weltverbesserungsvorschlägen war erst recht nicht beabsichtigt. Hier geht es vielmehr um den Versuch, einige wirtschaftliche, gesellschaftliche und politische Zusammenhänge zu skizzieren, die sich zu einer ernsthaften Bedrohung des sozialen Friedens in Europa verbunden und verdichtet haben.

Der Westend Verlag, vertreten durch den »geduldig-ungeduldigen« Markus Karsten und seine »heldenmütige« Lektorin Beate Koglin, hat (an)erkannt, dass insbesondere die Freiheit des Wortes ihre Zeit braucht. Ohne ihren insistierenden »Langmut« wäre das Buch nicht entstanden. Dies gilt in besonderer Weise für meine Frau Susanne.

1 Kriegszeiten

Der Krieg wird nicht kommen. Er ist schon da: »Wir haben Krieg. Währungskrieg, Handelskrieg, Klassenkrieg. Und wenn sich für die westliche Schuldenkrise nicht bald eine Lösung findet, droht auch bald wieder ein Weltkrieg, weil zu wenige Menschen zu viel besitzen und zu viele zu wenig haben. Wir haben Bürgerkrieg in Griechenland, Bürgerkrieg in Portugal, Bürgerkrieg in Spanien. In den arabischen Staaten erhebt sich das Volk. Systeme brechen zusammen. Die Europäer handeln genauso wie die Menschen im arabischen Frühling. Der Euro zerfällt, und trotzdem widersprechen die Menschen nicht, wenn EU-Kommissionspräsident Manuel Barroso oder der Chef der Europäischen Zentralbank, Mario Draghi, ihre gefährlichen Vorschläge zur Euro-Krise durchsetzen. Die Presse pumpt diese Menschen auf, gibt ihnen zu viel Raum, dabei haben sie keine direkte demokratische Legitimation. Letztlich drucken die Zentralbanken Geld und erodieren damit die Geldbasis. Das macht Draghi genauso wie der Chef der Fed (Federal Reserve/US-Zentralbank), Ben Bernanke. Der Euro war und ist ein Fehler. Er wird nicht überleben. Nicht in seiner jetzigen Form. Sobald der nächste Schock oder die nächste Krise kommt, funktioniert die Taktik des Rettens mit neuen Schulden nicht mehr. Bürgerliche Protestgruppen werden mehr Einfluss und Macht gewinnen. Die Menschen sollen wählen, ob es eine Bankenentschuldung gibt oder einen Rettungsschirm. Die Bürger in Europa sollen bestimmen, was wünschenswert ist, nicht zentralistische Politiker.«[1]

Und: »Es herrscht Krieg. Rund um die Welt sterben Menschenmassen in militärischen und terroristischen Auseinandersetzungen. In vielen Ländern toben verheerende Bürgerkriege. Eine weltumspannende Kriminalität torpediert die legalen Systeme aus dem Untergrund. Gleichzeitig rütteln Staats- und Finanzkrisen an den Fundamenten der Gesellschaften und verursachen Leid und Verelendung. Im Vordergrund steht ein zersetzender Machtkampf zwischen Politik und Finanzwelt. Letztere betreibt eine neue Art der Kriegsführung, die eine vergleichbare Strategie verfolgt wie in der Vergangenheit die militärischen Eroberer. Sie zielt auf die Übernahme staatlicher Infrastruktur und die Aneignung von Land und Ressourcen. Sie erhebt ungeheure Tributzahlungen und erzwingt die Abtretung unkontrollierter Schuldenmengen.«[2]

Diese Zitate stecken den Rahmen der Untersuchung ab. Man mag sie zwar als »Schwarzseherei« abtun. Aber nicht nur aus den Reihen der Wissenschaft kommen martialische Töne. Im Hinblick auf seine Pläne zur Sanierung der Staatsfinanzen erklärte der damalige italienische Ministerpräsident Mario Monti zum Ende des Jahres 2012: »Was Steuerhinterziehung betrifft, sind wir im Kriegszustand.«[3]

Manch ein Wertpapierhändler in der City of London vermeinte, eine »Kriegserklärung« gegen die Banker vernommen zu haben. Man trägt sich mit Fluchtgedanken (zum Beispiel Hongkong), um neuen Regeln zu entgehen, die die Branche von waghalsigen Geschäften abhalten sollen.[4]

Die Präsidentin Brasiliens, Dilma Rousseff, warnte im Dezember 2012 vor einem »Tsunami« billigen Geldes und geißelte die Notenbankpolitik einiger Industriestaaten als »Währungskrieg«. Der Chef der US-Notenbank Fed, Ben Bernanke, verteidigte dagegen die Politik des billigen Geldes und warf Schwellenländern vor, ihren Wechselkurs künstlich niedrig zu halten. »Die Vorteile einer Unterbewertung und das Problem ungewollter Kapitalzuflüsse müssen als Paket gesehen werden«, sagte Bernanke. »Man kann das eine nicht ohne das andere haben.« Viele Investoren legen ihr Geld wegen niedriger Zinsen und schlechter Konjunkturaussichten in entwickelten Ländern wie den USA lieber in Boomstaaten wie Brasilien an. Der Kapitalzufluss lässt deren Währungen an Wert gewinnen.[5]

In Anlehnung an den französischen (Fabel-)Dichter Jean de La Fontaine und in Erinnerung an eine Äußerung des deutschen Finanzministers (»There will be no Staatsbankrott«) wird in einem Essay behauptet, dass die EU mittlerweile unter deutscher Führung im »Pestkrieg« statt der Entscheidungsschlacht die Zermürbung gewählt und Griechenland unter die »bewaffnete Beobachtung« (Clausewitz) durch die Troika gestellt habe: »Der Gegner muss sich dem Spardiktat fügen, sonst droht ihm sofortige Niederwerfung durch das koloniale Expeditionskorps.« Diese Situation lasse jedoch keine (Er-)Lösung zu. Sie habe bereits eine Binnenkolonialisierung der Euro-Zone bewirkt, in der für die nächsten zehn Jahre das Potential eines latenten Bürgerkriegs schlummert. Im Hinblick auf die Debatte über einen Schuldenschnitt Griechenlands wird für »Pardon« plädiert, um das Aufschaukeln der Gewalt, das so lange gerade auch das deutsch-französische Verhältnis bestimmte, zu beenden. Das Gezerre um Rettungsschirme und Hilfspakete, das vordergründig rationale Beharren auf der Regel haben das Prinzip des Ressentiments als zugleich treibende und zersetzende Kraft in die EU gebracht. Darauf lasse sich keine tragfähige Moral für eine Gesellschaft aufbauen. Es handele sich um ein korrodierendes Element, das sich nur schwer auslöschen ließe, zumal wenn es aus den Tiefen der Geschichte komme. Das Krisenmanagement der EU habe unter deutscher Anleitung eine »Dialektik von Herr und Knecht« in die Union eingeführt. Beide blieben aber in einer Rivalität verstrickt, die ständige Gewalt generiert, ohne dass eine Lösung des Konflikts in Sicht rückt.[6]

Ganz besondere Nachrichten kommen aus der Schweiz. Dort wurde im September 2012 die Militärübung »Stabilo Due« mit 2000 Soldaten in acht Städten des Landes durchgeführt. Die Eidgenossenschaft will sich damit auf eine Instabilität in Europa vorbereiten. Ihre Überlegungen beruhen auf einer schon 2010 erstellten Risikoanalyse, die sich mit inneren Unruhen und mit dem Zustrom von Flüchtlingen aus Griechenland, Spanien, Italien, Frankreich und Portugal beschäftigt. Das Verteidigungsministerium hält es nicht für ausgeschlossen, dass die Finanzkrise so zu Protesten und Gewalt führt, dass die Unterstützung der Polizei durch die Armee erforderlich wird. Man ist sich nicht sicher, wie lange die Lage allein durch Geld beruhigt werden kann. Die schweizerische Armeeführung kündigte im Oktober 2012 unter anderem einen Vorschlag für den (eventuellen) Einsatz von vier Bataillonen der Militärpolizei an.[7]

Wer hinter solchen Überlegungen eine Angstneurose vermutete, brauchte nicht lange zu warten. Am 14. November 2012 kam es in ganz Europa (erneut) zu Protesten gegen die Sparpolitik der Regierungen. Generalstreiks in Spanien und Portugal wurden als ein ernstzunehmendes Warnsignal dafür angesehen, dass Geduld und Leidensfähigkeit vieler Menschen in Südeuropa am Ende sind. In Italien kam es unter anderem in Neapel zu »Guerilla-ähnlichen« Szenen. In Spanien wurden mehr als 40 Menschen verletzt, darunter 18 Polizisten. 110 Streikende wurden festgenommen.[8]

In Portugal fand am 14. November 2012 der dritte Generalstreik in zwölf Monaten statt. Die Gesamtverschuldung des Landes lag zu diesem Zeitpunkt schon bei 120 Prozent. Das mittlere Einkommen der Portugiesen beträgt kaum mehr als 1000 Euro. Jede vierte Familie in Spanien und Portugal lebt inzwischen unterhalb der Armutsschwelle. In Spanien war im November 2012 jeder zweite junge Mensch unter 25 Jahren arbeitslos, in Portugal jeder dritte – Tendenz steigend. Immer neue Kürzungen bei Renten, Löhnen, bei Bildung, Gesundheit und sozialen Leistungen verschärfen die Not. Das Klima wird sich weiter erhitzen, wenn die »Sparaxt« nicht mit Augenmaß an den staatlichen Schuldenberg angesetzt wird. Die Wut wird durch den Ansehensverlust der südeuropäischen Amtsträger genährt. Man wirft ihnen vor, die öffentlichen Kassen in den letzten Jahren regelrecht geplündert, Steuergelder massiv vergeudet oder sogar veruntreut zu haben. Und nun fordern sie den »kleinen Mann« auf, Opfer zu bringen.

Gleichzeitig schleusen viele multinationale Konzerne und Multimillionäre einen Großteil ihrer Gewinne am Finanzamt vorbei. Der Schwiegersohn des spanischen Königs steht unter dem Verdacht, dass er ergaunerte öffentliche Gelder in »Finanzparadiesen« geparkt habe. Vetternwirtschaft, Korruption und Steuerbetrug gelten auf der iberischen Halbinsel als das größte Wachstumshindernis. Die Politik befindet sich in einer Glaubwürdigkeitskrise, da das Gefühl für eine gerechte Lastenverteilung offensichtlich verlorenging. In Spanien werden marode Banken mit öffentlichen Milliardenhilfen gerettet. Familien, die ihre Hypotheken nicht mehr bedienen können, setzt man dagegen gnadenlos auf die Straße. Wird das Versprechen Europas zur Ankurbelung der absterbenden Wirtschaft der Krisenländer nicht eingelöst und sehen Spanier und Portugiesen nicht bald Licht am Ende des Tunnels, könnte nach Auffassung eines Kommentators eine »Radikalisierung der Straße« die Zukunft belasten.[9]

Man kann es auch anders sehen: Sollte die Lernkurve der Politik weiterhin so flach verlaufen wie bisher, dann könnte man zu dem Schluss kommen, dass eine Radikalisierung vieler Menschen eine Zukunft erst wieder möglich macht. Selbst in der Politik scheint hier und da die Einsicht zu entstehen, dass in einer »marktkonformen Demokratie«[10], die sich dem Ereignisdruck der Märkte beugt, anstatt ihr den Primat der Politik entgegenzusetzen, die parlamentarische Demokratie unter die Räder zu kommen droht. Sie könnte durch einen perpetuierten Ausnahmezustand ersetzt werden, in dem die Exekutive über existentielle Grundfragen der Bevölkerung und einer Nation eigenmächtig, wenn nicht selbstherrlich entscheidet.

Eine noch so schwärmerische Euro-Rhetorik kann nicht verdecken, dass auch die Einführung des Euro nur die Fortsetzung des Schuldenwahns mit dreisteren Mitteln war.[11] Sieht man in der Politik die Kunst, zwischen den politischen und den wirtschaftlichen Märkten zu vermitteln, Parlamente und Bürger davon zu überzeugen, dass die Wirtschaftspolitik ihrem Wohlstand und dem Gemeinwohl dient, und Märkten wie Anlegern plausibel zu machen, dass Völker nicht so gewinnorientiert geführt werden können wie Unternehmen, dann wird man in der Tat zu einer Erkenntnis kommen: Die Balance zwischen Demokratie und Markt ist spätestens nach vier Jahren Finanzkrise zerstört. Es ist ein Konflikt ausgebrochen, der nicht nur auf den Straßen von Athen und Madrid mit zunehmender Gewalt ausgetragen wird. Möglicherweise hat ein Ringen zwischen zwei Souveränen begonnen. Die Gläubiger und Anleger verlangen Schuldenabbau und Wachstum. Die Bürger wollen Arbeit und Wohlstand.

Letztere sollten inzwischen gemerkt haben, dass die Regierenden mehr den Wünschen der Gläubiger entsprechen. Es ist fraglich geworden, was die Gewalt der Straße gegen die Gewalt der Zinsen ist. Gegenüber der Politik ist der Vorwurf laut geworden, die simpelsten demokratischen Grundregeln außer Kraft zu setzen, um handlungsfähig zu bleiben. Die Verantwortlichen müssten tricksen und Verträge verbiegen, um den Euro nicht zerbrechen zu lassen. Die Kluft zwischen Regierenden und Regierten werde in Europa vertieft durch das Misstrauen zwischen den Europäern und allen Gremien, die in ihrem Namen die Krise zu bändigen versuchen. Und Misstrauen untereinander bestimme auch das Handeln der Regierenden.

Die Banken gelten immer noch als das Zentrum aller Probleme auf den Finanzmärkten, da sie immer noch mit Geld versorgt werden müssen und immer noch »systembedrohend« sind. Sie konnten nur deshalb so mächtig werden, weil Politiker und Regierungen die Finanzmärkte entfesselten, die Risiken vergesellschafteten, die Staaten hoch verschuldeten und Kommunen, Bundesländer wie Staaten in die Unmündigkeit führten. Auch und gerade sie haben die Märkte fälschlich als letzte Instanz der kollektiven Vernunft betrachtet. In Wahrheit sind sie wohl eher eine »Orgie der Unvernunft, der Willkür, der Verschwendung und des Egoismus«. Dabei ist zu berücksichtigen, dass diese Banker und Politiker auch Teil des Systems sind. Das sollte nicht ausschließen, es wegzufegen, wenn ein besseres in Sicht wäre. Gegenwärtig offenbart der Blick auf das System, dass als Nebenwirkung der Krise alle ideologischen Hüllen verbrannt und »Wahrheiten« über die Rationalität von Märkten und über die Symbiose von Markt und Demokratie verglüht sind.

Es ist nicht mehr zu überhören, dass der Ton in der Debatte über die Politik im »Zeitalter der Krisen« (Finanzkrise, Staatsschuldenkrise, Euro-Krise und so weiter) mittlerweile von einer Gereiztheit ist, wie man sie in Europa nicht oft erlebt. Ein spanischer Minister hält es für angebracht, an den angeblichen Geldverzicht »vieler« Länder nach dem Zweiten Weltkrieg zugunsten Deutschlands zu erinnern, so als müssten die heutigen Transferleistungen als späte Reparationen verstanden werden. Die Wiederentdeckung von Kriegsbildern als Mittel der Auseinandersetzung in der Krise und zur Rechtfertigung von Forderungen an Deutschland ist jedenfalls eines der hässlichsten Phänomene der vergangenen Jahre. Das passt zu der traurigen Vitalität nationaler Ressentiments, die zwar nicht überall vorhanden, aber noch so verbreitet sind, dass sie politisch eingesetzt werden können.[12]

Es gehört zu den Eigenarten dieser Krise(n), dass die Deutschen sie bislang anders wahrgenommen haben als viele andere. Während der italienische Ministerpräsident Monti von einer »psychologischen Auflösung Europas« spricht, blieb die Diskussion in Deutschland bisher relativ verhalten. Der Erfolg der Reformen von Monti in seinem eigenen Land gilt allerdings als begrenzt [13] Manche sagen aber voraus, dass sich die deutsche Unaufgeregtheit sofort in Panik verwandeln werde, wenn die ersten »echten« Haftungsmilliarden fällig werden. Allein die Zahlungsunfähigkeit Griechenlands würde den Bundeshaushalt nach verschiedenen Berechnungen mit 60 bis 80 Milliarden Euro belasten.

Wirtschaften hatte einmal etwas mit Bedürfnisbefriedigung unter den Bedingungen von Knappheit zu tun. Die exzessive Selbstüberhebung des modernen Kapitalismus hat etwas anderes zum Ziel: Bereicherung um jeden Preis, solange dieser Preis von denjenigen bezahlt wird, die sich nicht auf gleicher Ebene gegen die Zumutungen asozialer Selbstbestätigung einzelner Machtcliquen in Politik und Wirtschaft verteidigen können. Diese Strategie wird zunächst Widerstand in unterschiedlichen Formen hervorrufen. Immer mehr Menschen werden begreifen, dass ihre Chancen auf Lebensglück in der auf den Finanzmärkten unterhaltenen Geldglut verbrennen. Immer weniger Staaten werden einsehen, dass sie ihre Mittel für das Überleben von Gesellschaften einsetzen sollen, die jenseits ihrer Grenzen leben und fremden Regeln folgen. Die aufbrechenden Widersprüche werden sich nicht auf das Binnenmilieu einer souveränen Macht beschränken. Die Unterschiede zwischen einem Bürgerkrieg und einem Staatenkrieg werden sich bei der Erfüllung bestimmter Zusatzbedingungen auflösen.

Das Bemühen um das »Friedensprojekt Europa« hat nicht verhindert, dass der Kampf gegen den Finanzkollaps zu einem semantischen Schlachtfeld geworden ist. Im Gegenteil: Die Angst vor einem krachenden Desaster oder vor einer unendlich mühsamen, kräftezehrenden Abwendung wächst. Das Zeitalter der Vorwürfe und Schuldzuweisungen hat schon begonnen. Die Reihe der Schuldigen wächst ständig: Finanzmärkte, Rating-Agenturen, Pleitestaaten, der Kapitalismus überhaupt, Gesellschaften, die über ihre Verhältnisse leben, Osama bin Laden, der die USA in ruinöse Krieg lockte, die Steuerpolitik der Neokonservativen (»Neocons«), das billige Geld Greenspans seit der Clinton-Ära. Sie alle werden als Kandidaten für eine Schuld eingeschätzt, die den Wohlstand des Westens so ernst bedroht wie nichts anderes seit dem Ende des Zweiten Weltkriegs. Wir erleben einen Übergang in eine andere historische Phase, der die Grundlagen unserer westlichen Gesellschaften berührt. Europa ist mit einem maroden Bankensektor konfrontiert, mit sich verschlechternden Wirtschaftsprognosen, zunehmenden Spannungen zwischen Nord und Süd und einem Mangel an Führungswillen. Diese Mischung könnte im Euro-Raum explodieren.[14]

Blickt man auf die deutsche Geschichte zurück, mag man sich fragen, ob die Geschichte des Euro nicht eine altbekannte europäische Konstellation widerspiegelt. In den Zeiten von Bismarck wurde Deutschland eine »halbhegemoniale Stellung« zugeschrieben. Damit war eine problematische Zwischenposition gemeint. Sie war nicht so dominant, um den europäischen Nachbarn den eigenen Willen aufzwingen zu können. Zugleich war sie aber doch so stark, dass sie als bedrohlich wahrgenommen wurde, Gegenkräfte bündelte, Koalitionen provozierte und stets Gefahr lief, in die Isolation zu führen. Aus der Sicht eines Historikers geht es heute »natürlich« nicht um Krieg und Frieden. Aber der strukturelle Kern des Problems scheint wiederzukehren – in Gestalt eines Tauziehens um die europäische Haftungsgemeinschaft, in dem sich die Deutschen an ihrem Ende des Seils zunehmend alleingelassen sehen.[15]

Vielleicht war die berühmte Formulierung von de Gaulle über das »Europa der Vaterländer« tatsächlich nur eine beschönigende Beschreibung. Mit größerer Deutlichkeit ließe sich sagen, dass die EU eine Familie von Egoisten bildet, von denen keiner dem anderen das Schwarze unter den Fingernägeln gönnt. Es kann aber auch keiner den Verband verlassen, ohne seinem eigenen Interesse schweren Schaden zuzufügen. Aus dieser Perspektive muss die Familie im Umgang mit der Außenwelt zähneknirschend zusammenhalten. Sie betätigt sich zwangsweise als einhelliges Subjekt. Gleichzeitig bleibt die Souveränität der Mitglieder unangetastet. Der Widerspruch ließ sich lange verdecken. Man tat so, als handele es sich um ein »Noch-Nicht«. Inzwischen verbreitet sich jedoch die Einsicht, dass jeder der vielen Souveräne die Souveränität immer als ein unteilbares Gut betrachtet. Alle Integrationsträume stoßen hier auf ihr absolutes Hemmnis.[16] Das mag auch daher rühren, dass sich Europa von Anfang an auf eine Kultur eingelassen hat, die nicht homogen, nicht in sich stimmig und nicht aus einem Guss war.[17]

2 Vom Kalten Krieg zum Finanzkrieg

Der fortwährende Aktualitätsdruck der Währungs- und Bankenkrise, der gegenwärtig auf der Analyse der europäischen Angelegenheiten lastet, beschränkt die Erinnerung an die Akte und die Artikel des Westfälischen Friedens auf einen einzigen Punkt. Dabei handelt es sich um die Ermächtigung der staatlichen Souveräne, ohne alle Einschränkungen frei über Krieg und Frieden entscheiden zu können. Dieses Kriegserklärungsrecht markierte den Übergang vom christlich-mittelalterlichen Völkerrecht zum öffentlichen europäischen Recht. Damit war aber keineswegs ein dauerhafter Friedenszustand in Europa garantiert. Dem konfessionellen Bürgerkrieg folgten Kabinettskriege, die den Grausamkeiten und Zerstörungen der Kreuzzüge oder mittelalterlicher Eroberungsschlachten häufig nicht nachstanden. Umso wichtiger ist die Einsicht, dass die »geschichtliche Lernprovokation« nach ganz anderen Antworten verlangte, als sie der Westfälische Frieden geben konnte. Nach 1945 ging es nicht nur um die Wiederherstellung des Rechtsstaats, also die verfassungsmäßige Sicherung von Grundrechten. Die Gesamtverfassung einer Gesellschaft musste zum Gegenstand eines Lernprozesses werden. Heute stellt manch einer aber mit Verblüffung fest, wie viel intellektuelle Energie auf Europadiskurse gelenkt ist, die selbst in ihrer radikalsten und kritischsten Position dem Bannkreis des Geldes und der politischen Institutionen verhaftet bleiben. Anscheinend hat eine öffentlich definierte Realitätsmacht der vorherrschenden Wirklichkeit sogar die Denkstrukturen erfasst.

Das muss jeder als erstaunlich empfinden, der sich daran erinnert, dass es weltweiten und verschiedenen Protestbewegungen in den letzten Jahren nicht nur gelungen ist, die Brüchigkeit von Herrschaftssystemen zu beweisen, die auf einer von »oben« inszenierten demokratischen Legitimation und auf unterschlagenen Wirklichkeiten beruhten, sondern diese sogar zu Fall zu bringen. Es handelt sich dabei um kollektive Lernprozesse ganzer Völker und Gesellschaftsordnungen. Die (Wieder-)Erlernung des Widerstandes nach langer Entmündigung fällt jedoch sehr schwer. Zudem genügt er vermutlich nicht, um den vernünftigen Neuaufbau einer an Haupt und Gliedern reformierten Gesellschaft zu organisieren. Immerhin haben es manche Protestbewegungen doch geschafft, dem Herrschaftssystem die öffentlichen Plätze zu entreißen und damit zutiefst menschliche Eigenschaften zu signalisieren. Dazu gehören die Bereitschaft und die Fähigkeit, Grenzen zu setzen und ab einem bestimmten Punkt der Unterdrückung und der Entwürdigung mit kollektiver Empörung zu reagieren: bis hierher und nicht weiter!

Allein die Konkurrenzmechanismen des Marktes können den für den inneren Zusammenhang einer jeden Gesellschaft notwendigen Solidarbeitrag jedoch nicht leisten. Der Staat war zu allen Zeiten als Regulator des Marktgeschehens für die Aufrechterhaltung eines innergesellschaftlichen Friedenszustands unverzichtbar. Es ist nicht zu leugnen, dass es in erster Linie die sozialstaatlichen Errungenschaften waren, die den europäischen Demokratien Stabilität vermittelten. Gleichzeitig kam es zur Etablierung der Demokratie als Lebensform. So konnte ein System der Alltagspartizipation begründet werden, das nicht nur bloße Legitimationsfassade für wechselnde Machteliten war. Es ist indessen nicht zu übersehen, dass die im Westfälischen Frieden erteilte völkerrechtliche Souveränitätsermächtigung der Nationalstaaten, die in den vergangenen Jahrhunderten fast fortlaufend Krieg führten, stark eingeschränkt wurde. Daraus folgt die Annahme, dass das Kriegserklärungsrecht (»ius ad bellum«) nur noch eine außereuropäische Funktion habe. Nach dem Scheitern aller imperial dominanten Einigungsversuche hängt gegenwärtig womöglich alles davon ab, ob die aus Krisenherden entwickelten politischen Handlungsfelder Lösungen für die sich verschärfenden sozialen Konflikte und innergesellschaftlichen Spannungen anbieten können.[1] Das ist nicht selbstverständlich, ist doch ein bedrohliches Anwachsen des »Angstrohstoffs« zu bemerken.[2]

Viele Menschen resignieren mutlos im sozialdarwinistischen Überlebenskampf. Andere reagieren sich als »Wutbürger« ab, ohne ihre derzeitige Lebenswelt und damit auch die gegenwärtige Wirtschaftsordnung ändern zu können. Gleichzeitig werden im medial vernetzten europäischen Zusammenhang immer offener rechtsradikale Programme propagiert. Sie dringen schon ins gesellschaftliche Zentrum vor, obschon (oder weil?) einfache und gewalttätige Lösungen versprochen werden, alles auf der Grundlage einer Ausgliederung des Fremden. Wenn es wahr sein sollte, dass Rechtsstaat und Demokratie zu bewahren sind, indem man diesen bedenklich angesammelten Rohstoff der Gesellschaft mit sozialstaatlichen Mitteln vermindern kann, dann mag man zu Recht die Behauptung, dass wir uns den Sozialstaat nicht mehr leisten können, als »obszön« ansehen, zumal heutzutage mit Hunderten von Milliarden (wenn nicht schon Billionen) an Kreditsicherheiten operiert wird, die ein marodes Bankensystem vor dem Zusammenbruch bewahren sollen. Sind die europäischen Vertragswerke tatsächlich nur ein Produkt der politischen Eliten, dann wären sie auch die Ansprechpartner, um durch Vertragsänderungen eine transnationale Demokratie zu ermöglichen. Die dadurch zu erreichende langfristige Stabilisierung der EU wäre vielleicht der wichtigste Beitrag zur Verhinderung des Übergangs vom kalten zum heißen Krieg.

Die entsprechende Einsicht scheint bisher aber nicht sehr verbreitet zu sein. Dabei ist die unter dem Zwang ökonomischer Imperative entstandene Notwendigkeit zur Koordinierung der relevanten Politiken unübersehbar. Es reicht mittlerweile nicht mehr, sich ihr weiter mit dem bisher üblichen bürokratischen Stil zu widmen. Man wird vielmehr den Weg einer hinreichenden demokratischen Verrechtlichung gehen müssen. Zu einer transnationalen Demokratisierung dürfte auch die endgültige Verabschiedung des seit dem Ende des Dreißigjährigen Krieges festgeschriebenen nationalstaatlichen Souveränitätsansatzes erforderlich sein. Gleichwohl erscheint es einerseits zweifelhaft, dass die demokratische Verrechtlichung politischer Herrschaft aus sich heraus die Zivilisierung der innerstaatlichen Gewalt bewirkt. Anderseits hält man es (noch) für wahrscheinlich, dass bei allen Rückläufen und Turbulenzen des europäischen Vereinigungsprozesses Bürgerkriegssituationen in den Kernstaaten vermieden werden können und Europa nicht erneut zu einem Schlachtfeld wird.[3]

Die beklagte Asymmetrie zwischen der fast vollständigen ökonomischen und der unvollständigen politischen Einigung Europas dürfte nicht den Kern jener Konflikte und Auseinandersetzungen treffen, die geeignet sind, Europa wiederum in feindselige Lager zu spalten. Deshalb könnte die Weiterentwicklung des Sozialstaates ein wesentliches Element im Prozess der europäischen Einigung sein. Während man im Zusammenhang mit dem Westfälischen Frieden von der »friedenswirkenden Haltung des Vergessens« sprach, dürfte heute in Gestalt der »friedenswirkenden Erinnerung« das Gegenteil nötig sein. Es waren jedenfalls nicht die Utopisten und die mit dem Vorwurf der Realitätsferne geschlagenen Konstrukteure einer besseren Welt, die unübersehbar viele Millionen Menschen an den Rand eines sehr tiefen Abgrunds geführt haben.[4] Die Inbesitznahme öffentlicher Plätze, die damit der Verwendung und dem Zugriff der jeweiligen Herrschaftssysteme entzogen werden, könnte ein erster Schritt sein, die Besetzung des Geistes und der Gefühle aufzuheben, die mit den subversiven Mitteln einer Art psychologischer Kriegsführung vollzogen wurde. Die Herstellung primärer Öffentlichkeit, die auf der körperlichen Anwesenheit von Massen beruht, könnte die Erfahrungsfähigkeit der Menschen erweitern, die unmittelbar spüren, dass sie viele sind und deshalb Macht haben. Natürlich ist die Eroberung (Gegen-Besetzung) der Wall Street reine Machtphantasie. Wenn die berühmten 99 Prozent der Gesellschaft aber tatsächlich weiter über ihre derzeitige Ohnmacht nachdenken, rückt der schrittweise Abbau etablierter, aber nicht mehr legitimierter Herrschaftsverhältnisse in greifbare Nähe.

Bis jetzt ist in der Sphäre der politischen Macht nur ein »Katastrophengehabe mit immer neuen Sicherheitsversprechen« zu beobachten, die immer mehr »Rettungsschirme« anbieten, unter denen die problematischen Strukturen der Arbeitsgesellschaft aber nur verdeckt werden. Es gilt zu Recht als zweifelhaft, dass sich mit den immer weiter aufgespannten Rettungsschirmen Nennenswertes in den Arbeits- und Lebensprozessen der Menschen verändern könnte, um ein einigermaßen demokratisches Gemeinwesen zu gewährleisten. Tatsächlich lässt die allseits geforderte »Sparökonomie«, die überwiegend zu Lasten der »einfachen Leute« geht, die Strukturen und Mechanismen völlig intakt, die für die gegenwärtige Misere verantwortlich sind. Es werden die gleichen Abstraktionen und Regeln angewandt, die Spekulanten und Glücksrittern ihren weltweiten Beutezug ermöglicht haben. Dazu gehört die völlige Abkopplung der ursprünglich medial begrenzten Welt des Geldes vom gesellschaftlichen Lebens- und Produktionsprozess. Sie erlaubte die Enteignung der Wertschöpfung der Arbeitsgesellschaft und entzog den arbeitenden Menschen die Existenzgrundlage. Die dahinter stehenden »Realabstraktionen« gelten als entscheidendes Merkmal des modernen Kapitalismus. Ihre gesellschaftliche Produktionsgrundlage liegt im »Fetischcharakter der Ware«, der in einer durchkapitalisierten Gesellschaft zum »Geldfetisch« anwächst.

Unter diesen Bedingungen stellt sich in sehr grundsätzlicher Weise die Frage, was »Realität« noch bedeuten kann. Ist es vorstellbar, dass mit Summen, die jetzt schon höher sind als das Doppelte des Bundeshaushalts, die hinter einer solchen Entwicklung stehende kulturelle Krise zu bewältigen ist? Die jetzt üblichen Geldspekulationen erinnern in ihrer offenen Bedürfnisspirale sogar an Suchtverhalten. Man kann offenbar den Hals einfach nicht voll genug kriegen. In der phantastischen Macht des Geldes steckt offensichtlich ein Moment der Endlosigkeit, der ewigen Wiederkehr des Gleichen.

Das alles sind keine hinreichenden Erklärungsansätze. Man müsste wohl auch über den Geisteszustand einer Gesellschaft sprechen, die möglicherweise erkrankt ist und in der bewusste Politik ausgeschlossen ist, weil sie zum bloßen Anhängsel der wirtschaftlich Mächtigen und der Börsenkurse geworden ist. Bei den gegebenen völlig neuartigen Verdrehungen von Macht und Ohnmacht scheinen alte Strategien fast vollständig zu versagen. Politik sieht man in einen »Verkehrungszusammenhang von Mystifizierungen und magischen Praktiken« eingebunden. Wie im Märchen entschieden rätselhafte Formeln, ob es für die Menschen einen guten Ausgang oder ein katastrophisches Ende gibt. Den »neoliberalen Zauberlehrlingen« wird ganze Arbeit attestiert. Auf allen gesellschaftlichen Ebenen hätten sie die tätigen Geister in Freiheit gesetzt und ihnen eingeredet, der Besitzindividualismus sei auch das Glück des gesellschaftlichen Ganzen. Man weiß allerdings auch, dass diese Lehrlinge nur über eine begrenzte Vernunft verfügen und dass die entscheidende Formel, Kräfte zu bannen und in den Produktionszusammenhang zurückzubringen, entweder verlorengegangen ist oder nie zur Verfügung stand.

Wie auch immer: Hinter den sich verschärfenden Konflikten stehen Interessen und Institutionen. In den Finanzhauptstädten der Welt sitzen nicht bloß die führenden Banken des Westens, sondern auch die meisten Spekulationsfonds der Welt. London ist zur Welthauptstadt der Bankenskandale geworden. Nach dem Eindruck des britischen Wirtschaftsministers Vince Cable sind Inkompetenz, Korruption und Gier im britischen Bankenwesen endemisch.[5] Die amerikanische Finanzindustrie, die vor der Krise im Boom mit gerade einmal fünf Prozent aller Arbeitnehmer ein Drittel aller neuen »Wertschöpfung« an sich gezogen hatte, ist in den USA ein gigantischer Geld- und Machtfaktor. Ihm steht eine vergleichsweise kleine Industrie und ein kleiner Exportsektor (zumeist Rüstungsindustrie) gegenüber. Und in Großbritannien sieht es nicht anders aus. Das Ergebnis ist evident: »Achterbahnkapitalismus als Lebensart«.

Es ist allerhöchste Zeit, dass der angelsächsischen Herausforderung eine kontinentaleuropäische Antwort entgegengesetzt wird. Europa steht vor der Aufgabe, die Krise zu bewältigen, ohne durch »Horrorschulden« und Inflation die nächste gleich heraufzubeschwören. Zustimmungswürdig ist zudem die These, dass der Kontinent zur Not auch ohne die Angelsachsen das Projekt der Finanzmarktregulierung so zu Ende bringt, dass Banken und Fonds tatsächlich als Diener der Wirtschaft agieren und nicht umgekehrt. Für manch einen steht jetzt schon fest, dass eine gewaltige Schuldenmaschine in den letzten fünf Jahrhunderten einen wachsenden Teil der Weltbevölkerung auf das moralische Niveau von Konquistadoren herabgedrückt hat. Sie dürfte an ihre sozialen und ökologischen Grenzen stoßen. Die tief verwurzelte Neigung des Kapitalismus, sich die eigene Zerstörung auszumalen, hat sich im letzten halben Jahrhundert in eine Vorliebe für Szenarien verwandelt, die

die übrige Welt in den Abgrund zu reißen drohen. Diese Neigung wird wohl nie verschwinden. Die eigentliche Frage ist jetzt, wie die Maschine ein wenig zu drosseln und eine Gesellschaft zu schaffen ist, in der die Menschen weniger arbeiten und mehr leben können.[6] Mit diesen Gedankensplittern[7] ist die »Gefechtslage« nicht annähernd klar beschrieben. Sie erlauben auch keine Identifizierung und Unterscheidung der Angreifer und der Verteidiger. Das hat jedoch nicht verhindert, dass die Debatte über Voraussetzungen und Folgen der anhaltenden Finanzkrise, also auch die »Angriffe« der Märkte, immer häufiger in einer martialisch aufgerüsteten Sprache geführt wird. Selbst die offizielle Wahrnehmung gerät zunehmend »bellizistisch«.

Zumindest in einem Punkt sind tatsächlich kriegsähnliche Zustände zu beobachten. In einem (»richtigen«) Krieg ist bekanntlich die Wahrheit immer das erste Opfer.[8] Im »Finanzkrieg« ist es nicht viel anders. Da wird zum einen die Europäische Zentralbank (EZB) dazu aufgefordert, die »Bazooka« oder »die dicke Bertha« (überdimensioniertes Artilleriegeschütz) herauszuholen, um Spekulanten gegen den Euro wirkungsvoll entgegenzutreten.[9] Zum anderen ist von Brandmauern die Rede, die immer höher und dicker werden müssten, um die ohnehin schon entstandenen Flammenherde an ihrer Ausbreitung zu hindern.

Erfolgreiche Banker und Spekulanten vergleichen Derivate mit »Massenvernichtungswaffen« (Warren Buffett), mit denen andere (Lloyd Blankfein) den »Willen Gottes« exekutieren. In der globalen Arena bauen sich wie im alten Kalten Krieg wieder einmal Macht- und Wirtschaftsblöcke auf, die völlig unterschiedliche Interessen verfolgen. Deren Durchsetzung wird trotz des Risikos flächendeckender Beschädigungen mit rücksichtsloser Energie betrieben. Mitbewerber gelten als Gegner oder gar Feinde. Wirtschaftliche Konkurrenz, währungspolitische Positionen, Eroberung und Sicherung von Absatzmärkten, kriminelle Übervorteilungen im Anlagegeschäft, eine asoziale Kreditpolitik, die Aufspürung von Rohstoffreserven und die Finanzierung von teilweise völkerrechtswidrigen Angriffskriegen und anderen vermeintlich legitimierten Interventionen: Alles verschwimmt immer stärker in einem »Theater«, ein Begriff, der in der angelsächsischen Welt auch für »Kriegsschauplatz« steht.

Die Unterschiede zwischen den Mitgliedern der EU sind offensichtlich. Schon vor mehr als einem halben Jahrhundert betonte ein Analytiker, dass die »Einheit in Vielfalt« das Wesen Europas ausmacht. Deshalb gab es seinerzeit auch die Auffassung, dass alles Zentristische Verrat und Vergewaltigung Europas sei, auch im wirtschaftlichen Bereich.[10] Dagegen erklärte der ehemalige Bundeskanzler Helmut Kohl noch im Februar 2012 scheinbar unverzagt: »Europa ist unsere Zukunft.«

Dabei handelt es sich eher um eine Beschwörungsformel. Kohl dürfte sein Lebenswerk in Gefahr gesehen haben, wenn einerseits der Euro am Staatsbankrott Griechenlands zu zerbrechen droht und andererseits zwischen Geldgebern und »Einsackern« üble Relikte von Chauvinismus wieder an die Oberfläche kommen. Die ganze Entwicklung war ihm sogar dramatisch vorgekommen. Immerhin fuhr er sein schwerstes rhetorisches Geschütz auf: »Nie wieder Krieg.«

Mit dieser Wortwahl wird womöglich verkannt, dass zwischen dem Ende des Feudalismus und einer künftigen Gesellschaft die bürgerliche Epoche sich als Schlachtfeld ausbreitet, auf dem es insofern »bürgerlich gemütlich« zugeht, als die Länder sich zwischen den militärisch geführten Kriegen an bloßen Finanzkriegen, den Wirtschaftskrisen ergötzen. Zum Glück verliert das vielgerühmte Bürgertum in demselben Maß, in dem es zu einer kriminellen Clique schrumpft, die Kraft zum Krieg; beginnt es dennoch einen, so hat es ihn schon verloren. Mit der verbliebenen Energie führt es Finanzkriege. Diese richten sich immer auch gegen den Aggressor selbst. In ihnen geht das Bürgertum als dominante Klasse samt seiner Scheindemokratie unter.[11] Man wird gleichwohl fragen müssen, was die Erinnerung an einen vom Nationalismus verwüsteten Kontinent bringt. Es geht nämlich weniger um den Sturm griechischer Bataillone auf die EZB als um gefälschte Bilanzen und geplünderte Kassen.

Hinzu kommt, dass der Slogan »Es gibt zu Europa keine Alternative« als Variante des beliebten Erpressungsspiels der Banken längst nicht mehr den Punkt trifft. Die hehre Idee von Europa dürfte nicht von den Bedenkenträgern gegen die »fröhlichen« Banken-Nationen- und Währungsrettung bedroht sein, sondern eher von deren Anhängern. Ihnen wird unterstellt, dass sie mangels Denkmöglichkeiten einfach weiterwurschteln wollten wie bisher – notfalls bis zum bitteren Ende. Die Überzeugung des Altkanzlers Kohl, wir brauchten »gerade jetzt mehr und nicht weniger Europa«, übersieht vermutlich das Pokerspiel der politischen Eliten. Sie setzen mit der europäischen Langmut der Wähler alles auf eine Karte. Geht die Vision schief, bricht womöglich auch in Zentraleuropa der Sozialstaat zusammen – wie jetzt in Griechenland. Dann wird am Ende ein Zuviel der wirtschaftlichen Kooperation, der gemeinsamen Münze und der wechselseitigen Kreditwirtschaft dafür verantwortlich gewesen sein.

In der Europa-Politik ist es zwar mindestens korrekt, wenn nicht obligatorisch, sich zur Einheit des Kontinents möglichst lautstark zu bekennen. Die Behauptung der friedenssichernden Wirkung der europäischen Einheit gilt manchen Zeitgenossen aber nicht immer als hinreichend reflektiert. Als unreflektiert könnte man sie in der Tat bezeichnen, wenn man sich weigerte, Alternativen für die Erklärung des europäischen Friedens auch nur in Erwägung zu ziehen – wie etwa die NATO und die dort institutionalisierte amerikanische Hegemonie. Unreflektiert wäre die These »Frieden durch Einheit« auch, wenn man die Qualität der Einheit nicht behandelte (Stichworte: Brüsseler Bürokratie mit dem Demokratiedefizit der EU, Binnenmarkt, EWU). Dabei wird man aber nur zu konkreten praktischen politischen Schlussfolgerungen kommen können, wenn klargeworden ist, welche Interessengruppen aus welchen Gründen dafür sorgen, dass wirtschaftlicher Wettbewerb nicht mehr von Kriegsvorbereitungen zu trennen ist, in Europa und weltweit.[12]

Nur ansatzweise scheint man allmählich zu begreifen, dass die Finanzkrise nicht nur ein wirtschaftliches oder sozialpolitisches Problem ist, sondern möglicherweise zur zentralen Ursache für neue oder intensivierte Sicherheitsrisiken wird. Immerhin hatten ein hochrangiger US-Militär (Admiral Michael Mullen) und ein Sicherheitsexperte (Dennis C. Blair, CIA) vor nicht allzu langer Zeit (Februar 2009) die Finanzkrise als »alles überwölbendes Problem der amerikanischen Sicherheitspolitik« bezeichnet und die Instabilität, die durch die globale Wirtschaftskrise ausgelöst wird, noch vor dem Terrorismus als die größte kurzfristige Bedrohung der Sicherheit der USA eingeschätzt.[13]

Auch andere halten angesichts steigender Arbeitslosigkeit und wachsenden staatlichen Einflusses in den bislang marktwirtschaftlich dominierten ökonomischen Ordnungssystemen bis hin zur Teilsozialisierung ganzer Wirtschaftssektoren die Konsequenzen der Krise im sicherheits- und verteidigungspolitischen Bereich für möglicherweise gravierend. Dies gelte insbesondere dann, wenn man von einem »erweiterten« Sicherheitsbegriff ausgeht, der über militärische Bedrohungswahrnehmungen auch sozioökonomische und genuin politische Aspekte von Sicherheit berücksichtigt.[14] Dazu gehört zunächst vor allem die außergewöhnliche Anspannung der Staatshaushalte, die eine unmittelbare Folge der Finanz- und Wirtschaftskrise ist. Die Schwächung der finanziellen Ressourcen dürfte sich besonders stark in den Verteidigungshaushalten und in den Budgets für Zusammenarbeit und Entwicklung bemerkbar machen. Die materielle Basis für das globale sicherheitspolitische Engagement westlicher Demokratien wird zwangsläufig schmaler. Die Wirtschaftskrise wird grundsätzlich zu einem wachsenden Primat innenpolitischer Aspekte (Arbeitsmarkt, Finanzpolitik) gegenüber außen- und sicherheitspolitischen Herausforderungen führen. Mit dieser »Renationalisierung« beziehungsweise »Re-Regionalisierung« der allgemeinen politischen Orientierung könnte eine Abwendung von globalen Perspektiven der Sicherheit verbunden sein. Die Verteidigung Deutschlands am Hindukusch dürfte weniger dringlich erscheinen als der Schutz vieler Arbeitsplätze an der »Heimatfront«.

Es wird auch zutreffend darauf hingewiesen, dass ironischerweise gerade Staaten und Regierungen, die vom Westen mit wirtschaftlichen Sanktionen belegt wurden, zumindest kurzfristig von der Finanzkrise eher profitieren. So hat zum Beispiel der Iran, der aufgrund der Isolationspolitik der USA von den Finanzmärkten weitgehend abgeschnitten ist, in der gegenwärtigen Krise verhältnismäßig geringe Verluste erlitten. Seine relative ökonomische Machtposition verbesserte sich dem Westen gegenüber sogar und erlaubt die Aufrechterhaltung des Widerstands gegen westliche Interessen und die Ausübung von Druck auf die Verbündeten des Westens, die ihr Engagement deswegen tendenziell reduzieren.

Es ist auch nicht schwer zu erkennen, dass die Finanzkrise »Wasser auf die Mühlen« von allen möglichen antiwestlichen islamistischen und nationalistischen Gruppen ist. Ihr »völkischer« und/oder religiöser Antikapitalismus scheint sich zu bestätigen. Man muss befürchten, dass die Entstehung der Krise in den USA und das unsystematische und verteilungspolitisch problematische Krisenmanagement westlicher Regierungen extremistischen antikapitalistischen Ideen Auftrieb vermittelt und damit dem antidemokratischen Terrorismus neuen Nährboden liefert. Die gegenwärtige Wirtschaftskrise hat jedenfalls maßgeblich zur Komplexität und Intensität der sicherheitspolitischen Herausforderungen für den Westen beigetragen.[15]

3 Finanzkapitalismus und Weltuntergang

Der Weltuntergang ist zwar unvermeidlich. Das ist aber nicht nur schlimm. Bis dahin sind wir nämlich in guten Händen. Die humoristische Begabung mancher Vertreter der Führungselite sorgt wenigstens für eine vergnügliche Wartezeit. Die ehemalige französische Finanzministerin und derzeitige Chefin des Internationalen Währungsfonds (IWF), Christine Lagarde, hat ihren (ebenfalls ehemaligen) deutschen Kollegen und gegenwärtigen SPD-Kanzlerkandidaten Peer Steinbrück angeblich gefragt, was der Unterschied zwischen Kapitalismus und Kommunismus sei. Sie soll es ihm dann sogleich selbst erklärt haben: »Im Kommunismus werden die Banken verstaatlicht und gehen pleite. Im Kapitalismus gehen die Banken pleite und werden dann verstaatlicht.«[1]

Diese humorvolle Frage sollte nicht darüber hinwegtäuschen, dass die Zustimmungsraten für den Kapitalismus überall auf der Welt, selbst in seinen westlichen Ursprungsländern, dramatisch gesunken sind.[2] Die Frage nach dem Weg aus dem Kapitalismus scheint noch nie so aktuell gewesen zu sein wie heute. Sie stellt sich in radikal neuer Weise und Dringlichkeit. Der Kapitalismus hat womöglich eine innere und äußere Grenze erreicht, die er nicht zu überschreiten vermag. Es ist die Rede von einem System, das nur mit Hilfe von Tricks die Krise seiner grundlegenden Kategorien (Arbeit, Wert, Kapital) überlebt.[3] Dabei sollte man nicht vergessen, dass es »den Kapitalismus« nur in der Mehrzahl gibt. In Deutschland und in Kontinentaleuropa hat sich jene Spielart des Kapitalismus etabliert, die bankendominiert ist, indem Geschäftsbanken und Unternehmen durch Kreditbeziehungen und persönliche Verbindungen miteinander vernetzt sind.[4]

Die Kritik an dieser Wirtschaftsform kommt nicht nur aus der Ecke der »üblichen Verdächtigen«, also der politischen Linken. Nach einer weltweiten Umfrage der BBC im Jahre 2009 (30 000 Menschen in 27 Ländern) ist lediglich jeder zehnte Weltbürger der Ansicht, dass der Kapitalismus derzeit gut funktioniert. Jeder fünfte hält ihn grundsätzlich für die falsche Wirtschaftsordnung.[5] Es besteht vielmehr eine umfassende Einigkeit darüber, dass der Kapitalismus in seiner jetzigen Verfassung zu einer Bedrohung geworden ist.[6] Mittlerweile wird sogar zur Rettung des Kapitalismus vor den Kapitalisten aufgerufen.[7] Auf dem »World Economic Forum« des Jahres 2012 in Davos konnte man gar den Eindruck gewinnen, dass die »Weltelite des Kapitals« schon schmerzlich an diesem System leidet. Manager und Banker scheinen die kapitalistische Wirtschaftsordnung nur zu ertragen, weil keine bessere verfügbar ist. Darin erkennt man Heuchelei ausgerechnet von jenen, denen das Marktsystem zu Wohlstand und Macht verholfen hat. Es wird sogar Feigheit diagnostiziert, gerade in einer Krise, die mehr mit den Schwächen der Politik als mit jenen des Marktes zu tun hat. Unverzagt wird dem Kapitalismus aber bescheinigt, dass es ihm ziemlich gutgeht, habe seine zentrale Idee doch nichts von ihrer Überzeugungskraft verloren. In Leipzig, der Stadt der friedlichen deutschen Revolution von 1989, war dagegen auf manchen Hauswänden zu lesen: »Der Kapitalismus hat nicht gesiegt, sondern nur als einziger überlebt.«[8]

Angeblich muss man heute verzichten, um morgen besser leben zu können. Das soll umso besser funktionieren, je besser es gelingt, die Steuerungsfunktion privaten Märkten zu überlassen, auch wenn dort die Prozesse nicht immer reibungslos funktionieren. Immerhin wird eingeräumt, dass die Finanzkrise eine eklatante Regulierungslücke[9] offenbart hat: »Müssen Steuerzahler Banken herauspauken, um das Finanzsystem zu retten, ist der Grundsatz verletzt, dass Investoren für ihre Risiken nicht nur die Gewinne erhalten, sondern auch für den Verlust haften.«[10]

Trotzdem wird Kapitalismus überall dort heiß ersehnt und nachgeahmt, wo der Staat freie Märkte und Privateigentum unterbindet. Dessen ungeachtet traten auf dem »Klassentreffen von 2500 Wirtschaftsbossen, Politikern und Ökonomiedenkern« des Jahres 2012 in Davos die Teilnehmer so auf, dass von einer Diskussion nicht mehr gesprochen werden konnte. Die »Schlachtordnung« bestand einerseits aus den Europäern der Euro-Zone und andererseits den Amerikanern, unterstützt von den Briten. Sie alle sind nach dem Empfinden eines Beobachters unversöhnlich »aufeinander gekracht«. Außergewöhnlich schrill habe der britische Premierminister David Cameron geschimpft, nach dessen Denkschule die Geldschleusen geöffnet werden müssen, damit die Krisenländer ihre Haushaltsdefizite mit frischem Geld bekämpfen können. Sachlichkeit hatte keine Chance. Vielmehr brach mit großer Leidenschaft wieder ein uralter Grundkonflikt auf: »Welcher Kapitalismus ist besser – der angelsächsische keynesianistische oder das deutsche Modell der sparsamen sozialen Marktwirtschaft, das sich anschickt, in ganz Kontinentaleuropa zur Pflicht erklärt zu werden.«[11]

Nach dem Eindruck eines Kommentators gilt jedenfalls der Markt in Europa heute nicht mehr als das alleinige Heilmittel gegen die Fehlentwicklungen in der Wirtschaft. Der Kapitalismus habe nicht per se eine selbstreinigende Wirkung. Selbst der Gründer des Davoser Treffens, Klaus Schwab, der amerikanisches Denken in die europäische Wirtschaft tragen wollte, kritisiert jetzt die Exzesse des Kapitalismus. Er passe nicht mehr zur heutigen Welt. In Kommentaren wird nun behauptet, dass der Konflikt um die richtige Ausgestaltung der freien Marktwirtschaft das System im Mark treffe, weil er große politische Sprengkraft in sich trage. Zwischen den »Bastionen der Weltökonomie« herrsche trotz lauter Worte schon jetzt faktisch Sprachlosigkeit. Den Zustand der Höchstspannung empfindet man mit jedem weiteren Tag in der Finanz- und Schuldenkrise weniger erträglich. Handelskriege hätten so begonnen. Die Demokratie werde herausgefordert. Sie erwecke in der Krise den Anschein, als habe sie den Auswüchsen der Märkte nichts entgegenzusetzen. Es brauche nicht viel Phantasie, um aus der skandalös hohen Jugendarbeitslosigkeit in manchem südeuropäischen Land ein Thema von Zorn und Gewalt auf den Straßen zu machen.

Eine nicht zu unterschätzende Gefahr liege auch darin, dass die notwendigen Regulierungen auf den Finanzmärkten und im Bankensystem scheiterten. Es wird prophezeit, dass die Asiaten ihre Prinzipien des globalisierten Kapitalismus diktieren könnten. In Davos habe sich Nervosität breitgemacht. Das Führungspersonal in Wirtschaft und Politik spürt angeblich das aufziehende Wetter. Gleichwohl wird Politik als die Kunst wahrgenommen, einen Karren zu fahren und, wenn man ihn dabei in den Dreck manövriert, einen Propagandaapparat aufzuziehen, der das Ganze als eine hoffnungsvolle Spazierfahrt erscheinen lässt.[12] Wer aber das Donnergrollen heute ignoriert, darf sich nicht wundern, wenn ihm morgen die Ohren dröhnen.[13]

Immerhin hatte im Januar 2012 in Davos die Diskussion über die »große Transformation« begonnen. Politiker und Manager scheinen jetzt doch die allgegenwärtige Absturzgefahr im System zu spüren. Manch einer glaubt, dass sie auch schon mit der Suche nach zukunftsträchtigeren Modellen begonnen haben. Die Entwicklung eines »neuen Kapitalismus« hat aber bislang nur zu mageren Ergebnissen geführt. Das ist besonders beunruhigend, wenn die Einschätzung stimmte, dass der Kapitalismus das Ergebnis eines folgenschweren Denkfehlers und ethischen Verfalls ist.[14] Es gibt kaum Reparatur oder Renovierung. Einige Unwuchten haben sich sogar verstärkt:

- Abstand zwischen Arm und Reich
- Missverhältnisse zwischen den zu weiten Regulierungen für Banken und den zu engen Regulierungen für Produktionsbetriebe
- Systemrelevanz einzelner Geldinstitute
- Spekulationssummen ungebändigter Hedge-Fonds

Vor diesem Hintergrund lässt sich zumindest eine Schlussfolgerung ziehen: Mehr Regeln für die potentiell gefährlichen Finanzinstitute und weniger Regeln für andere gewerbliche Bereiche müssten Teil eines neuen Kapitalismus sein. Das ist nicht ganz einfach, mussten die Euro-Staaten doch 2012 für Anleihen über 800 Milliarden Euro Käufer finden, um sich zu finanzieren, während sich der Gesamtmarkt für Euro-Anleihen auf circa acht Billionen Euro beläuft. Bei einer derartigen Abhängigkeit von einem Sektor ist dessen Regulierung und Konsolidierung kaum möglich. Erst recht werden keine grundlegenden Reformen durchzusetzen sein. Genau dies wäre aber nötig, um den Kapitalmarkt wieder zu dem zu machen, was er sein sollte: ein Diener der Wirtschaft, nicht sein Herrscher.[15]

Die Dialektik der Krise soll sich dadurch auszeichnen, dass die Staaten zu ihrer Bekämpfung die Fehler der Vergangenheit oftmals noch vergrößern. Ein stabiler Kapitalismus könne nur entstehen, wenn die Staaten einen Weg zu ausgeglichenen Haushalten finden. Stattdessen werden weiter ungeheure Mengen »frischen« Geldes in die Weltwirtschaft gepumpt. Sie könnten eine gigantische Inflationswelle auslösen. Dabei ist jedoch einzuräumen, dass Gelddrucken nicht mechanisch zur Inflation führt. Die verbreitete Ansicht, die EZB würde zugunsten angeschlagener Südländer und maroder Banken immer mehr Geld drucken, das sich dereinst in einem Inflationsschub entladen müsse, wird gar als »blanker Unsinn« bezeichnet.[16]

Maßgeblich ist das Verhalten der Finanzwirtschaft. Die im Umlauf befindliche Geldmenge nimmt nur dann zu, wenn die Banken das Zentralbankgeld nutzen, um ihrerseits vermehrt Kredite an Unternehmen und Haushalte zu vergeben, und wenn es eine entsprechende Nachfrage für diese Kredite gibt. Gegenwärtig horten aber viele Banken das Geld lieber bei der Notenbank, als dass sie es für Kredite einsetzen. Und die Unternehmer sind in ihrem Investitionsverhalten eher vorsichtig. Deshalb führt das jetzt schon reichhaltig vorhandene Geld noch nicht zur Inflation. Entscheidend wird sein, dass die Notenbank die Kontrolle über die Geldmenge behält und das Geldmengenwachstum bremst, wenn Inflation droht. Der Inflation Einhalt zu gebieten ist indes kein technisches, sondern ein politisches Problem. Die EZB hat zwar alle Instrumente, um das viele Geld später wieder einzusammeln. Fraglich ist aber, ob sie diese auch wird einsetzen können. Haben sich die europäischen Peripherieländer erst einmal daran gewöhnt, dass die Notenbank ihre Anleihen kauft, dürften sie von einer in Deutschland wachsenden Inflation nicht allzu sehr beeindruckt sein.[17]

Unterdessen fluten die Zentralbanken in der ganzen Welt die Märkte mit Geld. Sie versuchen, den Job der Politiker zu übernehmen und deren Probleme zu lösen. Dabei könnte es sich um die größte Wette handeln, die an den Finanzmärkten je abgeschlossen wurde. Es ist völlig unklar, ob sie aufgehen wird, da es keinerlei historisches Vorbild gibt. Wir leben in einer Welt massiv überdehnter Bilanzen. Die nach der Lehman-Pleite einsetzende Rettungsaktion hat die Schuldenlast vieler Länder derart nach oben getrieben, dass nun die Zentralbanken mit der Notenpresse aushelfen müssen. Die Zweckentfremdung der Bilanzen der Notenbanken ist aber nicht grenzenlos möglich. Geht die Wette nicht auf, sind die Folgen klar: Zukünftigen Generationen wird es schlechter gehen als uns. Das Wachstum wird sinken. Die Arbeitslosigkeit wird wie die Inflation steigen, Sparen wird sich nicht mehr lohnen. Bei diesem Szenario überkommt sogar den Chef des größten Anleiheinvestors der Welt (Pimco/Pacific Investment Management Company) Angst.[18]

Die neue Weltwirtschaftskrise wird trotz ihres historischen Charakters immer noch nicht als Anlass für eine Neuausrichtung des Alltagslebens angesehen. Die Mehrheit der Bevölkerung scheint sie immerhin als sozialen Kältestrom zu erleben. Er hat schon seit Jahren zu einer skeptischen Bewertung der Wirtschafts- und Gesellschaftsordnung und des politischen Systems geführt. Einerseits vollziehe sich deshalb eine »Delegitimierung« der bestehenden Sozial- und Herrschaftsverhältnisse. Andererseits habe die Krise kaum Einstellungsänderungen verursacht, weil das Alltagsbewusstsein zwischen Verdrängung, Verzögerung und Vergesslichkeit fluktuiere.[19]

Vielleicht liegt das aber auch daran, dass der Begriff »Krise« durch häufigen Gebrauch seinen Schrecken verloren hat und man sich schon gar nicht mehr erinnert, wann seine Karriere begann (Ölkrise, Krise des Wohlfahrtsstaates, Bildungskrise, Energiekrise, Klimakrise, Finanzkrise, Schuldenkrise, Euro-Krise). Als kaum noch Steigerungsmöglichkeiten erkennbar waren (Weltfinanzkrise), begann ein neues Tremolo: »Krise der Demokratie«.

Vielleicht ist die Welt tatsächlich nie so schön wie kurz vor ihrem Untergang. Es hat sogar den Anschein, als ob eine »Menetekelliteratur«, ungeachtet der bereits bestehenden Überfülle an politischer Dramatik, eine »Sehnsucht nach Untergang« entfacht. Mittlerweile gibt es immerhin Demonstrationen für ein »neues Gesellschaftssystem«, gar für eine Alternative zur Demokratie. Der westliche Parlamentarismus scheint einem »Stresstest« unterzogen zu werden. Es gibt die Befürchtung, dass ab einem bestimmten Grad des Misstrauens der Gesellschaftsvertrag nicht mehr funktionieren wird. Andere halten dagegen die Gefährdung des Projekts der EU und des Euro für möglich, nicht aber des Parlamentarismus. Allenfalls könne man sagen, dass sich die politische und die ökonomische Sphäre zu stark entkoppelt haben, so dass die Finanzkrise erst möglich wurde. Manche sehen hinter der Debatte über die Krise der Demokratie »Angstlust«, also die Folge aus Furcht, Wonne und Hoffnung angesichts einer äußeren Gefahr. Die eigentliche Angst des Bürgers sollte aber dem »leichtfertigen Demokratiekrisengerede« gelten, weil es die größte politische Errungenschaft unseres Kulturkreises zur Verhandlungsmasse erklärt. Eine gleichzeitige Diskussion über die Funktionsfähigkeit der Parlamente und die Fragwürdigkeit gewisser Hedge-Fonds verkennt womöglich absichtlich, dass die demokratischen Regierungen Europas mit aller Kraft versuchen, ihre Finanzprobleme in den Griff zu bekommen. Auswege aus der Krise mag es nur im Streit geben. Deshalb muss mit der »Demokratiedämmerung« Schluss sein. Sie wird als gefährliche Chimäre empfunden.[20]

Insbesondere die Gesetzgebung, mit der der Luftraum über Deutschland für die auf einmal vielgeschmähten »Heuschrecken« (Hedge-Fonds) erst geöffnet wurde, bietet jedoch ein eindrucksvolles Beispiel dafür, wie sich die Politik auch hierzulande den Partikularinteressen der Finanzindustrie dienstbar gemacht hat und auf eigene demokratische Gestaltung weitestgehend verzichtet hat.[21] Sie mag auch von der einen oder anderen bizarren Gedankenführung aus dem angloamerikanischen Kulturraum beeindruckt gewesen sein. Dort gilt die Frage, wie Regierungen Institutionen fördern können, die klein genug sind, um scheitern zu können, und ihre Risiken gut managen, als »Schlüsselfrage zur Zukunft des Finanzwesens«. Ein Teil der Antwort sei ganz offensichtlich: Die Regierungen müssten Hedge-Fonds fördern, obschon sie nicht die Antwort auf alle Probleme des Finanzsystems sind. Sie führen keine Kundenkonten, garantieren für keine Wertpapiere und vergeben keine Kredite an kleine Unternehmen. Wenn es aber darum geht, Geld zu managen, ohne das Finanzsystem zu gefährden, hätten Hedge-Fonds ihre Fähigkeiten unter Beweis gestellt. Sie seien fast immer klein genug, um scheitern zu können.

Zwischen den Jahren 2000 und 2009 hätten circa 5000 Hedge-Fonds ihre Geschäftstätigkeit aufgegeben. Kein einziger habe mit

Steuergeldern gerettet werden müssen. Weil sie alle ihre Assets (Vermögenswerte) mit dem aktuellen Börsenkurs bewerten und in der ständigen Furcht leben, von ihren Brokern »Margin Calls«[22] zu erhalten, überwachen Hedge-Fonds angeblich ihre Risiken allgemein besser und erkennen Rückschläge eher als ihre Rivalen. Wenn sie einen schweren Schlag verkraften müssen, liquidieren sie in aller Regel ihre Assets und stellen die Geschäftstätigkeit ein, ehe es zu Auswirkungen auf das Finanzsystem kommt. Statt die Risiken einzuschränken, die Hedge-Fonds eingehen, sollten die Regierungen sie fördern, damit sie sich vermehren und mehr Risiken absorbieren. Das verschiebe die Aufgabe des riskanten Asset-Managements weg von den Rivalen, die zum Scheitern zu groß sind. Und da das Ziel darin bestehe, mehr Hedge-Fonds zu schaffen, wäre eine übermäßige Beaufsichtigung kontraproduktiv. Das wichtigste politische Rezept, das die Geschichte der Branche nahelegt, kann man in zwei Worten zusammenfassen: *nicht regulieren*.[23]

Das ist ein atemberaubender Ansatz, wenn man bedenkt, dass die »Endzeitgefühle« der Bürger angesichts der Ereignisse der letzten Jahre für immer verständlicher gehalten werden. Sie sind allerdings nicht allein den Fakten geschuldet, sondern auch einer Kommunikation, die um vieles besser hätte sein können. Das, was die Eliten aus Wissenschaft, Wirtschaft und Politik derzeit abliefern, wird als »Armutszeugnis« bezeichnet.[24] Das ist mehr als irritierend, wenn es denn stimmt, dass in weltweiten Protesten von Regierungen gefordert wird, in einer globalisierten Welt für ein gewisses Maß an ökonomischem Anstand zu sorgen, und dass davon der innere Frieden in Europa abhängt. Dann müsste man wohl darüber debattieren, wieso sich Anstand auch (gerade?) in der Wirtschaft nicht auszahlt.[25]

Manch ein Politiker hat inzwischen erkannt, dass die Macht der Finanzlobby die Demokratie gefährdet, weil die Branche ihre eigenen Spielregeln so stark beeinflussen kann, dass die demokratischen Institutionen es nicht schaffen, Konsequenzen aus der Finanzkrise zu ziehen.[26] Im heutigen Europa scheint eine Abkehr von europäischen Idealen zugunsten eines »verwilderten« Finanzkapitalismus stattgefunden zu haben.[27] Es hieße, die Augen vor der Wirklichkeit zu verschließen, wollte man nicht begreifen, dass »mehr Demokratie« gegenwärtig zwangsläufig auf »weniger Europa« hinausliefe, insbesondere wenn man eine rasche finanzpolitische Integration der EU forderte. Diese Integration ist in der Tat kaum zu forcieren. Sie ist von einer Mehrheit der Bürger in den Mitgliedsstaaten nicht gewollt. Verlangt man aber gleichzeitig eine stärkere Beteiligung der Bürger, ist die Quadratur des Kreises akut. Entsprechende Forderungen sind demagogisch.

Der Politik wird zudem vorgeworfen, dass sie mit dem Projekt des Euro die harten Fakten der Ökonomie ignoriert habe. Sie habe sich gegen die Märkte gestellt – und verloren. Die exportstarken Staaten konnten durch den Wegfall des Wechselkursrisikos ihre Produktion steigern. Die südeuropäischen Länder (aber auch Irland) konnten mit schwachen Währungen einen durch den Euro verbesserten Zugang zu den Kapitalmärkten nutzen, um ihre wachsenden Konsumausgaben zu tätigen. Das Ergebnis ist evident: eine über ihre Verhältnisse hinausgehende Staatsverschuldung. Deutschland sollte nicht versuchen, sich als leuchtendes Gegenbeispiel zu stilisieren. Die Verbindlichkeiten des Landes (Bund, Länder und Gemeinden) stiegen 2010 im Vergleich zum Vorjahr um 319 Milliarden auf knapp 2,1 Billionen Euro. Die Verschuldung hat sich damit seit 1990 vervierfacht und im Vergleich zu 1980 sogar verzehnfacht.[28] Daraus erwuchs schließlich eine enorme Gefahr. Die wohlwollende Indifferenz der Mehrheit der europäischen Bürger gegenüber der Integration Europas könnte in eine negative Haltung umschlagen. Nun glaubt auch »Lieschen Müller« in allen Einzelheiten über den in manchen mediterranen Ländern herrschenden Nepotismus und die Korruption informiert zu sein.

Dabei dürfte schon ein flüchtiger Blick nach Zentral- und Osteuropa zeigen, dass korruptive Verflechtungen kein »Privileg« des Südens sind. So wird etwa über Ungarn behauptet, dass dort das sozialistisch-liberale Lager ein »jämmerliches, ja zuweilen ekelerregendes Bild von Filz, Vetternwirtschaft und politischer Verkommenheit« geboten habe. Die total diskreditierten Sozialisten könnten in diesem Mitgliedstaat der EU für absehbare Zeit keine schlagkräftige Opposition bilden: »Die meisten linksliberalen Politiker allerdings haben sich jahrzehntelang in der Brutstätte der Korruption und in dem von ihr genährten Klientelsystem bestens zurechtgefunden.«[29]

Daraus schließt man, dass Ministerpräsident Orbán von der Wählermehrheit den klaren Auftrag erhalten hat, dieses System abzuschütteln. Die europäische Öffentlichkeit wird sich jedenfalls gegen die radikale Ökonomisierung der Politik und des öffentlichen Lebens wehren müssen. Teilweise artikuliert sie auch schon ihre Angst vor einem »Raubtierkapitalismus«, der Arbeitsplätze auffrisst und die Gesellschaft zerreißt. Dabei sollte man begreifen, dass nicht der Euro das europäische Betriebssystem ist, sondern die Demokratie. Es wird behauptet, dass die europäischen Nationalstaaten ihre Fasson verloren hätten. Die EU habe sie noch nicht gewonnen. Das wäre beunruhigend, wenn es stimmte, dass diese Union der letzte Sinn einer verworrenen europäischen Geschichte ist. Mit den gewaltigen Finanzkrisen gehe eine ebenso große Vertrauenskrise einher, welche die Glaubwürdigkeit des wirtschaftlichen Systems, die Gerechtigkeit und die Handlungsfähigkeit des demokratischen Staates betreffe. Den Dirigenten des internationalen Geldmarkts wird vorgeworfen, sie hätten viel dafür getan, dass es dazu gekommen ist. Sie hätten erfolgreich versucht, die Politik demokratisch gewählter Regierungen ihrer Disziplin zu unterwerfen. Die Interessen der Kapitalverwertung seien viele Jahre lang der Demokratie übergeordnet worden, und der Staat habe sich zum »nützlichen Idioten« entwickelt.[30]

Schlimmer noch: Jenseits der in der Politik üblichen Sensibilität wird man entdecken, dass die Zerstörungen des Kapitalismus nicht nur gerodete Wälder und tote Flüsse, »autogerechte« Städte und das von Müll und Erdöl verschmutzte Meer ausmachen. Auch unsere Innenwelt hält man für getroffen. Das geschehe auf dem Weg über die Familien, über die Art, wie Eltern ihre Kinder erziehen und Kinder ihre Eltern nicht mehr als Vorbilder brauchen können, sondern sich Surrogaten aus Ware und medial vermitteltem Bild zuwenden. Der Mensch ist nach diesen Feststellungen zugleich Täter und Opfer geworden. Unter dem Einfluss der Geldwirtschaft entstünden seelische Filter, welche jene Aspekte unserer Emotionen begünstigen, die zu den Kapitalinteressen passen.[31] Geld kappe die Wurzeln des Geistes in den Emotionen. Indem es potentiell jedes Ding, jede Handlung und Eigenschaft eines Menschen mit einer Zahl verbindet, unterwerfe eine an Macht und Gier orientierte Zweckmäßigkeit die Vielfalt unserer Träume und Leidenschaften. In der von Spekulation und Wette beschleunigten Wirtschaft spitze sich gegenwärtig ein Prozess zu, den bereits Karl Marx beschrieben hatte: eine wachsende Ratlosigkeit, bedingt durch die Zwänge des Kapitals, sich selbst immer wieder neu zu erfinden. Die Folge:»Die Guten besiegen nicht mehr die Schlechten, sondern die Schnellen die Langsamen.«[32]

Die (Kapital-)Mächtigen fragen sich, was ihnen Einfühlung und Weisheit helfen oder was ihnen die Sorge um die Zukunft bringt, wenn sie Entscheidungen nahelegt, die Geld und/oder Macht kosten. In den Zentren des Kapitalismus werden Politiker vor allem aufgrund ihrer Fähigkeit gewählt, eine»manische«Abwehr zu festigen. Deshalb sei es nur logisch, dass ihre Beliebtheit nach triumphalen Wahlsiegen schnell abnimmt. Wie jede Sucht mache auch die Sucht nach Geld den Menschen zunächst auf»lügnerische«Weise stärker. In Wahrheit schwäche die Abhängigkeit von der Droge des Kapitalismus die Kraft, anders als panisch auf drohende Einschränkungen zu reagieren. So seien die Industriegesellschaften Produzenten wachsender Ängste geworden. Die manische Abwehr wird schließlich von der Einsicht in eine unsichere Zukunft gekippt. In ihrer Rhetorik scheinen sich zwar alle Politiker über die Wichtigkeit der Einfühlung in ihre Wähler einig zu sein. Aber das hat bis jetzt dazu geführt, dass man ihnen gefährlich lange unangenehme Wahrheiten ersparte.[33] Diese Sichtweise ist noch nicht besonders originell. Schon vor mehr als einem halben Jahrhundert sah man auf der Seite der damaligen »Neuen Linken« voraus, dass der Staatssozialismus von innen heraus untergehen wird. Der Sozialismus werde eines sozialen Todes sterben, erdrückt unter der Last der Bürokratie. Der Kapitalismus werde bleiben, aber damit auch das Problem.[34]

Unterdessen scheinen die Entscheidungsträger kaum mehr in der Lage, sich der Emotionen aufgebrachter Bürger zu erwehren. Sie reagieren, wenn überhaupt, allein gemäß demoskopischer Tagesbefunde; sie haben das Ohr am Volk, aber sind nicht in der Lage, im politischen»Theater der Leidenschaften« ihren Führungsanspruch zu behaupten. Entscheidungen werden je nach Stimmungslage gekippt, die Ausführung demokratischer Beschlüsse wird in einem von der Verfassung nicht vorgesehenen Gremium gestoppt und Personal je nach Umfrage der Massenblätter im Amt gehalten oder zum Rücktritt genötigt. Die repräsentative Demokratie liefert sich den kollektiven Emotionen aus.[35] Wie auch immer: Der Kapitalismus hört nie auf, und alles wird gut – oder auch nicht. Das ist die Essenz weiterer Überlegungen. Deren Ausgangspunkt ist der 15. September 2008, der Tag, an dem die amerikanische Lehman-Bank pleite ging.[36] Seinerzeit sah man eine ganze politische Philosophie, ein Wirtschaftssystem, eine Weltsicht und den entsprechenden Lebensstil zusammenbrechen. Das muss für manche schmerzhaft gewesen sein, wenn folgender Satz richtig ist:»Es steckt unglaublich viel Theologie, Glaubens- und Bekenntniseifer in den ökonomischen Theorien des Kapitalismus.«[37]

Und nun fragt man sich, was an die Stelle des globalen Kapitalismus treten wird, der im Herbst 2008 angeblich zerfiel. Das zentrale Argument ist, dass der globale Kapitalismus von nichts anderem ersetzt werden wird als vom globalen Kapitalismus.[38] Damit könnte man sich ja einverstanden erklären, wenn der Begriff»Kapitalismus« tatsächlich nur bedeutete, Wohlstand einzusetzen, um mehr Wohlstand zu schaffen. Das ist eine Definition, die breit genug wäre, um sowohl die freie Marktwirtschaft als auch den Staatskapitalismus abzudecken.[39] Unterdessen werden gute Gründe dafür erkennbar, dass wir zwar nicht das Ende des Kapitalismus, vielleicht aber das Ende jener Art des neoliberalen Fundamentalkapitalismus erleben, der die Welt und ihre Regierungen in den Jahren seit Margaret Thatcher – einer Politikerin, die großen Anteil an jener Krise hat, in der sich Europa, der Kapitalismus und die Demokratie zur Zeit befinden[40] – und seit Ronald Reagan[41] in ihren Bann geschlagen hat.[42]

4 Kapitalismus zwischen Enttäuschung und Entlarvung

Die aktuelle Diskussion zeigt, dass es Kulturkreise gibt, in denen die Unterscheidung von Naivität, Gottvertrauen, Infamie und Neurose schwieriger ist als in anderen. Es muss offenbleiben, ob dies für den angloamerikanischen Teil der Welt mehr oder weniger zutrifft als etwa für China. Will man dem Kapitalismus als System und Ordnung näherkommen, sollte man sich eher seinen exemplarischen Vertretern und Nutznießern widmen.[1] Die genannten Länder und Kontinente drängen sich nicht auf, weil die dort siedelnden Völker mehr Anlass für interkulturelle und vergleichende psychopathologische Untersuchungen bieten als die in den Mitgliedstaaten der EU versammelten Menschen. Sie stehen vielmehr für unterschiedliche Konzepte des Kapitalismus, der sich in einem Erneuerungsprozess befindet. Nihilistische Vorhersagen, die sich seit 2008 gleichwohl verbreiteten, scheinen widerlegt. Die Lagebeurteilung wird dadurch weder einfacher noch überzeugender. Natürlich ist die These verlockend, dass sich die Finanzwelt in der Hand einer Bande von skrupellosen Gaunern befindet, die es lieber auf eine schwere Wirtschaftskrise ankommen lassen, als auf eine Gewinnchance zu verzichten. Es scheint zwar, als ob uns ohne egomanische Banker die jüngsten und anhaltenden Verwerfungen erspart geblieben wären.

In der Tat lehrt aber schon ein kurzer Blick auf die Geschichte, dass diese Sichtweise zwar populär, jedoch zu vereinfachend ist. Krisen sind wiederkehrende und prägende Ereignisse der Wirtschaftsgeschichte. Sie sind überdies so vielfältig, dass es schwerfällt, hierfür das Verhalten einzelner Personen verantwortlich zu machen, geschweige denn ein aussagefähiges theoretisches Modell vorzulegen. Man sollte auch nicht pauschal »die Spekulation« als Wurzel allen Übels bezeichnen. Sie ist, wirtschaftlich gesehen, kein Übel, sondern ein wichtiges Moment allen wirtschaftlichen Handelns. Bei einem Abschluss kalkuliert sie mit zukünftigem Erfolg und lässt sich deshalb auf das Risiko ein, heute etwas zu tun, von dem man erst in der Zukunft wissen kann, ob es erfolgreich ist. So betrachtet, ist Spekulation sogar eine notwendige Voraussetzung dafür, dass es überhaupt zu wirtschaftlicher Entwicklung und nicht zu einer Wiederholung des bereits Bekannten kommt.[2]

Noch wenige Wochen vor den dramatischen Ereignissen im Herbst 2008 konnte sich kaum jemand vorstellen, wie schnell sich der deregulierte Kapitalismus bis auf die Knochen blamieren würde und die Kartenhäuser seines spekulativen Finanzsystems in sich zusammenstürzen sollten. Mittlerweile ist eine regelrechte »Crash-Literatur«[3] entstanden. Gleichwohl dürften nicht nur in Kreisen der politischen Linken verzerrte Vorstellungen über das Wesen kapitalistischer Krisen herrschen. Insbesondere ist nach wie vor zweifelhaft, ob der Kapitalismus durch die aktuellen und anhaltenden Krisenentwicklungen in seine Endphase eingetreten ist. Auch kritische Geister stellen sich weniger die Frage, ob der Kapitalismus überleben wird, sondern unter welchen Bedingungen er weiterbestehen wird.[4]

Der Grund ist einfach: Revolutionäre Umwälzungen finden nicht automatisch statt.[5] Sie beruhen auf objektiven Voraussetzungen, und sie sind Reaktionen auf Zerfallstendenzen einer überholten Gesellschaftsformation. Genauso zutreffend ist es, dass die neuen Gestaltungsmöglichkeiten von veränderungsbereiten und organisiert handelnden sozialen Kräften aufgegriffen werden sollten. Sie müssten sich allerdings erst noch konstituieren. In allen Lagern einer »antikapitalistischen Linken« ist jedoch niemand auf einen radikalen Bruch vorbereitet, weder theoretisch noch konzeptionell und schon gar nicht organisatorisch.[6] Im politischen Spektrum haben sich höchst unterschiedliche Einschätzungen breitgemacht. Dabei kommt der üblichen vereinfachenden Einteilung zwischen »links« und »rechts« nur ein begrenzter Erklärungswert zu. Gleichwohl kann man auf dieses platte Schema offenbar nicht verzichten.

Den antikapitalistischen Ideologen der Linken wird der Glaube zugeschrieben, dass »einige Wochen Finanzchaos« ein wirtschaftspolitisches System zu Fall bringen können, das zwei Jahrhunderte der Revolutionen, Depressionen sowie zwei Weltkriege überlebt hat.

Eifrige Verfechter der Marktwirtschaft auf der Rechten bestehen dagegen darauf, dass Regierungsinterventionen zur angeblich eindeutig nötigen Rettung des Systems das freie Unternehmertum zerstören könnten. Und viele glauben weiterhin, dass es eine viel bessere Lösung der Krise gewesen wäre, wenn die Regierungen den Kollaps der Finanzinstitute einfach zugelassen hätten.[7] Andere sind davon überzeugt, dass jede Finanzkrise nach veralteten Rezepten bekämpft wird.[8] Manche haben den Eindruck, dass die Politiker auf dem falschen Fuß erwischt wurden. Ihren Fehleinschätzungen sei es zum Teil zu verdanken, dass die Weltwirtschaft in die schlimmste Rezession seit den 1930er Jahren stürzte.[9] Technisch gesehen, mag die »Große Rezession« vorbei sein. Doch ihre Nachwirkungen setzen gerade erst ein.[10]

Vor diesem Hintergrund wird der Ehrgeiz nachvollziehbar, im Interesse einer ausgewogenen Neubewertung der Krise sowohl die »Hysterie der Linken« als auch die »Überheblichkeit der Rechten« kritisch zu beleuchten. Grundsätzlich verständlich ist es auch, die Ereignisse der Finanzkrise in eine historische und ideologische Perspektive zu rücken, statt die alleinige Schuld am Zusammenbruch des globalen Finanzsystems bei geldgierigen Bankern, inkompetenten Regulierungsbehörden, gutgläubigen Eigenheimbesitzern oder tollkühnen chinesischen Bürokraten zu suchen.[11] Ein zentrales Argument lautet, dass der Kapitalismus nie ein statisches System war, das einem starren Regelkatalog mit einer festen Teilung der Verantwortung zwischen Privatwirtschaft und Regierung folgte. Es handele sich vielmehr um ein flexibles Sozialsystem, das sich in Anpassung an veränderliche Rahmenbedingungen weiterentwickelt. Mit schwer zu überbietendem angelsächsischem Optimismus wird daher angekündigt, dass eine neue Version des Kapitalismus, die besser als die alte Version auf die veränderten Bedingungen ausgerichtet ist, entsteht, wenn der (»alte«) Kapitalismus von einer systemischen Krise ernsthaft bedroht wird. Auf dieser Grundlage erscheinen die Ereignisse von 2007 bis 2009 als Katalysator der »vierten systemischen Transformation des Kapitalismus«, vergleichbar mit den Veränderungen, die von den Krisen der 1970er Jahre, der 1930er Jahre und den Napoleonischen Kriegen von 1803 bis 1815 ausgelöst wurden.[12]

Im historischen Gesamtkonzept sieht man in der »Vormachtstellung des Marktfundamentalismus«, der von 1980 bis 2009 die Weltwirtschaft bestimmte, lediglich eine 30-jährige Phase in der langen Entwicklungsgeschichte des modernen Kapitalismus seit dem 18. Jahrhundert. Die veränderlichen Beziehungen zwischen Regierung und Privatwirtschaft, politischen und wirtschaftlichen Kräften, gelten als das eindeutigste Merkmal der Evolution des Kapitalismus von einer Phase zur nächsten. Die letzte Kapitalismusvariante – der finanzdominierte Marktfundamentalismus – habe die freie Marktwirtschaft bis zum Extrem getrieben. Man habe dem Staat nicht nur misstraut, sondern ihn sogar dämonisiert, Regierungen verhöhnt und die öffentliche Verwaltung mit unverhohlener Geringschätzung behandelt. Diese extrem regierungsfeindliche Ideologie habe nicht nur die Politik, sondern genauso stark die Wirtschaftstheorie beherrscht. Sie wird als der Auslöser der Krise von 2007 bis 2009 angesehen. Wie Karl Marx möglicherweise vorausgesagt hätte, sei der bis jetzt praktizierte Kapitalismus durch die Widersprüche seiner eigenen staatsfeindlichen Ideologie zerstört worden. Diese »Selbstzerstörung« des (noch) gegenwärtigen Kapitalismus habe der Entstehung des »Kapitalismus 4.0« als nächster Phase der wirtschaftspolitischen Evolution den Weg gebahnt.[13] Es gibt die Voraussage, dass diese Transformation wie in den 1930er Jahren und in den 1970er Jahren die Beziehungen zwischen Politik und Wirtschaft sowie zwischen Regierungen und Märkten neu definieren wird.[14]

Nach der zwischen 1980 und 2009 herrschenden Ideologie hatten die Märkte immer recht und die Regierungen immer unrecht.[15] Das charakteristische Merkmal des nächsten Zeitalters des Kapitalismus sieht man in der Erkenntnis, dass sowohl Märkte als auch Regierungen unrecht haben können. Deren Fehler können sich gelegentlich lebensgefährlich auswirken. Daraus folge, dass beide Bereiche enger zusammenarbeiten müssen, anstatt sich gegenseitig wie bisher als Feind zu betrachten. Man sieht neue außerordentliche Chancen dafür, dass sich das neue Wirtschaftsmodell besser bewähren wird als das alte. Verblüffend wirkt dabei eine etwas altkluge, wenn nicht naive Konditionalität. Alles wird gut, vorausgesetzt, die neue Generation amerikanischer und europäischer Politiker und Wirtschaftsführer macht ihre Sache gut. Mit einer verträumt-idealistischen Zirkularität wird gar schon von »Obamanomics« gesprochen!

Realistischer erscheint dagegen die Annahme, dass die Wirtschaftspolitik der kommenden Jahrzehnte von China und anderen autoritären neokapitalistischen Nationen und nicht von westlichen Demokratien bestimmt wird, falls Amerika und Europa nicht die erforderliche ideologische Flexibilität aufbringen. Es ist fraglich, ob dieser Prozess immer von dem notwendigen Sachverstand begleitet werden wird. Die zitierte Analyse geht nicht davon aus, dass der weltweite Boom im Immobilien- und Kreditmarkt vor der Krise nur eine schuldenfinanzierte Illusion war. Der Kreditmarkt ist für manche sogar eine »moderne Massenvernichtungswaffe«.[16] Vielmehr sei der Anstieg der Konsumentenkredite und der Preise von Vermögenswerten eine rationale Reaktion auf positive wirtschaftliche Entwicklungen, die bereits Ende der 1980er Jahre eingesetzt hätten. Den Kulminationspunkt habe man 1989 in der Gestalt des Zusammenbruchs des Kommunismus, des Wiedererstarkens Asiens, der elektronischen Revolution und der weltweiten Akzeptanz von Papiergeld erreicht, das nicht durch Gold-, Silber- oder Devisenreserven beziehungsweise irgendeinem anderen Wertsymbol gedeckt war.[17]

Es wird zwar noch erkannt, dass die angeblich positiven Trends in den Jahrzehnten vor der Krise zu exzessiver Spekulation und in der Folge zu gefährlichen »Boom-Bust-Zyklen«[18] geführt haben.[19] Das stehe aber keineswegs im Widerspruch zu dem Argument, dass der Großteil des Kreditwachstums und der Preisanstiege von Vermögenswerten vor der Krise im wesentlichen gerechtfertigt gewesen war und sich als nachhaltig erweisen wird. Boom- und Pleitezyklen waren in der Tat schon immer ein Merkmal des Kapitalismus gewesen und werden es wohl bleiben. Immerhin stellt man noch die Frage, warum der jüngste Zyklus in einem derartigen Desaster endete. Verantwortlich sei eine übertriebene und naive Interpretation der Wirtschaftstheorie. Sie habe die Wirtschaftspolitik zu absurden Ergebnissen geführt.[20] Die marktfundamentalistische Interpretation habe aus einem Boom-Bust-Zyklus mit normalem bis ernstem Ausmaß die größte Finanzkrise aller Zeiten gemacht. Dieser Marktfundamentalismus habe hinter den vermeidbaren Fehlern der Bush-Regierung, insbesondere des damaligen Finanzministers Henry Paulson, gestanden. Entsprechende Fehler seien die unmittelbare Ursache für die Finanzkatastrophe gewesen.

Ein Großteil der Fehlentwicklungen wird einem schädlichen Zusammenspiel von Wirtschaftswissenschaften und politischer Ideologie zugeschrieben. Sie hätten ihre gegenseitigen Fehler und Vorurteile noch verstärkt.[21] Nicht zuletzt deshalb seien neue Formen der Wirtschaftswissenschaften dringend erforderlich, und zwar jenseits »mathematischer Pedanterie« und ideologisch eingefärbter Thesen über rationale Erwartungen und effiziente Märkte. Man könnte auch den Versuch aufgeben, die ganze Wahrheit durch Verwendung analytischer Methoden erkennen zu wollen. Die ökonomische Wissenschaft sollte viel mehr Bescheidenheit zeigen. Die Ökonomie hat vielleicht zu viel Gewicht auf das Mathematische gelegt und das nicht mathematische Menschliche in uns vernachlässigt.[22]

Einem reformierten Kapitalismusmodell wird kein Erfolg vorausgesagt. Man konstatiert gar eine »quasi-religiöse Doktrin« der perfekten Märkte und den damit einhergehenden Glauben, eine effektive Regierung und freie Märkte seien Antagonismen, die unmöglich nebeneinander existieren können. Die Wirtschaftswissenschaften haben sich wohl eher als ideologisch befangene Beobachter erwiesen. Sie unterschätzten systematisch das Ausmaß, in dem die Risikokalküle auf flankierende Maßnahmen der Politik angewiesen waren.[23] Nach den Bankenrettungen und den Verstaatlichungen von Unternehmen in den letzten Jahren wird man nicht mehr davon ausgehen können, dass Regierungsinterventionen für die Privatwirtschaft grundsätzlich schädlich sind. Richtig dürfte sein, dass noch freiere Märkte und weniger Staat keine glaubwürdigen Antworten auf die Herausforderungen sind, mit denen der Kapitalismus heutzutage konfrontiert ist. Jede Gesellschaft, die ausschließlich von Marktanreizen bestimmt ist, dürfte politisch und wirtschaftlich katastrophal scheitern.[24]

Ein alternativer Kurs könnte beweisen, dass der westliche demokratische Kapitalismus anpassungsfähiger und dauerhafter ist als die »autoritäre« chinesische Version. Ein selbstbewusstes China verkörpere zweifellos eine Herausforderung für den Westen, der sein sozio-politisches Modell neu ausrichten müsse. Kaletsky behauptet allen Ernstes, dass nach Durchführung der notwendigen Reformen der »demokratische Kapitalismus nach amerikanischer Prägung« als erfolgreichstes und attraktivstes wirtschaftspolitisches Modell für Nationen und Völker auf der ganzen Welt wiederauferstehen könne. Das werde aber nur geschehen, wenn die westliche Welt nach der Krise von 2007 bis 2009 zu Vollbeschäftigung und einem soliden Wirtschaftswachstum zurückkehrt.[25] Andere sind der Auffassung, dass Wachstum als bewährter Problemlöser diesmal ausfällt.[26] Dagegen ist die Überzeugung nach wie vor verbreitet, dass ohne Wachstum Fortschritt sehr schwer möglich ist, es sei denn, man überzeugt die Menschen, dass sie gern und freiwillig verzichten.[27] Für manch einen siedelt Wachstum dagegen zwischen Wahn und Ideologie.[28]

In diesem Zusammenhang hält man auch die Rückkehr zu einer modernisierten Version des staatlich gelenkten Kapitalismus im Stil der 1970er Jahre, vielleicht begleitet von einer Verschiebung der ideologischen Führerschaft von Washington nach Peking, für viel wahrscheinlicher als ein weiteres Experiment des »freien Marktradikalismus«.[29] Zwischen nachvollziehbarer Hypothesenbildung und undiskutabler Selbstbeschwichtigung ist nur schwer zu unterscheiden, wenn man den folgenden Gedankengang auf sich wirken lässt: Falls das kommende Jahrzehnt sich als erfolgreicher erweisen sollte als das vergangene, werde die Welt zu dem Schluss kommen, dass die Marktreformen der Thatcher-Reagan-Ära keine zynische Täuschung, der Finanzkapitalismus kein betrügerisches Schneeballsystem, der geschaffene Wohlstand keine Ausgeburt des kollektiven Irrsinns, der Zusammenbruch des Kommunismus, der Aufstieg Asiens und die Abschaffung des Goldstandards keine Tagträume, sondern welterschütternde historische Ereignisse waren. Das hält aber schon jetzt nicht davon ab, von einem gescheiterten Experiment Finanzmarktkapitalismus zu sprechen.[30]

Damit sind wesentliche Argumente genannt. Bei ausbleibender Erholung der Weltwirtschaft und Evolution des Kapitalismus wird sich, so eine mögliche Konsequenz, die Verschiebung von Wohlstand und Macht von Amerika und Europa in Richtung Asien mit Sicherheit beschleunigen. Das westliche Finanzsystem bliebe dann krisenanfällig und instabil. Trost ist aber nicht weit: Eine »unerbittliche Logik« sowohl des Kapitalismus als auch der Demokratie favorisiert angeblich die Selbstverbesserung gegenüber der Selbstzerstörung. Wirtschaftsentwicklung, politischer Konsens und systemische Evolution seien »inhärent wahrscheinlicher« als Kollaps, Anarchie und Auflösung. Eine lebensbedrohende Krise, die jedoch weit davon entfernt sei, jede Hoffnung auf Fortschritt zu vernichten, mache eine Evolution umso wahrscheinlicher und befördere den Kapitalismus in seine nächste Phase (»Kapitalismus 4.0«).[31]

Spannender als dieses Optimismusgeklingel[32] ist die Frage: Warum sah kaum einer die Finanzkrise von 2007 kommen? Immerhin haben nach den Standardindikatoren für Finanzkrisen geraume Zeit vorher zahlreiche Alarmsignale auf »Rot« gestanden. Niemand behauptet, dass es ein Leichtes gewesen wäre, die US-Finanzkrise zu verhindern, wenn die politischen Entscheidungsträger die Risiken früher erkannt hätten. Viele Probleme waren im »Rohrleitungssystem« der Finanzmärkte versteckt. Ihre Lösung würde sicher Jahre gedauert haben. Gleichwohl hätte man seinerzeit verstehen können und müssen, dass der dramatische Anstieg der Immobilienpreise (in den USA über 100 Prozent innerhalb von fünf Jahren!) ein Alarmsignal war, insbesondere angesichts der Tatsache, dass dieser Anstieg auf einer wachsenden Verschuldung beruhte.[33] So betrug der Gesamtwert aller Hypotheken in den USA zu Beginn des Jahres 2008 etwa 90 Prozent des Bruttoinlandsprodukts (BIP). Heute ist klar, dass die politisch Verantwortlichen schon mehrere Jahre vor Ausbruch der Krise hätten beschließen müssen, Druck aus dem System zu nehmen. Jetzt weiß man auch, dass die Maßnahmen zum Erhalt der Wachstumsraten sowie zur Verhinderung deutlicher Aktienkursrückgänge der Entfernung des Sicherheitsventils aus dem Dampfkochtopf gleichkamen.

Dessen ungeachtet wird behauptet, dass selbst angesichts des großen Ausmaßes dieser Finanzkrise die USA Mitte 2009 nicht in eine Schuldenkrise geraten waren. Wären die USA eine aufstrebende Ökonomie, hätten ihr Wechselkurs und ihre Zinssätze explodieren müssen. Der Zugang zu den Kapitalmärkten wäre urplötzlich (»Sudden Stop«) verschlossen gewesen. Stattdessen geschah im ersten Jahr nach der Krise (2007) genau das Gegenteil. Der US-Dollar zog an, und die Zinssätze fielen, da Investoren weltweit andere Länder als weitaus riskanter einschätzten und in großem Stil US-Schatzanleihen kauften. Dies hatte allerdings schon recht bald Warnungen ausgelöst. Bereits 2010 wurde darauf hingewiesen, dass sich der US-Wechselkurs und die dortigen Zinssätze ins Gegenteil verkehren, vor allem wenn keine Strategien zur Wiederherstellung einer soliden Basis für eine dauerhafte fiskalische Nachhaltigkeit entwickelt und umgesetzt werden.[34]

5 Schach oder Matt?

Jeder konnte in den 1990er Jahren früh erkennen, dass sich ein Kasinokapitalismus breitgemacht hatte. Dennoch schien die virtuelle Wertschöpfung der von jeder realökonomischen Basis entkoppelten Finanzblasen derart verführerisch, dass geradezu ein ökonomischer Wunderglaube um sich zu greifen begann. Es wurde das neue Zeitalter der »Aktienkultur« ausgerufen. »Hinz und Kunz« rechneten sich reich. Dieses »Paradigma«[1] war zudem mit einer rapiden Elektronisierung der Gesellschaft (Internet) gekoppelt.

Die Folge war ein »Syndrom der Verblendung«, das die gesellschaftliche Krise allein als das Problem »der anderen« draußen an der Peripherie des Weltmarkts erscheinen ließ.[2] Auch dem deutschen Finanzminister a. D., Peer Steinbrück, bleibt nichts anderes übrig, als anzuerkennen, dass sich die Politik allzu schnell den Deregulierungsarien, dem Hohelied des Shareholder-Value oder der Übernahme angloamerikanischer Bilanzierungsregeln ergeben hatte. Alle hätten diese Arien mitgesungen: die Wirtschaft und ihre Verbände, die Medien und die wirtschaftswissenschaftlichen Hochschulen in Deutschland. Niemand ermunterte die Politik, sich »turbokapitalistischen« Zielsetzungen entgegenzustellen. Die »Auflösung der Deutschland AG« war positiv besetzt und Teil einer Ideologie gewesen. Die Kernbotschaft lautete, dass sich die Politik rauszuhalten hätte und die Märkte von allein ein Gleichgewicht herstellen würden.

Diese »Krokodilstränen« müssten eigentlich schnell trocknen. Man bräuchte nur zur Kenntnis zu nehmen, dass ausgerechnet der Neoliberalismus mit seinen Forderungen nach der Umwälzung alles Bestehenden, nach einem radikalen Rückbau des Staates und nach dem Einziehen von Verantwortung auf allen Ebenen nach der Jahrtausendwende nicht zufällig zur »ideologischen Deutungsfolie des Medien-Mainstreams« avancierte und schließlich zum Signet einer ganzen Epoche wurde.[3] Nun leben Journalisten vom ständig Neuen, von der tagtäglichen Inszenierung des Abgrunds. Vielleicht muss dieser Abgrund gerade dann besonders dramatisch ausgemalt werden, wenn die kollektiven Erinnerungen an echte Katastrophen langsam verblassen: »Die Ideologie des Marktradikalismus bot eine narrative Struktur, die zu den Erwartungen der vom Klein-Klein der Politik gelangweilten Medien nach Drama, Umwälzung und grundsätzlicher Kritik alles Bestehenden perfekt passte und noch dazu eine lässige Indifferenz ermöglichte.«[4]

Selbst Steinbrück erkennt jetzt, dass diese Marktorthodoxie zerstörerische Kräfte freigesetzt hat. Sie haben die bürgerlich-liberalen Werte und Tugenden weggefegt und sich über ihre »Marktversessenheit« selbst in ein »moralisches Vakuum« manövriert. Auch diese Einsicht ist nicht originell. Das kapitalistische Wirtschaftssystem ist nach Auffassung fast aller Wirtschaftshistoriker und Gesellschaftstheoretiker in jenem historischen Augenblick entstanden, in dem die für die materielle Reproduktion erforderlichen Prozesse der Produktion und Konsumtion mit Hilfe des generalisierten Austauschmediums Geld ausschließlich über den Mechanismus von Angebot und Nachfrage organisiert werden konnten, so dass sie von nun an unabhängig von normativen Erwartungen und moralischen Rücksichtnahmen, also einer sittlichen Einbettung, abzulaufen vermochten.[5]

Der Bundeskanzler a. D., Helmut Schmidt, erinnert sich immerhin noch, dass das Umfeld der veröffentlichten Meinung wie »besoffen« war. Insbesondere die Bankenverbände hätten an eine möglichst unregulierte Wirtschaft geglaubt, während er selbst in der Mitte der 1990er Jahre das Schlagwort vom »Raubtierkapitalismus« geprägt haben will. Die Sozialdemokratische Partei Deutschlands (SPD) hatte aber nicht reagiert, weil sie nicht verstanden habe, was passierte. Den Streit um die Abwendung einer Zahlungsunfähigkeit des Staates Griechenland hält Schmidt übrigens zugleich für einen verdeckten Streit um die Rettung von Gläubigern, zu denen er Banken,

Versicherungen und dergleichen zählt (zum Beispiel Hypo Real Estate/HRE in München). Das Versäumnis liege darin, dass man bei der Gelegenheit diesen »Raubrittern«, die sich Bankvorstände, Aufsichtsräte, Berater und Händler nennen, mit phantastischen Bonifikationen alles gelassen habe.[6]

Dem hat Peer Steinbrück nur den Hinweis auf die Gepflogenheiten im internationalen Fußballgeschäft entgegenzusetzen, also die Fluktuation des Personals nach Maßgabe der Bezahlung. Auf die berechtigte Frage von Helmut Schmidt, warum das ganze Geschehen nie parlamentarisch untersucht wurde, gesteht Steinbrück, dass es sich dabei um ein politisches Versäumnis handelt, das er auch sich selbst anrechnen lassen müsse. Immerhin erkennt er an, dass die Amerikaner insoweit beispielhaft vorangegangen sind, während bei Schmidt der unangenehme Eindruck bleibt, dass etwas versäumt und niemand zur Rechenschaft gezogen wurde und die Banker keinen Preis (in Gestalt einer durchgreifenden Regulierung und Finanzaufsicht) bezahlt haben.[7] Ihm ist übrigens auch nicht verständlich, dass Banken und Finanzinstitute keine Umsatzsteuer zahlen.

Die Vorbereitung einer entschlossenen Krisenbewältigung und die dringlich erforderlichen Vorsorgemaßnahmen verlangen einen breiteren Überblick über den Stand der Debatte und seine Hintergründe. Daran fehlte es bis heute. Man wird sich in grundsätzlicher Weise mit der Entfesselung des (staats-)kapitalistischen Wirtschaftssystems befassen müssen. Wollte man versuchen, die wahren Verursacher der nicht nur wegen der Budgetpolitik Griechenlands aktuellen Euro-Krise zu finden, sollte man darum bemüht sein, den roten Faden nicht aus den Augen zu verlieren beziehungsweise ihn erst einmal zu finden. Leider haben die bisherigen Erfahrungen nicht zur Diskussion der Frage geführt, ob die europäische Kohäsionspolitik in ihrer bisherigen Form überhaupt sinnvoll ist.[8] Es waren in Geldnot geratene Regierungen, die Banken engagiert hatten, damit diese ihnen erste Hilfe leisteten. Es waren Banker, die Ländern wie Griechenland dann tatsächlich bei der Beschaffung von Kapital auf den Geldmärkten zu möglichst günstigen Zinsen behilflich waren. De facto handelt es sich bei der Rettung Griechenlands nur um die Rettung französischer und deutscher Banken.[9] Dabei wurden Gesetzeslücken ausgenutzt. Die wirtschaftlichen Wahrheiten über den Emittenten blieben den Anlegern verborgen. Diese hätten natürlich einen wesentlich höheren Zinssatz verlangt, wenn sie über die wirkliche Bonität des Emittenten unterrichtet worden wären. Es waren die Rating-Agenturen, die von den Banken engagiert wurden und die gegen Bezahlung den fragwürdigen Transaktionen ihre mehr als zweifelhaften Gütesiegel verliehen. Es waren die Anleger, die von den Banken nicht aufgeklärt und sogar in die Irre geführt wurden. Und es waren vor allem die zuständigen Politiker, die vieles hätten sehen müssen und nichts getan haben.

6 Ökonomie oder Psychiatrie?

In den hier nur kurz dargestellten Zusammenhängen sehen kritische Beobachter die eigentliche Krise oder das »wahre Verbrechen«. Hier sollte man auch die Schuld an der ganzen Misere suchen. Die gebetsmühlenartige Wiederholung der Behauptung »Die Hedge-Fonds sind schuld« könnte vor dem geschilderten Hintergrund in der Tat ein Ablenkungsmanöver sein. Man trifft immer wieder auf die Behauptung, dass die Hedge-Fonds die Krise nicht ausgelöst haben. Sie und ihre Investoren seien gleich in zweifacher Hinsicht Opfer. Erstens sieht man in ihnen Opfer der betrügerischen Wertpapieremittenten und zweitens im nachhinein auch Opfer von Regierungen, die ihr sträfliches Handeln nicht eingestehen wollten. Sie, die durch ihr geheimes Einverständnis die Krise mitverursacht hätten, wollten jetzt die Schuld auf die letztlich durch sie geschädigten Marktteilnehmer abwälzen. Dabei geht es um Einzelinvestoren sowie um Anleger, die mit ihrer Altersvorsorge und ihren Spareinlagen über Pensions-, Investment- und Hedge-Fonds engagiert sind. Politiker stimmen nun in den Gesang der Sirenen ein, weil sie die Anleger zum erneuten Schiffbruch verleiten wollen, anstatt die Verantwortung für ihre Mittäterschaft zu übernehmen, die zur Auslösung der Krise geführt hat. Mit einem Satz: Die Politik hat ihre Unabhängigkeit gegen die Pseudowahrheiten der Bankenoligarchie eingetauscht.

Natürlich wird die Bereitschaft Griechenlands, den verordneten Sparkurs zu akzeptieren, weder die Krise beenden noch das wirtschaftliche Leiden der griechischen Bevölkerung oder die Gefahr einer Zahlungsunfähigkeit des Landes abwenden. Das »wahre Verbrechen« sind noch nicht einmal die Wetten auf eine Zahlungsunfähigkeit. Sie sind auch nicht der Hauptgrund für die steigenden Kreditkosten. Nach manchen Beobachtungen hatten schon frühere griechische Regierungen Investmentbanken angeheuert, mit denen sie dann gemeinsam Bilanzen manipulierten, um die Zinssätze bei Anleiheemissionen zu senken, die wahren wirtschaftlichen Begebenheiten zu schönen und ihren Eintritt in die Europäische Währungsunion zu legitimieren.[1] Darin läge schließlich das »moralische Verbrechen«. Entweder haben die Rating-Agenturen diese Manipulationen nicht erkannt oder sogar bewusst ignoriert. Dabei gehe es nicht um theoretische Delikte, sondern um reale Verbrechen mit realen Opfern. Durch dieses Handeln wurden Anleger um eine Rendite gebracht, die für die eingegangenen Risiken angemessen gewesen wäre. Sie ergriffen nach Bekanntwerden der wirklichen Umstände verständlicherweise die Flucht.

Neue Investoren verlangten nunmehr eine Rendite, die sie für angemessen hielten. Aber statt höhere Kapitalaufnahmekosten für ihre Mandanten zu akzeptieren, täuschten die Banken eine hohe Nachfrage vor, indem sie bei Emissionen neuer Staatsanleihen diese selbst mehrfach überzeichneten. Zugleich begründet die hohe Nachfrage nach Kreditausfallversicherungen die Vermutung, dass die Banken wussten, welche hohen Risiken sie mit dieser Strategie eingingen, und sich deshalb gegen eine Zahlungsunfähigkeit Griechenlands absicherten.[2] Die Märkte reagierten mit erneuten Zinsanpassungen, als die Absicherungsversuche der Marktteilnehmer ruchbar wurden. Die verantwortlichen europäischen Staaten begannen daraufhin gleich mit der Suche nach einem Sündenbock. Sie dankten den Ermittlern nicht für die Aufdeckung des Verbrechens, sondern zogen es vor, die Täter weiter zu unterstützen. Banken und Investmentbanken, die eigentlich als Vermittler zwischen Kapitalgebern und Kreditnehmern auftreten sollten, konzentrierten sich stattdessen auf die Stimulierung einer künstlich erzeugten Nachfrage nach Finanzprodukten. Statt im Interesse ihrer eigenen Bürger geltende Gesetze fair und korrekt anzuwenden, scheinen Staatsbedienstete nun der Meinung zu sein, die Gesetze nach Gutdünken interpretieren zu dürfen, um damit ihre eigene Mitschuld zu verschleiern. Die Krise ist jedoch erst dann zu Ende, wenn allen der wahre Charakter der kriminellen Handlungen klargeworden sein wird.

Manager, Aufsichtsräte, Rechnungsprüfer, Rating-Agenturen und Hypothekenvermittler haben zumindest moralisch große Schuld auf sich geladen. Eine dementsprechende Reinigung durch die Finanzkrise wurde bislang nicht beobachtet.[3] Dort, wo sie nicht gebremst wurden, hat entweder die Exekutive oder die Legislative versagt. Für den mangelhaften Ordnungsrahmen zeichnet allein die Politik verantwortlich. Sie ließ zu, dass das Eigenkapital der Banken viel zu gering wurde und Fonds unreguliert mit riesigen Volumina spekulieren konnten. Man sollte sich aber nicht darüber hinwegtäuschen, dass schärfere Anforderungen an Kapital oder Liquidität nichts an der Tatsache ändern, dass im Krisenfall zentrale Funktionen von Banken durch riskantes Investmentbanking gefährdet werden können.[4] Kein staatliches Kontrollorgan hat die Krise vorhergesehen oder gar verhindert. Stattdessen haben Staaten Steuergelder eingesetzt, um den Größenwahnsinn und das Unvermögen von Managern zu finanzieren, die ihre Geschäfte zum Teil mit krimineller Energie zum Schaden der Allgemeinheit verfolgt haben. Letztlich hat die Politik dafür gesorgt, dass der Staat nicht mehr Herr im eigenen Hause ist. Das Geld für rettende Investitionen haben die Leistungsträger erwirtschaftet, die wirtschaftlich vernünftig gehandelt haben und die jetzt für Zockerei und Inkompetenz die Zeche zahlen. Der politischen Führung scheint entfallen zu sein, dass dem Staat die Steuereinnahmen zu treuen Händen überlassen wurden. Es ist ein ordnungs-, wirtschafts- und finanzpolitisches Chaos entstanden.[5] Vereinzelte Stimmen behaupten, dass wir uns in einer Katastrophe befinden, die durch eine tödliche Mixtur aus krimineller Energie und Ahnungslosigkeit ausgelöst worden sei.[6]

In den guten Jahren vor dem Ausbruch der Krise fanden weder die nichtformalisierten, ordnungspolitischen Ratschläge noch die quantitativ basierten Warnungen prominenter Wirtschaftswissenschaftler in der politischen Diskussion eine angemessene Berücksichtigung. Dieser Mangel ist vielleicht auch der Macht einer globalen Illusion geschuldet. Sie offenbart sich, wenn man den Zusammenhängen zwischen Geldwert und Geldgier nachspürt. Die Wirtschaftswissenschaften beschäftigen sich mit der Geldgier als psychologischer Kategorie jedoch kaum. Sie wird vielmehr unter anderem Namen als urmenschliche Natur vorausgesetzt (»Rationalitätspostulat«). Als oberstes Ziel menschlichen Handelns gilt es, ein Maximum an Nutzen oder Gewinn zu erstreben. Diese anthropologische Konstante wird in ihren konkreten Erscheinungsformen häufig mit Abscheu gebrandmarkt.

Einer der wenigen, die Geldgier auch beim Namen nannten, war der Wirtschaftswissenschaftler John Maynard Keynes. Er unterschied zwischen der Liebe zum Geld als Besitz und der Liebe zum Geld als Mittel für die Freuden und Realitäten des Lebens.[7] Die erste hielt Keynes für eine ekelhafte Krankheit, eine dieser halb kriminellen, halb pathologischen Eigenschaften, die man mit Schaudern den Spezialisten für Geisteskrankheiten übergibt[8]. Er wollte diese Geisteskrankheit der Geldgier in der Gegenwart dennoch nicht einem Psychiater überantworten. Vielmehr meinte Keynes, wir müssten mit dieser halb kriminellen, halb pathologischen Eigenschaft noch eine ganze Weile leben. Er ging übrigens davon aus, dass das Geld im Unterschied zu anderen Anlageformen keinerlei Rendite bringt und stellte die Frage, warum irgendjemand außerhalb eines »Irrenhauses« Geld als Wertaufbewahrungsmittel nutzen sollte.[9]

Die Frage nach Rationalität und Realität geht in den Wirtschaftswissenschaften mittlerweile weit über das Medium Geld hinaus. Der Ökonom John Kenneth Galbraith hatte sich schon vor vielen Jahren darüber aufgeregt, dass seine Kollegen so taten, als funktioniere etwa der Markt für Kühlschränke in geordneten Bahnen und brauche keine Regeln. Sie ignorierten Finanzblasen, weil sie in ihren Modellen nicht vorkamen. Oder sie wollten nicht wahrhaben, dass es in der Marktwirtschaft nicht bloß um Konkurrenz, sondern um Macht und Ohnmacht der Konzerne und des Staates geht. Daher könnte man glauben, dass Galbraiths große Zeit heute wäre. Im fünften Jahr der Finanzkrise kommt die Kritik an der bis 2008 tonangebenden Lehre, die seinerzeit die Deregulierung der Finanzwelt forderte, inzwischen sogar aus dem »Herzen des Establishments«. Es ist nicht mehr übersehbar, dass die Welt dadurch mit entfesselter Kraft in die Krise gerissen wurde. Kaum einer sah die Krise kommen. Alle Zweifel an den einschlägigen Theorien wurden abgewiesen.

Heute aber schwören maßgebliche Vertreter der Zunft öffentlich den alten Weisheiten ab. Sie fordern eine enge Zusammenarbeit zwischen Ökonomen, Historikern, Psychologen oder Umweltforschern. Der vermutlich erfolgreichste Spekulant der neueren Wirtschaftsgeschichte, George Soros, hat sogar ein »Institute for New Economic Thinking (INET) ins Leben gerufen. Offensichtlich lässt sich jetzt kaum noch leugnen, dass die Menschen oft nicht so rational sein konnten oder wollten, wie es maßgebliche Ökonomen immer wieder behaupteten. Dennoch hielten sie daran fest, dass ihre jeweiligen Modelle die Wirtschaft am besten erklärten. Realistischere Entwürfe hielt man offenkundig für überflüssig. Die alten waren doch erfolgreich. Die Deregulierung in aller Welt schienen sie zu bestätigen. Dennoch etablierte sich ganz allmählich ein Kreis von »Reformatoren«, die sich im Hinblick auf das wechselvolle Geschehen auf den Finanzmärkten auch mit den Wirkungen ansteckender Emotionen wie Euphorie und Angst beschäftigen. Sie erkannten, dass Menschen in der Verfolgung ihrer eigenen Interessen nicht immer gut sind.

In der beginnenden Auseinandersetzung zwischen den »Denkschulen« ist schon frühzeitig klargeworden, dass Krisen der »Turbo« in der Weiterentwicklung des ökonomischen Denkens sind. Bislang hat die Mehrheit der Wirtschaftswissenschaftler den Zustand der Wirtschaft weitaus besser erklärt als deren Veränderung. Sie beschleunigt sich oftmals selbst. Genau da kommt der Mensch ins Spiel, der mal gierig nach Geld strebt und mal für Gerechtigkeit einsteht – also der »ganz normale Mensch«, der nicht wie ein Computer alle Eventualitäten vorherberechnet, sondern sich von der Euphorie anderer anstecken lässt oder sie selbst entfacht. Die Gründe für das ständige Auf und Ab in Wirtschaftsprozessen gehören vielleicht wirklich zu den größten Geheimnissen der Wirklichkeit. Gelänge den Ökonomen deren Enthüllung, dann könnten sie nicht nur sagen, wie Blasen entstehen und platzen und wie man Krisen lindert. Sie könnten womöglich auch erklären, wie eine ökologische Verhaltenswende abläuft und wie der Staat sie befördern kann. Es besteht jedoch die Gefahr, dass jetzt alte Ideologien nur durch neue ersetzt werden. Die Ökonomen sind vielleicht von »falschen Freunden« umzingelt und werden daher gemahnt, den harten Kern der zwangsläufig vagen Wirtschaftswissenschaft nicht zu vergessen. Das ist die

Knappheit, angesichts derer die Ökonomie das Wechselspiel von Wollen und Verzicht zeigt. Ökonomie, ob links oder rechts, wird als »Lehre der harten Entscheidungen« bezeichnet. Sie sei in dem Maße nötig, wie ihre Gegner versuchen, sich genau davor zu drücken.[10]

Bei dem Versuch, die Finanzkrise zu erklären, könnte man den Untiefen der Psychiatrie vielleicht entgehen, wenn man sich zwei Thesen widmete. Da ist zum einen die Behauptung, dass es der traditionellen ökonomischen Theorie nicht gelungen sei, das Geld zu erklären, weshalb der Umgang mit dem Geld und die Geldgier ungelöste Rätsel blieben.[11] Zum anderen ist es die Aussage, dass es für das Geld und seinen Wert keinen realen Grund gibt. Man kann es nicht aus etwas anderem ableiten oder auf ein sicheres Fundament zurückführen. Geld ist also eine »globale Illusion«. Die zweite These erscheint schon auf den ersten Blick als absurd. Offensichtlich sind die meisten Menschen der Auffassung, dass das Geld die allerrealste und allerwichtigste Sache der Welt ist. Geld ist so selbstverständlich, dass wir alle unsere Beziehungen darüber abwickeln.[12]

Es gibt übrigens auch Auffassung, die Geschichte des Geldes widerlege den Anschein, dass die Vernetzung der Finanzmärkte im Zeitalter der Globalisierung in einem solchen Maß vorangeschritten ist, dass sie weltweit Ansteckungsgefahren und Kettenreaktionen hervorruft. Nicht der Markt, sondern der Staat – das hat die Finanzkrise gezeigt – ist der letzte Garant für den Wert des Geldes. Seit es sich nicht mehr in Gold aufwiegen lässt, speichert das Geld seinen Wert nicht, sondern muss ihn behaupten. Der Staat bürgt dafür, dass diese Behauptung ernstgenommen wird, indem er Kreditschöpfung und Eigenkapital in ein stabiles Verhältnis bringt (bringen sollte).[13]

Was begründet dann aber den illusionären Charakter des Geldes? Die Frage ist schwer zu beantworten, wenn man sich nicht zuvor Gedanken darüber gemacht hat, wie Geld entsteht.[14] Der alte Satz »ex nihilo nihil fit« (von nichts kommt nichts) scheint nicht mehr zu gelten, wenn es richtig ist, dass Geld im Grunde aus dem Nichts entsteht (»creatio ex nihilo«), indem eine Bank einem Kunden Kredit gewährt, gleichgültig, ob es sich um einen Unternehmer, einen Häuslebauer oder einen Hedge-Fonds handelt, der seine Geschäfte mit Kreditgeld »hebeln« möchte.[15] Dahinter steht möglicherweise eine relativ einfache Mechanik: Der Kredit steht auf der Aktivseite der Bilanz einer Bank. Auf der Passivseite stehen unter anderem die Spareinlagen. In dem Augenblick, in dem die Bank einen Kredit vergibt, schafft sie zugleich eine Einlage auf der Passivseite, nämlich auf dem Girokonto des Kreditnehmers. Damit ist die Bilanz wieder ausgeglichen. Die Bank braucht also keine zusätzlichen Ersparnisse zur Kreditvergabe. Durch die Kreditvergabe schafft sie zumindest kurzfristig »Ersparnis«. Der Kreditnehmer will mit dem Kredit regelmäßig etwas bezahlen und das Geld nicht sparen. Hat er sein Konto bei einer anderen Bank, muss die kreditgewährende Bank den Saldo ausgleichen. Dafür braucht sie Liquidität. Zur Deckung ihres Bedarfs könnte sie wiederum Kredit am Interbankenmarkt aufnehmen, etwa bei jener Bank, bei der die Einnahme des Kreditnehmers eingeht und die also gerade Geld überschüssig hat. Mit einem solchen Interbankenkredit wäre die Bilanz der ersten Bank ebenfalls wieder ausgeglichen und der nächste Kredit kann vergeben werden.

Jede Bank kann sich zusätzlich auch bei der Zentralbank Geld leihen und dieses Geld zur Kreditvergabe verwenden. Dafür muss sie Wertpapiere mit einem gewissen Rating bei der Zentralbank hinterlegen, auf die sie als Sicherheit dann Zentralbankgeld erhält. Das geschieht in Europa und in den USA zu Zinsen bei nahe null. Die Banken bekommen das Geld von der Zentralbank fast geschenkt. Oft wird der Eindruck erweckt, als ob die niedrigen Zinsen der Zentralbank an der Kreditexplosion schuld seien.

Nach der Auffassung von Sahra Wagenknecht stimmt das nicht, auch wenn niedrige Zinsen wachsende Verschuldung begünstigen und den Zusammenbruch von Kreditpyramiden verzögern. Noch schlimmer: Nach Jahrzehnten der Deregulierung ist das globale Finanzsystem so beschaffen, dass sogar ohne Rückgriff auf zusätzliches Zentralbankgeld immer neues »Kreditgeld« geschaffen werden kann – theoretisch unendlich viel davon. Natürlich ist eine unbegrenzte Geldschöpfung volkswirtschaftlich nicht wünschenswert, weil damit Inflation oder Berge ungedeckter Geldvermögen entstehen.[16] Überall hatte man versucht, den Eindruck zu erwecken, dass der Markt alle Probleme löst.[17] Das tat er aber nie. Und man wird schon gar nicht sagen können, dass der Markt immer recht hat.[18] Es handelt sich um einen äußerst instabilen, wenn nicht fragilen Ort.[19] Folgt man dem aparten Gedanken, dass der Kapitalismus eine Religion ist, dann war der Markt bis vor kurzem unfehlbar wie der Papst.[20] Erst jetzt räumen selbst ultraliberale Vordenker ein, was sie jahrzehntelang verdrängten oder selten thematisierten: Der Markt richtet nicht alles. Dabei ließen sie ihm gegenüber doch Milde walten. Den Staat, der ebenso wenig alles richten wird, verachteten sie hingegen, obschon er den Kollaps des Bankensystems und eine noch tiefere Weltwirtschaftskrise zunächst einmal abgewandt hatte. Selten wurde ein Nothelfer dermaßen gescholten.[21] Banken sind anscheinend über Nacht zusammengebrochen. Kredite platzten. Insolvenzen traten auf. Ganze Märkte schrumpften plötzlich. Man hörte Meldungen, wonach in wenigen Tagen Milliarden von Euro, US-Dollar oder Yen »vernichtet« wurden. Schier endlos steigende Immobilienwerte brachen zusammen oder halbierten sich. Eine Bilanzmanipulation (»Enron«) löste die Altersvorsorge von Zehntausenden Mitarbeitern in Luft auf. Ganze Vermögen verschwanden über Nacht, auch im Bereich der »Realwirtschaft«. All dies zeigt, dass Geld nicht aus sich heraus einen Wert verkörpert und eine verlässliche objektive Bezugsgröße darstellt, auf deren Grundlage wir die meisten gesellschaftlichen Beziehungen abwickeln.[22]

Die heutige ökonomische Theorie ignoriert die Problematik zumeist. Für sie ist Geld nur ein Schleier über den wirklichen Vorgängen in der Wirtschaft. In den Zeiten der Finanzkrise liegt die entsprechende Tröstung deshalb fast auf der Hand: In der »realen« Wirtschaft ist alles in Ordnung. Nur auf den Finanzmärkten gibt es eine gewisse Unruhe, die für den realen Sektor aber unbedeutend ist. Das ist absurd. Ohne Geld gibt es keine Transaktion, keinen Kauf und Verkauf, keine Investition, also keinen Markt.[23] Es unterliegt jedoch keinem vernünftigen Zweifel, dass die Weltwirtschaftskrise von einer Krise des Finanzsektors ausgelöst wurde. Das ist nicht untypisch für den Kapitalismus. Damit werden Fragen zum Charakter des Finanzsektors aufgeworfen. Klärungsbedürftig erscheint auch, warum er eine herausragende wie niederreißende Rolle zu spielen vermag.

Die folgenden Fragen stehen nur am Beginn einer langen Reihe:

- Inwieweit stellt der Spekulationsgewinn eine ganz eigene Form des Profits dar?
- Welche Rolle spielen staatliche Institutionen für die Existenz von Banken und Finanzmärkten?
- Warum haben Finanzinstitutionen einen so nachhaltigen Einfluss auf die Politik der Nationalstaaten?
- Wie gelingt es den Akteuren am Kapitalmarkt, immer größere Anteile des Gesamtprofits für sich abzuzweigen?
- Weshalb ist gerade der Finanzsektor der immer wieder rückfällig werdende Krisenproduzent im Kapitalismus?

Eine vielleicht mögliche Beantwortung dieser und weiterer Fragen erfordert eine einigermaßen schlüssige Theorie über Geld.[24] Die Idee von dessen geringfügiger Bedeutung hat mittelalterlich-scholastische Wurzeln. Seinerzeit begann man, den in Geld ausgedrückten Preis vom »wahren Wert« einer Sache zu unterscheiden. Dieser Wert, ausgedrückt im »gerechten Preis«, war eher eine »moralische« Vorstellung, die im Zuge der Aufklärung naturalisiert wurde. Den wahren Wert der Dinge sah man in der (investierten) menschlichen Arbeit. Die in Geld ausgedrückten Preise wurden nur als eine verschleierte Form des wahren Wertes betrachtet. Es ging also um die in den Waren verkörperte Arbeitsmenge. Das ist eine Vorstellung, die auch Karl Marx übernommen und fruchtbar gemacht hatte.

Angesichts der praktischen Schwierigkeiten bei der Messung der Arbeitsmenge hat man auf eine ganz besondere Ware zurückgegriffen: das Gold. An dessen Stelle als Maßeinheit ist mittlerweile die »Deflationierung« der Preise getreten. Damit will man den realen Wert des Geldes messen. Es wird ein Warenkorb mit ausgewählten Produkten und Dienstleistungen zugrunde gelegt und mit den jeweiligen Preisen multipliziert. Die Veränderung dieses Warenkorbs wird über die Zeit verglichen. Steigt sein Preis, spricht man von »Inflation«. Mit Hilfe der daraus ermittelten Inflationsrate wird schließlich der Wert des Geldes gemessen.

Diese Methode hat aber nur einen eingeschränkten Nutzen. Die für die Finanzmärkte wichtigsten »Produkte« sind in dem Korb nicht enthalten. Steigen auf den Aktienmärkten die Preise, spricht man eben nicht von Inflation, sondern von »steigenden Gewinnerwartungen«. In dem Warenkorb, der die Inflation messen soll, befinden sich auch keine Arbeitsleistungen oder öffentlichen Güter, die vom Staat gegen Steuern bereitgestellt werden. Der »wahre Wert des Geldes« lässt sich mit Hilfe eines entsprechenden Inflationsmaßes nicht ermitteln. Schon der Begriff »Geldmenge« ist also sinnlos.

Erst nach Ende seiner Amtszeit sorgte der ehemalige Chef der amerikanischen Notenbank, Alan Greenspan, für etwas mehr Klarheit. Er gab zu, dass man Geld als Quantität gar nicht messen kann. Das ist eine erstaunliche Aussage.[25] Es ist daran zu erinnern, dass dieser Mann über 18 Jahre hinweg die Geldgeschicke nicht nur einer ganzen Nation, sondern der weltweiten Finanzmärkte wesentlich mitgestaltet hat. Am Ende gesteht er ein, dass man den Gegenstand seiner täglichen Beschäftigung gar nicht mengenmäßig bestimmen kann. Damit ist er als Wert nicht erfassbar. Die Ökonomen können also gar keine gültigen Prognosen formulieren. Auch die nächsten Prognosen der Wirtschaftsforschungsinstitute, der wissenschaftlichen Beiräte der Regierungen, der Prognoseabteilungen von Banken und so weiter werden wieder Fehlleistungen sein. Die theoretischen Fundamente der modernen Wirtschaftstheorien sind nichts weiter als leere Behauptungen. Alles, was angeblich gemessen wird, ist spekulativ, beruht auf unbewiesenen Annahmen und höchst wackeligen Informationen.[26] Mit anderen Worten: Auch die neueren Geldtheorien sind nicht nur alter Wein in neuen Schläuchen. Sie verbergen hinter einem Wall an Gleichungen, Tabellen und Grafiken nur die schlichte Wahrheit, dass sich das Geld weder als Quantität genau messen noch sich zuverlässig etwas über seine Wirkungen vorhersagen lässt.[27]

Vielleicht profitiert auch der ehemalige Chef der Fed von den Segnungen der Altersweisheit. In einer Rede vor dem »Council on Foreign Relations« am zweiten Jahrestag des Zusammenbruchs der Lehman-Bank warnte Greenspan in dramatischer Weise vor einer Haushaltskatastrophe. Es reiche nicht, mit dem Abbau der ausufernden Defizite zu warten, bis die Wirtschaft wieder besser läuft. Andernfalls drohe eine Vertrauenskrise, die zu einem Kollaps der privaten Investitionstätigkeit führen könne.[28] Nun fordert Greenspan auch Steuererhöhungen, weil er gegen Steuersenkungen mit geborgtem Geld ist. Er empfindet Sorgen angesichts des Immobilienmarktes. Investoren halten riesige Bestände an unverkäuflichen Häusern. Sollten sie diese auf den Markt werfen, käme es zu einem neuen katastrophalen Einbruch der Immobilienpreise.[29] Der Realitätsgehalt all dieser Einschätzungen kann hier dahingestellt bleiben. Ungeachtet aller hochwissenschaftlichen Differenzierungen in den Geldtheorien gilt: Nur wenn viele Menschen Geld – als Ware oder Papiergeld – anerkennen, dann gibt es Geld. Wir bewegen uns also in einem unvermeidbaren Zirkel. Das ist kein logischer Mangel, sondern liegt in der Natur des Geldes. Man kann das Geld nicht auf etwas anderes zurückführen, ohne es stillschweigend immer schon vorauszusetzen. Etwas, das man nicht aus etwas anderem ableiten kann, bleibt zwangsläufig unbestimmt und unbestimmbar. Die Pointe beim Geld ist also: Es ruht nicht auf einem festen Fundament einer genetischen Eigenschaft, einem objektiven Wert von Gold oder von Immobilien und Grundstücken. Der Wert des Geldes hängt gewissermaßen in der Luft, es handelt sich um eine »Fata Morgana«. Geld als solches ist nichts anderes als eine zirkuläre Illusion. Es hat, wenn man es genauer untersucht, fast keinen Inhalt. Soweit vorhanden, deckt es sich mit den aufgedruckten Zahlen auf den Geldscheinen. Ist erst einmal eine Geldeinheit festgelegt, kann man mit dem Geld nach den Regeln der Arithmetik verfahren. Es genügen die Grundrechenarten und etwas Potenzrechnung, wenn es um Zinsen und Renditen geht. Geld wird praktisch in seinem Wert durch alltägliches Handeln anerkannt, indem wir mit ihm hantieren, also rechnen. Es ist diese milliardenfache alltägliche Handlung, die dem Geld seinen alltäglichen Wert verleiht.

Der Einwand, dass die Menschen doch nur in Geld rechnen, weil Geld einen Wert hat, überzeugt nicht, obschon alle glauben, dass Geld von sich her einen Wert besitzt. Der illusionäre Charakter dieses Verständnisses ist aber leicht zu entdecken, wenn man alte Reichsmarknoten einem Antiquar zum Kauf anbietet. Die aufgedruckte (hohe) Summe ist nur ein paar Cent wert. In der Inflation finden fließende Übergänge statt.[30] Das Geld verliert an Wert, weil die Menschen es nicht mehr als wertvoll erachten, rasch ausgeben und ihm am Ende ganz das Vertrauen entziehen.[31] Geld hat also nur einen Wert, wenn alle auf den Märkten es als Wert anerkennen. Das kann kein Staat verordnen. Geld wird nur anerkannt, weil jedermann glaubt, dass es von sich her einen Wert besitze. Das ist ein gedanklicher Zirkel, der nur in Krisen oder Zeiten der Inflation evident wird. Im normalen Alltag bleibt er verborgen. Damit ist die Natur des Geldes klar. Etwas, das nur dadurch existiert, dass alle daran glauben, ist nichts weiter als eine Illusion. Allerdings herrscht sie objektiv und übt durch die Köpfe der Menschen hindurch Macht aus. Trotz seines illusionären Charakters ist Geld ein heißbegehrtes Gut. Auf den Aktien- und Rohstoffbörsen scheint sich dieses Begehren in einer kollektiven Hysterie zu realisieren. Aber diese Art von Verrücktheit, in der Keynes eine ekelhafte Krankheit sah, ist die Normalität des entfalteten und entfesselten Kapitalismus. Zum Teil ist diese Krankheit durch objektive Gründe erklärbar. Geld hat viele Funktionen (Rechnungseinheit, Tauschfunktion, Zahlungsmittelfunktion, Wertaufbewahrungsfunktion et cetera). Es ist aber vor allem eine Marktzutrittsschranke, die leicht zu überspringen ist, wenn man genügend davon besitzt, um die geforderten Preise zu bezahlen. Ansonsten grenzt das Eigentum alle Nichtgeldbesitzer aus. Das Eigentumsrecht wird durch staatliche Gewalt geschützt und bildet eine permanente Schranke für den Marktzutritt. Sie hebt sich nur gegen Geld.

Dieses Prinzip ist global und universell. Alle Menschen in einer Geldökonomie sind also zum Streben nach Geld quasi verurteilt. Darin liegt der objektive Grund für das, was in seiner entfalteten Form als Geldgier erscheint und subjektiv reproduziert wird. Insofern muss man anerkennen, dass Geldgier keine angeborene Verwirrung des Geistes oder eine exklusive Eigenschaft krimineller Charaktere ist. Sie ist ein historisch überkommenes Alltagsphänomen, das als reines Streben nach Geld zum Beispiel in Gestalt des Wucherers bekannt ist. Beim Geld ist Maßlosigkeit die Regel. Die Selbstverständlichkeit, mit der die Erwartung gepflegt wird, dass sich eine Geldsumme verzinsen möge, könnte man als zu einem allgemeinen Vorurteil verwandelte Geldgier bezeichnen. Alle Institutionen der

Finanzmärkte, die Banken wie die Börsen, sind deren Verkörperung. Angesichts von Geldknappheit – niemand kann von Geld jemals genug bekommen – und der universellen Entfaltung des Strebens nach Geldbesitz begegnet sich Geldgier auf den Märkten gewissermaßen selber. Das weltweite und umfassende Streben nach Verzinsung des eingesetzten Geldes macht definitiv vor nichts halt. Ergibt sich ein Vorteil daraus, dass man traditionelle Moralregeln oder die kaufmännische Redlichkeit unterläuft, so werden solche Regeln aufgehoben. Wir haben eine globale De-Regulierung der tradierten Moralsysteme.[32] Dies zeigt sich nicht nur an den immer wieder die Medien erreichenden Fällen von Korruption, Bilanzbetrug et cetera.[33] Deutlich wird das vor allem an einem wachsenden Verlust in der Geltung moralischer Werte. Das organisierte Verbrechen ist auch deshalb die wichtigste Wachstumsbranche. Der osteuropäische Kapitalismus wurde an vorderster Front von früheren, arbeitslos gewordenen Geheimdienstmitarbeitern auf illegalen Märkten in neuen Verbrechersyndikaten aufgebaut.[34]

Zudem ist die Lüge zur wichtigen Gewinnquelle geworden.[35] Ob man durch gezielte Gerüchte Aktienkurse, Rohstoffpreise oder Wechselkurse manipuliert – stets sehr gewinnträchtig für jene, die die Lügen[36] verbreiten – oder ob man einfach die Öffentlichkeit, die Behörden, die Wirtschaftsprüfer und allen voran die eigene Belegschaft durch falsche Zahlen belügt: Stets ist es die abhandengekommene Moral, die sich als Gewinnquelle, als neuer Bewegungsraum der Geldgier erweist.

Auch im Westen hat die moralische Indifferenz eine lange und bewährte Tradition. Angesichts der Geisteshaltung prominenter Banker sollte das niemanden erstaunen. Hilmar Kopper, der ehemalige Chef der Deutschen Bank, betont, dass die virtuelle Welt nicht allein eine Ausprägung der Finanzbranche sei und dass er auch keine »moralischen Vorhaltungen« zu machen habe. Wenn die Märkte es hergeben, dass solche Geschäfte gemacht werden können, dann finden sie auch statt. Ungeachtet der ausgleichenden Funktion der Märkte gewährleisteten sie nicht automatisch ein gutes Benehmen der Akteure. Die Hoffnung auf Anstand reiche nicht immer. Die Marktakteure und das Geld brauchten Gesetze. Regulierungen müssten vor allem für jenen Bereich gelten, der bislang überhaupt nicht kontrolliert wird: Hedge-Fonds. Moral hält Kopper im übrigen für hinderlich, wo es um Wettbewerb und Erfolg geht. Sie sei aber – gerade im Finanzgewerbe – von besonderer Bedeutung. Früher hat dieser ehemalige Banker gedacht, dass die Welt von der Liebe geprägt werde. Heute hält er das für »Quatsch«. Geld, Geiz und Gier zählt er nun zu den »drei großen Konstanten«. Für ihn ist es allerdings Unsinn, dass die Märkte die Politik vor sich her treiben und wirklich regieren. Kopper fragt nach den Gründen dafür, dass die Politik den »Spiegelcharakter« der Märkte (»neutral und unbestechlich«) nicht akzeptieren will. Er garantiert, dass Fehler, die gemacht wurden, sich wiederholen werden. Allenfalls würden die Zyklen kürzer, die Auslöser überraschender und die Krisen noch größer.[37]

7 Mehr Geld oder kein Geld mehr?

Es ist vielleicht kein Wunder, wenn ein »alter Banker« wie Kopper im Zweifelsfall anderen Marktteilnehmern wie den Pensions- und Hedge-Fonds die Schuld in die Schuhe schieben will. Mittlerweile bieten Philosophen oder Sozialwissenschaftler auch interessantere Annahmen über die Funktionsweise von Finanzmärkten als angebliche Finanzexperten oder sonstige Technokraten.[1] Das ist allerdings auch nicht besonders schwierig, zumal es inzwischen evident geworden ist, dass die gegenwärtige Konfusion in den Wirtschaftswissenschaften, die keine exakten Wissenschaften, sondern Schulen, Lehren und Glaubensgemeinschaften sind, viele Hirne vernebelt hat.

»Bio-philosophischen Betrachtungen« von Richard David Precht sind Einsichten über die obskuren »Märkte« zu verdanken, die einige Schlussfolgerungen nahelegen.[2] Er weist darauf hin, dass die Pensionsfonds und Hedge-Fonds die Schuld »mit gleichem Unrecht« vermutlich bei den Banken suchen. Es sei zweifellos richtig, dass dieses System keine Schuldigen kennt. Die Aussage von Kopper, dass »Geiz und Gier« die Essenz der Märkte sind, erkläre allerdings auch nichts. Nach der Auffassung von Precht geht es in diesem Spiel nicht um die Kapitalisten und deren wie auch immer geartete Antriebe, sondern einzig um das Funktionieren eines Systems, welches von Ökonomen, Politikern und Journalisten nicht genauer beschrieben, sondern unzulänglich psychologisiert werde.

In weiteren Überlegungen wird angenommen, dass den Zeitgenossen die Revolution oft nur als eine Summe von Reformen erscheint. Die Versuche von Angela Merkel und Nicolas Sarkozy, die Finanzmärkte gegen die Finanzmärkte zu retten, würden späteren Chronisten ein schulterzuckendes Lächeln abnötigen, da Schuldenreduzierung durch »Kranksparen« als »historische Caprice« erscheine, die schon heute einen Vergleich mit dem »unglückseligen« Wirken des Reichskanzlers Heinrich Brüning rechtfertige. Damit folgt Precht den Gedankengängen amerikanischer Ökonomen. Sie mahnen, dass nicht die Inflation von 1923 Adolf Hitler an die Macht gebracht habe, sondern die Spar- und Deflationspolitik von Brüning nach dem Börsenkrach des Jahres 1929. Angesichts der Ungewissheit, ob der lange Ritt über den Bodensee, den die Euro-Rettung verlangt, zu einem guten Ende führt, steht aus der Sicht eines anderen Kommentators der Schuldige jetzt schon fest, wenn es schiefgeht. Das werde Deutschland sein. Darin liege der Preis der neuen Stärke. Deutschland – und nicht etwa ein Bankrotteur am Mittelmeer – werde in den Augen der anderen Europäer Auslöser einer Katastrophe gewesen sein, diesmal, nach den Weltkriegen von 1914 und 1939, eines ökonomischen Zusammenbruchs von globalem Ausmaß. Die jetzt schon kursierenden historischen Analogien benutzen eine unmissverständliche Sprache. Dabei gelten die Vorwürfe gegen die angeblich deutsche Inflationsneurose noch als die freundlichere Version der Anklagen, die man als historisches Trauma zwar noch halbwegs zu begreifen, aber nicht zu billigen vermag.

Schwerer wiegt der Verdacht, hinter der Politik der Bundesregierung mit ihrem Verlangen nach Haushaltsdisziplin für alle stehe nicht eine falsche Lehre aus der Geschichte, sondern in Wahrheit das deutsche Streben nach Vorherrschaft in Europa. Es wirke in diesem Zusammenhang fast schon subtil, wenn sich der Vergleich nicht auf die Weimarer Republik und Hitler bezieht, sondern auf die Situation vor 1914, wie es auch in Äußerungen eines ehemaligen amerikanischen außenpolitischen Beraters (Tony Corn) geschah. Danach liegen an der Wurzel der gegenwärtigen Krise dieselben Probleme wie vor einem Jahrhundert. Deutschland sei wieder einmal ein Land, das in systemischer Hinsicht zu groß für Europa und zu klein für die Welt sei. Ihm wird unterstellt, dass es den Status quo bewahren, aber zugleich auch das große Spiel mitbestimmen will. Man könne aber, so der »amerikanische Freund«, die EZB nicht als Klon der Bundesbank ansehen. Sie müsse vielmehr nach dem Vorbild der amerikanischen Notenbank umgestaltet werden. Die politische Führung

Deutschlands zeige – mit Angela Merkel in der Rolle Bethmann-Hollwegs und Wolfgang Schäuble in der Ludendorffs – denselben Mangel an Staatskunst wie am Vorabend des Ersten Weltkriegs.[3] Das deckt sich nicht ganz mit der Auffassung eines bedeutenden luxemburgischen Politikers, der in Schäuble trotz dessen politischer Berufung keinen weltfremden Träumer sieht, sondern einen »weitsichtigen wertorientierten Macher, der auch denkt. Und einen großen europäischen Denker, der auch macht«.[4]

Fraglich ist gleichwohl, ob deshalb in Europa wieder einmal die Lichter ausgehen müssen. Derartige historische Analogien sind vielleicht der reine Irrsinn. Man könnte sie geradezu als logischen Gegensatz zum wichtigsten systematischen Erkenntnisinstrument ansehen, das Historiker haben, nämlich zum Vergleich. Das Einzigartige, so ein Kommentar, lasse sich überhaupt nur durch Vergleich dingfest machen. Analogien behandelten die Geschichte dagegen eigentlich mythisch, als Abfolge wiederkehrender Muster. Auch Amerikaner sind nicht vor der »Pest historischer Analogien« gefeit – nicht nur, wenn sie mal eben das Außenministerium mit flachen Thesen zu 1914 beraten. Wenn heute amerikanische Ökonomen den Europäern das Fluten der Geldmärkte nach dem Vorbild der Fed empfehlen, sprechen sie so vielleicht nicht nur eigensüchtig und mit sinistrer Absicht, sondern auch weil ihnen echte Vergleiche zu mühsam sind.

In diesem Zusammenhang wird darauf hingewiesen, dass entsprechende Anstrengungen zeigen können, wie unterschiedlich Inflationierungen in unterschiedlichen Gesellschaften wirken. Die einen hätten nämlich große Sparvermögen und einen ausgebauten, aber eng berechneten Sozialstaat zu verlieren, die anderen eher Hypotheken auf kreditfinanzierten Eigenheimen. Aus dieser Sicht geraten historische Analogien zu einer Form des magischen Denkens. Es kann sehr leicht zwanghafte Formen annehmen, weil sie sich an Äußerlichkeiten heften. Wer die heutige Krise mit dem Muster von 1929 beurteilt, könnte leicht jenen Anteil Katastrophengeist hinzutun, der ein prekäres Gleichgewicht kippen lässt.[5]

Hier kann dahingestellt bleiben, mit welchen Motiven etwa Precht seine zitierte historische Analogie anstellte. Für ihn ist jedenfalls die

Summe naheliegender Schritte in Gestalt vermeintlich risikoärmster Entscheidungen oft ein Weg in die falsche Richtung. Unter den vier Möglichkeiten der Stunde (Sparen, Steuererhöhungen, Schuldenschnitt, gezieltes Herbeiführen von Inflation) sei Sparen letztlich sogar die gefährlichste. Sie habe ihren Grund in der Angst vor den Märkten. Für Precht ist es erstaunlich, dass die Frage nach den Vorkehrungen der Märkte gegen ihren eigenen Zusammenbruch selten gestellt wird. Die Ideenlosigkeit von Banken, Versicherungen, Pensionsfonds und Hedge-Fonds empfindet er als frappierend. Das Versagen der oft beschworenen Selbstheilungskräfte des Marktes habe die handelnden Personen in Trotz erstarren lassen.

Precht glaubt, dass man dem Phänomen des Marktes nur gerecht werde, wenn man es bio-philosophisch mit dem Begriff der »Emergenz« erklärt. Insbesondere Finanzmärkte verfügen aus dieser Perspektive über andere Eigenschaften als Banken, Schattenbanken[6] oder öffentliche Finanzinstitute. Precht sieht in ihnen Prozesse kollektiven Handelns, die sich selbst organisieren, ohne dabei (anders als einzelne Akteure des Marktes) an einem kollektiven Ziel orientiert zu sein. Die Summe der Einflüsse, Selbstverstärkungsprozesse und Rückkoppelungen in ihnen sprenge jede Berechnung, ein Grund für die zitierte gegenwärtige »Konfusion« in den Wirtschaftswissenschaften. Dabei gilt nicht der Markt als nervös, sondern seine Analysten und Analytiker. Den Finanzmarkt als »Markt der Märkte« schätzt Precht als grundsätzlich »nicht therapierbar« ein. Das gilt als ein Zeichen dafür, dass er keine Psychologie im menschlichen Sinne aufweist. Die Personifizierung des Marktes als Akteur, Patient oder Monster habe einen Mythos geschaffen, der zugleich seine Unbesiegbarkeit gewährleiste. Die Politik gebärde sich entsprechend schicksalsergeben.

Nach dem Empfinden von Precht gehört die Annahme, der Finanzmarkt schaffe aus sich heraus Werte, zu den gefährlichsten Mythen der jüngsten Vergangenheit, sei gar eine der absonderlichsten »Wahnideen« unserer Zeit. Er attestiert dem Finanzmarkt eine Bindung an Bedingungen, die er nicht selbst frei erzeugen könne: an die Realwirtschaft und an eine bestehende Vertrauenskultur. Biologisch betrachtet, erscheine der Finanzmarkt als ein Paradox, da er »parasitär symbiotisch« agiere. Transaktionen auf dem Finanzmarkt sind für Precht keine Charakter-, sondern eine Systemfrage.[7] Gleichwohl behauptet er, dass es darum gehe, die »Moral« der Finanzmärkte auf das Niveau unserer Zeit zu bringen. Diese »Umkehr« sei nicht von Ökonomen im Gewand sogenannter Technokraten zu denken und zu verantworten. Diejenigen, die glauben, es gehe um die Beseitigung technischer Mängel in der Finanzwirtschaft oder in der EU, unterschätzten die Lage. In seiner gegenwärtigen Form gefährde der Finanzmarkt nicht nur Banken, Unternehmen, Institutionen und Staaten, sondern er ruiniere zugleich unsere Alltagskultur.

Den Siegeszug des »Kosten-Nutzen-Kalküls« als gesellschaftliche Leitvorstellung führt Precht auf das Leitbild von Bankern und Brokern seit den 1990er Jahren zurück. Ihm seien andere Leitkulturen vom Wertkonservativismus über alle Sozialutopien einschließlich des Christentums zum Opfer gefallen. Eine Wende kann nach seiner Einschätzung nur von Wissenschaftlern eingeleitet werden, deren Gegenstand die Gesellschaft, nicht der Markt ist. Precht hält die sozialen, politischen und moralischen Zusammenhänge, um die es geht, für weit größer als die Ökonomie. Mit einem vermeintlichen »Gesundschrumpfen« würden die gesellschaftlichen, sozialen und kulturellen Werte, ohne die unsere Marktwirtschaft langfristig gar nicht bestehen kann, weiter zerstört. Alternativen zur gegenwärtigen Politik hielten die Technokraten aber für »Teufelswerk«. Dazu gehörten:

- europaweite Harmonisierung der Finanzsteuern
- verbindliches Signal gegen den volkswirtschaftlich schädlichen Unterbietungswettbewerb der Niedrigsteuerprostitution
- Verbot des Ankaufs von Staatsanleihen durch Banken, Fonds und Versicherungen
- keine Überantwortung des Wohls europäischer Staatsbürger an die Zuckungen des Marktes
- Kreditgewährung durch die EZB an Staaten zu niedrigen Zinsen auf einem kontrollierten und gemeinnützigen Markt
- Verbot oder Ächtung gefährlicher und vorteilsloser Finanzgeschäfte (Hedge-Fonds)
- Ausschluss des anonymen Handels mit Aktienpaketen

Märkten könne man moralisch und regulativ alles antun – sie erlitten nicht einmal Schmerzen dabei. Die Märkte seien unverwundbar durch das Schwert wie ein Gott. Doch seine Schwäche sei auch ihre: »Sie verschwinden mit jenen, die den Glauben verlieren.«[8]

Schon lange vor Precht haben andere Autoren beim Nachdenken über Geld und Märkte ein Gefühl der Hilflosigkeit entwickelt. Einer von ihnen, Urs Widmer, kam zu dem Ergebnis, dass Geld wie nichts sonst unsere Existenz auf Erden bestimmt. Keiner könne aber sagen, wie der Geldaustausch vor sich geht und was er bewirkt. Man vergleicht die Lage mit einem Flug im Nebel, bei dem die Instrumente ausgefallen sind. Die Piloten halten die Maschine in der Luft, solange der Sprit reicht, aber sie wissen nicht, wie sie auf die Erde zurückkehren können. Diese Undurchschaubarkeit verursache Aggressivität und erzeuge ein Gefühl der Leere und der Lähmung. Geld löse irrationales Verhalten aus. Es wird bestritten, dass die Ökonomen alles im Griff haben, das Kommende prognostizieren, den Markt steuern und seine Logik verstehen. Der Markt denke nicht daran, sich vernünftig zu verhalten. Er reguliere sich auch nicht selber, schon gar nicht nach den Gesetzen irgendeiner ökonomischen Vernunft.

Der Grund sei ganz simpel. Es sind die ökonomisch Handelnden selbst, mit ihrer Gier, ihrer Machtlust und ihrer Hoffnung, einen größeren Happen von der Beute zu kriegen als die anderen. Der Markt verhalte sich irrational, weil seine Akteure sich irrational verhalten. Im Umgang mit Geld gebe es keine Objektivität. Es fehle auch an einer sinnlichen Vorstellung für das, was unser Handeln mit Geld bewirkt. Mit der zunehmenden Abstraktion des Tauschprozesses haben wir offensichtlich den Bezug zu den Dingen verloren, die das Geld eigentlich repräsentieren sollte. Man geht von einem System aus, das sich verselbständigt hat und für unsere »sinnliche Vernunft« undurchschaubar geworden ist. Möglicherweise sind wir sogar in »magische Muster« zurückgefallen. Wir scheinen uns als Gläubige und Ungläubige tatsächlich wie trunkene aber skeptische Teilnehmer eines Kults zu verhalten. Vielleicht sind wir alle freiwillig-unfreiwillig Mitglieder einer weltumspannenden Religion geworden. Als solche könnten wir gezwungen sein, zu glauben oder wenigstens hinzunehmen, was uns die Priester verkünden, weil uns die rationale Erkenntnis verwehrt bleibt.[9]

Die Geldgier lässt sich nicht in Dienst nehmen, solange das Geld weiter als Illusion regieren kann. Alle Reformbemühungen bleiben nur erfolglose Versuche der Symptombekämpfung, wenn wir nicht erkennen, dass es nur dazu dient, unsere Beziehungen unter dem Mantel eines illusionären Wertes abzuwickeln. Wenn eine moralische und vernünftige Ordnung der Maßstab menschlicher Gesellschaften sein soll, dann darf diese Moral ihre Begriffe nicht aus der Buchführung als Bilanzierung von Vor- und Nachteilen importieren.[10] Das mag reichlich blauäugig klingen, ist es doch ausgesprochen profitabel, in der Finanzindustrie zu arbeiten, selbst wenn man weder Erfahrung noch Ausbildung mitbringt. Das Umfeld offeriert einen Lebensstil, der nach viel Geld verlangt, weil nur ein nach außen sichtbarer Erfolg noch mehr Geschäft anzieht und den sozialen Status schafft, nach dem die meisten sich seit ihrer Kindheit gesehnt haben. Diesseits der Moral hat man den Eindruck, dass es sich um eine Welt von Ego und Lust handelt, in der weder Bildung noch Charakter gut bezahlt werden. Das ist aber meist nur für diejenigen eine schlimme Überraschung, die weder Bildung noch Charakter noch Geld haben.[11]

Manche der zitierten Forderungen oder Erwartungen mögen als der Gipfelpunkt der Naivität erscheinen, wenn Geld (nur) ein Kommando gibt und seine Order »mehr« lautet. Geld, könnte man in kaum überbietbarer Knappheit sagen, ist »eine Zahl mit Besitzer«.[12] Die Schlussfolgerung klingt plausibel, wenn nicht zwingend: Der Besitzer von Geld ist der erste, dem das Kommando »mehr« gilt. Am Anfang erscheint Geld in der Tat nichts anderes zu sein als Zahlen in einer Tabelle. Die Zentralbank schöpft Geld, indem sie einer anderen Bank eine Zahl ins Buch schreibt.[13] Manche sehen von ihr eine »Wasserkette« ausgehen: von Schulden über Schulden und Kredite auf Kredite bis hinunter zum Konsumenten. Darin liege etwas Neues. Bis vor 30 Jahren hätte der Konsument nie der Letzte in der Kette sein dürfen, der Schuldner der letzten Instanz. Dieser Platz war bis dahin den Investoren vorbehalten gewesen.

Im Prozess der Geldschöpfung entstehen Schulden.[14] Geldausgeben bedeutet Einnahmen. Wachstum wird durch Aufnahme neuer

Schulden generiert. Der Prozess von mehr Schulden über mehr Geld zu mehr Umsatz und mehr Gewinn treibt sich selbst voran. Er führt möglicherweise zu einem Problem, wenn die Wirtschaft nicht weiterwächst, weil der Kredit sich nicht erhöht.[15] Wieder nur zirkulär mutet die Aussage an, dass Geld das ist, was Geld tut (bezahlen, bewerten, speichern). Die Funktionen des Geldes scheinen unveränderbar, weil sie zugleich das Geld sind. Variabel sind nur Geschwindigkeit und Volumina der Zirkulation. Der Satz »Zeit ist Geld« bekommt durch die elektronische Kommunikationstechnologie eine atemberaubende Aktualität und Intensität.[16] Die Finanzinnovationen sind ohne moderne Medialität nicht denkbar.[17]

Das provoziert die Frage, ob die Digitalisierung des Geldes den entscheidenden Bruch darstellt. Sie steht mindestens in einem funktionellen Zusammenhang mit unterschiedlichen Geldsorten (Bargeld, Konsumgeld, Finanzgeld). Schon das Konsumgeld ist in den Zustand digitaler Information übergetreten. Es fließt über Bankkonten. Die Zahl muss einem Besitzer zugeordnet sein, sonst wäre sie kein Geld. Die bekannte Identität des Konsumenten ermöglicht staatlichen Zugriff. Anders ist das beim Finanzgeld. Die Summen werden in transnationalen Konzernen über Staatsgrenzen hinweg verschoben. Teils werden sie in »Finanz-Staaten« gehalten, die eher Banken als Staaten sind und klandestine Speicherung anbieten. Geld und Besitzer bleiben anonym.

Das Geld des Schattenbanksystems bildet als digitalisierte Verrechnungsform eine eigene Art. Die Festlegung der Geldnähe ihrer Anlagen erfolgt auf verschiedenen Ebenen. Auf der ersten sind noch Preise feststellbar, auf der zweiten nur noch abgeleitet, und auf der dritten besitzt nicht einmal der Basiswert einen Preis, wie die Kreditausfallversicherungen zeigen. Sie zirkulieren in einem sich stetig aufblähenden Markt anstelle der Anleihen. Nur zwischen den Banken gehandelt beziehen sie sich auf einen dritten Besitzer einer anderen Summe. War Geld bis jetzt noch eine Zahl mit Besitzer, so geht es jetzt um Geld als eine Zahl, die davon ausgeht, dass eine andere Zahl in Zukunft von jemandem besessen wird: »Derivat-Geld«.[18]

Gleichwohl geht es nicht nur um abstraktes (Geld-)Vermögen. Wo Schulden sind, gibt es auch Gläubiger, gewöhnliche Sterbliche, wenn auch »High Net Worth Individuals«. Pensions- und Investmentfonds halten jeweils circa ein Sechstel, Staaten und Hedge-Fonds weniger als ein Zehntel. Nie war Vermögen ungleicher verteilt als heutzutage. Zur Erwirtschaftung höherer Renditen ist dieses Vermögen, wie bereits mehrfach angedeutet, in aller Regel »gehebelt« angelegt. Der Investor nimmt einen günstigen Kredit auf, der gleichzeitig den »Löwenanteil« der Investition ausmacht. Das rechnet sich, wenn der Zins für den Kredit geringer ist als die Rendite der Investition. Mittlerweile übersteigt die Menge der Kredite die Vermögensmengen jedoch um ein Vielfaches. Das »Leverage« ist der archimedische Punkt der Weltfinanzordnung geworden.[19] Der Hebel vergrößert das Risiko. Derivate sollen Anlagen sichern. Das Risiko eines Verlustes wird an Dritte verkauft. Die (scheinbare) Absicherung erweitert den Kreditrahmen. Der Hebel wird noch länger. Das Zeitalter der »Securitization«[20] ist eröffnet. Aber die Zirkularität von Vertrauen, Risiko, Verschuldung und Abwälzung führt letztlich zur wechselseitig garantierten Gefährdung, wenn nicht zur Vernichtung unter dem Etikett der Sicherheit.

Zur Erinnerung: Es begann mit der Deregulierung der Finanzmärkte. Dann folgte ein Berechnungsmodell für Derivate. Schließlich kamen die »Finanzinnovationen«. Der unübersehbare Markt an Futures, Optionen und Swaps war eröffnet. Dort erfolgte der Weiterverkauf von Risiken zumeist rechnerisch korrekt. Der Teufel steckt hier vielleicht aber weniger im Detail als in den Ausfallrisiken der Gegenseite, die den Kreditausfall eigentlich versichern soll. Im Mangel an Deckungsmöglichkeiten liegt das systemische Risiko. Dessen ungeachtet wird in den Finanzmarktverfahren ein altes Spiel gespielt: Mehr! Mehr! Mehr! Es werden in unglaublichem Maße neue Kredite geschöpft. Die »Geldproduktion« steigt exzessiv. Damit wird Wachstum geschaffen. Kreditausweitung und Krisenentwicklung haben nun die Vorstellung hervorgerufen, das Bankensystem müsse Hebel, Risiken und damit Kredit verringern. Damit ist jedoch kein Problem gelöst: »Verringerung von Kredit ist aber gleichbedeutend mit der Vernichtung von Geld.«[21]

Der utopische Gedanke einer schuldenfreien Wirtschaft fordert konsequenterweise die Abschaffung des Geldes in seiner heutigen Form. Damit gerieten aber Grundfesten in Gefahr. Das heutige Finanzkapital unterscheidet sich von demjenigen von vor hundert Jahren in fundamentaler Weise.[22] Damals ging es vor allem um Güterproduktion. Heute ist die Herstellung durch Kommunikation im weitesten Sinne ersetzt. Modernes Banking entstand wegen des mit der Industrialisierung verbundenen ungeheuren Geldbedarfs. Die »Securitization« führte zu einer Auslagerung der entsprechenden Versorgungsfunktionen der Banken an den Finanzmarkt und verwandelte sie selbst zu Agenten an diesem Markt. Mit jeder Kreditaufnahme findet Geldschöpfung statt. Die »Securitization« hat eine Veränderung des Rahmens dieses Verfahrens bewirkt. Früher hielten die Banken den Kredit in ihren Büchern und legten eine Reserve an (»Originate-and-Hold«). Heutzutage halten sie den Kredit nicht, sondern verkaufen ihn an einen Dritten (»Originate-and-Distribute«). Dieser erwirbt das Recht auf die Rückzahlungen und gibt der Bank dafür (sofort) Geld. Der Kredit befindet sich nicht mehr in den Büchern der Bank. Nach seiner »Erzeugung« wird er sofort verteilt. Damit ist auch schon die Immobilienblase im Prinzip beschrieben.[23]

Zuvor hatten insbesondere in Amerika die »Savings and Loans«-Institute Kredite vergeben. Dabei hielten sie die Abzahlung früherer Kredite für ein Maß des Vertrauens. Problematisch wurde es, als in den 1980er Jahren die Zinsen stiegen. Die Institute hatten sich zu geringen Zinsen Geld ausgeliehen und mussten sich auf einmal zu hohen Zinsen refinanzieren. Das war (wieder) die große Zeit der staatsgestützten Hauskreditfinanzierer (»Government Sponsored Enterprises/GSE«) wie Fannie Mae und Freddie Mac. Sie deckten schließlich zwei Drittel des Hypothekenmarkts ab. Nichtstaatliche Firmen übernahmen aber das Geschäft ab dem Jahre 2000 wieder. Die Erklärung ist einfach: Niedrige Zinsen und das »Originate-and-Distribute«-Verfahren lenkten überschüssige Liquidität in den Häusermarkt. Nach dem Platzen der Blase sollten nun die GSE wieder zum Zuge kommen unter der Bedingung, dass deren absehbare Verluste nicht von den Anteilseignern, sondern durch den Steuerzahler abgedeckt werden. Das Prinzip ist altbekannt und bewährt: Privatisierung der Gewinne und Verstaatlichung der Verluste.[24]

Das Maximierungsgebot (»Mehr! Mehr! Mehr!«) verlangt unter den Bedingungen des Kreditgeldes nach mehr Krediten. Jeder von ihnen war und ist aber mit einem Risiko behaftet. Die Überführung unsicherer Kredite in sichere wurde zur allgegenwärtigen Herausforderung. Mit anderen Worten: Wie verwandele ich Dreck in Gold?

Im Zeitalter der Digitalisierung bieten sich erfolgversprechende Verfahren an. Viele Kredite werden gebündelt und paketweise versichert. Dabei gibt es allerdings mindestens zwei Haken. Die Bündelung funktioniert nur, wenn lediglich wenige und nicht die Mehrzahl der Kredite ausfällt. Und die Versicherung ergibt nur Sinn, wenn der Versicherer solvent ist und bleibt. Die einschlägigen Verträge (Collateralized Debt Obligations/CDOs) leisten indes keine Sicherheit. Sie erfüllen nur die juristischen Vorgaben, die man bei der Konstruktion von Kreditpyramiden für erforderlich hielt und die von den Rating-Agenturen verlangt wurden.[25] Das Ergebnis enger Absprachen zwischen diesen Agenturen und den Emittenten war eine juristische Fiktion, die man zur Absicherung erklärte. In der Sache ging es nur darum, dass man für einen bestimmten Preis faule Kredite als »sicher« bezeichnete. Diese hinterlegte man dann wiederum als Sicherheit für weitere Kredite. Den jeweiligen Zentralbanken blieb am Ende nur übrig, genau jene Risiken zu übernehmen, die in diesen Papieren erst konstruiert, dann veräußert und schließlich von niemandem mehr getragen wurden.

Parallel dazu entwickelte sich ein Markt, auf dem wechselseitige Versicherungen gegen Kreditausfall gehandelt wurden (Credit Default Swaps/CDS). Es handelt sich dabei um nichts anderes als um Kontrakte zwischen zwei Banken, welche die Anleihen oder den Kredit von Dritten betreffen. Ihr »Vorteil«: weitestgehende Intransparenz. Der Handel findet direkt zwischen den Banken statt. Es gibt also keine allgemeingültigen Preise. So ersetzte man den Kauf tatsächlicher Anleihen. Im Laufe der Zeit hatte man mit CDS eine Kreditsumme versichert, die weit über den Wert tatsächlich vergebener Kredite und sogar über die gesamte Wirtschaftsleistung der Welt hinausging. Das führte zu einer gigantischen Produktion von Ersatzgeld, veranstaltet von den Banken, die sich in diesem Marktsegment bewegten. Auch das war nichts Neues. Interne Kreisläufe von Geldersatz sind seit langem bekannt. Ihre Merkmale: Umgehung von Regulierungen, Intransparenz und Hebelwirkung. In der Wechselreiterei sind insbesondere Bankiers seit langem sattelfest.[26] Die CDS-Kontrakte spielten die entscheidende Rolle beim Sturz des weltgrößten amerikanischen Versicherers American International Group (AIG) im Herbst 2008.[27]

Die Bankenlobby hat bis heute eine wirksame Reform verhindert. Der amerikanische Finanzminister Timothy Geithner hatte zu seiner Zeit selbst dafür gesorgt, dass CDS auf Devisen von vornherein von jeglichen geplanten Regeln ausgenommen bleiben. Im September 2011 gab es Schätzungen, wonach auf die Staatspapiere von Griechenland, Portugal, Irland und Spanien circa 32 Milliarden Dollar an CDS-Kontrakten ausstanden und noch einmal 23 Milliarden Dollar auf die Kreditwürdigkeit von Italien wetten. Und niemand weiß, ob die Banken, die die CDS-Garantien ausgegeben haben, und ihre jeweiligen Transaktionspartner im Fall einer Zahlungsfähigkeit tatsächlich einspringen können. Bei größeren Ausfällen droht ein fataler »Dominoeffekt«, der eine wirksame Bekämpfung der Euro-Krise verhindern könnte.[28]

Spätestens seit den 1980er Jahren ist die Deregulierung das Zeichen der Zeit. Die Geldschöpfungsmöglichkeiten sind seitdem ins Unermessliche gewachsen. Der Kreditnehmer kauft sich etwas mit seinem Kredit, das er als Sicherheit für die Aufnahme eines weiteren Kredits einsetzt. Man war zwar darum bemüht, durch Einlageverpflichtungen für jeden vergebenen Kredit eine Rücklage zu schaffen und eine Ausuferung der Kreditschöpfung zu verhindern. Aber: Wenn diese (bürokratischen) Regeln umgangen werden können, müssen das alle tun. Die Banken haben also nur die Alternative, mitzumachen oder ihr Geschäftsfeld an Konkurrenten abzutreten.[29] Die Karriere von Kredit zum verkäuflichen Wirtschaftsgut hat bei Banken die Gier erhöht. Sie verführten und nötigten die Konsumenten zur Kreditaufnahme, auch wenn klar war, dass die Kreditnehmer nie zur Rückzahlung in der Lage sein werden. Der Einsatz von Kreditgeld im Pyramidenspiel von Sicherheit und Neukredit zeichnet sich durch eine Alternative aus: Wachstum oder Zusammenbruch. Mit der »Securitization« wurde indessen ein profitabel erscheinendes Modell eingeführt, das zwar schöngerechnet, aber empirisch ungetestet war.

Bei alledem gab es eine neuralgische Stelle: Die Wiedereinspeisung des Geldes war vom jeweiligen Rating abhängig. Die einschlägigen Agenturen handelten im Interesse ihrer Kunden, die sie für ihre Arbeit bezahlten. Dementsprechend verschleierten die Verträge die kreditrelevanten Informationen. Banken, Ratings und löchrige Gesetze gerieten schließlich in eine »glückliche« Übereinstimmung. Es kam zu einem »Kurzschluss« zwischen Banken und Rating-Agenturen. Die Agenturen hatten die Kredite als solide bewertet, nur weil das absehbare Risiko an Dritte verschoben worden war.

Unterdessen setzten die Banken ihr Schuldenverkaufsgeschäft fort, weil sie andernfalls auf knappes Zentralbankgeld angewiesen gewesen wären. Eine starke Reduzierung von Umsatz und Rendite wäre die Konsequenz gewesen. Man hätte das Verhältnis von aufgenommenen zu eigenen Geldern wieder auf das Maß zurückführen müssen, das vor der »Securitization« bestanden hatte. Also: weniger Kredit, weniger Geld, weniger Umsatz, weniger Gewinn. Im Zeitalter des Kreditgeldes sind die Folgen absehbar: Rezession, wenn nicht Katastrophe.[30] Mittlerweile scheinen sich die Zentralbanken zu »Clearinghäusern« verwandelt zu haben. Private Banken konnten das Kreditgeld unkontrolliert vermehren. Mit Hilfe des »Originate-and-Distribute-Modells« war die Geldschöpfung der Banken der Aufsicht der Zentralbanken entzogen worden.

Aus dieser Sicht schließt sich ein Kreis: Erst wurden die Zentralbanken im 19. Jahrhundert gegründet, um die Unsicherheit der Wechselreiterei zu unterbinden. Jetzt hat eine globalisierte Wechselreiterei die Grenzen der national organisierten Zentralbanken vorgeführt.[31] Das ist ein dramatischer Befund. Aufgabe der Zentralbanken war und ist es, das Geld in allen seinen Funktionen aufrechtzuerhalten. Das kann aber nur gelingen, wenn ein Vertrauensverlust vermieden wird. Daneben stellt sich die Frage nach der Funktionalität von Zentralbanken in einem Kreditgeldsystem. Sie schien zuletzt auf ein »Mopping-up« (Aufräumarbeit) reduziert zu sein. Zentralbanken konnten an den Spielen der Geschäftsbanken offensichtlich nichts ändern. Das Aufwischen der Reste nach dem Scheitern des der »Securitization« zugrundeliegenden Modells durch temporäre Inzahlungnahme der »Untoten« gegen »wirkliches« Geld ist nicht einfach. Es wird gerade durch die »Securitization« und die unkontrollierte Streuung der Kreditrisiken quer durch alle Institutionen erschwert. Die etablierten engen Verbindungen zwischen sämtlichen Akteuren erlauben kaum die Isolierung eines Ausfalles. Mit anderen Worten: Es geht nicht nur um das Aufwischen einzelner Flecken, sondern um die Behandlung einer flächendeckenden hässlichen Einfärbung.[32]

Vielleicht ist diese Lage unvermeidlich. Man könnte zu der Auffassung gelangen, dass die Entwicklung zur Krise des Geldsystems von selbst läuft. Bei genügend vorhandenem Geld wird immer der Weg zum »Mehr« gesucht. Regeln mögen den dazu notwendigen Geldverkehr sichern. Gleichzeitig wird jedoch versucht, sie mit »Innovationen« und kreativen Finanzkonstruktionen soweit als möglich zu unterlaufen. Deregulierungen können den dafür nötigen Spielraum so erweitern, dass der Zusammenbruch des gesamten Systems droht und schließlich auch eintritt. Der Zwang zur Einigung auf neue Regeln wird spätestens dann akut. Daraus folgern manche, dass sich die Frage nach dem Maß der Regulierung nie ernsthaft stellt. Entscheidend seien die Zeitpunkte von Regulierung und Deregulierung. Die Prozesse entfalteten sich jenseits aller Regulierung von selbst. Sie werden nicht als Fehler im System angesehen, sondern als das System selbst, in der Erfüllung des abstrakten Kommandos: »Mehr!«[33]

Es hat den Anschein, als ob die »Securitization« im Mittelpunkt der Krise steht. Sie habe einerseits mit der erweiterten Geldschöpfung die Rezession gemildert, das Wirtschaftswachstum erhöht und die Profite enorm gesteigert. In jüngerer Zeit mehren sich aber die Stimmen, die daran zweifeln, dass Wachstum glücklicher macht. Sie fordern eine Debatte über Lebensqualität.[34] Der Mechanismus hat beim geringsten Anzeichen der Krise versagt. Die entscheidenden Instanzen schienen zudem entschlossen, die durchaus bekannten Risiken zu ignorieren. Zur Aufrechterhaltung des Systems musste es indessen gelingen, mehr Geld herzustellen, also die Kreditaufnahme zu erhöhen. Das »Pyramidenspiel« der Banken konnte nur durch laufende Kreditzufuhr fortgesetzt werden. Niedrige Zinsen allein genügten nicht. Nach dem Ausfall des Konsumenten als Kreditnehmer gibt es den Staat als Schuldner der letzten Instanz. Inzwischen sieht man in der Liberalisierung und Deregulierung zugleich die Ursache für Wirtschaftskrisen wie das Mittel dagegen. Die Liberalisierung des Kapitalverkehrs brachte den Missbrauch erst richtig in Gang. Er hatte anscheinend die Funktion, die frühere Machtposition der Wirtschaftsoligarchie zu restaurieren.[35] Größere Freiheiten erlauben dem System eine weitere Ausdehnung. Die Krise wird gleichzeitig hinausgeschoben und verstärkt. Es erscheint paradox, die Liberalisierung weiterzutreiben, so dass sich das Geld im Leerlauf weiter vermehren kann. Das Geld verliert dann seine Speicherfunktion. Die Folge wäre klar: Inflation. Unterbleibt eine Kreditausweitung, droht eine Entschuldung, also Geldvernichtung[36] und Enthebelung (»De-Leveraging«). Die Vermögensentwertung verliefe schneller als der Schuldenabbau. Das Verhältnis von Schulden zu Eigenkapital würde steigen. Der Hebel der Banken würde sich paradoxerweise erhöhen und nicht vermindern.[37]

Allmählich dürfte klar geworden sein, dass sich die Krise des Finanzsystems nicht mehr auf die USA und den US-Dollar beschränken lässt. Das gesamte heutige Kreditgeld ist betroffen. Bei einem Kreditvolumen in Höhe des dreifachen Bruttosozialprodukts und einer jährlichen Kreditaufnahme in Höhe des halben, ist Geld (nur) eine Zahl geworden, die vergeben wird. Deshalb wird zu Recht die Frage gestellt, ob das Geld, das in so großen Mengen geschöpft wurde, noch zu retten ist oder ob man ein anderes Geld braucht. In dieser Perspektive erscheint Zukunft nicht mehr als Kontinuität. Es zeichnet sich ein Bruch ab. Träte er ein, sieht man nicht die Zukunft als solche in Frage gestellt, wohl aber das Kreditgeld, das eine bestimmte Form von Zukunft vorweggenommen hatte.[38]

Die Nerven von Anlegern liegen nicht nur deshalb blank. Griechische Anleihen sind in den Augen zahlreicher Investoren nichts mehr wert. Einzelne Immobilienfonds verweigern immer mal wieder die Rücknahme der Anteilsscheine. Die Börsenkurse sind auf Berg-und-Tal-Fahrt. Viele Menschen fragen sich also, was sie mit ihrem Vermögen machen sollen, wo es noch Sicherheit gibt und wo stabile Erträge winken. Die Antworten sind einfach, aber hart: Geld ist eine Illusion, es gibt keine Sicherheit, und das Leben wird allen Krisen zum Trotz weitergehen, nur nicht so, wie manche Leute sich das vorstellen. Es ist völlig egal, ob das Vermögen derzeit 25 000, 250 000, 2, 5 Millionen oder 25 Millionen Euro wert ist. Die Menschen leben in einer Mischung aus Angst und Gier. Sogar Panik ist nicht mehr auszuschließen. Die ersten haben Angst vor Inflation, die zweiten haben Furcht vor einer Währungsreform, und die dritten haben Sorgen vor einer Enteignung. Alle werden erkennen müssen, dass es keine Sicherheit gibt. Der kleinste gemeinsame Nenner aller Kapitalanlagen ist und bleibt eben, dass Geld schlicht eine Illusion ist. Die meisten Menschen wollen das freilich nicht wahrhaben. Bargeld in Höhe von 200 000 Euro ist dennoch nichts anderes als 4000 Papierzettel, auf denen steht, dass sie 50 Euro »wert« seien. Für je einen Schein kann man gegenwärtig Rindsfilet und Rotwein kaufen, später vielleicht nur noch Hackfleisch und Mineralwasser. So gesehen, sind die 200 000 Euro der Glaube an Nahrung im weitesten Sinne des Wortes.

Das ist bei Anleihen und Rentenansprüchen nicht viel anders. Es geht um Glaube und Hoffnung. Beide Anlagen stehen indes nicht besonders hoch im Kurs. Es ist egal, ob die Papiere aus Griechenland, Italien, Spanien oder Portugal kommen. Der Ruf dieser Länder bleibt bis auf weiteres angeschlagen. In Deutschland, Frankreich, Italien oder England sieht es nicht rosiger aus. Auch diese Länder haben über ihre Verhältnisse gelebt. Die Rentenkassen sind leer, weil der Nachwuchs fehlt. Die herrschende Meinung, dass Immobilien stabile Anlagen sind, ist nur ein Märchen. Grundstücke und Häuser sind Rechte, die in Grundbüchern eingetragen sind. Doch Papier ist geduldig. Ein kurzer Blick in die deutsche Geschichte zeigt, dass Anleger im Osten über Nacht ihren (Immobilien-)Besitz verloren. Menschen im Westen mussten zur Kenntnis nehmen, dass ihre Schollen niemand wollte, der Wert also im wahrsten Sinne des Wortes am Boden lag. Es gibt keine Garantie, dass Anlagen jedweder Art morgen noch vorhanden sein werden. Und es gibt keine Sicherheit, dass die Güter übermorgen noch etwas wert sein werden. Vor diesem Hintergrund stößt man immer häufiger auf die Empfehlung, sich weniger auf Besitz, sondern auf das Leben zu besinnen. In jedem Fall ist die Hoffnung, dass Besitz beliebig vermehrbar sei, trügerisch. Geld bleibt also für immer eine Illusion, und Zinsen sind Spekulation.

8 Geld braucht Vertrauen

Die bislang erfolglosen Bemühungen, die Finanz- und Schuldenkrise einzudämmen, scheinen Europa dazu zu führen, den Glauben an sich selbst zu verlieren. Das provoziert die Frage, ob eine Währungsgemeinschaft, in der sich der Zweifel eingenistet hat, überhaupt noch funktionieren kann. Der banale Hinweis darauf, dass Angst der größte Gegner des Vertrauens ist, ersetzt keine Antwort. Richtig ist zwar, dass Geld sich an den einzelnen richtet und seine Habgier weckt. Aber mit jedem neuen Gewinn steigt auch die Angst, alles zu verlieren. Dieser Angst kann das Geld nur begegnen, wenn alle von seiner Glaubwürdigkeit überzeugt sind. Dazu bedürfe es des Vertrauens in die Gemeinschaft. Schwindet das Vertrauen, könne jede Währung kaputtgehen. Historisch beruhe der Gemeinschaftsglaube immer auf einem Herrscher oder einer Regierung. Heutzutage fehle es aber an einer derartigen Inkarnation einer Gemeinschaft, in der Glaubwürdigkeit der Gemeinschaft Gestalt annimmt. Mangels einer neuen Leitidee Europas dürfte die soziale Gerechtigkeit als der stärkste Kitt einer demokratischen Gemeinschaft die Voraussetzung für Vertrauen und den Glauben an die Gemeinschaft sein. Es geht darum, der Dynamik des Geldes Zügel anzulegen. Nur so werde Geld zum »Klebstoff« zwischen Gemeinschaft und Individuum. Die Bereicherungssucht wird dagegen als der Motor nicht nur von sozialer, sondern eben auch ökonomischer Verwüstung angesehen. Man wähnt sich einerseits in einem Vakuum zwischen dem »Nicht-mehr« des nationalen und dem »Noch-nicht« des gesamteuropäischen Gedankens und erkennt andererseits Marktwirtschaft und Demokratie als »Kinder der Aufklärung«, die zeitgleich die Bühne der Geschichte betreten haben.

Während der Kapitalismus das einzelne Subjekt mit seinen Profitinteressen in den Mittelpunkt stelle, stehe in der Demokratie der Bürger mit seinem Stimmrecht im Zentrum. Beide ergänzten einander. Geld habe sogar demokratisierende Effekte gehabt. Mit der Aufgabe des Goldstandards sei jedoch der Aufstieg des Finanzkapitalismus gekommen, ein »Phänomen ausufernden Geldes«. Die »Akkumulation von Nullen« löse als ganz neue Erscheinung Beklemmung vor dem Augenblick aus, in dem sich das Geld als genau das offenbaren könnte: eine Anhäufung von Nullen. Geld sei nur noch Zeichen. Offensichtlich ist es extrem schwierig, mit diesem hohen Grad an Abstraktion fertig zu werden. Dieser Umstand erkläre die »Raserei« der Börsenhändler und Spekulanten. Die Begierde nähre sich selbst. Das mache die hohe emotionale Energie des Geldes aus. Nur Sexualität oder die Religion entfesselten sonst eine ähnliche Leidenschaft, die sich bis zur Gewalt steigern könne. Die Rede ist von einer »Triebstruktur des Geldes«. Beobachtet wird eine Art der Entrückung, ausgelöst durch die »irrsinnige Manipulation leerer Zeichen«. Sie wirke gerade für den, der tagtäglich mit Geld zu tun hat, beängstigend.[1] Geld ist jedenfalls nicht zu begreifen, wenn man sich nur auf dessen Zweckrationalität einlässt. Es handelt sich dabei um eine der wirkungsmächtigsten Versuchungen und Verführungen, die den Stil des Lebens prägen.[2]

Selbst diese eher schlichten Weisheiten sind vielen Menschen nicht zu vermitteln. Sie glauben, dass es anders geht. Dabei handelt es sich womöglich um eine besonders wirksame Form der Täuschung: Selbstbetrug. Neuere wissenschaftliche Forschungen (»Neuroökonomie«) kommen zu dem Ergebnis, dass der Umgang mit Geld im Gehirn dasselbe Areal aktiviert, das auch nach dem Genuss von Kokain und Sex stimuliert wird: In allen Fällen, also auch bei Geld, scheint der Verstand mithin auf der Strecke zu bleiben. Diese Phänomene (Selbstbetrug und Abdankung des Verstandes) haben auch kollektive und strukturelle Dimensionen. Ein entsprechendes Bewusstsein ist dennoch immer noch nicht allgemein verbreitet, weil die meisten Menschen in Europa einen ökonomischen Zusammenbruch noch nie erlebt haben. Deshalb spüren sie lediglich eine abstrakte Angst.

In der Mitte des Monats Mai des Jahres 2010 hat aber möglicherweise eine Entwicklung begonnen, die sehr schnell konkrete Ergeb-

nisse mit sich bringen kann. Es kann jeden Sparer[3], Rentner und Arbeiter treffen: Ersparnisse und Aktiendepots verlieren ihren Wert,
Renten- und Krankenversicherungen gehen pleite, und schwer ver-
dientes Geld wird durch Inflation aufgezehrt. Die Arbeitslosigkeit
erledigt den Rest. Banken versinken im Schuldensumpf. Das Virus
greift auf alle hochverschuldeten Nationen der Erde über. Die Zeichen für die politischen Folgen stehen an der Wand: Die EU zerfällt,
wenn die gemeinsame Währung als wichtigste Klammer zerbricht.[4]
Deutschland als großes Land mit einer gesunden Industriestruktur
wird mittlerweile sogar angefeindet.[5]

Angesichts all der zitierten klugen Gedanken verwundert die Ahnungslosigkeit, in der man im Vorfeld der gegenwärtigen Finanzkrise agierte. Dabei konnte doch jeder seit Schaffung der »monetären Seifenblase« zu Beginn der 1970er Jahre und spätestens seit
1989, als das Verhältnis zwischen globalem Sozialprodukt und globaler Geldmenge auf ein Verhältnis von eins zu 300 anschwoll, mit
einem Platzen dieser Blase rechnen.[6] Es ist keineswegs erstaunlich,
dass es auf dem amerikanischen Hypothekenmarkt für Privatbauten
losging. Hätte sich eine internationale Überwachungsbehörde die
fragilsten Teile der globalen Geldstruktur vorgenommen, dann hätte
ein solches Frühwarnsystem ohne weiteres Alarm schlagen können.
Das Malheur ist gleichwohl geschehen und hat nach mancher Einschätzung die Menschheit in die wohl schlimmste Wirtschaftskrise
aller Zeiten gestürzt. Das löst berechtigte Fragen nach dem Umfang
der vor diesen Ereignissen verbreiteten Naivität aus.[7]

Für Haesler ist es nicht mehr an der Zeit, mit allerlei Glossen und
Bonmots übers Geld aufzufahren. Er schlägt vor, Geistelei und vor
allem Schöngeistelei tunlichst zu vermeiden. Das Gebot der Zeit sei
ein angestrengtes analytisches Einkreisen des Phänomens. Allerdings reiche die überkommene Nüchternheit nicht mehr aus, um
dem Geldphänomen gerecht zu werden. In der Nüchternheit von
Fachleuten sieht Haesler eine unfassbare und sogar kriminell er-
scheinende Naivität. Diese »Nüchternen« täten so, also ob man die
Sache verstünde, als ob die nüchterne Sache nur Nüchternheit verlangte, um sie in den Griff zu bekommen. Es wird vorgeschlagen,
sich in »Übernüchternheit« zu üben und dabei neue Wege, Metho-

den und Listen zu finden, um der Natur der Sache auf die Schliche zu kommen. Zweifellos werden wir angesichts einer solchen Krise und ihrer katastrophalen Auswirkungen nicht umhin kommen, Grundsatzfragen zu stellen. Mit Blick auf den Zeitablauf stößt Haesler auf die relativ störende Tatsache, dass die Fragen zur Krise stets gewechselt wurden. Mit jeder neuen Ramponierung der Maßnahmenpakete hätten sich neue Fragen gestellt, die urplötzlich die alten, für grundsätzlich gehaltenen in ein schiefes Licht gestellt hätten.

Die Phasen des öffentlichen Diskurses sind hoffentlich noch erinnerlich: Man müsse den Finanzkapitalismus reformieren, gar abschaffen, den Bankensektor verstaatlichen, spekulative Gewinne massiv besteuern, das Fixing an der Börse nicht auf Mikrosekunden, sondern auf Monatsbasis festlegen. Urplötzlich sollte das Maastrichter Abkommen nicht mehr gelten. Man spricht von staatlicher Budgetsanierung, als ob dieses Thema nie ein Thema war, von neuen Steuern, die früher nicht einmal denkbar waren, und sogar von staatlichem Bankrott, obwohl man ihn bis heute für ausgeschlossen erklärt. Nach dem Eindruck von Haesler sind es immer dieselben, die reden, raten und ratschlagen und dafür sorgen, dass andere Fragen, vielleicht der Natur der Sache nach wesentlichere, nicht gestellt werden. Der Frage nach der »Natur des Geldes« müsse aber unbedingt und unentwegt nachgegangen werden, um im gleichen Zuge auch die Frage nach der »Legitimität der Neuzeit« zu behandeln. Dabei geht es um die historische Berechtigung einer Epoche, die nicht nur materiell (ökologisch), sondern moralisch, menschlich, kulturell und sozial die Menschheit vor einen unabsehbaren Abgrund gebracht habe.

Dem möglichen Vorwurf einer pathetischen Formulierung (gegenüber der Nüchternheit der Sachverständigen) stellt Haesler sich vorsorglich entgegen, indem er daran erinnert, dass »pathos« ursprünglich Distanz meinte. Ihm erscheint diese Nüchternheit jedoch so trostlos, weil Distanz nur der Form nach geübt werde, derweil der Experte noch ganz an der Wirklichkeit klebe.[8] Er vermisst heutzutage ein »bedingungsloses Bewusstsein«, die Einsicht in die absolute Notwendigkeit, mit der herrschenden Unordnung radikal abrechnen zu müssen, keine andere Wahl mehr zu haben, als diese, genau diese Arbeit zu verrichten. Ihm ist, als ob man mit aller Gewalt nur schon den Gestus des Saldierens verdrängen wollte; nur keine Abrechnung, nur keine Standortbestimmung, nur keine definitiven Sätze. Mit einem Seitenblick auf die »ganze Tragik« der »Frankfurter Schule«[9] erinnert Haesler daran, dass diese um das »irrsinnige Paradoxon« einer notwendigen Überwindung der tatsächlichen Katastrophe und der Unmöglichkeit, es zu tun, kreiste. Er hat keinen Zweifel daran, dass wir uns in einer »postrevolutionären« Epoche befinden.

Haesler sieht sich vor die ernüchternde Tatsache gestellt, dass dieser Gedanke einer revolutionären »Tabula rasa« heute nicht mehr vorstellbar ist, weil diese »Tabula« ein System von ungeheurer Komplexität darstellt mit Mächten, Gegenmächten, Versicherungen und Rückversicherungen, Teilsystemen, Rädchen aller Art und Institutionen, die sich überlappen, unterstützen, kompensieren, angreifen, verteidigen, mit Experten und Expertensystemen, Spionen, Drohnen und Kontrollinstanzen, die dermaßen miteinander verstrickt, verschränkt und verdrahtet sind, dass so etwas wie eine gewaltige Umwälzung, die auf einen Schlag all diese feingliedrige Komplexität revolutioniert, schlichtweg undenkbar sei. Der Gedanke des »radikalen Aufwischs« hätte leider nur in sehr einfachen Verhältnissen etwas getaugt. Es kann dahinstehen, ob die Verhältnisse schon zu Zeiten der Weimarer Republik, etwa nach der Krise von 1929, zu verschachtelt waren, als dass eine Massenrevolution im Marx'schen Sinne sie hätten zu Fall bringen können. Haesler kam jedenfalls der »schreckliche« Gedanke des ein für alle Mal verpassten Augenblicks, gar der grundsätzlichen Illusion der Revolutionsidee. Seit nunmehr 80 Jahren hätten die mörderischsten und irrationalsten Kräfte, die je in der Menschheitsgeschichte anzutreffen waren, nichts daran ändern können, dass von innen her unser Wirtschafts- und Gesellschaftssystem an Komplexität und Differenzierung zugenommen hat. In unserem (Krisen-)Zusammenhang könne das nur heißen, dass es sich dementsprechend immens solidifiziert hat.

Deshalb diagnostiziert Haesler auch bei objektivem Untergang dieser Welt die »monströse Gelassenheit«, dass alles beim Alten bleibt. An diesem Paradoxon ist nach seinem Eindruck auch die Frankfurter Schule zugrunde gegangen und damit eine der letzten Hoffnungen, die kapitalistische Not in ein Besseres wenden zu können. Doch die angedeuteten Fragen stellen sich nach wie vor unablässig, vielleicht mit umso größerer Macht, je weniger Hoffnung auf eine mögliche Erlösung besteht. Haesler ist unklar, welches paradoxe Prinzip all dies noch zusammenhält. Wir sollten nicht so tun, als ob wir die Antwort schon wüssten und als ob es ausreiche, das Wort »Geld« auszusprechen, wo wir doch kaum wissen, was dieses Wort eigentlich bedeutet. Er glaubt, dass wir keine andere Wahl haben, als die Analyse umzukehren. Dann ginge es zunächst um eine Situationsschilderung und dann um die (für Soziologen) zentrale Frage, was das alles trotzdem zusammenhält und wie wir es schaffen, Erwartungen zu haben und darauf zu vertrauen. Erst nach der Analyse dieser beiden Fragen sollten wir uns damit beschäftigen, ob es eine Idee, ein Gegenstand oder ein Gemisch von beiden ist, und welche Konsequenzen ein solches System für uns haben kann.[10]

Leider ist diesen Anstößen hier nicht in dem gebotenen Umfang nachzugehen. Es ist nur die Fortsetzung der unsystematischen und unvollständigen Erinnerung an Begriff und Entwicklung des Geldes in der Vergangenheit möglich.[11] Dabei stellt sich vor dem Hintergrund der zitierten Überlegungen sofort die Frage, ob damit nur eine »Kulturgeschichte« nachgezeichnet werden kann oder ob es um die Beschreibung eines existentiell bedrohlichen und gefährlichen Verfallsprozesses gehen muss. Haesler glaubt, dass eine Geschichte der »Macht und der Diabolik des Geldes« erst noch zu schreiben ist.[12]

Wie anspruchsvoll die Aufgabe ist, zeigt die Selbsteinschätzung eines anderen Autors, der sich vorgenommen hat, über die »Kulturgeschichte« des Geldes seit seiner Erfindung vor circa 2700 Jahren zu berichten. Gleichzeitig will er nach eigenem Bekenntnis die Hintergründe von Bank- und Staatsschuldenkrisen aufdecken.[13] Sein Werk gilt ihm deshalb als »Hybrid«. Dem Leser sollte klar werden, dass die »Geld-Welt-Moderne« unbegreifbar bleibt ohne ein Verständnis dessen, was Geld seiner Herkunft und Bedeutung nach ist. Andernfalls, so meint Dieter Schnaas, hätte er sein Ziel verfehlt.[14] Sollte sein Werk diese Chance eröffnen, die »Geld-Welt-Moderne« entgegen den skeptischen Andeutungen von Haesler zu begreifen, dann hätte es alle Aufmerksamkeit der Welt verdient. Auf der Grundlage der folgenden Berichterstattung mag man selbst entscheiden, ob sich mit der Geschichte des Geldes tatsächlich auch eine »Kulturgeschichte« ereignet hat oder ob damit lediglich ein Medium barbarischer Fremdschädigung und Selbstdemütigung entstanden ist. Die Beschäftigung mit der »Alchimie der Geldschöpfung« beginnt mit einer grundsätzlichen Feststellung: »Alle kapitalistische Wirtschaft ist Staatswirtschaft, stimuliert von der unsichtbaren Hand des Geldes, beseelt von seiner schöpferischen Kraft, geheiligt durch den Glauben aller an seinen amtlich garantierten Wert.«[15]

Im Anfang ist also ein Staatsakt, der Geld als »Geschöpf der Rechtsordnung« konstituiert. Zu Geld wird, was zu Geld erklärt wird, durch ungebundene Autorität. Nötig ist nur ein Testat oder eine zwischenstaatliche Vereinbarung, und schon hat sich die D-Mark in den Euro verwandelt. Dabei muss Geld rein gar nichts (an »Wert«) beinhalten. Papier-, Kreditkarten- und Buchgeld sind ohne Bürgen völlig wertlos. Modernes Geld speichert seinen Wert nicht. Es repräsentiert und behauptet ihn. Vor diesem Hintergrund erklärt Schnaas, dass der klassischen Wirtschaftstheorie die entscheidende Pointe der modernen Geldwirtschaft entgehe. Das gesamte Ideengebäude der klassischen Nationalökonomie kranke an der Harmlosigkeit und Neutralität ihres halbierten Geldbegriffs. Das »Marktgeld« der Kaufleute wird als »Derivat des Staatsgeldes« bezeichnet, das seine funktionalen Vorzüge als universales Zahlungsmittel erst dann entfalten kann, wenn der Souverän ihm als »allgemeines Warenäquivalent« Autorität und Gültigkeit verleiht.[16] Entscheidend sind also nicht die übereinstimmende Auffassung der Marktteilnehmer, sondern die Protektion des Staates und das umfassende Vertrauen der Geldgesellschaft in den Emittenten des »Schein-Geldes« als Hüter seines inneren Wertes.[17] Heute ist Geld nicht mehr vom Metallwert des Goldes akkreditiert. Es gilt nur als »totes« Kapital ohne wirtschaftlichen Wirt, eben nur ein Klumpen Metall. Jetzt geht es um »Fiatgeld« (fiat pecunia[18] – es werde Geld), also gewordenes Geld, dessen Anerkennung und Verwendung auf einem behördlichen Attest beruht: »Gold ist ohne Geld nichts – und Geld ist ohne Gold alles.«[19]

Die D-Mark war bekanntlich über den »Goldstandard« des US-Dollars bis 1973 an das Gold gebunden. Diese Bindung wurde aber zunehmend theoretisch, da die Amerikaner zur Finanzierung des Vietnamkrieges die Dollarproduktion anheizten und so den Goldbestand überschritten. Die USA sind letztlich verantwortlich für den endgültigen Bruch zwischen dem Geld und dem Gold. Der Gewinner dieser Entwicklung war das »substanzlose« Geld. Schnaas bezeichnet das moderne Gold als »Tand und Talmi, Kitsch, Kram, Firlefanz«, ganz und gar entbehrlich.[20] Nun stellen Zentralbanken den Geschäftsbanken »Als-ob-Geld« zur Verfügung, die es an ihre Kunden weitergeben. Dabei handelt es sich nicht um vorhandenes und verliehenes Geld, das etwa auf irgendeine Art gedeckt ist, sondern um neues und frischgeschöpftes Geld, das als *Geld* in der Welt ist und gleichzeitig eine Schuld repräsentiert. Der Staat und die Banken leihen sich dieses Geld selbst. Sie stellen sich selbst damit »Antigeld« für ihre jeweiligen Zwecke zur Verfügung. Banken werden so zu »Schuldfabriken«, in denen ständig Antigeld produziert wird. Die jeweiligen Beträge sind zugleich Geld und Schulden.[21]

Seit der Aufgabe der Golddeckung dreht sich nach dem Eindruck von Schnaas die Schuldenspirale mit beängstigender Zwangsläufigkeit ins Unendliche. Ein unerlösbarer Schuldzusammenhang stabilisiert sich. Die Schulden werden je nach politischen Vorlieben erhöht. Die Tilgung verlagert sich in eine immer fernere Zukunft. Unbezahlbare Schulden sind ihrerseits kreditfinanziert. Im modernen »Pumpkapitalismus«[22] gibt es keine Lösung für Geldprobleme mehr. Es geht nur noch darum, dass Regierungen und Geldinstitute sie managen. Schnaas hält die Trennung vom Geld für den Kern der globalen Finanzwirtschaft und der gegenwärtigen Banken- und Schuldenkrisen. Angesichts zunehmenden Wohlstandsverzehrs (zum Beispiel Rentenansprüche eines immer größer werdenden Bevölkerungsanteils) müssen nach seiner Auffassung die wachsenden Kreditrückstände an den Kapitalmärkten quasi künstlich eingeholt werden. »Innovative Finanzprodukte« lösten das Geld von den Fesseln der Realwirtschaft möglichst vollständig. Sie müssen immer innovativer werden, damit sie das zunehmend labile »Perpetuum mobile« der aneinander geketteten Kreditfiktionen noch ausbalancieren können. Moderne Kapitalmärkte sagen der Wirtschaft also nicht mehr, wo sie steht. Sie dienen vielmehr der unbegrenzten Geldvermehrung.

Börsen werden zur Geldmaschine, die alle Verbindungsreste zur schwach wachsenden Realwirtschaft kappt.

Aus der Sicht von Schnaas ist die Entkopplung der Finanzmärkte unbedingt gewollt. Andernfalls könne das Wohlstandsversprechen nicht aufrechterhalten werden. Die Wirtschaft gerät zur weltweiten Wette. Die »Körperlosigkeit« des Geldes ist auf den modernen Tummel- und Rummelplätzen, also den elektronischen Börsen, ein Vorteil. Es verwandelt sich dort in ein geheimnisvolles, vielfach paradoxes Mysterium. Als »papiernes Nichts und binärer Code« neigt es nach dem Empfinden von Schnaas zur totalen Grenzen-, Maß- und Zügellosigkeit. Vom Staat und seinen Notenbanken emittiert, von den Geschäftsbanken als Schuld und Vermögen zugleich vermehrt und verbreitet, gebunden nur an das Vertrauen derer, die es in der Hoffnung auf seine Vermehrung investieren, verleihen und weiterreichen, sei es ständig darauf aus, sich selbst als Obligation zu befruchten und als Kredit zu bestäuben, als Anleihe zu vermehren und als Derivat fortzupflanzen: triebhaft vagabundierend, ohne partnerschaftliche Protektion, ohne Moral, ohne Halt – und ohne Deckung.[23] Das »promiske und wollüstige« Geld schaffe die »Romantik der ökonomischen Unvernunft«.[24]

Schnaas erkennt ein »hexerisches Versprechen auf Selbstvermehrung«. Es sei der esoterische Kern unserer Wachstumsdoktrin. Die »autosexuelle Libido« des Geldes erscheint ihm als die Triebkraft unserer Finanzmarktgläubigkeit. Alles sei bestimmt von einer immanenten Logik ohne Ansehen der Moral. Die Finanzmärkte figurierten als »Venusberg des schwarzkünstlerischen Geldes«. Dort hecke das Geld den magisch-archaischen Menschheitstraum vom alchimistisch geschöpften Reichtum. Man befinde sich an einem Ort, wo wir zum Flirt mit dem Nervenkitzel und zur Affäre verführt werden. Das Risiko beschreibt Schnaas folgendermaßen: »Wetten, dass ich aus der schieren Abwesenheit meiner Substanz (als Schuldtitel) ein Vermögen destillieren kann? Wetten, dass ich aus dem Nichts meiner Negation (als unbesicherte Forderung) buchstäblich angereichertes Geld zu extrahieren vermag? Und wetten, dass ich mich sogar, von niemandem besessen, gegen den Ausfall meiner Antimaterie versichern kann (Credit Default Swap), um mich durch die Zahlungsunfähigkeit Dritter zu vermehren?«[25]

Nach seinem Eindruck sind Politiker, Finanzmarktakteure und Wohlstandsbürger in diesem Börsenspiel zur tragischen Schicksalsgemeinschaft verschworen. Sie alle huldigten der wundersamen Geldvermehrung an den Finanzmärkten wie einer monetären Befreiungstheologie, auf dem Weg ins »Scheinparadies der Pumpwirtschaft«. Dort handele man im Gegensatz zum klassischen Kreditwesen nicht mehr mit Obligationen, Einstandsverpflichtungen und Haftungszusagen, sondern mit Eskalationskalkülen, Progressionserwartungen und Vermehrungsversprechen.

Schnaas kommt zu dem Ergebnis, dass Geld weniger ein Zahlungsmittel ist als ein »psychopolitischer Endzweck zur Aufrechterhaltung der nationalen Wohlstands- und Reichtumsillusion«. Dahinter stünden mehrere Wahnvorstellungen.[26] Zum einen glaube man, dass sich die ungebundenen Schulden von heute entweder durch das Wirtschaftswachstum von morgen oder durch eine spätere Selbstbescheidung des Staates einholen. Zum anderen hoffe man, dass das promiske Geld sich an der Börse dauerhaft schneller vermehrt als die Wirtschaft, auf die es bezogen ist.[27] Diese Wahnvorstellungen könnten in demokratisch verfassten Gesellschaften nur dann erfolgreich sein, wenn man den Schuldenbegriff konsequent und vereinseitigt umdeutet. Dazu würde nicht nur gehören, dass die kaufmännische Zweideutigkeit des Geldes (Haben/Soll) verhehlt wird. Hinzu käme die Leugnung seiner buchhalterischen Doppelbödigkeit (Gewinn/Verlust) und die Vertuschung seiner volkswirtschaftlichen Janusköpfigkeit (Geld/Antigeld).

Richtig dürfte auch die Einschätzung sein, dass eine schuldenfinanzierte Staatswirtschaft, die auf ihr exponentielles Wachstum[28] schielen muss, um die systemische Belastung der Zukunft durch die Rückzahlung der Kredite ausgleichen zu können, alle Zauderer als bedenkenträgerische Bedrohung aussortieren muss. Entsprechende Gesellschaften zeichneten sich durch ihr blindes Fortschreiten aus. Ihnen fehle notwendig das Verständnis für alle, die nicht optimistisch-blind vornewegmarschieren. Das Ergebnis ist gegenwärtig zu besichtigen:

- ■ Die Notenbanken wetten auf die Wachstumseffekte niedriger Zinsen.

- Die Finanzmärkte spekulieren auf Produktionsfortschritte, die über denen der Güterwirtschaft liegen.

- Die Wohlstandsbürger setzen mit ihren Lebensversicherungen Kapitalmengen frei, die an den Finanzmärkten genau die Unsicherheit erzeugen, die die Versicherungen zu mindern versprechen.

- Der Staat baut auf die inflationsbedingte Tilgung seiner Schulden, auf die Verrechnung seiner Außenstände mit anderen Schuldnern und darauf, prinzipiell nicht insolvenzfähig zu sein.

Für Schnaas sind die Geldkrisen der Gegenwart daher kein Ausdruck von Marktversagen, keine Krise des Kapitalismus, kein Argument gegen die Gier und schon gar kein Beweis für den Unsinn von Managergehältern und Renditezielen. Sie demonstrieren vielmehr staatskapitalistisches Systemversagen. Das freie Geld stecke in der Krise, mit ihm die Theorie der Pumpwirtschaft – und damit der Staat als Emissionär des Geldes, als Hüter seines Wertes und Letztinstanz unseres Vermögens.

Entscheidend ist also die Frage, ob wir unserem Staat noch vertrauen können. Nach der Prognose von Schnaas wird alles davon abhängen, ob der Staat die Kreditschöpfung der Geschäftsbanken auf ein gesundes Maß beschränken kann, ob er die »Fertilität des autosexuellen Geldes« an den Finanzmärkten von sich selbst weg und wieder zurück auf Güter und Dienstleistungen hinzulenken vermag, auf eine Realwirtschaft, die im Geld ihren Ausdruck findet. Es kommt also darauf an, ob der Staat die »satanische Frivolität des Geldes« zügeln kann, sich als Antigeld (Schuld, Kredit) zu verbreiten, bevor dieses Antigeld sich (und uns) selbstvermehrend aufzehrt. Aus der Sicht von Schnaas steht viel auf dem Spiel, vor allem der Staat selbst. Bei ihm allein sei unser Geld aufgehoben, seiner Protektion ausgeliefert. Ihm seien unsere Schätze anvertraut. So betrachtet, ist der Staat ein Tresor, der unsere Einlagen und Reserven sichert und unser modernes Geld-Welt-Vertrauen verwahrt: Was, wenn er es verliert? Es wird immer dringlicher, diese Frage überzeugend zu beantworten.[29] Politische Floskeln und Beruhigungsrituale genügen nicht mehr. Eine schonungslose Aufklärung hat höchste Priorität.

9 Ein brisanter Bericht aus den USA

Bemerkenswerterweise wurden in den USA die ersten Schritte in die richtige Richtung getan. Im Januar 2011 erschien dort die autorisierte Fassung des »Financial Crisis Inquiry Report«, den eine Untersuchungskommission des amerikanischen Kongresses vorlegte. Wenige Monate später wurde ein Auszug dieses umfangreichen Berichts in deutscher Fassung veröffentlicht.[1] Die Befunde sind bestürzend: Die Finanzkrise wäre vermeidbar gewesen, da sie auf menschliches Handeln und Unterlassen, nicht auf eine Naturkatastrophe oder entgleiste Computermodelle zurückzuführen ist. Die führenden Köpfe der Finanzbranche und die staatlichen Aufseher haben trotz Warnungen die sich aufbauenden Risiken für das Gemeinwohl nicht verstanden, geschweige denn gemanagt. So begingen sie kapitale Fehler. Auf dem amerikanischen Häusermarkt haben bei der Kreditvergabe ruinöse und rücksichtslose Praktiken um sich gegriffen. Man unterließ jeden ernsthaften Versuch, den Bedrohungen rechtzeitig entgegenzuwirken, die mit der Überhitzung des Marktes, der Explosion der Vergabe und Verbriefung riskanter Subprime-Hypotheken[2], der dramatischen Verschuldung privater Haushalte, dem exponentiellen Wachstum des Eigenhandels von Finanzunternehmen und der Märkte für unregulierte Derivate und mit den kurzfristigen Repo[3]-Finanzierungen verbunden waren.

Die US-Notenbank hat die Welle fauler Hauskredite nicht eingedämmt, obschon sie die einzige Organisation war, die dies hätte tun können. Das Institut ist übrigens mit recht rabiaten Vorschlägen konfrontiert: Man möge die Fed abschaffen, weil sie unmoralisch, verfassungswidrig und unbrauchbar sei, schlechtes Wirtschaften fördere und die Freiheit untergrabe. Ihr »destruktives« Wesen mache sie zu einem Werkzeug einer tyrannischen Regierung.[4] An den Erkenntnissen der Untersuchungskommission gibt es jedenfalls nichts herumzudeuteln:

- Große Institute und Investoren verließen sich bei der Risikobeurteilung blind auf Rating-Agenturen.
- Im weitverbreiteten Glauben an die Selbstheilungskräfte und die Fähigkeit zur Selbstüberwachung wurden die Gefahren für die Stabilität des gesamten Finanzsystems unterschätzt. Dabei hatte es an Mahnungen, etwa des IWF, nicht gemangelt. Er sieht in der Schuldenkrise der Euro-Zone und der Schwäche der Banken eine Gefahr für die Stabilität des gesamten Finanzsystems.[5]
- Unter der vornehmlichen Verantwortung des damaligen Präsidenten der Fed, Alan Greenspan, wurden im Zuge der Deregulierung wesentliche Schutzmechanismen abgeschafft, die das Unheil hätten abwenden können.
- Die Finanzwirtschaft hat die politisch gewollte Selbstregulierung zur vielfältigen Freiheitserweiterung so ausgenutzt, dass an entscheidenden Stellen Aufsichtslücken entstanden (Schattenbanksystem und außerbörslicher Derivatehandel).[6]
- Zahlreiche Finanzunternehmen haben die von der Regierung eingeräumte Wahlfreiheit im Hinblick auf ihre Regulierungsinstanz zur Bestimmung möglichst nachlässiger Aufseher missbraucht.
- Die Aufsichtsbehörden haben in vielen Bereichen ihre umfassenden Befugnisse nicht genutzt (Forderung höheren Eigenkapitals, Unterbindung riskanter Geschäftsmethoden, Einstellung der außer Kontrolle geratenen Verbriefung von Krediten).
- Unter dem Eindruck politischer und ideologischer Zwänge fehlten den zuständigen Behörden zu oft der politische Wille und das Format, die Institutionen und das gesamte System, mit dessen Überwachung sie betraut waren, kritisch zu hinterfragen.
- Die reiche und mächtige Finanzbranche spielte eine Schlüsselrolle im Hinblick auf die Schwächung der für Institutionen, Märkte und Produkte geltenden Einschränkungen und der Aufsicht, indem sie Druck auf Politiker und Aufsichtsbehörden ausübte und ihre Ziele allein zwischen 1999 und 2008 durch die Zahlung von offiziell 2,7

Milliarden US-Dollar auf Bundesebene und von über einer Milliarde US-Dollar an Wahlkampfspenden anstrebte.

- Finanzunternehmen wandten sich gegen eine angeblich zu strenge und innovationsfeindliche Aufsicht; gleichzeitig handelten sie selbst unverantwortlich, indem sie mit zu wenig Kapital und bei zu hoher Abhängigkeit von kurzfristigen Mitteln verhängnisvolle Risiken eingingen und das Land einer starken und unabhängigen Aufsicht beraubten.[7]
- Finanzinstitute und Rating-Agenturen verließen sich bei der Risikoabschätzung zu häufig auf mathematische Modelle statt auf ihr Urteilsvermögen, so dass Risikomanagement zur Risikorechtfertigung verkam.
- Eine Kombination aus übermäßiger Kreditaufnahme, riskanten Investments und fehlender Transparenz steuerte das Finanzsystem in die Krise.[8]
- In den USA waren wichtige Institutionen und Entscheidungsträger (Federal Reserve Board, Federal Reserve Bank), die am besten über die Märkte hätten wachen können, auf die Ereignisse der Jahre 2007 und 2008 mangelhaft vorbereitet.[9]
- Die zuständigen Einrichtungen wurden von den Entwicklungen überrascht, weil sie unter anderem wegen der Intransparenz der Märkte den Wandel des Finanzsystems in den Jahren vor Ausbruch der Krise nicht verstehen konnten.
- Es existierte kein umfassender strategischer Plan zur Eindämmung der Krise, weil niemand den Überblick über Risiken und Verflechtungen der Finanzmärkte hatte.
- Leitende Beamte erkannten nicht, dass ein Platzen der Blase das gesamte Finanzsystem bedrohen konnte.
- In den USA verstärkte der Staat selbst die Unsicherheit und Panikstimmung an den Märkten, weil er sich gegenüber den großen Finanzinstituten nicht konsequent verhielt.
- Im Vorfeld der Krise häufte sich unverantwortliches und unethisches Handeln im gesamten Finanzsystem.
- Von ganz unten bis in die obersten Führungsetagen von Unternehmen griffen Leichtsinn und fragwürdige Praktiken um sich, die zu einem umso schärferen Einbruch führten und das Systemvertrauen beschädigten.

- Die Entwicklung auf dem Hypothekenmarkt der USA zwischen 2006 und 2007 deutete schon darauf hin, dass die Schuldner nie in der Lage oder willens waren, ihre Verpflichtungen zu erfüllen.
- Die Banken zahlten an Hypothekenmakler Prämien, wenn sie Kreditnehmer in teurere Darlehen umschuldeten und damit höhere Gebühreneinnahmen generierten.
- Immer laxere Kreditbedingungen und Regulierungen bewirkten eine Zunahme des Hypothekenbetrugs und führten von 2005 bis 2007 zu Verlusten von circa 112 Milliarden US-Dollar.
- Banken vergaben wissentlich Kredite, die sich die Schuldner nicht leisten konnten und die daher zu Lasten der Investoren in Hypothekenpapieren hohe Verluste verursachten; diese Praktiken gaben sie selbst dann nicht auf, als Hochrisikokredite nicht nur in der Zwangsvollstreckung endeten, sondern auch zu einem wirtschaftlichen und rufschädigenden Desaster für das gesamte Unternehmen führten.
- Große Finanzinstitute haben angekaufte Kredite auch zu Wertpapieren verbrieft und bei Investoren platziert, obschon sie zu einem erheblichen Anteil weder den eigenen »Underwriting Standards« (Zeichnungsnormen) noch den Anforderungen der ursprünglichen Kreditgeber genügten. Gleichzeitig haben sie die entscheidenden Informationen in ihren Verkaufsprospekten nicht offengelegt.
- Die Krise ist nicht einfach mit dem Hinweis auf menschliche Fehler (zum Beispiel Gier und Überheblichkeit) zu erklären, sondern mit dem Versäumnis, diese Schwächen zu berücksichtigen.
- Aus menschlichen Fehlern, Fehlurteilen und Fehlverhalten erwuchs ein höchst verlustreiches Systemversagen.
- Einzelne Unternehmen und Personen haben verantwortungslos gehandelt; dabei scheint klar zu sein, dass die Krise nicht nur durch einige wenige »Bösewichte« ausgelöst worden sein konnte.
- Personen, die in herausragenden Positionen den Auftrag hatten, das Finanzsystem zu schützen und die Chefs der Unternehmen, deren Zusammenbruch ganze Volkswirtschaften in die Krise stürzten, tragen eine besondere Verantwortung. Sie hätten selbst ein Vorbild sein müssen. Die entsprechenden Erwartungen wurden jedoch enttäuscht. Niemand sagte »nein«.

- Auch die amerikanische Nation insgesamt ist verantwortlich für eigenes Unterlassen, zumal sie kollektiv ein System, Regeln und Handlungsweisen duldete und begrüßte, die in die Katastrophe führten.[10]
- Die Zündfunken, welche die allgemeine Ausbreitung der Krise in Gang setzten, waren allerdings der Zusammenbruch der Hypothekenstandards und die Verbriefungspraxis dieser Kredite.
- Viele Hypothekenbanken haben die Angaben ihrer Kunden zur Bonität ohne jede Überprüfung akzeptiert oder sogar oft die finanzielle Leistungsunfähigkeit der Kreditnehmer bewusst missachtet.
- Die Federal Reserve, andere Aufsichtsinstanzen und Behörden mussten in dem Maße gewarnt sein, wie sich ruinöse betrügerische oder allgemein unverantwortliche Vergabepraktiken ausbreiteten.
- Insbesondere die amerikanische Notenbank wurde ihrem Auftrag, die Sicherheit und Stabilität des Banken- und Finanzsystems zu gewährleisten und die Rechte der Verbraucher bei Krediten zu schützen, nicht gerecht.
- Die US-Bankenaufsicht (Office of the Comptroller of the Currency/OCC) und das für Sparkassen zuständige Office of Thrift Supervision (OTS) waren mit Kompetenzgerangel beschäftigt und behinderten die Aufsichtsbehörden der Bundesstaaten bei ihren Versuchen zur Eindämmung des Missbrauchs.[11]
- Die Abschaffung der Regulierung des außerbörslichen Derivatehandels durch neue Gesetze in den USA im Jahre 2000 war ein Wendepunkt auf dem Weg in die Finanzkrise, in der diese Instrumente eine signifikante Rolle spielten.
- Der außerbörsliche Derivatemarkt geriet ohne jede Aufsicht außer Kontrolle und verlagerte sich in unsichtbare Kanäle, in denen sich zuletzt nominal 673 Billionen US-Dollar angesammelt hatten. Die Gefährlichkeit dieser Lage wurde durch unkontrollierte Hebelung mit Hilfe von Fremdkapital, durch fehlende Transparenz, Mangel an Eigenkapital, zu laxe Kreditbesicherungsvorschriften und die Verflechtung der Akteure sogar noch gesteigert.
- Kreditausfallversicherungen (Credit Default Swaps/CDS) heizten die Verbriefung von Hypothekenkrediten weiter an, indem sich In-

vestoren gegen Ausfälle oder Wertverluste bei durch riskante Hypotheken unterlegten Wertpapieren absicherten und die Unternehmen mit diesem neuartigen Instrument am Hypothekenmarkt die Gegenposition eingingen (bei AIG mit einem Volumen von circa 79 Milliarden US-Dollar). So wurde der Markt ausgebaut und die Blase am Häusermarkt verstärkt.

- Aus den CDS konnten »synthetische« Schuldverschreibungen (Collateralized Debt Obligations/CDOs) konstruiert werden. Diese reinen Wetten auf die Wertentwicklung von Hypothekenpapieren vergrößerten beim Platzen der Blase die Einbußen, da sie mehrere Wetten auf dieselben Papiere erlaubten und deren Verbreitung im Finanzsystem beförderten. Allein Goldman Sachs strukturierte und verkaufte vom 1. Juli 2004 bis zum 31. Mai 2007 synthetische CDOs im Wert von 73 Milliarden US-Dollar, die sich auf über 3400 Hypothekenwertpapiere verteilten, von denen 610 mit mindestens zwei CDOs verbunden waren; es bleibt dahingestellt, wie oft dieselben Hypothekenpapiere als Basiswert synthetischer CDOs anderer Finanzunternehmen dienten.[12]

- Beim Einbruch des Häusermarkts standen Derivate im Zentrum des Geschehens.

- Der Versicherungskonzern AIG, der für die verkauften CDS keine Kapitalreserve mehr als Sicherheitspolster zurücklegen musste, wurde vom Staat mit einem Aufwand von über 180 Milliarden US-Dollar gerettet, als das Unternehmen seinen Verpflichtungen nicht mehr nachkommen konnte, weil man befürchtete, dass ein Bankrott im globalen Finanzsystem eine Kettenreaktion von Verlusten auslösen würde (die systemrelevanten Finanzinstitute waren über Millionen von Derivatekontrakten aller Art aufgrund des deregulierten Marktes unbemerkt von der Öffentlichkeit miteinander verflochten).

- Dem Versagen der Rating-Agenturen kommt eine zentrale Bedeutung dafür zu, dass das Finanzsystem an den Rand des Abgrunds manövriert wurde, da die im Mittelpunkt der Krise stehenden Hypothekenwertpapiere ohne das »Gütesiegel« der drei großen Agenturen nicht hätten beworben und am Markt platziert werden können und die Investoren sich blind auf deren Beurteilung verließen. Ohne die Agenturen wäre die Krise also nicht eingetreten.

- Zu den wichtigsten Ursachen der Krise in den USA gehörten die einfache Verfügbarkeit von Kapital und die überschüssige Liquidität, die Rolle der halbstaatlichen Immobilienfinanzierer Fannie Mae und Freddie Mac sowie die staatliche Wohnungspolitik.[13]

- Das Finanzsystem ist selbst heute noch in vielerlei Hinsicht das gleiche wie am Vorabend der Krise, und die Finanzindustrie in den USA ist in deren Gefolge sogar noch stärker konzentriert und liegt in den Händen einiger weniger, vermeintlich systemrelevanter Institute.

- Es hat sich in der Krise ein dramatisches Versagen der Unternehmensführung (Corporate Governance) gezeigt, das zusammen mit schweren Versäumnissen der Aufsichtsbehörden und Schwachstellen im Finanzsystem fast zum totalen Zusammenbruch geführt hätte.

- Die Lage ist und bleibt sehr ernst. Zu deren Bewältigung ist die Wiederherstellung des Vertrauens in die Finanzmärkte unabdingbar. Das Schlimmste wäre die Fortsetzung der Litanei, nach der niemand die Entwicklung voraussehen konnte und alle machtlos waren, weil es dann wieder zu einer Katastrophe kommen kann, deren gemeinschädliche Folgen gar nicht abzuschätzen sind.[14]

Alle diese Feststellungen gelten (nicht nur) für die USA als »Zitadelle des Kapitalismus«. Sie provozieren überall die grundsätzliche Frage, welche Rationalität der Kapitalismus moderner Prägung aufweist, und welche rechtlichen und moralischen Maßstäbe für die maßgebenden Verantwortlichen in dieser Wirtschaftsordnung gelten. Jeder Versuch einer Beantwortung verlangt einen kritischen Blick auf die Eigenheiten eines Systems, das wie kaum ein anderes Bewunderung, Angst, Eifersucht und Verachtung ausgelöst hat und dessen Seele in Geld jedweder Form kondensiert ist.

10 Zerschellen nach langem Blindflug

Es stimmt etwas nicht an der vorherrschenden Herangehensweise an gegenwärtige ökonomische Fragen. Ein Teil des Problems könnte in den Begriffen liegen, mit denen wir versuchen, das Gesellschaftssystem zu verstehen, in dem wir leben. Vielleicht ist ein weiterer Blickwinkel nötig als der, auf den sich der Enthusiasmus der jüngeren Wirtschaftstheorie gestützt hat. Man wird wohl auf die Geschichte des Kapitalismus als System zurückblicken müssen.[1] Es mag sein, dass sich dessen Geschichte nicht wiederholt. Für die Verhaltensweisen der kapitalistischen Akteure gilt das offensichtlich nicht. Die demonstrative Überraschung angesichts des Ausbruchs einer Krise offenbart eine Eigenschaft, die in der kapitalistischen Wirtschaftsordnung offensichtlich kultiviert wird. Nach umfangreichen Studien kam die US-amerikanische Historikerin Joyce Appleby zu dem Ergebnis, dass es sich dabei um eine Art von Optimismus handelt, der die Realität verneint. Zum »Geist« des Kapitalismus wird der Verkäufer gezählt, der Vertrauen verströmt. Gibt es aber keine verantwortliche Instanz und sucht die Mehrzahl der Marktteilnehmer nach neuen und möglichst einfachen Methoden des Geldverdienens, dann werden nach ihrer Einschätzung Panikattacken, Krisen und Zusammenbrüche früher oder später unumgänglich. Unterdessen machen Menschen überall auf der Welt lukrative Geschäfte ausfindig, die unter keine hoheitlichen Regeln fallen.

Der Befund von Appleby ist realistisch: Erleiden bestimmte Geschäftemacher Schiffbruch, springen Regierungen ein, um den Schaden zu beheben.[2] Das »Trauma« begann nach ihrer Bewertung mit dem Zusammenbruch der Investmentbank Lehman Brothers im September 2008, einem Ereignis, bei dem die US-Regierung tatenlos zugesehen hatte. Danach ist allerdings deutlich geworden, wie eng verflochten die »Schicksalsgemeinschaft der globalen Finanzinstitutionen« war.[3] Damit schien vorerst eine mindestens 20 Jahre andauernde Jagd nach hohen Renditen ihr vorläufiges Ende gefunden zu haben. Appleby erinnert daran, dass es im 19. Jahrhundert doch etwas anders zuging. Seinerzeit gewährleistete die Vorsicht der Banker noch eine gewisse Marktstabilität. Ihre Nachfolger verlegten sich dagegen auf Anlagen in Wertpapiere, die sie eigens für ihre Kunden kreiert hatten. Sie schlugen bei der Vergabe von Krediten jede Vorsicht in den Wind. Partnerschaften in den Privatbanken wurden von Kapitalgesellschaften abgelöst, die den Managern zahlreiche Möglichkeiten eröffneten, Risiken einzugehen, ohne die Verantwortung dafür übernehmen zu müssen. Diese Entwicklung wurde im Jahre 1999 durch die Aufhebung des »Glass-Steagall Act«, der 1933 in Kraft getreten war, maßgeblich begünstigt. Mit diesem Gesetz hatte man seinerzeit das Einlagen- und Kreditgeschäft von der Tätigkeit der Investmentbanken getrennt. Den Geschäftsbanken wurden so die Möglichkeiten genommen, die ihnen anvertrauten Gelder in Aktien anzulegen.[4]

Appleby versucht aus ihrer historischen Perspektive, Ursachen der Finanzkrise von 2008 ans Licht zu bringen, die nicht so ohne weiteres erkennbar sind. Sie erinnert an die späten 1970er Jahre, in denen eine um sich greifende Rezession zur Lockerung einiger Regeln führte, die man noch in der Folge der großen Depression in den 1930er Jahren eingeführt hatte. Die Vertreter von Unternehmen gewannen einige Jahrzehnte später zunehmend Einfluss mit ihrer Behauptung, dass nur eine Wirtschaft, in der die größtmögliche Entscheidungsfreiheit des einzelnen gewährleistet ist, störungsfrei funktionieren könne. Margaret Thatcher und Ronald Reagan eröffneten eine Ära der Deregulierung, zu der selbst ein Politiker wie Bill Clinton noch im Jahre 1999 Beiträge leistete, um den Finanzdienstleistungssektor zu »modernisieren« (»Gramm-Leach-Bliley-Act«). So wurden aggressive Geschäftsstrategien für Banken, Brokerfirmen und Versicherungskonzerne eröffnet.

Banken konnten mit Versicherungen fusionieren. Die Investmenthäuser wurden von den für Geschäftsbanken geltenden Beschränkungen freigestellt. Billionenschwere Geschäfte, etwa mit Kreditausfallversicherungen (CDS), waren auf einmal jeglicher staatlicher Aufsicht entzogen. Die Anreize für hochriskante Spekulationsgeschäfte stiegen so ins Unermessliche. Die CDS wurden sogar für solche Marktteilnehmer zugänglich, die gar nicht in einem Kreditgeschäft engagiert waren. Gegen die Zahlung einer laufenden Prämie erhielten sie dennoch vom Verkäufer des CDS das Recht auf eine Ausgleichszahlung, wenn der in dem Papier bezeichnete Schuldner ausfiel.[5] In diesem Zusammenhang ist es fast schon ein Treppenwitz der Geschichte, dass die amerikanische Börsenaufsichtsbehörde (Securities and Exchange Commission/SEC) die größten amerikanischen Investmentbanken (mit einem Bilanzvermögen von mehr als fünf Milliarden US-Dollar) von den Regeln zur Beschränkung ihrer Fremdfinanzierungsquoten ausnahm.

In den Zeiten der legalen Demontage wurden auf den Finanzmärkten weltweit ungewöhnlich hohe Summen hin und her bewegt. Das Finanzvermögen wuchs weitaus stärker als die Realwirtschaft. Angesichts eines sinkenden Zinsniveaus begannen Finanzinstitute mit der Entwicklung ganz besonderer »Produkte«. Sie teilten Hypotheken, die Banken zur Besicherung ihrer Baudarlehen erworben hatten, in spezielle forderungsbesicherte Wertpapiere auf und veräußerten diese an interessierte Anleger, schufen also »Derivate«. Das waren Papiere, die von anderen Vermögenswerten (hier Immobilienpreise) abhingen.[6] Die beaufsichtigungsfreien Investmentbanken übernahmen diese Papiere von den Kreditbanken, bündelten und verpackten sie nach neuen Regeln und verkauften sie an institutionelle Anleger und andere Banken weiter. Damit bekamen die Kreditinstitute »frische Luft« und konnten wieder neue Kredite vergeben.

Die Banken überschätzten allerdings (absichtlich?) die Zahlungsfähigkeit ihrer Schuldner. Dadurch kam es zu einem exponentiellen Risikozuwachs. Als in der Folge die Zwangsversteigerungen zunahmen, stellte sich heraus, dass diese Institute noch nicht einmal ihre Buchführungs- und Dokumentationspflichten erfüllt hatten. Sie konnten deshalb nicht immer ihre Ansprüche nachweisen. Für Spielernaturen war gleichwohl das Paradies eröffnet. Sie konnten aufgrund der Hebelwirkung des Einsatzes von Fremdkapital in Verbindung mit den zunächst steigenden Immobilienpreisen ihre Gewinne vervielfachen. Der Kasinokapitalismus kam so auf Hochtouren.[7] Schließlich stellte sich aber heraus: Je freier die Märkte sind, desto größer werden die Möglichkeiten, unbeabsichtigte Folgen auszulösen. Offensichtlich hatte man nicht rechtzeitig verstanden, dass die Risikobereitschaft, die natürlich zum Kapitalismus gehört, im Finanzsektor eine andere Rolle spielt als in der Produktion und der materiellen Technologie. Appleby weist zu Recht darauf hin, dass Banken dann Leistungsträger sind, wenn sie verlässlich und kostengünstig wirtschaften. Das haben die Banken aber irgendwann nicht mehr getan. Sie benahmen sich eher wie unseriöse Gebrauchtwagenhändler.

Nach der Einschätzung von Appleby ist den Banken seit dem Beginn des 21. Jahrhunderts der Sinn für eine ausgewogene Politik im Spannungsfeld zwischen Innovation und Stabilität abhanden gekommen. Zu geradezu katastrophalen Folgen führte es, als die Banken begannen, die forderungsbesicherten Wertpapiere, die sie selbst kreiert hatten, auch selbst zu kaufen. Inspiriert durch leistungsabhängige Sondervergütungen fingen sie an, mit dem Geld anderer Leute zu zocken und den Umfang ihrer Geschäfte ständig auszuweiten. Die eingeheimsten Prämien (»Boni«) wuchsen in einen geradezu obszönen Bereich hinein. Die Finanzwelt degenerierte schließlich zu einer Welt »virtueller« Investitionen, ein Prozess, der durch technologische »Fortschritte« immer rasanter verlief.[8] Hochqualifizierte Experten (Mathematiker, Physiker, Chemiker, Computerspezialisten und so weiter) verdingten sich im Finanzsektor und beförderten den damit verbundenen Rationalitätsabbruch sogar noch. Bedienstete der Börsenaufsicht erfüllten ihre Pflichten nicht, weil sie selbst mit einer Karriere in diesem höchst profitablen Bereich liebäugelten. Und die Rating-Agenturen verschonten ihre guten Kunden mit allzu harschen Urteilen. Die Welt war auf einmal einer verschworenen Gemeinschaft von Zockern und ihren Helfershelfern hilflos ausgeliefert. Auf deren Seite machte sich ein geradezu bizarrer Optimismus breit.[9]

Im ersten Jahrzehnt des 21. Jahrhunderts stieg das in Hedge-Fonds gebundene Vermögen um den Faktor fünf. Sie zogen die Anlagen von Pensionsfonds, Hochschulstiftungen und Gemeindeverwaltungen an sich, die nun alle unter dem Rückgang der Marktwerte leiden. Appleby vertritt die Meinung, dass diejenigen, die Hedge-Fonds betreiben, Derivate einführten und Hypothekendarlehen mit Zinsanpassungsoption vergaben, auf dem Fundament der Grundstückshypotheken ein »Kartenhaus« errichteten, das in einem irrationalen Überschwang tatsächlich immer mehr in die Höhe wuchs. Aber nicht lange. Die mit der Fälligkeit der Wertpapiere zum Tragen kommende negative Hebelwirkung sorgte für eine flächendeckende Verwüstung. Ein Gipfel war die Tatsache, dass sich die Investmentbanken Goldman Sachs[10] und Morgan Stanley in den Hafen reglementierter Finanzgeschäfte retteten. Dafür erhielten sie sogar noch Staatshilfen und neue Kredite. Sie tragen aber nicht allein die Schuld.

Appleby erkennt zutreffend, dass auch die Vertreter des Staates auf allen Ebenen an der Demontage des Systems aus Gesetzen und Verordnungen beteiligt waren, das doch zur Überwachung der Finanzwirtschaft eingerichtet worden war.[11] Nicht nur die amerikanische Regierung verwandelte sich in einen Anwalt der Unternehmerinteressen. Das hatte angesichts der Notwendigkeiten der Wahlkampffinanzierung eine zwingende Logik. Es entstand nach dem Empfinden von Appleby eine »tödliche Kombination von Gier und Not«. Amtsinhaber fühlten sich ausgerechnet den Unternehmern besonders verpflichtet, die sich die Regierung vom Hals halten wollten. Diese Haltung wurde durch die vorherrschende Ideologie freier Märkte noch verstärkt.

Appleby erwähnt selbstgefällige Verwaltungsbeamte und Parlamentarier, die die Abschaffung von Vorschriften zur Regulierung der Wirtschaft mit dem Argument verteidigten, dass amerikanische Banken andernfalls ihre Gelder ins Ausland transferierten und ihre Geschäfte mit Hypothekenpapieren anderswo betreiben würden. Der Wettbewerb, das »Lebenselixier des Kapitalismus«, hätte die Marktteilnehmer unerbittlich dazu getrieben, immer größere Risiken einzugehen. Die Zahlen wuchsen in astronomische Höhen. Unbehelligt von staatlichen Kontrollen schwoll das Volumen des Handels mit CDS von 2001 bis 2007 von 900 Milliarden US-Dollar auf 62 Billionen US-Dollar an. Das Vermögen der Hedge-Fonds stieg im

Zeitraum zwischen 1998 bis 2008 von 370 000 US-Dollar auf zwei Billionen US-Dollar an. Daran sind die Anleger und Konsumenten nicht völlig unschuldig. Viele Amerikaner nahmen die (scheinbar) billigen Kreditangebote zur Finanzierung ihres »amerikanischen Traums« (Hauskauf) und sonstiger Anschaffungen allzu bereitwillig an. Schon im Jahre 2009 stand ein Viertel der so finanzierten Häuser »unter Wasser«. Die Hausbesitzer mussten auf einmal zu ihrem großen Erstaunen entdecken, dass ihre Schulden höher waren als der Wert ihrer Häuser. Es waren seinerzeit schon 13 Millionen Objekte betroffen. Durchschnittlich fanden täglich 5000 Zwangsversteigerungen statt.[12]

Appleby findet, es sei ein menschlicher Zug in kapitalistischen wie in nichtkapitalistischen Gesellschaften, die Vorboten einer Katastrophe nicht sehen zu wollen. Man hält regelmäßig an Wertesystemen fest, obwohl sie ihre Funktionsfähigkeit schon lange eingebüßt haben. Im Beharren auf den Selbstheilungskräften des Marktes sieht sie ein Beispiel dieser mangelnden Flexibilität.[13] Diese Uneinsichtigkeit ist in unserem Zusammenhang besonders beeindruckend, weiß man doch schon seit längerem um die Gefährlichkeit und den kriminellen Charakter von Schneeballsystemen. Das Prinzip ist einfach. Die Stabilität des Systems hängt davon ab, dass eine ständig wachsende Zahl von Menschen ihr Geld in einem nur scheinbar einträglichen Objekt anlegt. Mit dem eingehenden zusätzlichen Geld werden Scheingewinne an diejenigen ausgezahlt, die sich bereits in das Objekt eingekauft haben. Satte Einnahmen verwandeln die Anleger zunächst in unbezahlte Werbeträger. Wird der Bluff bekannt, kommt es zum Zusammenbruch. Bernard Madoff aus den USA ist nur ein relativ primitives Einzelbeispiel. Trotz mehrfacher Warnungen war die SEC übrigens nicht eingeschritten und erkannte nicht, dass der »Kaiser Madoff« keine Kleider trug.

Appleby sieht in der Dominanz der Finanzwirtschaft jedenfalls ein klassisches Beispiel für den Schwanz, der mit dem Hund wackelt. Statt der Finanzierung unternehmerischer Aktivitäten zu dienen, betrieb man dort selbst immer mehr riskante unternehmerische Vorhaben mit tiefgreifenden Auswirkungen.[14] Das Subprime-Debakel ist für Appleby nur ein Beispiel dafür, wie schwierig es ist, die »unablässige kapitalistische Revolution« in einem stabilen Rahmen zu halten. Es ist aber zu berücksichtigen, dass die Weltfinanzkrise nicht allein von einer Korrektur auf dem amerikanischen Immobilienmarkt verursacht wurde, sondern durch die Verbindung zwischen diesem Markt und dem globalen Finanzsystem und dem Zusammenhang zwischen Hypotheken und jenen strukturierten Finanzprodukten, die die Investmentbanken in den vergangenen Jahrzehnten entwickelt haben.[15] Der Boom auf diesem Markt gilt als eine Art »natürliches Experiment«, das die Theorien über die radikale Liberalisierung einem »Echttest« unterzieht. Die dabei praktizierten Geschäfte waren keineswegs unnormal. Appleby erinnert an den »Wesenskern« des Kapitalismus. Danach suchen Investoren immerzu nach neuen Möglichkeiten zur Erzielung von Gewinnen – vorzugsweise ohne Einschränkungen ihrer Entscheidungsfreiheit.[16]

Umso dringlicher wäre die möglichst weite Verbreitung einer Einsicht, die auch angesichts des neueren Konzepts des »Moral Hazard«[17] in ihrer Bedeutung kaum überschätzt werden kann. Es geht dabei um Fahrlässigkeit und die Gefährlichkeit falscher Anreize. Eine Regierung wird nach den Grundvorstellungen dieses Konzepts wegen fahrlässigen Verhaltens moralisch angreifbar, wenn sie Banken vor dem Untergang rettet. Künftig werden die jeweiligen Manager unvernünftig hohe Risiken eingehen, weil sie sich der staatlichen Rettung gewiss sein können. Ein Kapitalismus ohne Konkurs ist aber womöglich wie eine Christenheit ohne Hölle.[18] Appleby hält ein systematisches Mittel zur Bestrafung von Sündern in der Wirtschaft für genauso notwendig wie im Glauben. Angesichts des Begriffs »Moral Hazard« geht sie davon aus, dass man sich (auch) auf den Märkten der dem Kapitalismus unterliegenden sozialen Normen sehr wohl bewusst ist. Es sei aber lange nicht aufgefallen, dass es eine gewisse Diskrepanz gibt zwischen dem, was der Markt fordert, und dem, was Anbieter und Nachfrager wollen, weil sich unsere Gesellschaft dem moralischen Wert anstrengender Arbeit verpflichtet gefühlt habe. Erst vor kurzem habe sich in Amerika eine gewisse »Ethik« des Genusses durchgesetzt.

Darin sieht Appleby ein Problem. In ihren Augen liegt die wahre Fahrlässigkeit heute darin, dass der Kapitalismus einer althergebrachten Moral den Garaus macht – einer Moral, die Eltern und Lehrer ihren Zöglingen beigebracht hatten, als noch Konsens darüber herrschte, wie man Kinder zu verantwortlichem Verhalten erziehen sollte. Wenn diese Werte verblassen, so die Voraussage von Appleby, wird der Kapitalismus seiner moralischen Basis beraubt sein. Sie bestehe darin, dass der einzelne seine Pflichten erfüllt, mit den ihm anvertrauten Ressourcen sorgsam umgeht, geleistete Arbeit anerkennt und seine Mitmenschen fair behandelt. Appleby ist der Überzeugung, dass wir viel eher als ein neues Finanzsystem eine gründliche Instandsetzung unseres Rechtssystems brauchen. Sie glaubt auch, dass der Kapitalismus sein Versprechen sehr wohl einlösen und Fortschritt und Wohlstand schaffen kann. Appleby behauptet, dass der Kapitalismus imstande sei, das Vermögen zu erwirtschaften, um diese sozialen Leistungen zu entlohnen. Für sie lautet die Frage, ob der politische Wille zu deren Sicherung vorhanden ist.[19]

11 Zersetzung und Auflösung

Die Frage, ob die Politik zur Sicherung der genannten sozialen Leistungen bereit ist, stellt sich manch einem, der mit dem erzählerischen Optimismus von Appleby nicht konkurrieren kann, nicht mehr. In seinem *Schwarzbuch des Kapitalismus* behauptet der Philosoph und Publizist Robert Kurz, dass diese Wirtschaftsform am Ende ihres »Blindflugs durch die Geschichte« angelangt sei und nur noch zerschellen könne. Für ihn befindet sich der »spekulativ gesundgeschminkte« Kapitalismus am Ende des 20. Jahrhunderts in einem rapiden Prozess der kategorialen Zersetzung und Auflösung.[1] Aber je unabweisbarer es wird, dass sich die Menschheit nicht länger in den Formen der »schönen Maschine« und ihrer nur noch stotternden Selbstzweck-Bewegung reproduzieren kann, desto mehr verhärte sich die kapitalistische Bewusstseinsform.[2] Gleichwohl ist es die entscheidende Botschaft, dass dem Kapitalismus eine objektive Potenz zur Selbstzerstörung innewohnt, die sich selbst dann realisiere, wenn niemand sich findet, der mit ihm Schluss machen will.[3]

Bis dahin dürfte die Geschichte des Kapitalismus aber nicht nur die Geschichte seiner sozialen, sondern auch seiner ökonomischen Widerspruchsbearbeitung sein, nicht zuletzt deshalb, weil Karl Marx postulierte, dass die Schranke des Kapitals das Kapital selbst ist, also die Entfaltung seines inneren Selbstwiderspruchs.[4] Diskussionsbedürftig ist auch die These, dass die »abstrakte Plusmacherei« des Kapitalismus nicht nur an eine äußere Naturschranke, sondern auch an eine innere ökonomische Barriere stoße.[5] Dessen ungeachtet bleibt die historische Betrachtung eine besondere Herausforderung. Dem herrschenden Bewusstsein ist womöglich eine völlige Geschichtsblindheit vorzuhalten, kennt der totalitäre Markt doch keine Geschichte, sondern nur die konjunkturelle ewige Wiederkehr des Gleichen. Es besteht die Befürchtung der zunehmenden Zusammenhanglosigkeit, je stärker sich das Denken vom Zeithorizont der Marktlogik bannen lässt. Dagegen soll versucht werden, die verlorene historische Dimension wieder herzustellen.[6] Das ist nicht einfach.

Richtig ist einerseits, dass der Kapitalismus ein gesellschaftliches Verhältnis ist und er deshalb die Gesellschaft materiell und sozial reproduzieren muss. Das ist ein Umstand, der im Begriff des gesellschaftlichen Verhältnisses liegt und nichts mit moralischen Erwägungen zu tun hat. Andererseits ist weder die materielle noch die soziale Reproduktion Zweck der ganzen Veranstaltung. Vielmehr könnte es sich um einen aus bewusstlosen historischen Prozessen heraus entstandenen und an sich »irrationalen« Selbstzweck handeln. Es geht um den Zwang, unaufhörlich aus einem Euro oder einem US-Dollar zwei zu machen. Dieser Selbstzweck hat angeblich keinerlei Sensorium für den konkreten Inhalt, der dabei bewegt wird. So erweise sich die Produktivkraftentwicklung gleichzeitig als Destruktivkraftentwicklung. Sie stoße nicht nur an die Grenzen der ökologischen, sondern auch der sozialen Belastbarkeit.

Man erkennt eine paradoxe Logik des Kapitalverhältnisses. In der Moderne sei Geld nichts anderes als die gesellschaftliche Darstellungsform verausgabter abstrakter Arbeitskraft, die über ihre eigenen Reproduktionskosten hinaus den berühmten Mehrwert produziert. Betriebswirtschaftlich gesehen, scheint die überlebensnotwendige Erzielung von Profit umso besser zu gelingen, je tiefer die Kosten der jeweiligen Arbeitskraftmenge herabgedrückt werden. Aber: Indem die Produzenten nicht für gemeinsame Bedürfnisse produzieren, sondern für den vorausgesetzten kapitalistischen Selbstzweck, erzeugen sie zusammen mit dem »abstrakten Reichtum« ihre eigene relative oder sogar absolute Armut.[7]

Gleichwohl gehört der Kapitalismus im Selbstverständnis der Zeitgenossen des 21. Jahrhunderts zur inneren Natur des Menschen. Diese Wirtschaftsform erscheint quasi als eine »condition humaine«, die sich von Generation zu Generation vererbt. Dann wäre die Ansicht konsequent, dass die Geschichte an ihrem Ende anlangt, wenn der Kapitalismus mit seinem ökonomischen, sozialen und politischen Institutionensystem und der dazu gehörenden Kultur zur Blüte entwickelt ist und Alternativen nach dem grandiosen »Sieg im Kalten Krieg« im Orkus des historischen Vergessens verschwunden sind. Doch man sollte nicht vergessen, dass der Kapitalismus aus anderen Produktionsweisen (in Europa aus der feudalen Ordnung) hervorgegangen ist. Andere dürften ihm folgen. Für manch einen ergibt sich diese Gewissheit aus der Analyse der Dynamik kapitalistischer Gesellschaften, die immer wieder an Entwicklungsgrenzen führe. Doch die Vorstellungskraft reiche in aller Regel nicht, um sich auf eine Geschichte jenseits der kapitalistischen Gesellschaftsformation mit ihren kulturellen Mustern, politischen Institutionen, ökonomischen Funktionsmechanismen und sozialen Arten und Weisen der Kommunikation vorzubereiten und einzustellen. Alle Hoffnung gehe verloren. Daher wird das Ende des Kapitalismus als apokalyptische Endzeit gedacht.

Demgegenüber erscheint das Denkmuster vom »ewigen Kapitalismus« am Ende der Geschichte wie eine Erlösung.[8] Man hält den von Karl Marx analysierten Fetischcharakter der kapitalistischen Formen für den Anschein verantwortlich, als ob Wachstum in der Zeit und Expansion im Raum unendlich fortgesetzt werden könnten, als ob der Kapitalismus »in alle Ewigkeit« existieren würde. Manchen mag es auch so scheinen, als ob etwas Lebensnotwendiges wie der Metabolismus der Menschen und der Natur aufhören würde, wenn der Kapitalismus an seine Grenzen geriete. Das Ende des Kapitalismus wäre das Ende der Menschheit. Es bräche eine apokalyptische Menschheitsdämmerung an.

Man wähnt sich schon an einer historischen Wegscheide. In der einen Richtung liege ein Kapitalismus ohne Ende, weil die Geschichte an ein Ende gekommen sei. Ökologische Zerstörung, Konflikte um Ressourcen, harte Verteilungskämpfe, desaströse soziale und finanzielle Krisen wären Begleiter auf diesem Wege. Es sei daher durchaus möglich, an einem »Ende der Geschichte« anzulangen, aber anders als es sich die Neokonservativen vorstellen. In der anderen Richtung sieht man offenes Gelände. Dort erscheinen soziale Alternativen jenseits des vorherrschenden Typs kapitalistischer Akkumulation als möglich. Teilweise herrscht der Glaube, dass die

Geschichte offen sei für Produktionsweisen, Lebensbedingungen und Naturverhältnisse jenseits des Kapitalismus.[9] Dieser Glaube verdient zwar Respekt. Sein Realitätsbezug ist aber zweifelhaft, auch wenn sich bei denen, die gewöhnlich nicht vom Kapitalismus reden, die Erkenntnis durchgesetzt hat, dass man es derzeit mit einer der gewichtigeren Krisen des Kapitalismus zu tun hat. Die Krise markiert womöglich nicht nur das Ende des Neoliberalismus. Die Unfähigkeit der Regierungen, mit der Krise und ihren Auswirkungen fertig zu werden, hat das politische System in allen kapitalistischen Ländern bereits geschwächt.[10]

Wie auch immer: Wer über Kapitalismus sprechen will, kann über Karl Marx nicht schweigen.[11] Er ist der bis heute meistzitierte Ökonom der Welt.[12] Auch wenn er darüber hinaus als Philosoph oder politischer Revolutionär gilt, lohnt es sich dennoch, ihn als einen »klassischen« Ökonomen zu betrachten.[13] Offensichtlich kommt man um das Marx'sche *Kapital* nicht herum, will man sich grundsätzlich mit dieser Wirtschaftsform auseinandersetzen.[14] Einige Zeitgenossen scheinen sogar eine Wiedererweckung dieses vor fast 130 Jahren verstorbenen Mitbürgers für erforderlich zu halten.[15] Einer hat sogar schon die »Wiederkehr des Totgesagten« festgestellt. Ihm werden vier Leben attestiert. Marx muss also Zeit genug gehabt haben, um mit seinen Ausführungen über den »Weltmarkt« vieles von dem vorwegzunehmen, was heute »Globalisierung« genannt wird.[16]

Einerseits ist anerkannt, dass keine andere Person des 19. Jahrhunderts mit ihren Schriften und Theorien den Verlauf des 20. Jahrhunderts so beeinflusst hat wie Marx. Die Versuche, den Kapitalismus als gesellschaftliche Formation theoretisch zu erfassen, leiden aber unter dem unglücklichen Erbe eines wirtschaftlichen Reduktionismus. Die einen glauben, dass das Problem schon in der Arbeit von Karl Marx seine Wurzeln hatte. Andere schreiben dies seinen Nachfolgern beziehungsweise Anhängern zu. Dabei handelt es sich um eine schwierige und sehr spezielle Diskussion, die hier nicht angemessen aufzunehmen ist.[17]

Andererseits wird behauptet, dass die Geschichte anders verlaufen sei, als Marx sich das vorgestellt hatte. Große Teile des Marxismus könnten spätestens zum Ende des 20. Jahrhunderts als gescheitert angesehen werden. Seine Schlüsse gelten als von der Realität widerlegt, unbeschadet seines Hauptverdienstes, die Bedeutung der ökonomischen Verhältnisse für die Gesellschaft und den Verlauf der Geschichte erkannt zu haben.[18] Marx wird gar zur »Generation Revolution« seines Jahrhunderts gerechnet.[19]

Das neuerdings wachsende Interesse an den Gedanken, die er zu Lebzeiten entwickelte, wird darauf zurückgeführt, dass das Vertrauen in die derzeit (noch) herrschende Wirtschaftsordnung rapide schwindet.[20] Ein weitverbreitetes Unbehagen gilt zum einen der Politik, der angesichts einer Finanz- und Wirtschaftskrise nichts anderes einfällt, als durch beispiellos kostspielige Programme nicht nur »systemrelevante« Banken und Großunternehmen zu retten, die maßgeblich mitverantwortlich für die Krise sind, sondern auch durch »Abwrackprämien« und Exportförderungsoffensiven eine Form des Konsums anzuheizen, die den Teufel der ökonomischen mit dem Beelzebub der ökologischen Krise auszutreiben versucht. Dieses Unbehagen gelte aber auch dem Wirtschaftssystem selbst. Dabei gehe es nicht zuletzt um die Legitimität einer Ordnung, deren Rhetorik sich seit ihren Anfängen grundlegend gewandelt habe. Eine »Verbrechensökonomie« habe eine »Erpressungsökonomie« abgelöst. Dabei sei ein gigantischer »Verschiebebahnhof der Verantwortung« eröffnet worden.

Auch vor diesem Hintergrund gilt die vor circa 150 Jahren von Marx erarbeitete Analyse von Wirtschaft und Gesellschaft heute als aktueller denn je.[21] Sie ist im Folgenden noch nicht einmal in Ansätzen angemessen nachzuzeichnen. Es soll nur sehr kursorisch über einige im Zuge der Finanzkrise aufgekommene moderne Interpretationsversuche berichtet werden. Das Interesse an der Marx'schen Analyse hat durch die angeschlagene Ökonomie und die Gefahr einer massiven globalen Krise oder sogar Depression einen deutlichen Auftrieb erhalten – anscheinend in der Hoffnung, dass mit ihr die Ursachen der aktuellen Probleme besser verständlich werden. Richtigerweise wird aber auch daran erinnert, dass die vergangenen 30 Jahre keine sehr fruchtbare Epoche für die »marxianische« (zu trennen von der »marxistischen«) Theorie waren und erst recht nicht für eine entsprechende revolutionäre Politik. In der Zwischenzeit ist nämlich eine ganze jüngere Generation ohne Kenntnis der politischen Ökonomie von Karl Marx aufgewachsen. Vor diesem Hintergrund erschien es einem Autor »günstig«, dieser Generation mit einem Leitfaden zum *Kapital* die Möglichkeit zu schaffen, selber herauszufinden, worum es bei Marx geht.[22]

Glücklicherweise gibt es mittlerweile Literatur, die sich an Menschen wendet, die fest annehmen, sie fänden niemals in ihrem Leben die Zeit, die drei Bände des *Kapital* von Karl Marx zu lesen. Ihre Autoren verfolgen den Zweck, diese Menschen zu einer Revision dieser Annahme und des daraus resultierenden Verhaltens zu veranlassen. Angesprochen sind Leser, die ihren Lebensunterhalt nicht mit der Kritik der politischen Ökonomie und der Gesellschaftswissenschaften verdienen, sondern mit anderen Tätigkeiten.[23] Das ist auch die unterschwellige Ambition der nachfolgenden Andeutungen, deren äußerst fragmentarischer Charakter sehr schnell erkennbar werden dürfte.

Sei's drum: Der junge Karl Marx begann mit einer Provokation. Er warf seinen Zeitgenossen vor, dass sie bei der Suche nach Wahrheit einen falschen Weg eingeschlagen hätten und einer fundamentalen Täuschung aufgesessen seien.[24] Marx wollte hinter die Fassaden schauen und sich dabei vor Fremd- und Selbsttäuschungen schützen. Seine zentrale Frage war, wie dies zu bewerkstelligen ist.[25] Philosophen wie Hegel lastete er an, dass sie bei der Betrachtung der Welt einen falschen Ausgangspunkt gewählt hätten, da sie mit der willkürlichen Setzung von Ideen beginnen würden. Für Marx war der »Weltgeist«, der für Hegel ständig im Hintergrund individueller und gesellschaftlicher Entwicklungen wirkte, nur eine »Nebelbildung im Gehirn«.[26]

Sein Ehrgeiz bestand hingegen darin, sich nicht mit Bildern über die Realität zufriedenzugeben. Er wollte die wirklichen Verhältnisse erfassen. In der Konsequenz bedeutete dies, dass Unfreiheit, Gerechtigkeit und Unvernunft nicht durch die Proklamation von Freiheit, Gerechtigkeit und Vernunft überwunden werden, sondern nur durch deren Erkämpfung.[27] Diese Haltung kulminiert in dem berühmten Satz, dass die (idealistischen) Philosophen die Welt immer nur verschieden interpretiert haben, es aber darauf ankommt, sie zu verändern.[28]

Nach dem Verständnis von Marx gehört es zunächst zu den »wirklichen Voraussetzungen« von Wirtschaft und Gesellschaft, dass der Mensch durch Befriedigung elementarer Bedürfnisse sein eigenes materielles Leben hervorbringt. Dadurch entwickelt er neue Bedürfnisse. Sodann erzeugt der Mensch durch Fortpflanzung soziale Verhältnisse. Damit entsteht schließlich ein doppeltes (natürliches und gesellschaftliches) Verhältnis, das sich durch Technik und Arbeitsteilung fortentwickelt. Das Verständnis von Wirtschaft und Gesellschaft hängt von der präzisen Rekonstruktion dieses Verhältnisses ab. Für Marx waren Sprache und Bewusstsein immer schon mit der materiellen Produktion des Lebens verbunden. Menschliches Handeln kommt in der Sprache zum Ausdruck. Beide (Sprache und Bewusstsein) sind nur verständlich, wenn die Verbindung zwischen Bewusstsein und Sein in den Mittelpunkt des Erkenntnisinteresses gestellt wird. Für die Analyse des Verhältnisses zwischen Mensch und Natur (»Stoffwechsel«) müssen die materiellen Grundlagen von Denken und Tun geprüft werden. Insoweit könnte man auf den ersten Blick verblüffende Fragen stellen:

- Was bedeutet es für den »Stoffwechsel«, wenn Banker verkünden, dass die Aktien ihrer Bank jedes Jahr 25 Prozent mehr wert sein sollen?
- Wie ist dieser Wertzuwachs zu erklären angesichts der Tatsache, dass die reale Produktion jährlich meist nur ein paar Prozent wächst?
- Und wie sind selbst diese paar Prozent realwirtschaftliches Wachstum möglich in einer Welt, deren natürliche Kräfte insgesamt nicht auf Dauer wachsen können, weil der Großteil der Naturressourcen endlich ist?[29]

Aus der Sicht des Soziologen und Sachbuchautors Fritz Reheis ist es für das Erkenntnisprogramm von Marx zentral, dass der Erkenntnisprozess dem Lebensprogramm anzupassen ist und nicht umgekehrt, wie dies bei den idealistischen Philosophen geschah. Das Verständnis unseres Lebens und der Gesellschaft verlangt also die Rekonstruktion der materiellen Basis unseres Lebensprozesses und des Evolutionsgeschehens.[30] Der Gipfel Marx'scher Provokation soll allerdings in der Unterscheidung zwischen »richtigem« und »falschem« Bewusstsein liegen. Obschon Marx die Suche nach Wahrheit als ständigen Prozess von »Versuch und Irrtum« sieht, gibt es für ihn

Umstände, die eine systematische Irreleitung des Bewusstseins bewirken. Hier kommen insbesondere Grad und Art der Arbeitsteilung zum Tragen. Sie ist mit der Ablösung geistiger Arbeit von der materiellen Arbeit insgesamt problematisch geworden.

Mit dieser »wirklichen« Arbeitsteilung veränderte sich nach der Wahrnehmung von Marx das Verhältnis von Sein und Bewusstsein entscheidend; es entstand gar die Gefahr der Zusammenhangslosigkeit. Mit ihr beginnt die »Entfremdung« des Menschen. Im »High-Tech-Kapitalismus« soll sich der abhängig Beschäftigte möglichst wie ein Unternehmer seiner eigenen Arbeitskraft fühlen, der selbst für ihre bestmögliche Verwertung verantwortlich ist. Das ist eine möglicherweise besonders raffinierte Form der Bewusstseinstäuschung.[31] Menschliches Handeln beruht nicht auf frei gewählten Umständen. Es findet unter unmittelbar vorgefundenen und unter vorausgehenden Bedingungen statt. Marx erkennt einen »Überhang an Objektivität« als Ergebnis längerer Einwirkung des Menschen auf seine natürliche und soziale Umwelt und die Definition von Prioritäten im menschlichen Denken und Handeln aufgrund der entstandenen Gegebenheiten.

Für die sozialwissenschaftliche Weiterentwicklung der Marx'schen Ansätze waren die Begriffe »System« und »Struktur« wichtig. Sie sind für eine täuschungsfreie Beschreibung von Verhalten und Verhältnissen unverzichtbar. Will man also die Vorstellung vom »arbeitenden Geld« oder vom Glück des materiellen Konsums analysieren, muss man sich die Strukturen genauer ansehen, die jenen Personen vorgegeben sind, die sich genau an diesen Vorstellungen orientieren. Auf dieser Grundlage ist es für Reheis im Hinblick auf die Kapitalismusdiskussion im Anschluss an Marx vor allem interessant, wie die Probleme des kapitalistischen Wirtschaftssystems durch »Stützstrukturen« bearbeitet werden. Die Übermacht der objektiven Gegebenheiten und die Angst vor dem Kollaps beim jetzt erreichten Grad der Komplexität werden nach seiner Wahrnehmung dann als besonders bedrückend empfunden, wenn Prioritätensetzung schwer fällt. Er lenkt daher die Aufmerksamkeit auf Verantwortungsträger in Wirtschaft und Staat, die sich in dieser Situation des »System-Struktur-Denkens« der kritischen Sozialwissenschaften bedienen.

Das geht nach der Einschätzung von Reheis so weit, dass angesichts der Finanz- und Wirtschaftskrise von 2008 und 2009 plötzlich Grundsätze über den Haufen geworfen wurden, die zuvor als völlig unantastbar gegolten hatten. Man habe im Hinblick auf Analysen und Beschreibungen nicht mehr nach »wahr« und »falsch« gefragt, erst recht nicht nach moralischen Werten. Es habe nur gezählt, ob einzelne Maßnahmen oder ein ganzes Programm zur Struktur passen und das System stützen können. Erwähnt werden in diesem Zusammenhang die gigantischen Rettungsmaßnahmen, bei denen zwischen »systemrelevanten« Großbanken, Großfirmen und Staaten einerseits und dem »Rest« von Ökonomie und Gesellschaft andererseits ein dicker Trennungsstrich gezogen wurde. Richtig ist jedenfalls, dass die Dramatik einer mehr als nur zeitlich bedingten Problemsituation ausgedrückt werden soll, wenn in der Wirtschafts- und Finanzpolitik von »struktureller Krise«, »struktureller Arbeitslosigkeit« oder »strukturellem Defizit« die Rede ist. Unabhängig davon verlässt man sich bei Urteilen über wirtschaftliche und gesellschaftliche Sachverhalte meist auf idealisierte Selbstdarstellungen. Das hatte schon Marx als schweren Fehler bezeichnet.[32]

Im Laufe der vergangenen Jahre ist es zu einer unbestrittenen Verschärfung des Gegensatzes von Arm und Reich gekommen. Aus der Perspektive von Marx wäre es absurd, wenn man Reichtum als Folge eines entsprechend höheren Fleißes, höherer Leistung oder höherer Verantwortung erklären wollte. Er sah den wahren Grund in der Ausbeutung menschlicher Arbeit. Die heutige konventionelle Wirtschaftstheorie glaubt dagegen an den Preismechanismus: Gute Manager sind knapp, und normale Arbeitssuchende, zumal ohne spezielle Qualifikation, gibt es viele. Also müssen die einen hohe Gehälter beziehen und die anderen sehr geringe. Damit soll nach dem Eindruck von Reheis aber nur verhindert werden, dass ein kausaler Zusammenhang zwischen Armut und Reichtum hergestellt wird. Diese Rechtfertigungslehre interessiert sich weder für die Herkunft von Knappheiten noch für die Herkunft der Bedürfnisse. Sie sind »gegeben« und werden als äußere Faktoren des Marktsystems betrachtet.

Hierin liegt womöglich der »Knackpunkt«. Knappheiten und Bedürfnisse sind nämlich in hohem Maße nicht nur von wirtschaftlichen, sondern auch von Macht- und Herrschaftsverhältnissen bestimmt. Darüber schweigt sich die Wirtschaftstheorie aber aus.[33] So konnte der Eindruck entstehen, dass eine »unsichtbare Hand« (Adam Smith) den Markt perfekt ordnet: »Genau genommen, richtet sich das Argument der unsichtbaren Hand an eine politische Legislative, die sich vergegenwärtigen soll, dass sie ihre eigenen Aufgaben, nämlich in erste Linie die Förderung des Gemeinwohls, nur dann erfüllen kann, wenn sie den einzelnen Kaufleuten erlaubt, das ihnen zur Verfügung stehende Kapital nach eigenem Gutdünken einzusetzen.«[34]

Manche Markttheoretiker scheinen die triviale Erfahrung zu übergehen, dass die einmal Erfolgreichen in der nächsten Runde bereits weiter vorne starten können, die Erfolglosen aber von Runde zu Runde in aller Regel zurückfallen. Sie haben wohl kein Problem damit, dass der Wettbewerb auf dem Markt oft genauso fair ist wie der Boxkampf zwischen einem jungen Mann und einem Greis.[35] Es bedarf eigentlich keiner weiteren Begründung dafür, dass man sich mit jenen Macht- und Herrschaftsverhältnissen auseinandersetzen muss, innerhalb derer erst definiert wird, was Leistung ist. Tut man das nicht, sind die anhaltenden Bemühungen zur Erklärung von Reichtum und Armut nichts anderes als Rechtfertigungsphrasen. Marx hat zu Recht vorgeschlagen, die Reichen zu fragen, was sie »wirklich« tun, statt nach den Gründen zu fragen, die sie für ihren Reichtum angeben.[36]

Für Marx erschien der Reichtum der Gesellschaften, in denen eine kapitalistische Produktionsweise herrscht, noch als eine »ungeheure Warensammlung«. Die einzelne Ware galt ihm als Elementarform des Reichtums. Also begann er seine Untersuchungen mit deren Analyse.[37] Sein Ausgangspunkt war die Unterscheidung von Gebrauchswert und Tauschwert. Dienstleistungen waren immer auch eingeschlossen, sofern sie gebraucht und getauscht wurden. Sein Grundergebnis ist klar: Jede Ware ist erst durch menschliche Arbeit in die Welt gekommen. Die Tauscheignung einer Ware entsteht durch »abstrakte« Arbeit, die ihr einen Wert vermittelt. Das ist für Marx schon der Kern des »Geheimnisses« der warenproduzierenden Gesellschaft. Im Hinblick auf die Größe des Werts der Arbeit ging er davon aus, dass dieser von der gesellschaftlich notwendigen Arbeitszeit abhängt. Für die Wertbildung zählt allerdings nur die durchschnittlich notwendige Arbeitszeit, nicht die individuell tatsächlich aufgewendete Arbeitszeit.

Schließlich führte die Entwicklung der Warenproduktion dazu, dass eine ganz bestimmte Ware zum Wertmesser und Tauschvermittler wurde. Sie brachte besondere Verlockungen mit sich: Geld.[38] Seine Funktionen (Wertmaßstab, Tausch- und Aufbewahrungsmittel) konnte und kann Geld nur erfüllen, solange man ihm zutraut, dass die symbolischen Tauschwerte jederzeit gegen tatsächliche Gebrauchswerte eintauschbar sind. Dabei sollte man nicht vergessen, dass Marx das sich zu seinen Lebzeiten verbreitende Papiergeld ausdrücklich nicht als »Geld« im eigentlichen Sinne gelten lassen wollte. Er sah es als »fiktives Kapital« an.

Der Kapitalismus hat aber mittlerweile das Warengeld, zu dessen Produktion nennenswerte Arbeitszeit zu verausgaben ist, fast komplett abgeschafft. Deshalb könnte ein nochmaliger Blick und vielleicht sogar eine Korrektur der Marx'schen Kategorisierung notwendig werden. Für einige Zeitgenossen ist das Ergebnis entsprechender Überlegungen klar: Die Geldware ist im aktuellen, überreif entwickelten Kapitalismus das fiktive Kapital. Wie bei Marx ist der Gebrauchswert des Geldes seine Fähigkeit, gegen jede andere Ware eintauschbar zu sein. Sein Tauschwert ergibt sich aber daraus, welchen Teil am gesellschaftlichen Durchschnittsprofit fiktives Kapital als Geldkapital oder als Kredit beansprucht.[39] Durch die Möglichkeit der unbegrenzten Aufbewahrung wird der Geldbesitzer jedenfalls zur »Schatzbildung« verleitet.[40]

Reheis gibt zu bedenken, dass weder zu den Zeiten von Marx noch in der heutigen Wirtschaftstheorie der Begriff »Ausbeutung« vorkommt.[41] Marx begann hingegen mit einer detaillierten Analyse der Ausbeutung des Menschen durch den Menschen. Dabei hat die Erzielung von »Mehrwert« eine Schlüsselfunktion. Der Käufer der Arbeitskraft (Arbeitgeber) wird dabei zum intelligenten Schatzbildner und kann sich irgendwann sogar auf das »arbeitende« Geld verlassen. So wird er zum Kapitalisten: »Der Kapitalist nutzt also letztlich nur die Fähigkeit des Menschen, ein Mehrprodukt zu schaffen, zur

Umwandlung dieses Mehrprodukts in einen Mehrwert, um diesen sich aneignen und akkumulieren zu können. Alles scheint mit rechten Dingen zuzugehen, und doch findet nichts als Ausbeutung statt.«[42]

Im Vergleich mit der Zeit, in der das Eigentumsrecht auf eigene Arbeit gründete, ist etwas Entscheidendes passiert. Eigentum ist auf der Seite des Kapitalisten jetzt zum Recht geworden, sich fremde unbezahlte Arbeit oder ihr Produkt anzueignen. Dem Arbeiter ist es hingegen unmöglich, sich sein eigenes Produkt anzueignen. So erscheint privater Reichtum als Konsequenz der gewaltsamen Trennung der arbeitenden Menschen von den Bedingungen ihrer Arbeit, den Werkzeugen, Maschinen, Rohstoffen, mit denen sie täglich zu tun haben. Die fundamentale Logik der Verwendung von Geld als Kapital besteht darin, dass diese Trennung mit jeder Generation weitervererbt und vertieft wird, weil man den Arbeitenden den aus ihrer Arbeit entstandenen Überschuss vorenthält und sie immer nur den Wert ihrer Arbeitskraft ersetzt bekommen.[43]

Reheis hat nicht vergessen, dass am Anfang der Trennung von Arbeit und Eigentum die nackte Gewalt durch die Vertreibung der Bauern, die Zerschlagung der Zünfte und die globale Landnahme in Übersee stand. Der Kapitalismus ist in der Tat aus einer gigantischen Enteignung von Produktionsmitteln entstanden. Die von Marx so bezeichnete »ursprüngliche Akkumulation« war nichts anderes als die organisierte Kriminalität etlicher absolutistischer Staaten in Europa. Sie plünderten, versklavten und begingen Raub- und Völkermord. Die Beute wurde in die jeweiligen »Mutterländer« verschifft und verwandelte sich dort in Kapital. Darin könnte man den »Sündenfall« in der Entwicklung des Warenhandels sehen. Genauso hatte der Kapitalismus begonnen, die Welt zu erobern. Die anfangs eingesetzte traditionale und feudale Gewalt wurde allmählich durch die Gewalt der Kaufleute und Bankiers ersetzt. Die damit einhergehende kapitalistische Ausbeutung beraubte die Menschen ihrer freien Zukunftsbestimmung und legte die entsprechende Macht in die Hände einer kleinen Minderheit.[44]

Marx hatte im Ausbeutungssystem einen Grundwiderspruch entdeckt. Dieser zeigte sich ihm im Verhältnis zwischen dem gesellschaftlichen Charakter der Produktion und dem privaten Charakter der Aneignung der Produkte – einschließlich des Kommandos über die Produktion und die Verwendung des Mehrwerts. Reheis schildert die verschiedenen Ausprägungen dieses Widerspruchs und macht auf die Schlussfolgerung von Marx aufmerksam, wonach der Widerspruch zu seiner revolutionären Überwindung drängt.[45] Marx war der Auffassung, dass das Ausbeutungssystem nicht auf Dauer bestehen kann. Er hatte erkannt, dass das kapitalistische Wirtschaftssystem der Abschöpfung des Reichtums der Welt dient. Der damit verbundene Zwang zur Ausdehnung war für ihn die Folge des zitierten Grundwiderspruchs. Globalisierung ist keineswegs ein Phänomen, das erst in den 1990er Jahren begann.[46] Andere haben auch festgestellt, dass es die Staaten in der kapitalistischen Entwicklungsgeschichte von Beginn an darauf abgesehen hatten, die Rahmenbedingungen für die Absaugung des Mehrwerts aus der »Peripherie« zu schaffen. Das war und ist nicht zwangsläufig ein historischer Fortschritt. Die Konkurrenz um »Akkumulationschancen« zwischen Nordamerika, Europa und Japan dürfte sich verschärfen. China, Indien und Brasilien können schon heute nicht mehr der »Peripherie« zugeschlagen werden. In den nächsten Jahrzehnten dürften anarchische Verhältnisse mit extremer Ungewissheit entstehen. Es wird gar der Zusammenbruch des kapitalistischen Weltsystems vorausgesagt.[47]

Dessen ungeachtet führt Reheis die bisherige Stabilität des Kapitalismus darauf zurück, dass der Staat zwar von den Interessen der Großagrarier, Großkaufleute, Großindustriellen und Großbanker angetrieben wurde, aber gleichzeitig auch den Interessen der Mehrheit der Gesellschaft diente. Der über mehrere Jahrhunderte aus der »Dritten Welt« abgepumpte Reichtum habe die Staaten des Zentrums in die Lage versetzt, ihren Bürgern ein relativ hohes Maß an rechtlicher und sozialer Sicherheit zu gewähren, weshalb es – anders als von Marx erwartet – bisher noch zu keiner flächendeckenden Verelendung in den hochentwickelten Zentren gekommen sei. Geht es einem ständig besser, nimmt man die Schattenseiten des Gesamtsystems leicht in Kauf. Es stört dann nicht, dass sich eine kleine Minderheit auf Kosten der absoluten Mehrheit bereichert.[48] Es macht dann auch nichts, dass der eigene Aufstieg auf Kosten der anderen geht, die in den Peripherien der Welt den Wohlstand in den Zentren weitestgehend bezahlen, indem sie in Bergwerken, Plantagen und Manufakturen die Grundlagen für den Reichtum der Zentren schaffen und dafür nur ein Zehntel oder ein Hundertstel von dem bekommen, was in diesen Zentren verdient wird. Aber der ständige Wettbewerb dieser »Zentralstaaten« zwingt immer mehr zu Einschränkungen. Selbst in den reichsten Gesellschaften erhöht sich die Zahl der Armen – mit weiter steigender Tendenz.[49]

Schon vor vielen Jahrzehnten hatte ein anderer Beobachter – der Wirtschaftswissenschaftler Peter F. Drucker – behauptet, dass mit dem (angeblichen) Kollaps des Marxismus als Weltanschauung jede Gesellschaft, die auf der Souveränität und Autonomie der ökonomischen Sphäre aufbaute, kraftlos und irrational geworden sei, weil Freiheit und Gleichheit nur in und durch sie verwirklicht werden könnten. Aber während die alten Ordnungen des Kapitalismus und Sozialismus ohne die Möglichkeit weiterer Entwicklung zerfielen, sei keine neue Ordnung erschienen. Schon damals wurde es als charakteristischer Zug der Zeit empfunden, dass sich keine neue Konzeption von der Natur des Menschen unter der Oberfläche vorgefunden hatte, um die Stelle des »Homo Oeconomicus« einzunehmen. Es habe sich keine neue Sphäre menschlicher Aktivität für die Projektion von Freiheit und Gleichheit angeboten. Während Europa daher unfähig werde, seine alten sozialen Ordnungen aus seinen alten Konzeptionen zu erklären und zu rechtfertigen, habe es bis jetzt keine neue Konzeption entwickelt, von der neue gültige gesellschaftliche Werte, eine neue Grundlage für eine neue Ordnung und eine Erklärung der Position des Menschen in derselben abgeleitet werden könnten.

Durch den Kollaps des »Homo Oeconomicus« seien dem Individuum seine soziale Ordnung und seiner Welt ihre rationale Existenz genommen worden. Der Mensch könne nicht länger seine Existenz als mit der Welt, in der er lebt, vernünftig verknüpft und koordiniert erklären oder verstehen; noch könne er die Welt und die gesellschaftliche Wirklichkeit mit seiner Existenz koordinieren. Die Funktion des Individuums in der Gesellschaft sei vollkommen irrational und sinnlos geworden. Der Mensch sei innerhalb einer gewaltigen Maschine isoliert, deren Zweck und Bedeutung er nicht akzeptiere und auch nicht in die Begriffe seiner Erfahrung übertragen könne. Die Gesellschaft höre auf, eine Gemeinschaft von Individuen zu sein, die untereinander durch einen gemeinsamen Zweck verbunden sind. Sie werde zu einem »chaotischen Tumult isolierter Monaden ohne Zweck«.

Im Zerfall des rationalen Charakters der Gesellschaft und der rationalen Beziehungen zwischen Individuum und Gesellschaft sah Peter F. Drucker den revolutionärsten Zug seiner Zeit. Er war der Ansicht, dass nur Europa die Rationalisierung des ganzen Kosmos versucht hatte. Es sei einer der großen metaphysischen Errungenschaften des Christentums gewesen, der ganzen diesseitigen und jenseitigen Welt eine vernünftige Erklärung und jedem Individuum einen festen Platz in dieser rationalen Ordnung gegeben zu haben, sei es in einem göttlichen Plan der Erlösung oder in einer von Menschen gemachten klassenlosen Gesellschaft. Dies hebe Europa von allen anderen ab. Dort gelten gar die »Kräfte des Bösen« als in hohem Maße rational. Selbst der Marxismus hätte aus den Kapitalisten Teufel machen müssen, obwohl Marx mühsam zu zeigen versucht habe, dass sie nicht böse, sondern nur Werkzeuge unparteiischer ökonomischer Kräfte sind. Jedoch hätten die Entwicklungen des Kapitalismus und des Marxismus Europa mitnichten für eine Zeit vorbereitet, in der die fundamentale Rationalität in Gefahr ist.

Im Gegenteil: In der Ordnung des »Homo Oeconomicus« sei die Rationalisierung der Welt bis zu einem Punkt vorangetrieben, in der alles nicht nur als Teil einer rationalen Einheit, sondern als Teil einer mechanischen Sequenz berechenbar und verständlich geworden sei. Die marxistische Theorie der Freiheit, welche den unberechenbaren und unmechanischen individuellen menschlichen Willen den mechanischen Gesetzen der Klassensituation unterwirft, sowie die Philosophen des Behaviorismus und der Psychoanalyse, welche die noch unberechenbaren Reaktionen des Unterbewusstseins durch mechanische Begriffe interpretieren, haben nach dem Empfinden von Drucker die Mechanisierung der Welt auf einen Höhepunkt gebracht und die rationale Ordnung fast gesprengt.[50]

Für Reheis ist unterdessen klargeworden, dass Wirtschaftskrisen im eigentlichen Sinne nicht durch natürliche Bedingungen (zum Beispiel Missernten), sondern durch kulturelle und soziale Faktoren verursacht werden. Seit sich die moderne bürgerliche Wirtschaftsweise auf der ganzen Welt ausgebreitet hat, werden Menschen durch solche Krisen um die Früchte ihrer Arbeit betrogen.[51] Hinzu kommt, dass der Steuerzahler zur Ader gelassen wird, je mehr der Staat die Risiken der Privatwirtschaft übernimmt. Staatliche Rettungsmaßnahmen kommen unter den Bedingungen der anhaltenden Finanzkrise einer Konkursverschleppung gleich. Staaten und Menschen werden entmündigt und in eine moderne Schuldknechtschaft geführt. Selbst wenn der Staat nach einer Krise größere Teile der Wirtschaft in der Hand hält, ist damit nicht ausgeschlossen, dass er nach wie vor an deren Prioritäten festhält.

Reheis gibt zu bedenken, dass an der Ausarbeitung der verschiedenen Rettungsschirme führende Bankenvertreter beteiligt waren.[52] Er hält es für völlig unklar, wie es im 21. Jahrhundert zu einer halbwegs gleichgewichtigen, sich selbst synchronisierenden ökonomischen Entwicklung kommen kann. Krisen zeigten schmerzhaft, wie sehr die Wirtschaft und mit ihr die Politik als Gesamtsystem außer Kontrolle geraten sind, ohne dass Verantwortliche dingfest gemacht werden konnten und ohne dass überzeugende Therapie- und Präventionskonzepte zur Verfügung stehen. Aus der Marx'schen Perspektive verfehle die herrschende Krisendiskussion ihren Gegenstand. Erste Ansätze ergäben sich vielmehr aus dem im Kapitalismus immer nur prekären Vertrauen. In der Krise, so behauptet Reheis, gehe die Balance zwischen Vertrauen und Kritik verloren, es komme zur Eskalation des Betrugs: »Die einfache Warenproduktion macht Krisen möglich, die kapitalistische lässt sie notwendig werden.«

Es sei nämlich die Entwicklungslogik des Kapitals selbst, den Menschen den gerechten Ausgleich für ihren Beitrag zum Ganzen systematisch zu verwehren. Eine tiefergehende Betrachtung müsse am kapitalistischen Grundwiderspruch zwischen gesellschaftlicher Produktion und privater Aneignung ansetzen. Als eine Erscheinungsform dieses Widerspruchs gilt der Gegensatz zwischen Produktion und Konsum. In einer nichtkapitalistischen Wirtschaft richtet sich die Produktion nach den Bedürfnissen des Konsums. Im Kapitalismus orientiert sich die Produktion nach den Profiterwartungen und der Konsum an der Kaufkraft, wobei die der Lohnabhängigen entscheidend ist.

Das Bemühen des Kapitalisten um niedrige Kosten offenbare eine zweite Erscheinung des Grundwiderspruchs. Mit den Ersparnissen beim Arbeitslohn wird die gesellschaftliche Kaufkraft reduziert. Diese ist aber nötig, um die gesellschaftlich produzierte Warenmenge zu erwerben. Aus dieser Perspektive, so die Schlussfolgerung von Reheis, resultiert die Krise aus dem Umstand, dass diejenigen Kapitaleigentümer, die sich vernünftig verhalten, genau das tun, was gesellschaftlich unvernünftig ist. Und das müssen sie, weil die Konkurrenten sie andernfalls sofort bestrafen würden. In der Konkurrenzsituation hofft jeder, dass der andere weniger produziert, aber dafür mehr Lohn zahlt. Deshalb tut keiner, was geboten wäre: die eigene Produktion herunterfahren und die Löhne erhöhen. Reheis weist auf einen weiteren Aspekt der Marx'schen Krisentheorie[53] hin: Für Kapitalisten, die Investitionsgüter herstellen, ist zunächst weniger die Massenkaufkraft von Bedeutung. Sie orientieren sich eher an dem Unterschied zwischen Profitrate und Zinssatz. Man verzichtet auf die Ausweitung der Produktion und des Kapitals in den entsprechenden Unternehmen, je niedriger die Profitrate beziehungsweise je höher der Zinssatz ist. Stattdessen engagieren sich diese Kapitalisten direkt auf den Finanzmärkten.

Über die Argumentation von Marx fanden bekanntlich heftige Debatten statt. Er hatte behauptet, dass in einem weit fortgeschrittenen Stadium des Kapitalismus mit einem hohen Anteil an Maschinenarbeit die Profitrate sinken müsse, weil ein immer größerer Teil der allein wertbildenden Arbeit nur dem Erhalt der Maschinen diene.[54] Daher scheint es nur konsequent zu sein, dass die Unternehmen sich mittlerweile immer weniger als Institutionen zur Produktion von Gütern und Diensten, sondern als Einrichtungen zur Erwirtschaftung von Renditen definieren. Im Zuge einer »Entmaterialisierung« des Kapitalismus triumphiert der Kapitalmarkt über die »Realwirtschaft«. Der Kapitalismus dient sich selbst und wird – losgelöst von den Niederungen der stofflichen Welt – zum eigentlichen Wachstumsmarkt. Es etabliert sich eine »Kultur des Erfolgs«, in der eine mathematisch hochgerüstete Finanzakrobatik die Illusion erzeugt, alle Risiken versichern und ausgleichen zu können. Eine Grenzziehung zwischen dem Derivat als Instrument zur Risikoabsicherung und als Spekulationspapier ist kaum noch möglich. Die Ablösung der Solidität durch das Erfolgsprinzip macht das Bemühen, aus Dreck Gold zu machen, endemisch.[55]

Vor diesem Hintergrund erkennt Reheis, dass die systematische Ausgabe von Fehlinformationen von Anfang an zum Geschäft gehört. Der Betrug (auch als Selbstbetrug) werde zum Mittel der künstlichen Vertrauensproduktion und Vertrauenspflege. Dessen Folgen ließen sich nur bewältigen, indem – auf höherer Ebene – der nächste, noch viel massivere Betrug vorbereitet wird, und zwar an den Wehrlosen, weil noch nicht Geborenen. Insgesamt habe die Orientierung am Geld zur gewaltigen Desorientierung der Menschen geführt. In der staatlichen Niedrigzinspolitik sieht Reheis gar ein »universelles Doping der Wirtschaft«.[56] Die der Geldvermehrung dienende Arbeit habe kein Maß und kein Ziel. Sie sei endlos, und der Gewinn dürfe im wesentlichen nicht genossen, sondern müsse reinvestiert werden. In der Finanzwirtschaft und den von ihr geschaffenen Welten zeigt sich nach seiner Wahrnehmung noch viel deutlicher, dass nicht nur das Konsumieren, sondern auch das Produzieren immer zu lange dauert. Deshalb gehe man zum Verkaufen ohne zu produzieren über (»Aktienleerverkäufe«). Aus der Perspektive von Marx verhalte man sich nicht nur zynisch gegenüber den Opfern, wenn man von der Heilsamkeit der Krisen spricht. Man verkenne auch völlig den Zusammenhang zwischen Krise und Kapitalismus, der nach der Einschätzung von Marx auf Risikoerhöhung und nicht auf Begrenzung angelegt ist. Am vorläufigen Ende der »Virtualisierung« der Finanzwirtschaft steht nach dem Befund von Reheis eine »rauschhafte Kombination von Selbst- und Fremdtäuschung«.[57] Er glaubt, dass Marx für die praktische Mobilisierung der Gesellschaft von großem Nutzen gewesen sei. Für deren theoretische Rechtfertigung sei er aber nur um den Preis einer groben Verfälschung brauchbar.

Marx war davon überzeugt, dass Revolutionen nicht einfach gemacht werden können. Erforderlich sei eine revolutionäre Situation, die der »Gang der Geschichte« hervorbringen müsse. Sein entwicklungstheoretischer Gedanke bezog sich auf die alles entscheidende Wechselwirkung zwischen Produktivkräften und Produktionsverhältnissen. Aus seiner Sicht stehen sich in der modernen bürgerlichen Gesellschaft Arbeit und Kapital unversöhnlich gegenüber. Dieser Situation seien die einzelnen Menschen zunächst ausgeliefert.[58] Mit der Schaffung der materiellen Bedingungen zur Lösung dieses Antagonismus durch die sich entwickelnden Produktivkräfte schließt aus der Sicht von Marx die »Vorgeschichte der menschlichen Gesellschaft« ab.

12 Die Zerstörung der Mitte der Gesellschaft

Die Entwicklung des Kapitalismus in den letzten 180 Jahren ist krisenhaft verlaufen. Trotz der zitierten und anderen anhaltenden Bemühungen ist nach wie vor umstritten, was die Ursachen dieser Krisenprozesse waren. In jedem Fall ist und bleibt ein gemeinsames Verständnis des Begriffs »Krise« erforderlich. Es handelt sich um schwere Störungen der ökonomischen Reproduktion einer Gesellschaft. Das bedeutet nichts anderes, als dass ein großer Teil der produzierten Warenmenge nicht absetzbar ist, weil kein zahlungsfähiges Bedürfnis vorhanden ist. Das Warenkapital lässt sich also nicht mehr vollständig in Geldkapital verwandeln. Das vorgeschossene Kapital wird immer schlechter verwertet. Die Akkumulation nimmt ab. Die Nachfrage von Unternehmen nach Produktionsmitteln und Arbeitskräften vermindert sich entsprechend. Die Folgen sind Massenarbeitslosigkeit und ein Rückgang der Konsumtion der »Arbeiterklasse«. Der Rückgang der Nachfrage geht weiter, und die Krise verschärft sich.

Richtig ist der Hinweis des Politikwissenschaftlers Michael Heinrich, dass der Kapitalismus zwar nicht die einzige Produktionsweise ist, in der neben ungeheurem Reichtum riesige Armut existiert. Er ist jedoch die einzige Produktionsweise, wo der Überfluss an Gütern ein Problem darstellt und wo unverkäufliche Güter zum Ruin ihrer Besitzer führen. Gleichzeitig gibt es dort Menschen, denen es am Nötigsten fehlt und denen es nicht gelingt, das einzige, was sie noch haben, ihre Arbeitskraft, zu verkaufen. Das Kapital benötigt ihre Arbeitskraft nicht, da ihre Nutzung unprofitabel ist.[1]

Die meisten Vertreter der klassischen politischen Ökonomik und der Neoklassik bestreiten nach wie vor, dass Krisen aus der Funktionsweise des Kapitalismus resultieren. Sie halten äußere Einwirkun-

gen für ursächlich, etwa die staatliche Wirtschaftspolitik. Gleichwohl hatte der Wirtschaftswissenschaftler John Maynard Keynes
(1883–1946)[2] schon früh im Hinblick auf Massenarbeitslosigkeit
von kapitalismusimmanenten Ursachen gesprochen – anders als
Karl Marx, der grundsätzlich der Überzeugung war, dass ein krisen-
freier Kapitalismus unmöglich sei.[3] Gleichwohl hatte Marx keine zu-
sammenhängende Krisentheorie entwickelt, obwohl er schon bei
der Analyse des Geldes als Zirkulationsmittel in der Vermittlung des
Tausches durch Geld die allgemeine Möglichkeit der Krise erkannt
hatte. Hält man das Geld, das man mit dem Verkauf der eigenen
Ware eingenommen hat, fest, so wird der »Reproduktionszusam-
menhang« unterbrochen.

Manche Erklärung für die Gründe, die tatsächlich zu dieser Unter-
brechung führen, ist, wie auch schon angedeutet, an das »Gesetz
vom tendenziellen Fall der Profitrate« angelehnt, von dem der traditionelle Marxismus ausging. Danach wird aufgrund der fallenden
Profitrate irgendwann auch die Masse des Profits fallen. In der Folge
wird sich die Akkumulation weiter verlangsamen und schließlich
zur Krise führen. Michael Heinrich behauptet, dass die entscheidenden krisentheoretischen Argumente von Marx unabhängig von dem
zitierten Gesetz seien. Der Gedankengang von Marx wird durch fol-
gende Gesichtspunkte bestimmt:

- Senkung des Werts der Arbeitskraft durch Entwicklung der Pro-
  duktivkraft der Arbeit (relativer Mehrwert)
- Einführung immer weiter verbesserter Maschinerie
- Ausweitung des Produktionsumfangs durch kostensparenden Einsatz dieser Maschinerie
- Überschwemmung des Marktes durch Vergrößerung der produzierten Gütermenge
- Verhinderung der Entwertung der Produktionsmittel durch
  schnelle produktive Vernutzung
- Entgegenstehende mehrfach begrenzte Konsumtionskraft der Gesellschaft
- Beschränkung des Konsums der Arbeiterklasse durch die Logik
  der Kapitalverwertung

Dagegen könnte man das Argument zu niedriger Löhne und der aus ihnen resultierenden Nachfragelücke für unzureichend halten. Die Löhne sind in der Tat immer kleiner als der Gesamtwert des Produkts. Sie reichen, unabhängig von ihrer Höhe, als Nachfrage für das Gesamtprodukt nie aus. Zur entscheidenden Variablen wird die Investitionsnachfrage erklärt. Von ihr hänge die Nachfrage des Kapitals nach zusätzlichen Produktionsmitteln direkt ab und indirekt die weitere Entwicklung des Konsums der Arbeiterklasse, insofern nämlich zusätzliche Arbeitskräfte eingestellt werden oder nicht. Die Höhe der Investitionen wird von den Profiterwartungen und von dem Vergleich zwischen Profitrate und Zinssatz bestimmt. Es wird darauf hingewiesen, dass der einzelne Kapitalist immer die Wahl hat, ob er sein Kapital in produktivem Kapital investieren oder als zinstragendes Kapital verwenden will. Erwartet man steigende Börsenkurse, dürfte regelmäßig mehr in fiktives, statt in produktives Kapital investiert werden. Daher erscheint es nachvollziehbar, dass die kapitalistische Produktion und die kapitalistische Konsumtion gegensätzlich sind.

In der Interpretation Marx'scher Ansätze kann man zu dem Ergebnis gelangen, dass einer tendenziell unbegrenzten Produktion eine Konsumtion gegenübersteht, die nicht wegen der Bedürfnisse, sondern wegen der Logik der Verwertung begrenzt ist. Gemessen an der zahlungskräftigen Nachfrage ergibt sich daraus eine Tendenz zur Überproduktion von Waren und zur Überakkumulation von Kapital. Das kann schließlich zur Krise führen: Die Reproduktion gerät ins Stocken, investiertes Kapital wird entwertet oder gar vernichtet. Man schließt die am wenigsten profitablen Produktionsstätten. Einzelne Kapitalteile gehen bankrott. Es kommt zu Entlassungen. Mit steigender Arbeitslosigkeit sinken die Löhne. Ein Zerstörungswerk beginnt: Gesellschaftlicher Reichtum wird vernichtet. Die Lebensverhältnisse von immer mehr Menschen verschlechtern sich erheblich.

Heinrich hebt gleichzeitig hervor, dass Krisen für das kapitalistische System als Ganzes auch durchaus »produktiv« sein können: Die Vernichtung der unprofitablen Kapitale vermindere die Produktion und die Entwertung des noch fungierenden Kapitals. Die niedrigen

Löhne steigerten die Profitrate der verbleibenden Kapitale. Es komme zu einer Zinssenkung, weil die Nachfrage nach Leihkapital zurückgeht. So werde der Weg für einen neuen Aufschwung frei. Aus dieser Sicht wird in Krisen die Einheit von Momenten gewaltsam wieder hergestellt, die zwar zusammengehören, aber gegeneinander verselbständigt sind. Auch Marx war übrigens der Überzeugung, dass Krisen gerade durch ihre Zerstörungen positive Leistungen für das kapitalistische System erbringen.

Für Heinrich ist indessen klar, dass die Durchschaubarkeit des Krisenmechanismus nicht die Verhinderung von Krisen garantiert. Der Konkurrenzdruck zwinge die einzelnen Kapitalisten zu einem bestimmten Verhalten, selbst wenn sie wissen, dass dieses Verhalten insgesamt zerstörerisch wirkt. Ein individueller Ausstieg scheint unmöglich zu sein. Es bleibt nur die Hoffnung, selbst ungeschoren davonzukommen. Zudem ist der aktuelle Punkt des jeweiligen Krisenzyklus nie sicher bestimmbar. So führt etwa die beständige Entwicklung der Produktivkräfte zur Verschiebung der Nachfrageströme. In einer Situation unaufhebbarer Ungewissheit kann der Kapitalist nur überleben, wenn er alle Profitsteigerungsmöglichkeiten nutzt, unabhängig davon, welche Auswirkungen dies hat. Grundsätzlich gelten Krisen daher als unvermeidlich.

Heinrich kommt zu dem Ergebnis, dass auf der Grundlage der von Marx bezogenen allgemeinen Darstellungsebene über konkrete Krisenverläufe aber nichts weiter ausgesagt werden könne.[4] Stattdessen bewegt ihn die Frage, ob es bei Marx eine »Zusammenbruchstheorie« gibt. Zweifellos können schwere ökonomische Krisen zu Krisen des politischen Systems führen.[5] Angesichts der Schwierigkeit der ökonomischen Reproduktion mögen die politischen Herrschaftsverhältnisse ihre Legitimation verlieren. Dann beginnen die Menschen eine Rebellion, wenn nicht gar eine Revolution. Das ist eine Perspektive, die Marx angesichts der Wirtschaftskrise 1847/48 und der Verhältnisse 1848/49 in den frühen 1850er Jahren nachvollziehbarerweise haben konnte. Heinrich ist jedoch der Meinung, dass Marx seine Resultate etwas vorschnell verallgemeinerte, erwartete er doch mit der nächsten Krise auch die nächste Revolution. Die folgenden Wirtschaftskrisen haben gezeigt, dass es keinen unmittelbaren und zwingenden Zusammenhang von Krise und revolutionärer Bewegung gibt. Im Gegenteil: Wirtschaftskrisen können sogar nationalistische und faschistische Bewegungen hervorrufen. Sie haben offensichtlich mit einer revolutionären Erhebung der Arbeiterklasse nichts gemeinsam.[6]

Wie auch immer: Henry Ford, der etwas von kapitalistischer Produktion verstand, wird ein Satz zugeschrieben, der selbsterklärend ist: »Eigentlich ist es gut, dass die Menschen unser Banken- und Währungssystem nicht verstehen. Würden sie es nämlich, so hätten wir eine Revolution vor morgen früh.«

Heinrich weist darauf hin, dass in den 1990er Jahren die alte Idee wiederbelebt wurde, wonach die ökonomischen Krisen zum Zusammenbruch des Kapitalismus führen und dass der Kapitalismus seiner »Endkrise« entgegenstrebt. Es war seinerzeit tatsächlich von einer »Marx'schen Zusammenbruchstheorie« die Rede. Dem hält Heinrich entgegen, dass Marx zwar von den Schranken der kapitalistischen Produktionsweise sprach, aber nicht im Sinne eines zeitlichen Endes. Er glaubt, dass Beschränktheit als »Borniertheit« zu verstehen sei, und hält es ebenfalls für »borniert«, dass das Kapital zwar die Produktivkräfte in einem Ausmaß entwickelt wie keine Produktionsweise zuvor, dass diese Entwicklung aber einzig der Kapitalverwertung diene. Marx hatte bekanntlich im Kapital selbst die wahre Schranke der kapitalistischen Produktion gesehen. Das Kapital und seine Selbstverwertung waren für ihn Ausgangspunkt und Endpunkt, Motiv und Zweck der Produktion. Die Produktion sei nur Produktion für das Kapital. Die Produktionsmittel seien nicht umgekehrt bloße Mittel für eine sich stets erweiternde Gestaltung des Lebensprozesses für die Gesellschaft der Produzenten.

Nach der Analyse von Heinrich spricht Marx in der Folge von einem »fortwährenden Konflikt« zwischen der unbeschränkten Entwicklung der Produktivkräfte und dem beschränkten kapitalistischen Zweck, ohne einen »Zusammenbruch« zu erwähnen. Nur im Hinblick auf den wissenschaftlichen Fortschritt und die dadurch nachlassende Bedeutung der im Produktionsprozess verrichteten Arbeit schließt Marx gleich auf den »Zusammenbruch« der ganzen Produktionsweise. Die Frage eines Zusammenbruchs ist von ihm allerdings nicht im *Kapital* und auch nicht mehr in seinen späteren Werken behandelt worden. Der Umstand, dass immer weniger Arbeitskraft im Produktionsprozess der einzelnen Waren verausgabt werden muss, wird als Grundlage der Produktion relativen Mehrwerts behandelt, nicht als Zusammenbruchstendenz, wie Heinrich bemerkt.

Andere haben dagegen angesichts des Bestrebens des Kapitals nach Arbeitszeitreduzierung bei gleichzeitiger Anerkennung der Arbeitszeit als einziges Maß und Quelle des Reichtums einen vermeintlichen »logischen Selbstwiderspruch des Kapitals« entdeckt. Marx hielt dieses alte Rätsel der politischen Ökonomie jedoch für leicht begreifbar. Man müsse (nur) berücksichtigen, dass es den Kapitalisten nicht um den absoluten Wert der Ware geht, sondern um den Mehrwert (Profit), den ihnen diese Ware einbringt. Die zur Produktion der einzelnen Ware nötige Arbeitszeit könne durchaus sinken, der Wert der Ware abnehmen, sofern nur der von seinem Kapital produzierte Mehrwert beziehungsweise Profit wächst. Marx erklärte es für unerheblich, ob sich der Mehrwert/Profit auf eine kleine Zahl von Produkten mit hohem Wert oder auf eine größere Zahl von Produkten mit niedrigerem Wert verteilt. Aus der Sicht von Heinrich stehen die Zusammenbruchstheorien vor dem grundsätzlichen Problem, dass sie eine unausweichliche Entwicklungstendenz angeben müssen, mit welcher der Kapitalismus so wenig umgehen kann, dass seine weitere Existenz unmöglich wird – unabhängig von dem, was auch immer im historischen Prozess passieren mag. Für die »Linke« habe die Zusammenbruchstheorie historisch immer eine Entlastungsfunktion gehabt: Unabhängig von der Schwere aktueller Niederlagen schien das Ende des Gegners doch gewiss. Heinrich hält dagegen die Kritik an dieser Position nicht für eine »Kapitulation vor dem Kapitalismus«. Das Fehlen der zitierten prophetischen Gewissheiten mache den Kapitalismus um keinen Deut besser.[7]

Das scheinen inzwischen sogar die berühmten »Massen« begriffen zu haben. Auf die Frage, wer eigentlich noch im Kapitalismus leben möchte, antworteten 88 Prozent der von dem Meinungsforschungsinstitut Emnid im August 2010 befragten Bundesbürger, dass sie sich eine »neue Wirtschaftsordnung« wünschten, da der Kapitalismus weder für sozialen Ausgleich in der Gesellschaft noch für den Schutz der Umwelt oder einen sorgfältigen Umgang mit den Ressourcen sorge. Nach einer anderen Umfrage der Universität Jena vom Herbst 2010 waren 52 Prozent aller unter dreißigjährigen Befragten der Auffassung, dass der Kapitalismus die Welt zugrunde richte.[8]

Eine der derzeit amtierenden Galionsfiguren der Partei »Die Linke«, Sahra Wagenknecht, vertritt – wenig überraschend – ebenfalls die Meinung, dass es heute für viele Menschen immer weniger Grund gebe, das bestehende Wirtschaftsmodell für attraktiv oder auch nur für annehmbar zu halten. Der heutige Kapitalismus lasse nicht allein »Oben« und »Unten« in einer Weise auseinanderklaffen, die jeden Menschen mit »normal entwickeltem Sozialgefühl« entsetzen müsse. Dieser Kapitalismus zerstöre auch – systematisch, hartnäckig und brutal – die Mitte der Gesellschaft. Von den Versprechungen und Ansprüchen der Nachkriegszeit (»Wohlstand für alle«) sei nichts übriggeblieben.

Wagenknecht steht mit dieser Einschätzung nicht allein.[9] Der Kapitalismus versage nicht nur sozial, sondern auch vor seinen eigenen Ansprüchen.[10] Auch Wagenknecht hat inzwischen wahrgenommen, dass keine Branche in den vergangenen Jahrzehnten weltweit so stark gewachsen ist wie der Finanzsektor. Dort hätten »Zockerbanden« mit dem Wohlstand von Millionen Menschen »russisches Roulette« gespielt.[11] Die großen Versprechen der Politik zu Beginn der Finanzkrise seien vergessen und verdrängt, neue Regeln von der Finanzlobby bis zur Wirkungslosigkeit weichgespült. Der Kapitalismus sei keine Wirtschaftsordnung mehr, die Produktivität, Kreativität, Innovation und technologischen Fortschritt befördert.[12] Die Regierungen hätten kein Konzept. Sie wollten nur mit sehr viel Geld Zeit kaufen. Dies geschehe auch, wenn in der Euro-Zone die wirtschaftlich stärkeren Staaten für die Schulden der schwächeren bürgen. Die überforderten Politiker in diesem »niedergehenden System« nutzten den Ausweg einer »clownesken Realitätsverweigerung«.

Wagenknecht scheint von der Sorge geplagt zu sein, dass die Demokratie stirbt, wenn Banken und Wirtschaftskonzerne ganze Staaten erpressen und sich die Politik kaufen können, die ihnen nützt. Sie hält den Kapitalismus für alt, krank und unproduktiv.[13] Eine Auseinandersetzung darüber, wie wir ihn jung, gesund und produktiv machen können, hält diese Vertreterin der Linkspartei für Zeitverschwendung. Eine gesellschaftliche Debatte darüber, wie eine Zukunft jenseits des Kapitalismus zu gestalten ist, sei dringlicher. Jetzt müsste gezeigt werden, wie man, wenn die originären marktwirtschaftlichen Ideen zu Ende gedacht werden, direkt in den Sozialismus gelangt, einen Sozialismus, der nicht Zentralismus, sondern Leistung und Wettbewerb hochhält. Dabei differenziert Wagenknecht zwischen einem »falschen« Liberalismus und einem »kreativen« Sozialismus.[14] Mit den bisherigen Anstrengungen ist man nach ihrer Überzeugung der eigentlichen Ursache der ganzen Malaise nicht auf den Leib gerückt. Dazu zählt sie den seit Jahrzehnten völlig unverhältnismäßig wuchernden Finanzsektor, der trotz oder gerade wegen seiner Größe und Macht seine eigentliche und wichtigste Aufgabe nicht mehr erfülle: die Ersparnisse der Menschen in halbwegs sinnvolle und produktive Verwendungen zu lenken.[15]

Vielmehr hätten sich die großen Finanzhäuser zu »Zockerbanden« gewandelt, deren Geschäftsmodell überwiegend aus Tätigkeiten bestehe, die keinen realwirtschaftlichen Nutzen haben. Sie finanzierten keine Investitionen, sondern platzierten Finanzwetten und Spekulationen und kreierten krude Finanzpapiere, aus deren Weiterverkauf sie Profit ziehen. An die Stelle von Unternehmenskrediten seien Kredite an andere Banken und Hedge-Fonds (»Heuschrecken«[16]) getreten. Das Erfinden immer neuer »Finanzinnovationen«, die vor allem der Steuerhinterziehung und der Umgehung gesetzlicher Regelungen dienten, sei zum »Kerngeschäft« geworden. So hätten sich die großen Banken zu Investitionsverhinderern und Innovationsbremsen entwickelt. Dieses Geschäftsmodell funktioniere nur deshalb, weil der Finanzmarkt kein Markt sei, sondern im Zuge der Deregulierung »legalisierter Großbetrug«. Er erlaube einer geschlossenen Gesellschaft von Insidern, die Welt auszuplündern und dabei steinreich zu werden, ohne jemals für den angerichteten Schaden haften zu müssen.[17]

Das Ergebnis ist klar: Die Deregulierung der Finanzmärkte, die Entwicklung des globalen Interbankenmarktes und die Erfindung diverser Finanzinnovationen haben dazu geführt, dass die großen Finanzhäuser mit immer weniger belastbarem Eigenkapital immer mehr Geld bewegen und eine tendenziell unendliche Menge an Kreditgeld schaffen können. Die »Geldmaschine« der Banken sei die wichtigste Ursache für das Wachstum des Finanzsektors in den vergangenen Jahrzehnten. Die Schöpfung von Kreditgeld habe keine inflationären Wirkungen gehabt, weil es sich überwiegend in Händen konzentrierte, die es nicht für Güterkäufe nutzten, sondern im Finanzkreislauf zirkulieren ließen. Dort habe es zu fiktiver Wertschöpfung und virtuellem Einkommen in erheblicher Größenordnung beigetragen. Relevante Teile des Bruttoinlandsprodukts und des Wirtschaftswachstums in Ländern mit großem Finanzsektor beruhten heute auf reinen »Luftbuchungen«. Es seien gigantische Geldvermögen entstanden, denen keinerlei reale Wirtschaftsaktivität zugrunde liege.[18]

Aber nicht nur das Geschäftsmodell der großen Banken, sondern auch das vieler Großunternehmen ist nach der Einschätzung von Wagenknecht heute produktivitäts-, innovations- und damit wohlstandsfeindlich. Die Unternehmensführung werde am kurzfristigen »Shareholder-Value« ausgerichtet, statt die verfügbaren Ressourcen für Forschung, Neuerungen und Investitionen zu verwenden. Die Unternehmenssubstanz werde durch hohe Dividendenausschüttungen und Aktienrückkäufe ausgezehrt. Ständige Kostensparprogramme gingen zu Lasten von Qualität, Service und Professionalität. Das Streben nach Macht und Größe trete an die Stelle von Leistung. Zum Hintergrund dieser Entwicklung rechnet Wagenknecht das wachsende Gewicht institutioneller Anleger großer börsennotierter Gesellschaften. In die gleiche Richtung wirke die stets präsente Gefahr einer feindlichen Übernahme im Falle sinkender Aktienkurse. Selbst große Familienkonzerne orientierten sich an der »Rendite-Benchmark« des Kapitalmarktes.[19]

Wagenknecht ist davon überzeugt, dass der Kapitalismus die Fundamente der Demokratie zerstört. Die wachsende Konzentration von Wirtschaftsmacht in den Händen global agierender Großunternehmen mache Staaten erpressbar und Politikgestaltung im Interesse der Mehrheit der Menschen unmöglich. Gesellschaft und Politik befänden sich in »Geiselhaft« mächtiger Wirtschaftslobbys, die ihnen ihre Interessen diktieren. Die Staaten stünden heute unter der

Aufsicht der Märkte beziehungsweise der sie beherrschenden Konzerne und ihrer Eigentümer. Den »strukturellen Primat der Wirtschaft« über die Politik hält Wagenknecht für selbstverstärkend. Mit den öffentlichen Einnahmen schwinde auch die Kompetenz der staatlichen Behörden, während deren Korrumpierbarkeit wachse. Wagenknecht findet, dass damit zunehmend die Fähigkeit verlorengeht, den öffentlichen Auftrag zur Gesetzgebung, Aufsicht oder Steuererhebung gegenüber den Wirtschaftsmächtigen überhaupt noch wahrzunehmen.[20]

Sie diagnostiziert ein »Fundamentalparadoxon« von Finanz- und Realwirtschaft. Es bestehe darin, dass der Finanzsektor radikal schrumpfen muss, um seine eigentliche Aufgabe als Diener der Realwirtschaft wieder wahrnehmen zu können. Viele kleine und mittelgroße Unternehmen verstünden dieses Paradoxon nicht und hielten den gegenwärtigen Kapitalismus für ihren Freund, statt zu begreifen, dass er ihr »Killer« ist.[21] Für Wagenknecht steht fest, dass der Kapitalismus das Versprechen von Ludwig Erhard selbst in den Industrieländern nicht mehr einlöst. Global habe er das ohnehin nie getan. Weil die heutige Wirtschaftsordnung nur »Wohlstand« für wenige schaffe und die Basis von Freiheit und Demokratie zerstöre, sei eine neue Ordnung nötig. Es gehe eben um einen »kreativen Sozialismus«. Den Kapitalismus hält Wagenknecht indessen für den wichtigsten Hinderungsgrund für ein Leben in Freiheit, Demokratie und Wohlstand. Die politische Forderung unserer Zeit laute daher: »Freiheit statt Kapitalismus«.[22]

Man mag darüber streiten, ob Wagenknecht damit schon ein überzeugendes Plädoyer für den Einzug von Moral und Ethik in die kapitalistische Gesellschaft gehalten hat. Die Hoffnung darauf, dass der Markt moralisch ist oder wird, dürfte jedenfalls illusorisch sein.[23] Wagenknecht scheint zudem ernsthaft zu glauben, dass Marktwirtschaft nach der Manier des ehemaligen Bundeskanzlers Ludwig Erhard oder auch in Gestalt des »rheinischen Kapitalismus« zwanglos und in einem gleitenden Übergang mit einem wie auch immer gearteten »kreativen Sozialismus« Hand in Hand geht. Ungeachtet möglicher Phantomschmerzen dürfte auch ihr mittlerweile klargeworden sein, dass es die Mauer nicht mehr gibt.[24] Der Kapitalismus spielt nicht nur deshalb heute eine vollkommen andere Rolle. Es ist klar, dass er von seiner größten Angst befreit ist, der Angst, unter Verlust seiner Eigentumsrechte vom Sozialismus überrollt zu werden. Eine Schlussfolgerung ist leicht zu ziehen: Der Kapitalismus braucht die demokratischen Staaten für seine Sicherheit nicht mehr. Unverzagt urteilt die »Linkspartei«, dass die von der Bundesregierung offenbar geteilte »banalste und dümmste« Krisenerklärung darin bestehe, dass einige Staaten über ihre Verhältnisse gelebt haben und deshalb jetzt zum Sparen gezwungen werden müssen.

Damit setzt sich die Linkspartei nach dem Eindruck eines Kommentators[25] aber nicht nur in Gegensatz zur Auffassung aller wichtigen nationalen und internationalen Institutionen, sondern auch in klaren Widerspruch zu den Fakten. Das passe eher zu der These, dass der nahezu ungebremste Neoliberalismus, die Kürzung sozialer Leistungen und Privatisierung die Schuld an der Euro-Misere tragen. Die Linkspartei propagiert eine steigende Staatsquote am Bruttoinlandsprodukt (BIP), höhere Sozialleistungen, die Verstaatlichung von Großbanken, mehr Finanzhilfen für überschuldete Staaten und mehr Umverteilung von Einkommen und Vermögen. Wenn Vertreter der Linkspartei den Freiburger Ökonomen Walter Eucken, einen maßgebenden Autor einer freiheitlichen Ordnungspolitik, zitieren, dann geschieht dies nur selektiv im Hinblick auf dessen Eintreten für strenge Haftungsregeln, während die übrigen Vorstellungen von Eucken den Strategien der Linkspartei diametral widersprechen, da dieser sich nicht für Eingriffe des Staates in den Wirtschaftsprozess ausgesprochen hatte.

Überdies wird es als »Märchen« bezeichnet, dass die Sozialausgaben in Deutschland und in den europäischen Ländern in der Zeit bis 2008 gesunken sind. Die Statistik belege das Gegenteil. Im Gegensatz zu entsprechenden Behauptungen sei auch nicht der Neoliberalismus schuld an der Finanzkrise. Es wird daran erinnert, dass staatliche Organe in den USA mit fragwürdigen Maßnahmen das private Hausvermögen gefördert haben, dass das ausgelöste Schuldendesaster durch Verbriefung in nicht werthaltige Kapitalmarkttitel und durch Fehler in der Anlagepolitik europäischer Banken exportiert wurde und dass sich das wachsende Misstrauen in die Bonität dann auf die Anleihen hochverschuldeter europäischer Staaten mit hohen Haushaltsfehlbeträgen ausbreitete. Staatliche Politik, nicht der Neoliberalismus habe also die Krise erzeugt.

Angesichts der Nichtbeachtung des Grundsatzes, dass der Staat in einer sozialen Marktwirtschaft die Rahmenbedingungen für eine Verhinderung gemeinwohlschädlichen Missbrauchs individueller Freiheit setzt, wird es als grotesk bezeichnet, wenn Vertreter der Linkspartei diese Zusammenhänge falsch deuten und neoliberales Denken dort vermuten, wo es offenkundig nicht beachtet wurde. Linke stellten der hohen Staatsverschuldung das hohe private Geldvermögen gegenüber und setzten sich für konfiskatorische Vermögensabgaben ein. Damit bestrafe man Sparer. In der weiteren Folge würden sich Investoren überlegen, ob sie ihre Pläne nicht besser anderswo verfolgen, so dass Rückwirkungen auf die Arbeitsmärkte zu befürchten seien. Eine wahre soziale Politik sehe anders aus. Auch im Hinblick auf die Behauptung linker Politiker, dass die Demokratie in Europa endgültig zu Grabe getragen werde, gelte wiederum das Gegenteil. Wer sich wie die Linkspartei für mehr Staat und Umverteilung einsetzt, schränke die demokratische Entscheidungsfreiheit der Bürger ein. Die Erfahrungen mit der DDR seien noch nicht vergessen.[26]

Dieser Hinweis ist allerdings nicht sehr überzeugend, betrachtet man das gegenwärtige Leistungsspektrum des Staates. Man muss sich tatsächlich fragen, ob die deutsche Verfassung das Papier wert ist, auf dem sie gedruckt ist. Daran zweifelt jedenfalls ein Zeitgenosse, der eine Demokratie vor sich sieht, die sich darauf beschränkt, Rauchverbote in Gaststätten zu erlassen oder die Helmpflicht von Radfahrern zu diskutieren, also dem gegenseitigen Gängelungsverhalten der Bürger nachzugeben, aber die Macht, die alle gängelt, nicht beherrschen kann. Die Rede ist von der Wirtschaft, dem Kapital, der Ökonomie. Hinter diesem Gedanken steht die Vorstellung, dass der Staat zuallererst seinen Bürgern verpflichtet sei. Es muss sich deshalb zwangsläufig Enttäuschung breitmachen, wenn ganze Bruttosozialprodukte zur Sicherung von Banken eingesetzt werden.

Dabei scheint man aber zu vergessen, dass es der Staat selbst war, der als größter Kreditnehmer die Finanzwirtschaft schuf und so beförderte, dass sie zu einem der mächtigsten Wirtschaftszweige wurde, ja zur mächtigsten Branche überhaupt. Das ist aber gleichzeitig auch für den Staat vorteilhaft. Seine Leistungsfähigkeit bemisst sich auch daran, wie viel Schulden er in der Lage ist aufzunehmen, ohne darüber in die Knie zu gehen. Alles kommt darauf an, die Schulden bedienen zu können, nicht darauf, sie zurückzuzahlen, und wenn sie zurückgezahlt werden, dann nur, um neue aufzunehmen. Daran aber muss man glauben, weil ja auch die Zinsen erst irgendwann in der Zukunft fällig werden. Dennoch: Die Fähigkeit zur Bedienung der Schulden ist zweifelhaft geworden. Die Finanzwirtschaft trennt sich daher immer häufiger vom Wertlosen und produziert dadurch erst recht Zahlungsunfähigkeit. Genau das kann der Staat aber nicht dulden, weil damit seine Grundlagen gefährdet werden. Er setzt deshalb sogar das Mittel der Inflation ein, um das Funktionieren der Finanzwirtschaft zu gewährleisten. Zweifel an der Gültigkeit des Geldes sind jedoch nicht zugelassen.

Es wäre anachronistisch, jetzt den Verdacht zu entwickeln, dass der Staat die Interessen seiner Bürger verraten hat und dass er entweder etwas Böses oder mindestens Zweifelhaftes ist. Man würde verkennen, dass die Schulden der Staat sind, weil seine Leistungsfähigkeit von seiner Zahlungsfähigkeit abhängt und seine Souveränität sich darin beweist, dass er diese Zahlungsfähigkeit auch durchsetzen kann, obschon die Finanzwirtschaft das Gegenteil im Sinn hat und aus allen mobilen Werten flüchten will.[27]

Aber: Wer sich an der Maximierung seines kurzfristigen Gewinns orientieren muss, weil er sonst vom Markt verdrängt wird, kann nicht nachhaltig wirtschaften. Die meisten Kapitalisten scheinen es vorzuziehen, von Verantwortung zu reden, ohne sie praktizieren zu können. Andererseits sind Kapitalisten auch Menschen, die sich in Gruppen organisieren und nach Regeln suchen. Weil der Markt viele Freiräume schafft, hat sich im Kapitalismus ein viel bunteres Bild ergeben, als es der dialektische Materialismus wahrhaben wollte. Wenn der »real existierende« Sozialismus eher noch weniger Nachhaltigkeit erreichen konnte, liegt das auch an der Konkurrenz zum Kapitalismus, die einen destruktiven Wettlauf der Systeme eingeleitet habe. In diesem Zusammenhang wird auf Forschungen hingewiesen, nach denen zentralistische Lösungen nach dem Motto »Wo der

Kapitalismus versagt, muss der Staat eingreifen« nicht nur teurer, sondern auch weniger effektiv sind als polyzentrische Organisationen, in denen die Nutzer sich gegenseitig genau kennen und wissen, wie sie sich überwachen können, um die gemeinsame Ressource nicht mit katastrophalen Folgen zu übernutzen.[28]

Relativ wenig Beachtung haben bisher andere Aspekte gefunden, obschon sie schon lange Gegenstände der Weltliteratur sind. Es sei daran erinnert, dass Goethes Faust daran scheiterte, den »Weltgeist« zu beschwören und zu verstehen. Schmidbauer erinnert daran, dass Faust Zuflucht in der Magie suchte und mit der Unterstützung von Mephistopheles das Papiergeld und die Ausbeutung der Natur entdeckte.

Die Folgen sind klar: »Durch die Reduktion der Welt auf die Quintessenz des Geldes wird die Welt vermehrbar: Sie wächst mit dem wirtschaftlichen Wachstum.«[29]

Aber: Die Faszination durch den Gewinn aus der Ausbeutung anderer kostet die Menschen mehr, als sie wahrhaben wollen. Gefühle, Beziehungen, Empathie scheinen bedeutungslos zu werden. Es geht allein um den Kick des zum Suchtmittel gewordenen Geldes, um die manische Abwehr der Angst, nicht mehr im reinen zu sein mit sich und einem durch eigene Tätigkeit geformten Leben. Sobald Geld eine Kultur prägt, werde die ursprünglich an die »schnellen Affekte« (Angst, Lust, Gier) gebundene Neigung des Menschen zur Rivalität zum Dauerthema. Sie flackere nicht nur für kurze Zeit auf und weiche dann langen Zeiten von Ruhe und Muße. Sie präge vielmehr das »faustische Lebensgefühl«. Und wenn von der Geldwirtschaft geprägte Menschen anfangen, sich angesichts des Scheiterns von Staat und Markt eine »Überlebenswelt« zu basteln, dann stünden ihnen ihre Eitelkeiten im Weg. Wolfgang Schmidbauer, Psychoanalytiker und Sachbuchautor, hat aber ferner den Eindruck gewonnen, dass es auch in sicheren Zeiten das Selbstgefühl gefährdet, sich allein vom Erfolg abhängig zu machen und nicht in erster Linie nach einer befriedigenden Praxis zu suchen. Er sieht zudem zum ersten Mal in der Geschichte ein »globales Überflusssystem« zusammenbrechen.[30]

Jenseits der Höhen von Literatur und Psychologie hat man unterdessen herausgefunden, dass den Bürgern die klare Alternative für Sehnsüchte nach einem anderen System fehlt, der Sozialismus gescheitert ist und ein dritter Weg derzeit außerhalb der Realität liegt, während der Kapitalismus in Gestalt autoritärer Staaten, die keine hemmenden Moralvorstellungen besitzen, wieder starke Alternativen habe. Der Kapitalismus habe Alternativen zur Demokratie, aber die Demokratie habe keine Alternative zum Kapitalismus.[31] Einen Wettlauf mit autoritären Systemen würden die demokratischen Staaten wohl verlieren. Sie gäben ihre moralischen Grundlagen und letztlich ihre Existenz auf.

Die Konsequenz: Demokratien dürfen nur den Kapitalismus zulassen, den sie vertragen können. Sie müssen also Regeln setzen, die Gier beschränken und konkrete Maßnahmen treffen (zum Beispiel Finanztransaktionssteuer[32], Bankenregulierung und so weiter). Vor allem sollte man sich aber der grundsätzlichen Illusion entledigen, dass Demokratie und Kapitalismus natürliche Partner sind, weil beiden die Freiheit zugrunde liege. Es ist evident geworden, dass beide in der Finanzkrise nicht miteinander, sondern gegeneinander arbeiten. Die Geschichte hat gezeigt, dass der Kapitalismus nicht auf ein bestimmtes politisches System angewiesen ist. Seine Vertreter paktieren mit jedem Demokraten, jedem Monarchen und jedem Diktator, der ihnen die gewünschten Profitmargen ermöglicht. Es war in der Tat ein großer Fehler der Demokratien, sich dem Kapitalismus anzubiedern und ihm die Zügel zu lockern.[33]

Sollte man im Kapitalismus eine »fundamentale Amoralität« entdecken, wäre das indessen noch keine ausreichende Begründung für seine Verurteilung. Die gesamte Wirtschaft ist generell amoralisch. An ihrer Unentbehrlichkeit ändert sich dadurch aber nichts. Es wird selbst von kritischen Geistern bestritten, dass es eine glaubhafte Alternative zum Kapitalismus gibt. Im Gegenteil. Man behauptet, dass diese Amoralität zum Teil die Stärke des Kapitalismus gegenüber dem marxistischen Sozialismus ausmache, der sich zu Beginn in seinem moralischen Anspruch verstrickt hätte. Im Ergebnis habe die immanente und amoralische Rationalität des Kapitalismus den Sieg über die angeblich vernünftige und transzendente (weil politische) Moral des »wissenschaftlichen Sozialismus« davongetragen.

Aus dieser Perspektive wird angenommen, dass Marx die Absicht hatte, die Wirtschaft zu moralisieren. Tatsächlich setzte er Begriffe ein (»Entfremdung« und »Ausbeutung«), die an der Grenze zwischen Wirtschaft und Moral angesiedelt sind. Sein Ziel sei die Abschaffung der Ungerechtigkeit durch die Erfindung eines anderen Wirtschaftssystems gewesen, um die wirtschaftliche Gleichheit unter den Menschen herzustellen. Die Schwäche von Marx lag darin, dass er nicht die anthropologischen Mittel für seine Politik hatte. Aber seine Anthropologie als solche dürfte richtig gewesen sein. Der Kommunismus in der Marx'schen Interpretation wäre indessen nur erfolgreich, wenn die Menschen nicht mehr egoistisch sind und das gemeinschaftliche über ihr besonderes Interesse stellen. Vor diesem Hintergrund musste der Kommunismus zwangsläufig scheitern, ungeachtet seiner ebenfalls zwangsläufigen Entwicklung zum Totalitären. Die Aufforderung an die Menschen, sich in intelligenter Weise vornehmlich um das eigene Interesse zu kümmern, gilt als »Geniestreich« des Kapitalismus. Darin offenbare sich seine besondere Logik. Marx' sympathischer, aber verhängnisvoller Fehler habe trotz seiner positivistischen und szientistischen Leugnung darin gelegen, dass er die Moral in der Wirtschaft etablieren wollte. Die dahinterstehende idealistische Position sei aber kein Grund, Marx auf den Müll zu werfen. Seine aufschlussreichen Untersuchungen lieferten einen Grund weniger, den Kapitalismus anzubeten.

Es bleibt aber dabei, dass der Kapitalismus ein Wirtschaftssystem ist, das sich auf den Besitz der Produktions- und Tauschmittel, auf die Freiheit des Marktes und auf die Lohnarbeit gründet und insgesamt den Triumph der Marktwirtschaft ermöglicht hat. Das Besondere an ihm wird nicht in der Schaffung von Mehrwert gesehen, sondern in dessen zumindest partieller Abschöpfung durch die Besitzer der Produktionsmittel. Zu seinem Wesen gehört also der Gegensatz von Kapital und Arbeit. Und Unternehmen dienen ihren Aktionären, nicht ihren Kunden oder Mitarbeitern. In einem kapitalistischen Land geht es nicht darum, den Aktionär zufriedenzustellen, um den Kunden zur Zufriedenheit zu verhelfen. Es ist umgekehrt: Der Kunde wird zufriedengestellt, damit der Aktionär zufrieden wird. Handel findet in einem derartigen System statt, indem die Lohnarbeiter den Kunden dienen, die ihrerseits den Aktionären dienen. Ein besonders beeindruckendes Argument ist in diesem Zusammenhang, dass das

System nicht auf (falsche) moralische Rechtfertigungen angewiesen ist, weil es sich schon lange bewährt. Ein Wirtschaftssystem soll Reichtum schaffen, wenn möglich zu minimalen Kosten. Aus diesen Gründen gilt der Kapitalismus trotz oder auch wegen seiner Schwächen als bei weitem erfolgreicher als der »Kollektivismus«.

Dennoch genügt Reichtum nicht, um eine menschlich erträgliche Zivilisation zu schaffen. Dazu sind Politik und Recht nötig. Aus funktionaler Sicht kommt hinzu, dass der Kapitalismus dazu dient, mit Reichtum weiteren Reichtum zu schaffen. Dort kommt Geld also zu Geld, nicht zu denen, die es am meisten benötigen, sondern zu denjenigen, die es am wenigsten brauchen, weil sie davon schon am meisten haben. Am »unmoralischen« Charakter des Kapitalismus besteht also kein Zweifel, auch wenn das als Dummheit erscheint, weil die Amoralität des Kapitalismus seine Unmoralität ausschließt. Reichtum ist in einem kapitalistischen Land offensichtlich die beste Voraussetzung, um reicher zu werden, ein Umstand, der nicht nur Marx schockierte. Für ihn gehörte die Befreiung von der Ausbeutung zum einem gerechten Wirtschaftssystem. Das erfordere aber dennoch nicht die Etablierung der Moral in der Wirtschaft, wie der Philosoph André Comte-Sponville vehement betont. Dem Kapitalismus gelinge die Schaffung von Reichtum viel zu gut, um sich in dieser Hinsicht etwas vormachen zu können. Seine Akzeptanz sei daher »vernünftig«, solange man nichts Besseres hat. Deshalb müsse man vor dem Kapitalismus aber nicht »auf die Knie fallen«. Wollte man aus ihm eine Moral machen, dann würde sich der Markt in eine Religion verwandeln. Als Religion des »Goldenen Kalbes« wäre das wohl tatsächlich die schlimmste Variante.[34] Und dann käme die lächerlichste aller Tyranneien, die des Reichtums.[35]

Wie auch immer: Auch diejenigen, die sich lange mit Karl Marx beschäftigt haben, übersehen gelegentlich, dass Marx insbesondere im ersten Band des *Kapital* mit seinem Begriff der kapitalistischen Produktionsweise zunächst nur die elementare Logik des Kapitalverhältnisses und dessen gesellschaftlich- historische Voraussetzungen entwickelt hat. Die unmittelbare Erscheinungsform der kapitalistischen Gesellschaft ist aber mit der Wesenslogik des Kapitals nicht einfach deckungsgleich.[36] Das Verdienst von Marx liegt unter anderem darin, dass er eine kapitalistische Vermittlungsform eingehend untersucht hat, die heutzutage eine ganz entscheidende Bedeutung gewonnen hat. Gemeint ist das zinstragende Kapital, aus dem sich schließlich das »fiktive« Kapital ableitet. Es unterscheidet sich von dem durch reale betriebswirtschaftliche Produktionsprozesse gegangenen Kapital.

Wir reden über Geldkapital, das an Unternehmen, den Staat oder an private Haushalte verliehen wird, und die dafür neben der Rückerstattung Zinsen bezahlen müssen. Diese Form des »derivaten« Kapitals gilt als das »eigentliche« Kapital, dem schon Marx »okkulte« Qualität beimaß und das in der Lage ist, aus sich heraus Geld zu »hecken«, scheinbar ganz ohne Umweg über reale Produktionsprozesse. Daran knüpfte sich die populistische, wenn nicht vulgäre Kapitalismuskritik; unterschieden wurde schließlich zwischen »schaffendem« und »raffendem« Kapital. Nach der Einschätzung von Robert Kurz zielt der Hauptimpuls der populistischen Affekte gegen das Finanzkapital stets auf die Mobilisierung blinder Hass- und Ohnmachtsgefühle, um auf dieser Klaviatur im Interesse von Machtkalkülen zu spielen und die Krisendynamik antiemanzipatorisch aufzufangen. Mit der kommunistischen und sozialdemokratischen Kritik des Wirtschaftsliberalismus werde unbewusst eine schattenhaft unheilige Allianz der verkürzten und populistischen Kapitalismuskritik quer durch das politische Spektrum angedeutet, die eben auf das genaue Gegenteil von sozialer Emanzipation hinauslaufe. Letztlich könnten sich die Nachfahren und Nostalgiker des »Arbeiterbewegungsmarxismus« nicht einmal auf den »exoterischen Marx« berufen.[37]

Ungeachtet der Bezeichnung der Träger des Finanz- und Spekulationskapitals als »Gauner und Börsenwölfe«, leistete Marx damit – anders als die »seichte Kapitalismuskritik der Arbeitsverherrlicher und Antisemiten« – keine feindliche Konfrontierung gegenüber dem produktiven Kapital, sondern erklärte den inneren Zusammenhang zwischen diesen Formen des Kapitals. Kurz zeigt vor diesem Hintergrund, wie sich aus der Bildung von »fiktivem Kapital« eine eigene Krisenpotenz ergibt. Es entsteht dann eine »leere Finanzblase«, wenn das zinstragende Kapital zwar noch beim Gläubiger positiv zu

Buche schlägt und er damit operieren kann (zum Beispiel Verpfändung als Sicherheit für andere Transaktionen), in der Realität aber das verliehene Geldkapital seitens des Schuldners gar nicht in den produktiven Kreislauf des wirklich fungierenden (real Arbeitskraft vernutzenden) Kapitals involviert wurde oder darin gescheitert ist. Die Kluft zwischen dem zu verzinsenden Geldkapital und dem tatsächlichen Produktionsprozess des Kapitals wird dann natürlich immer größer. Es kommt zu einem »Teufelskreis der Umschuldung«, in dem sich die ursprüngliche Schuld ohne jede produktive Grundlage ins Astronomische steigert.[38]

Auf der Grundlage der Marx'schen Analysen ergibt sich für Kurz eine klare Differenzierung. Geht das zinstragende Kapital wirklich durch die Produktion des fungierenden Kapitals hindurch und erwächst ihm daraus die »reell sekundäre Frucht des Zinses«, dann ist das ein positiver Bestandteil des gesamtkapitalistischen Akkumulationsprozesses. Um »verelendetes« Kapital (»faule« Kredite) handelt es sich dagegen, wenn dieser Zusammenhang bereits zerrissen oder dessen Zerreißen noch nicht bemerkt wurde. Dann werden etwa Wechsel oder unrealisierte Verluste immer noch als vorhandenes oder sich gar vermehrendes Kapital verbucht, obwohl sie bereits substanzlos geworden sind.

Marx hatte aus den Aktienmärkten einen zweiten analogen Begriff des Kapitals entwickelt. In der »Kapitalisierung von Erwartungen«, also der Aussicht auf zukünftige Gewinne, lag für ihn von vornherein fiktives Kapital, weil hier überhaupt kein substantieller Bezug mehr zu einem realen kapitalistischen Produktionsprozess besteht, im Unterschied etwa zur Dividende. Für Kurz ist die Konsequenz klar: Solange sich diese spezifische Bildung von fiktivem Kapital parallel zum Akkumulationsprozess entwickelt, kann sie von diesem immer wieder eingeholt werden. Sobald sie ihm aber davonläuft und überdimensional wird, entsteht analog zum fiktiven Kapital faul gewordener Kredite eine Finanzblase, also eine Scheinakkumulation durch Operationen mit substanzlosen »Wertbeständen«, die irgendwann platzen müssen (»Wertberichtigung«). Kurz räumt zwar ein, dass dies im kleinen Maßstab alltägliche Realität im Kapitalismus ist. Ein gesamtgesellschaftlicher Problemfall sei jedoch dann gegeben, wenn die von der realen Wertschöpfung des fungierenden Kapitals losgerissenen Wertbestände des fiktiven Kapitals von faulen Krediten einerseits und rein spekulativen Aktienwerten (oder auch Immobilienwerten) beziehungsweise Staatsschulden andererseits eine bestimmte kritische Masse übersteigen.[39]

Aus seiner Sicht ist das immer dann der Fall, wenn die von Marx beschriebene innere Stockung der realen Akkumulation im gesellschaftlichen Maßstab eintritt, also die kapitalistische Produktion aufgrund ihres eigenen Selbstwiderspruchs und ihrer eigenen inneren Gesetzmäßigkeiten nicht mehr genügend menschliche Arbeitskraft »einsaugen« kann. Durchbricht die Krise dann endlich die Oberfläche, so Kurz weiter, erscheint sie regelmäßig als scheinbar reine Geld-, Kredit und allgemeine Finanzkrise, obwohl ihr in Wahrheit die innere Schranke des produktiven Kapitals selber zugrunde liegt. Daraus folge gewöhnlicherweise die populistische Verwechslung von Ursache und Wirkung (»Spekulantenhetze«) anstelle emanzipatorischer Kritik an der kapitalistischen Produktionsweise selbst.

Kurz hält die Gedanken von Marx über das zinstragende und fiktive Kapital für fast genauso aktuell wie dessen Gobalisierungsprognose. Das liege daran, dass beide Prozesse gleichermaßen und komplementär aus der inneren Krisentendenz des Kapitals hervorgingen. Der Flucht des Kapitals nach »außen« auf die Weltmärkte entspreche die Flucht nach »oben« in die vom realen Produktionsprozess entkoppelten Finanzmärkte. Beide Prozesse bedingten sich wechselseitig und gingen ineinander über. Im Vergleich zu allen entsprechenden Finanzkrisen habe vor allem das Finanzkapital den nationalökonomischen Rahmen am weitestgehenden gesprengt, so dass seine Krise jetzt nur noch unmittelbar im Weltmaßstab stattfinden könne. Eine mögliche kommende Weltfinanzkrise werde daher eine unvergleichlich größere Durchschlagskraft haben. Zum Verständnis der Mechanismen dieser Entwicklung ist die Lektüre von Marx für Kurz unverzichtbar.[40]

Auf der Grundlage der dabei gewonnenen Erkenntnisse stellt sich für ihn auch die Frage, aus welchen Quellen sich eigentlich noch die Kapitalakkumulation nährt. Er hat den Eindruck gewonnen, dass es dem Kapital in dem Maße besser geht, in dem sich die Masse der Arbeitslosen vergrößert und in dem große Teile der Menschheit verelenden. Kurz beobachtet eine beunruhigende Scheinnormalität, die sich in den sozialen Verfallsprozessen geradezu spreize und eine Robustheit des Kapitalismus vortäusche, die längst nicht mehr gegeben sei. Diese »äußerliche Rotbäckigkeit« erklärt sich für ihn aus dem Verschwinden jeder sozialen Gegenbewegung. Selbst himmelschreiende Widersprüche und Zustände blieben gesellschaftlich »stumm«. Im Gegenteil: Es finde eine alberne Inszenierung einer neuen »Gründerzeit« statt. Dabei handele es sich nur um eine Neuauflage des »großen Schwindels«. Die innere Schranke der realen Kapitalakkumulation (der rentablen betriebswirtschaftlichen Verwertung von Arbeitsenergie) werde zunächst dadurch überspielt, dass der Kapitalismus in das Stadium einer rein finanzkapitalistischen »Geisterakkumulation« übergegangen sei.[41]

Kurz kommt zu dem Ergebnis, dass der neue postmoderne »Kasinokapitalismus« alle Grenzen sprengt und quantitativ wie qualitativ völlig neue Dimensionen annimmt. Für ihn ist das nur logisch, denn die Dimensionierung der finanzkapitalistischen Kreation von fiktivem Kapital (und des unvermeidlich nachfolgenden Krachs) verhalte sich spiegelbildlich zum Stand der kapitalistischen Produktivkraftentwicklung und der damit verbundenen Durchkapitalisierung der gesellschaftlichen Verhältnisse. Im Kasinokapitalismus am Ende des 20. Jahrhunderts wird das unvermeidliche Produkt der dritten industriellen Revolution gesehen. Damit klafft die Schere zwischen den produktiven Potenzen und den Marktgesetzen so weit auseinander wie nie zuvor. Es wurde ein globaler Schub von ungeheurer Massenarmut erzeugt. Gleichzeitig steigerte sich die Produktionspotenz in einem nie dagewesenen Ausmaß. Vor dem Hintergrund zunehmender Verdrängungskonkurrenzen und Bankrottwellen stürzt die Rentabilität zusätzlicher Realinvestitionen im Verhältnis zu den Massen des bereits akkumulierten Geldkapitals steil ab. Zur Vermeidung eines Zusammenbruchs des gesamten Weltsystems muss nach den Überlegungen von Kurz die finanzkapitalistische Fiktionalisierung im Verhältnis zu früheren Spekulationsblasen eine unvergleichlich größere Masse von fiktivem Kapital bewegen. Massenarmut und Massenarbeitslosigkeit gelten als Indikator für das phantastische Ausmaß, in dem das fiktive

Kapital aufgeblasen wird, um einen ungebremst weitergehenden Akkumulationsprozess simulieren zu können.

In der Perspektive von Kurz ist das Problem, das mit der dritten industriellen Revolution zum Ausdruck kommt, die bislang verborgene innere Identität von »Kapital« und »Arbeit«. Den bisherigen Anschein, dass sich die Arbeit vom Kapital emanzipieren und für sich alleine fortwerkeln kann, hält er für die Grundillusion des »Arbeiterbewegungsmarxismus« und der staatskapitalistischen Systeme nachholender Modernisierung. Jetzt, an der historischen Grenze kapitalistischer Entwicklung, wo der systemimmanente Interessenkampf wie paralysiert wirke, sei der Anschein entstanden, als ob angesichts der beispiellosen Dimensionen finanzkapitalistischer Simulationsprozesse plötzlich umgekehrt das Kapital für sich allein weiterakkumulieren kann – eine kaum geringere Illusion.[42] Das Geld werde »arbeitslos« und damit »entsubstantialisiert«. In einem immer weiter hinausgeschobenen »Vorgriff auf die Zukunft« durch eine ständig erweiterte Kreditfinanzierung reflektiere sich jener doppelte und historisch eskalierende logische Selbstwiderspruch des Kapitalismus:

- permanenter Zwang zur Anhäufung abstrakter »Arbeitsquanta« in der Geldform als Selbstzweck bei gleichzeitigem und sukzessivem Überflüssigwerden der Arbeit
- Erzeugung immer höherer kapitalistisch unproduktiver Geschäfts- oder Gemeinkosten der Marktwirtschaft bei wachsender Vergesellschaftung, die tendenziell den produktiven Mehrwert zu übersteigen drohen und jedenfalls aus den laufenden Einnahmen nicht mehr alimentiert werden können.

Nach der Auffassung von Kurz zeigen diese beiden Momente des Widerspruchs an, dass sich sowohl die Produktivkräfte als auch der Vergesellschaftungsgrad immer weniger in die Geldform bannen lassen. Beide mussten sich daher von einem bestimmten Entwicklungsgrad an als Krisen des Geldes manifestieren.[43] Was aber tut man mit den Geldmassen, wenn die Gewinne dank sinkender Reallöhne (noch) sprudeln und der Staat den Konzernen überdies diskret die Taschen vollstopft?

Kurz bezeichnet es als »heißes« Geld, das keinesfalls einfach nur so herumliegen dürfe, sondern sich gemäß dem kapitalistischen Selbstzweck weiterverwerten müsse. Zunächst einmal werde es verliehen: an Staaten, Unternehmen und private Konsumenten. Damit sei die Kapitalakkumulation sich selber gewissermaßen vorausgeprescht. In das industrielle Schneeballsystem sei so eine finanzkapitalistische Dimension hineingekommen durch das Anheizen der laufenden Konjunktur durch immer weiteren Vorgriff auf zukünftige Konjunkturen. Der Pumpkapitalismus geriet zur Gewohnheit. Er gewann in der Zeit zwischen 1975 und 1985 aber eine neue Qualität. Jetzt bewirkte die allgemeine Vorwegnahme zukünftiger Wertschöpfung die Aufspaltung in Gewinner und Verlierer. Nicht mehr der allgemeine Boom wurde durch die Kreditaufnahme verlängert, sondern die Verlierer der Krise verschuldeten sich in prekären Dimensionen, um überhaupt am munteren Wirtschaftsleben teilnehmen zu können.[44] Logischerweise kann es nicht gutgehen, wenn einerseits die Realeinkommen sinken und immer mehr Menschen nur noch unsicheren Billig- und Teilzeitjobs nachgehen, andererseits aber das bislang gewohnte Konsumniveau durch Kreditkarten aufrechterhalten wird.[45]

Nach den weiteren Vorstellungen von Kurz hätte allen Umschuldungen, Umbuchungen und Bilanzierungstricks zum Trotz die allgemeine Schuldenkrise längst mit dem Zusammenbruch des überdehnten internationalen Finanzsystems enden müssen, zumal der Vorwegnahme zukünftiger Wertschöpfung durch ungeheure Schuldenberge nur noch ein vergleichsweise kleines Rinnsal realer Wertschöpfung nachfolgte. Aber auf dem schon aufgebauten Sockel einer weltweiten Schuldenkrise beginnt seit Mitte der 1980er Jahre erst der eigentliche spekulative Boom an den Aktienmärkten, ein Novum im Vergleich zu den 1870er Jahren und den 1920er Jahren. Kurz vertritt die Auffassung, dass – ebenso wie die strukturelle Massenarbeitslosigkeit – die auch mühsam unter dem Deckel gehaltene Schuldenkrise nicht erst die Folge eines geplatzten Spekulationsbooms sei, sondern bereits dessen Begleiterscheinung längst vor dem »Krach«. Darin sieht er ein weiteres Indiz für die qualitativ neue Dimension der monetären »Fiktionalisierung« im Zuge der dritten industriellen Revolution. Die globale Schuldenkrise konnte so auf allen Ebenen vorerst weggesteckt und immer weiter umgeschuldet werden, weil sie von der größten spekulativen Blase aller Zeiten an den Aktienmärkten überlagert wurde. Das sei die zweite Phase der Krise, die seit Mitte der 1980er Jahre bis heute anhalte.[46] Kurz geht von einer Entkopplung der Finanzmärkte aus, mit der die kapitalistische Produktionsweise den realökonomischen Zusammenbruch des industriellen Schneeballsystems durch einen endogenen Prozess der Virtualisierung zu überspielen versucht: »Die von jeglichem Körper befreite Geldseele des Kapitalismus dehnt ihren geisterhaften, ätherischen Leib scheinbar ins Unendliche aus.«[47]

Zu den Verlierern werden alle gerechnet, die die Teilnahme an der fiktiven Reichtumsproduktion verpasst haben, zu den (vermeintlichen) Gewinnern alle, die sich an den Aktienboom anhängen konnten.[48] Die Aktienspekulation sei sogar »Popkultur« geworden, Teil der Kulturindustrie. Dies zeige, in welchem Ausmaß die Weltgesellschaft des Krisenkapitalismus der Verblendung anheimgefallen sei. Die Hoffnung auf »Glück im Spiel« sei zum übergreifenden Zeitgeist aufgestiegen, mit der Folge einer virtualisierten »Zocker-Demokratie«.[49]

13 Die große Geldlüge

Am Anfang waren Lügen. Das sind Erfindungen besonderer Art. Auch der Kapitalismus ist eine Erfindung. Er ist jedenfalls keine Konsequenz naturgesetzlicher Verhältnisse, obwohl immer wieder über seine angeblichen Zwangsläufigkeiten (»Gesetzmäßigkeiten«) fabuliert wird. In Wahrheit ist der Kapitalismus eine »Rettungserfindung«. Selten sind sich in dieser Wirtschafts- und Lebensform Geschichte und Aktualität so nahe gewesen wie in jüngerer Zeit. Die Erfindung des Kapitalismus hatte dereinst den Staat gerettet. Der Schotte John Law (1671–1729) durfte mit dem Segen des Herzogs Philippe II. von Orléans die erste Bank in Frankreich gründen, die statt königlich geprägter Goldmünzen Papiergeld ausgab. Das Papiergeld war zuerst von den Chinesen eingeführt worden. Es hatte schon im neunten Jahrhundert weite Verbreitung gefunden.[1]

Law hielt die Papiergeldwährung für das zweckmäßigste Mittel der Geldvermehrung. Eine Münzverschlechterung kam für ihn wegen des inflatorischen Effekts nicht in Betracht. Eine Goldwährung schien ihm wegen der Schwankungen der Goldproduktion nicht realisierbar. Aufgrund praktischer Misserfolge gilt Law als Geldtheoretiker der Nachwelt als diskreditiert. Unter seinem Einfluss entstand gleichwohl, ähnlich wie in der Periode zwischen 1971 und dem Beginn des 21. Jahrhunderts, in kurzer Zeit zunächst ein sagenhafter Pseudoreichtum. Er hinterließ bittere Armut, als er sich in Luft auflöste.[2]

Papier verdiente zu allen Zeiten Misstrauen, insbesondere wenn es um »Werthaltigkeit« ging. Wie bereits angedeutet, ist Papiergeld auf den ersten Blick an sich wertlos.[3] Nach und nach gelang es dem Staat aber, das fast schon kreatürliche Gefühl des Misstrauens einzudämmen und manchmal sogar zu überwinden. Der Trick war einfach. Der Staat versprach, das neue Geld zur Begleichung von Steuerschulden zu akzeptieren und das bedruckte Papier jederzeit wieder gegen »echte« Werte (Edelmetall) einzutauschen. Damit wurde seinerzeit in einem doppelten Sinn strategisch gelogen. Einerseits benutzte der Staat das neue Geld alsbald zur Steuererhöhung. Andererseits besaß die damalige »Banque Générale« zu keinem Zeitpunkt ausreichend Goldreserven, um allen Kunden das Tauschversprechen erfüllen zu können.

Es kommt eine weitere Lüge hinzu. Ihre Aktualität ist offensichtlich. Sie besteht darin, dass Bank und Staat wechselseitig füreinander einstehen und einander kontrollieren würden, um das neue Geld als gesamtgesellschaftliches Produkt zu einer politisch-ökonomischen »Wirklichkeit« zu machen. Damit begann eine der erfolgreichsten und schwerwiegendsten Täuschungen der Weltgeschichte. Die Erhebung des Papiergelds zu einem offiziellen Zahlungsmittel verwandelte das bankrotte Frankreich in ein reiches Land. Die Spekulation geriet zum Wesen des gesamten Wirtschaftssystems.

Das ist leicht zu erklären: Geld wurde einfach »billiger«. Handwerker und Kaufleute konnten Aufträge übernehmen, auch wenn deren Gegenwert nicht vollständig vorhanden war. Mit anderen Worten: Mit dem Kapitalismus kam die Zukunft. Man konnte mehr ausgeben, als man hatte. Leistungen und Waren siedelten auf einmal zwischen vorhandenem und erhofftem Geld(-besitz). Hier beginnt eine »Erzählung«, durch die Papiergeld vor allem zum Produkt des »ökonomischen Geredes« avanciert: »Es drückt nicht nur Hoffnungen, Überzeugungen, Strategien und kriminelle Aktivitäten aus, sondern hat auch Formen der Urerzählung: Entzweiung, Opfer und Erlösung, Helden und Schurken, mythische Kerne und Abschweifungen, Text, Subtext und Prätext, Gerücht und Nachrede: Geld existiert, insofern es erzählt wird, und so ist jede Finanzkrise auch eine Erzählkrise.«[4]

Auch John Law war ein Erzähler. Mit Rationalisierungen und Irrationalisierungen trug er zur Erzählung einer Bank bei. So startete er womöglich die »erste ökonomische Blödmaschine«. Sie funktionierte für lange Zeit perfekt, weil sich die rationalen und die irrationalen Elemente der »Geld-Erzählung« nicht zu widersprechen schienen. Offensichtlich sprachen sie nur verschiedene Teile des Gehirns an. Entscheidend war der Erfolg an sich. Aber inzwischen scheint sich immer mehr die Auffassung zu verbreiten, dass alles in einer Verkettung von persönlichen und sozialen Katastrophen endete. Darin könnte die eigentliche Geschichte des Kapitals liegen.[5]

Es ist der Eindruck entstanden, dass die »Erzählung des Geldes«, mit der alles anfing und mit der vielleicht alles enden wird, zum leeren Horror geworden ist. Es werde kaum noch etwas versprochen, kaum sei noch von Zukunft die Rede. Dafür sei Bedrohung bis in die letzte Ritze von Alltag und Verbrechen gedrungen. Man ahnt: Das Chaos regiert.[6] Die Philosophen sieht man schon aus dem »Kreis der weisen Herrschaft« vertrieben. Sie hätten alle Hände (und Köpfe) damit zu tun, den sich immer wiederholenden Bruch zwischen Ordnung und Herrschaft zu bearbeiten. Er zeige sich nun als Bruch zwischen Demokratie und Kapitalismus. Den klugen Männern und Frauen wird nachgesagt, dass sie sich in diesem Bruch eingerichtet hätten, ja sogar selbst der Bruch seien. Schließlich gelten nicht die Philosophen, sondern die Unternehmer als diejenigen, die zuerst den öffentlichen Raum und dann die Maschinen (Filter- und Verstärkermaschinen) beherrschten, die den öffentlichen Gebrauch der Vernunft wie der Unvernunft kontrollierten. An diese Einschätzung knüpft sich die Vermutung, dass es eher das allgemeine »Mitreden« und nicht die gute Idee ist, was die Demokratie als Staatsform für einen ebenso allgemeinen Liberalismus erzeugt, der eine Freiheit des Geldes nebst einigen peripheren Bürgerfreiheiten meint.[7]

Fundamental gewendet: »Der Liberalismus als Form, Demokratie und Kapitalismus zusammenzudenken, kann nicht anders, als die Impulse zum kritischen Mitreden in kreative Blödheit zu verwandeln. Statt sie zu unterdrücken, nimmt er die Energien des kritischen Überschusses auf und bearbeitet sie auf dem Markt, auf dem man sich, wir erinnern uns, nur zugleich dumm und klug verhalten kann (wie es John Law mit seinen Geld-, Aktien- und Markt-Erzählungen vormachte).«[8]

Neben den Philosophen haben mittlerweile sogar Literaten und Dramatiker Interesse an den Finanzmärkten entwickelt. Einer stellt fest, dass der Souverän einen neuen Widersacher gefunden hat. Diesmal nicht die römische Kirche, nicht den Kommunismus, sondern eben »die Märkte«. Die Regierungen des Euro-Verbunds versuchten, sie durch ganz altmodische diplomatische Methoden der Täuschung, Verschleierung und Falschaussage – bis hin zum (noch immer uneingestandenen) Bruch vertraglicher Vereinbarungen und institutioneller Regeln – zu beruhigen.[9] Man wähnt die Märkte wie jeden ungreifbaren und unangreifbaren Feind gar »dämonisch entrückt«. Sie gelten als »Entdeckungsverfahren«, welche die desolate Finanzlage von kredithungrigen Staaten aufgedeckt haben, obwohl die nationale Politik versucht habe, sie zu verbergen. Ihnen gegenüber reagiere jede Regierung spontan um einen Ruck linker, als sie es vielleicht ist, und suche die sozialen Verpflichtungen, die sie gegenüber der Bevölkerung wahrzunehmen hat, gegen die »Zumutungen der schnöden Zinswirtschaft (Refinanzierung)« abzuschirmen. Das Volk interessiere sich aber nicht für Ökonomie. Gefordert wird daher ein Pflichtfach Ökonomie, um der gefährlichen Bequemlichkeit sich forterbender antikapitalistischer Affekte, der im Volk wahrscheinlich am weitesten verbreiteten intellektuellen Einschränkung, entgegenzuwirken. Verfolgt man die verschiedenen Methodenlehren aber lange genug, dann stoße man zur tieferen Unschlüssigkeit der gesamten Entwürfe vor, und die Ablösbarkeit sowie Widerlegbarkeit so gut wie jeder Schule werden bewusst. Parteipolitische Aufteilungen gelten als sinnlos. Zu oft habe man es mit Ideologen zu tun, die gar nicht merken, dass sie keine Ideologie mehr besitzen, da diese längst in ihre pro- oder antikapitalistischen Affekte diffundiert ist.

Aus der Sicht von Botho Strauß versteckt sich in dem Vorschlag, auf dem Wege von Euro-Bonds die gegenwärtige Schuldenschwemme auf alle derzeit 17 Euro-Länder zu verteilen und dies als ein Gebot der Solidarität auszugeben, eine Version des alten antinationalen Affekts der Linken und im Kern die sozialistische Aporie: »Am Ende sind alle Habenichtse.« Er empfindet das Volk als verwöhnt, bequem, leicht reizbar und hypochondrisch. Auf dem Gebiet, von dem sein Wohlergehen am meisten abhängt, sei es ein »Stümper«. Die Entscheidungsträger hätten sich daran gewöhnt, zu ihm durch Gesetze und Regelwerke zu sprechen. Nach der Erinnerung von Strauß hat aber ein Politiker lange kein Wort gesprochen, das allgemein aufhorchen ließ. Die Autorität, die er vielleicht kraft seines Amtes noch besitzt, leide in der Regel, sobald der Politiker den Mund aufmacht. Jedermann sei des »Gewäschs« überdrüssig. Man wolle nie wieder etwas von einem Schritt in die richtige Richtung hören: »Prägnante, nicht etwa ›gewählte‹ Sprache vermittelt Autorität. Wer seine Muttersprache beherrscht und nicht auf ihrer glatten Oberfläche dahinschlittert, dem traut man auch zu, das Sagen zu haben.«[10]

Die in TV-Studios von »unzähligen Untätigen der Geschichte« abgesonderte »Fertigteilsprache« erregt bei Strauß den Verdacht, dass ihre mangelnde sprachliche Ausdruckskraft keinen guten Schluss auf ihre Handlungsstärke zulässt. Kein rhetorisch begnadeter Politiker, keine noch so unanfechtbare Autorität könnte die Nichtbeherrschbarkeit des derzeitigen Schuldendilemmas mit Worten durchdringen oder gar bannen. Gleichwohl: Wäre jemand von Amt und Rang zu einem einzigen nachdenklichen Wort imstande – es würde nach der Einschätzung von Strauß den Handelnden nicht nur Glaubwürdigkeit zurückgewinnen, sondern das Dilemma für einen bemerkenswerten Augenblick aus dem Schattenreich medialer Indifferenz herausgeführt haben. Stattdessen, daran erinnert Strauß, ist im Zusammenhang mit den Finanzstrategien der EZB ein einziges Wort wieder aufgetaucht – »Tina: There is no alternative« –, das einer zum Vorteil der Regierenden gefällten Entscheidung den Anstrich der Unumgänglichkeit geben soll. Strauß fragt sich, was die Kritiker dieser Losung – »die Alternativen« – vorschlagen würden: »Auflösung des gesamten Pakts, nördliche Kernzone für den Euro, staatliche Insolvenzen zulassen, niemals um jeden Preis etwas retten, das so nicht zu retten ist?«

Für Strauß sind »die Alternativen« von heute die Ökonomen, die nicht in politischer Pflicht stehen. Aktive Politiker wie Angela Merkel benutzen unterdessen immer häufiger das Wort »Vertrauen«.[11] Gemeint ist das Vertrauen »der Märkte« in die Politik. Die Wortwahl der Kanzlerin wird allerdings eher ironisch als »Ergebnis nüchterner Analyse« bezeichnet. Auch der »gelehrige Finanzkrisenlaie« habe im

Bemühen um ein besseres Verständnis der Welt im allgemeinen und der Euro-Zone im besonderen längst gelernt, dass die Märkte nur die Fehler offenbaren, die von der Politik begangen worden sind, indem sie in den vergangenen Jahrzehnten zu viele Schulden gemacht hat. Man müsse den Märkten sogar dankbar sein, wenn auch nur ein kleines bisschen, haben sie doch an den Zinsen für die vielen Schulden nicht schlecht verdient. Im Ernst betrachtet, liege aber in der sprachlichen Fixierung Merkels auf das alleinseligmachende Vertrauen der Märkte eines der kommunikativen Probleme der Kanzlerin in dieser Euro-Krise. Man lastet ihr an, dass sie damit das einseitige Bild der Märkte als interessenfreies Regulativ übernehme, dem die Politik verpflichtet sei, aber nicht umgekehrt. Es sei denkbar, ja wahrscheinlich, dass Merkel alles gar nicht so meint. Das führt zu der Frage: »Aber wenn das so ist, warum sagt sie's dann nicht so?«[12]

Es ist höchst fraglich, ob die von Strauß als »Alternative« eingestuften Ökonomen, die der Politik angeblich nicht verpflichtet sind, für wesentlich mehr Aufklärung sorgen können. Manche Debatte zwischen fachlich ausgewiesenen Wirtschaftswissenschaftlern, die teilweise auch Beratungsaufgaben für die Politik erfüllen, zeigen, dass nicht nur der Wissenschaftscharakter ihrer Disziplin begrenzt ist, sondern dass auch diese Experten sich zwischen Empirie, normativen Sätzen und Wunschdenken nach Belieben hin und her bewegen. Das ist angesichts der drängenden konkreten und äußerst wichtigen Aufgaben etwa im Hinblick auf die Sicherung und Fortsetzung der europäischen Integration schwer erträglich. Während der eine den Politikern vorwirft, dass diese die »Bazooka« herausholen wollten, indem sie beabsichtigten, über die EZB Geld in den Markt zu schießen oder Euro-Bonds einzuführen, und so »Todsünden« begingen, widerspricht der andere der daraus gezogenen Konsequenz, die Währungsunion auf den harten Kern zu reduzieren, der den Euro aushalten kann, mit der Behauptung, dass dies eine »Katastrophe« wäre. Zur Begründung dieser Einschätzung wird vorgetragen, dass die hochverschuldeten Länder sich zu moderaten Zinsen finanzieren müssten, damit sie nicht pleite gehen, ein Ziel, das mit Hilfe von Euro-Bonds erreichbar sei. Gleichzeitig behauptet man, dass die »Problemländer« ihre Defizite schon deutlich reduziert hätten, dies aber von der deutschen Politik nicht anerkannt werde.

Aus anderer Perspektive gibt man zu bedenken, dass die Politik den Schuldenstaaten durch Kreditgewährung Zeit kauft in der Hoffnung, dass diese Kredite zurückgezahlt werden, eine Strategie, die nicht funktioniere, wie die Märkte wüssten, weshalb sie die Renditen nach oben trieben. Die dem zugrunde liegende Flucht aus den Staatsanleihen sei nicht zu stoppen, weil die »Brandherde« in der Euro-Zone nicht isoliert seien und die gesunden Länder angesteckt würden. Damit wird die Frage der Leistungsfähigkeit von Deutschland und Frankreich aufgeworfen und letztlich die Frage der exklusiven deutschen Haftung. In dieser Lage sieht der eine in den Euro-Bonds das Instrument, um den Spekulanten die Möglichkeit zu nehmen, die einzelnen Länder gegeneinander auszuspielen. Für den anderen bleibt dies eine »Todsünde«, da eine Haftungsgemeinschaft immer zum leichtfertigen Umgang mit dem Geld anderer Leute führe. Es laufe auf die Philosophie hinaus, dass ein Vertragsbruch nötig sei, um den Euro zu retten. Und das werde man immer wieder tun.

Dem setzt man den Glauben entgegen, dass dies nicht geschehe, wenn die Regeln gut gemacht sind, ein Ansatz, der schlicht als »naiv« bezeichnet wird. Man werde neue Haushaltsregeln einführen, um die Euro-Bonds zu bekommen. Sobald man sie hat, werde man die Regeln beim nächsten Problem wieder vergessen. Angeblich sei es aber mit Euro-Bonds viel schwieriger, das System zu destabilisieren. Bei einer entsprechenden Absicherung könnten im Zweifel die Länder »rausgeschmissen« werden, die sich nicht an die Regeln halten. Jedes Land müsste sich zudem das Budget vom Europäischen Parlament genehmigen lassen. Bei unzureichender Fiskalpolitik könnte man Aufschläge auf die nationalen Steuern durchsetzen. Dieser Zustand sei nicht mit einer »Fiskalunion« gleichzusetzen. Temporäre Aufschläge auf die Einkommen- oder Mehrwertsteuer würden reichen, vorausgesetzt, dass dies in den nationalen Verfassungen festgehalten wird. Darauf würden sich die meisten Länder als Gegenleistung für die Euro-Bonds einlassen.

Dieser »konditionalen« Gedankenführung hält man entgegen, dass die darin formulierten »normativen« Sätze einen Ökonomen nicht überzeugen würden. Bisher habe sich immer gezeigt, dass nicht die Regeln das Verhalten bestimmen, sondern das Verhalten auf die Regeln durchschlug. Diesem Argument wird mit einer erstaunlichen Inhaltslosigkeit begegnet, indem man behauptet, es sei bei mangelndem »Vertrauen« in den politischen Prozess konsequent, »das ganze Ding in die Luft fliegen zu lassen«. Der Markt funktioniere als Instrument der Disziplinierung nicht, er sei gar »chaotisch«, und er habe bis 2008 nicht bemerkt, was in Griechenland los war. Das ist angesichts der Tatsache, dass die Euro-Länder schon einige gravierende Fehler einräumen mussten erstaunlich: »Sie nahmen Partner in die EWU auf, obwohl diese die Kriterien dafür nicht erfüllten. Sie sahen danach über gefälschte Daten hinweg, alles aus politischer Rücksicht. Und sie weigerten sich, ihre Wirtschafts- und Sozialpolitik enger abzustimmen – wegen nationaler Interessen. Nun droht die Gefahr, dass auch die mühsam geschnürten Rettungspakete scheitern, dass das viele Geld nichts nutzen wird. Es klingt wie eine Ironie des Schicksals, dass ausgerechnet jenes Land, das sich einst in die Euro-Zone schmuggelte, jetzt über deren Zukunft entscheidet.«[13]

Auch jetzt reagiere der Markt völlig undifferenziert und habe nicht gemerkt, dass bestimmte Länder ihre Defizite reduziert haben. Der Versuch zur Ausschaltung »ökonomischer Gesetzmäßigkeiten« führe immer in Schwierigkeiten. Auch nach Einführung der Euro-Bonds werde man nach zwei, drei Monaten vor den gleichen Problemen stehen wie vorher. Die Konsequenz einer Staatsfinanzierung durch die Notenbank sei auf Dauer immer Inflation. Die EZB begehe »Münzbetrug«, wenn sie auf die gleiche Menge Papier höhere Zahlen drucke. Dieser Auffassung wird heftig widersprochen, da kein einziger Euro gedruckt werde, wenn die EZB Anleihen von einer Geschäftsbank kauft. Dann bekomme das Konto dieser Bank bei der EZB eine entsprechende Gutschrift. Inflation könne nur dann auftreten, wenn die Bank angesichts des gering verzinsten Guthabens bei der Notenbank anfängt, im großen Stil Kredite zu vergeben. Das würden sie aber angesichts der Konjunkturentwicklung gerade nicht tun. Selbst wenn es geschehe, könne die EZB den Zinssatz jederzeit nach oben setzen, um die Kreditvergabe zu drosseln.

Die zitierten Überlegungen scheinen nicht besonders überzeugungskräftig zu sein, erinnert man doch kategorisch daran, dass es der Notenbank gesetzlich verboten ist, Staaten direkt zu finanzieren. Dabei, so das Gegenargument, spreche man von einer steigenden Geldmenge. Sie steige aber durch Maßnahmen der EZB nicht. Das sei erst der Fall, wenn die Banken mehr Kredite vergeben. Das Vorgehen der EZB sei auch nicht verboten, weil es sich um »klassische Offenmarktgeschäfte« handele und nicht um einen direkten Kauf neuer Staatsanleihen. Dessen ungeachtet erhebt man die Forderung nach der Beendigung der vertragswidrigen »Bail-out-Aktionen«. Gleichzeitig wird die Empfehlung ausgesprochen, dass die sich zugehörig fühlenden Staaten entsprechende Anstrengungen unternehmen oder austreten sollten, um sich durch eine Abwertung wieder wettbewerbsfähig zu machen. Andernfalls »fliegt uns der Laden um die Ohren«. Dem hält man entgegen, dass dies erst recht beim Ausstieg von Ländern aus der Euro-Zone geschehe, da es zu einer Kettenreaktion komme. Das Problem sei, dass Deutschland versucht habe, durch Lohnzurückhaltung noch stärker zu werden. Heute zeige sich, dass das die falsche Politik war, weil man zum Wettbewerbsgefälle in der Euro-Zone beitrug wie von der anderen Seite die Spanier und Portugiesen.

Andererseits sieht man den Fehler darin, dass die schwachen Länder in der Währungsunion ihre Politik nicht geändert haben. Ihnen wird vorgeworfen, die niedrigen Zinsen genutzt zu haben, um »ein Fass aufzumachen«, anstatt ihre Wirtschaft zu modernisieren. Da Deutschland sich anders verhalten habe, gebe es jetzt einen großen Riss in der Währungsunion. Transfers gelten als »automatische« Folge, wenn innerhalb einer Währungsunion zu unterschiedliche Volkswirtschaften bestehen. Das Volumen der Transfers sei nur nach einer Änderung des Grundgesetzes zu steigern. Der Einschätzung, dass es keinen Grund für permanent hohe Transfers gebe, wenn die Konjunktur nicht wegrutscht, die Zinsen vernünftig sind und Wachstumspotentiale gehoben werden, wird entgegengehalten, dass es sich dabei nur um »Konditionalsätze« handele. Konsequenz einer Transferunion sei es nicht, dass die Schwachen nicht mehr schwach, sondern dass die Starken nicht mehr stark sind. Die Konsequenz ist klar: »Lieber ein Ende mit Schrecken als ein Ende ohne Schrecken«.

Diese Perspektive löst die Angst aus, dass Deutschland nach dem Austritt mancher Länder aufgrund der dann folgenden Kettenreaktion allein im »Ozean der Globalisierung« steht.[14] Es ist jedenfalls nicht zu leugnen, dass in mehr als zwei Jahren ein Rettungspaket nach dem anderen geschnürt worden ist, ohne dass eine eklatante Schwachstelle der Währungsunion beseitigt wurde. Fraglich ist, ob dies mit der Idee von »Euro-Bills« gelingen kann, die von der EU und von der EZB propagiert wird. Deren Basis ist nachvollziehbar: Schwindet das Vertrauen in die Kreditwürdigkeit eines souveränen Staates, fließt Kapital aus dem Land ab. Das zieht eine Währungsabwertung nach sich, die auf Dauer allerdings zu einer Förderung der Wettbewerbsfähigkeit und zur Anregung des Wirtschaftswachstums führen kann. Das »Fluchtkapital« findet unterdessen seinen Weg in Länder mit hoher Kreditwürdigkeit. Dort kommt es zu einer Währungsaufwertung.

In der Währungsunion heizt unterdessen der mangelnde Wechselkursausgleich die Krise an. Aus den schwachen Ländern der Peripherie fließt Kapital ab. Dort kommt es daher zu hohen Kapitalmarktrenditen. Ein Wechselkurseffekt bleibt aber aus. In »sicheren« Staaten (zum Beispiel Deutschland) lässt das Fluchtkapital die Renditen für Staatsanleihen auf ein Rekordtief sinken, ohne dass es zu einer Aufwertung der Währung kommt. Der gegenteilige Effekt tritt ein: Je krasser der Renditeunterschied zwischen den Ländern, desto größer ist ihr Bonitätsunterschied und desto schneller reagieren die Kapitalströme.

Nun glaubt man, dass dieser »Teufelskreislauf« mit der gemeinschaftlichen Ausgabe von Schuldtiteln zu unterbrechen sei. Die unterschiedlichen Konzepte (Euro-Bonds, Euro-Bills, Euro-Kupons, Schuldenausgleichsfonds) hätten einen ähnlichen beabsichtigten Effekt: Fehlt das Vertrauen in die Kreditwürdigkeit eines Landes, würde das Kapital in die von allen Ländern garantierten Papiere flüchten. In diesem Segment würden die Renditen nicht mehr auseinanderlaufen. Sollte die gesamte Währungsunion auf Skepsis stoßen, würde das Geld in andere Währungsräume wandern. Es käme zu einer Abwertung des Euro. Bei gemeinschaftlichen Papieren würden Peripherieländer nicht mehr mit einer verhängnisvollen Kombination von hohen Kapitalmarktrenditen, niedrigem Wachstum und weiterhin starkem Wechselkurs zurückgelassen werden. Zudem könnte ein weiteres Problem gelöst werden: In der Peripherie unterminiert der Kauf von heimischen Staatsanleihen die Kreditwürdigkeit der dortigen Banken. Würden sie aber in gemeinschaftlich emittierte Papiere investieren, käme es nicht mehr zu einer Belastung ihrer Kreditwürdigkeit durch den Kauf heimischer Staatsanleihen.[15]

14 Politik ohne Sachverstand

Die bisherigen Debatten zeigen, was im Hinblick auf Klarheit und Entschiedenheit zu erwarten ist, wenn man angeblichen Experten die Legitimation zu politischer Führung verschaffte. Das Prinzip demokratischer Legitimation muss allerdings insgesamt als Bedingung für die Akzeptanz von Herrschaft neu justiert werden.[1] Noch schlimmer: Das Misstrauen in die Verlässlichkeit von Expertenwissen hat sich mittlerweile fest etabliert. Es hat sich eine paradoxe Konstellation eingestellt. Sie ergibt sich aus der Unverzichtbarkeit der Experten im Angesicht ihrer Überforderung und ihres Ansehensverlusts. Es ist zweifelhaft geworden, ob Ökonomen die Komplexität der global vernetzten Märkte überblicken.[2]

Dabei braucht es keine akademischen oder angelernten »Kapitalversteher im Krisenkapitalismus«[3]. Bei einer mittleren Ausstattung mit gesundem Menschenverstand begreift jeder, dass die ehemals reichen Demokratien zu Steuer- und Schuldenstaaten mutiert sind, denen eine lange und schmerzhafte »Rosskur« bevorsteht. Jeder kann erkennen, dass »Austerität« die Zukunft prägen wird. Jeder kann einsehen, dass Politik unter der Kuratel der Finanzmärkte und ihrer geschäftsführenden Ausschüsse in Gestalt der internationalen Organisationen wie der EU oder des IWF steht. Jeder kann wissen, dass die Politik für absehbare Zeit auf Haushaltsausgleich und Schuldenabbau durch Ausgabenkürzung und Steuererhöhungen für die breite Masse derjenigen reduziert sein wird, die ihr Geld nicht rechtzeitig außer Landes schaffen konnten. Jeder kann voraussehen, dass die Staaten schrumpfen und die Märkte als Verteiler von Lebenschancen noch wichtiger werden. Jeder kann spüren, dass der Abstand zwischen Oben und Unten und die soziale Unsicherheit weiter wachsen. Jeder kann ahnen, dass die Ersetzung ehemals staatlicher Leistungen durch private Initiativen erfolgen wird, sofern man es sich leisten kann. Jeder kann merken, dass der Staatsumbau des Neoliberalismus weitergehen wird, damit die nächste Generation abzahlen kann, was im »Pumpkapitalismus« des ausgehenden 20. Jahrhunderts längst konsumiert wurde.

BRANDSTIFTER UND BIEDERMÄNNER

Vor diesem Hintergrund stellt sich die spannende Frage, wie Völker dazu gebracht werden können, von ihrer demokratischen Souveränität keinen Gebrauch zu machen und auf Jahrzehnte vor allem danach zu streben, sich als gute Schuldner zu erweisen und ihre Zahlungsfähigkeit gegenüber ihren Kreditgebern glaubhaft und langfristig sicherzustellen. In Griechenland und Italien hat man es mit der Ersetzung gewählter Regierungen durch »Vertrauenspersonen der Märkte« versucht. Sie wurden dem Volk als »sachorientierte und desinteressierte Experten des internationalen Finanzwissens« vorgestellt. Man hält sie für Eingeweihte in ein für Reparaturen erforderliches Spezialwissen, dessen sie entweder als Wissenschaftler oder als Funktionär einer nur dem Allgemeininteresse an einer stabilen Währung verpflichteten unpolitischen Zentralbank teilhaftig geworden sind« (zum Beispiel Mario Monti und Lucas Papademos).[4]

Es wird aber zu Recht gefragt, ob das, was Monti und Papademos zu bieten haben (hatten), tatsächlich Expertentum ist und ob dieses auf »wissenschaftlichem Wissen« beruht. Aus der Sicht von Wolfgang Streeck haben sie als »Experten« nichts Neues, besonders Raffiniertes in das Handeln der ihnen unterstellen Regierungsapparate eingebracht. Es habe schon vorher festgestanden, dass gespart werden muss, ebenso, wo das einzig geschehen kann: vor allem bei den Sozialausgaben und Sozialinvestitionen. Es war auch schon vorher bekannt, dass Wachstum erforderlich ist, um die Schuldenlast zu verringern. Man griff einfach in das bekannte Arsenal neoliberaler Therapien (unter anderem auch Deregulierung des Arbeitsmarktes) ohne einen einzigen Hinweis auf neue theoretische Erkenntnisse, etwa warum eine angebotspolitische Wachstumsstrategie diesmal ausnahmsweise funktionieren sollte – und noch dazu bei gleichzeitig durch eine Politik der Austerität gedrosselter Nachfrage.[5] Aber diese Art von Wissen ist möglicherweise völlig belanglos geworden. Die Gestalten, die heute als Experten auftreten, zeichnen sich nicht durch eine spezifische Qualifikation aus, sondern dadurch, dass sie einer politisch wichtigen Interessengruppe nahestehen, zu ihr Verbindung halten und ihr Vertrauen genießen.

Die Wirtschafts- und Finanzexperten sind dabei ein besonders interessanter Fall. Vor dem Hintergrund einer in das Alltagsverständnis eingewanderten »positivistisch-mechanistischen Wirtschaftstheorie« präsentierten sie sich in der Wahrnehmung von Streeck als Teilhaber an einem nur wenigen zugänglichen Geheimwissen, das ihnen beispielsweise verrate, wie man »die Wirtschaft ankurbelt«. Nach Streecks Einschätzung handelt es sich dabei (nur) um einen »Komplex von »hochempfindlichen und machtbewehrten Gewinnerwartungen«, die eine Regierung im Kapitalismus verstehen und respektieren muss, wenn es mit »der Wirtschaft« etwas werden soll. Mit ihren in Psychologen- oder Psychiatersprache[6] gefassten Behauptungen über die Befindlichkeiten »der Märkte« entpuppten sich die »selbststilisierten Wirtschafts- und Sozialmaschinisten der Mainstream-Ökonomie als sensible Hermeneutiker des Kapitals, deren besonderes Know-how darin besteht, den Eigentümern von Produktionsmittel ihre Wünsche von den Lippen abzulesen und sie für den öffentlichen Gebrauch in ›Sachzwänge‹ zu übersetzen«.[7] Dazu bedürfe es neben bestimmten mathematischen Techniken (die man allerdings auch dazukaufen kann) stabiler sozialer Beziehungen zu der kleinen Zahl von großen Firmen, die in der ungleichen Welt der Wirtschaft wirklich zählen.

Nach der Wahrnehmung von Streeck sind diese ihrerseits bestrebt, möglichst viele »professionelle Nahesteher« zu kultivieren, die, unterstützt von engem sozialem und materiellem Miteinander, die Wünsche und Bedürfnisse »der Wirtschaft« verstehen lernen, um sie dann der Außenwelt als wissenschaftlich-objektiv festgestellte naturgesetzliche Sachverhalte darzustellen. Diese »Kapitalversteher« sind anders als Großaktionäre und Vorstandsmitglieder im

Durchschnitt spottbillig. Sie sind in großer Zahl zu rekrutieren, indem man sie zunächst flächendeckend auf niedrigem Niveau anfüttert, um sie dann entweder auszusortieren oder aufsteigen zu lassen, nach Maßgabe des Geschicks, mit dem sie verstehende Wissenschaft nach innen und mathematisch formalisierte Naturwissenschaft nach außen – mit für beide Seiten nützlichem wissenschaftlichem Reputationsgewinn – gleichzeitig zu betreiben vermögen.

Streeck erinnert in diesem Zusammenhang an eine weitere Selbstverständlichkeit: In kleineren Gruppen fällt eine Abstimmung des Verhaltens der jeweiligen Mitglieder leichter als in großen. Im Hinblick auf die »Finanzexperten« werden daraus keine Konsequenzen gezogen, um nicht in den Verdacht zu geraten, dass man ein »Verschwörungstheoretiker« sein könnte. Es ist erkennbar, dass der »Bannfluch« gegen Verschwörungstheorien von vielen so verstanden wird, als ob es überhaupt keine verschworenen »Machteliten« gibt. Oder es herrscht der Glaube, dass man denen, die man dennoch vorfindet, keine Bedeutung zumessen, sie jedenfalls nicht als solche bezeichnen darf. Das hält Streeck für einen gefährlichen Fehler. Er begründet seine Einschätzung mit dem Beispiel von Larry Summers, unter anderem US-Finanzminister unter Präsident Clinton.[8]

Jenseits der relativ bescheidenen Verdienstmöglichkeiten eines deutschen Finanzministers, der zur Begründung seiner Vortragshonorare darauf hinwies, dass er offenbar einen »Markt« hat, erzielte Summers durch Vorträge in Finanzinstituten Einkünfte in einer Höhe, die Streeck auf den Gedanken brachten, dass kleine Geschenke der Erhaltung einer »wunderbaren Freundschaft« dienen. Man könnte etwas deutlicher auch von »antizipatorischer Korruption« unter dem Deckmantel wissenschaftlicher Unternehmensberatung sprechen. Nicht nur Streeck wüsste zu gern, wie viele reich entlohnte Expertenvorträge in den Bankhäusern dieser Welt, beileibe nicht nur der Wall Street, täglich stattfinden, mit denen die wissenschaftlichen Politikberater der Zukunft auf Vorrat bei Laune oder mit Abschlagszahlungen auf zukünftige Dienste bei der Stange gehalten werden. In Deutschland steht immerhin schon einmal fest, dass offenbar nicht nur Bankhäuser Beratungsbedarf haben, sondern auch an einer Pleite vorbeischrammende Kommunen wie Bochum, die einem Finanzminister a. D. 25 000 Euro für einen Vortrag zahlen, über deren Verwendung als freiwillig-unfreiwillige Spende dann noch ein öffentlicher Disput geführt wird.

Misst man hingegen Larry Summers an seinem »Marktwert«, dann handelt es sich bei ihm um einen der größten lebenden Wirtschaftsexperten. Nicht nur auf seiner Spur stößt man auf eine der »unglaublichsten Organisationen nicht nur des gegenwärtigen Kapitalismus, sondern der gesamten Weltgeschichte«. Es handelt sich um die Investmentbank Goldman Sachs, die als das »Zentrum der Dienstleistungs- und Wissensgesellschaft des modernen Kapitalismus« erscheint. Auch dort geht es in mehrfacher Hinsicht um »Expertentum«. Dort arbeiten angeblich die »best and brightest«, die »smartest of the smart«, die als Kenner der Kapitalmärkte nirgendwo besser bezahlt werden und mit Hilfe der raffiniertesten Finanzmathematik aller Zeiten eine Geldmaschine betreiben, die aus Schulden Geld und immer mehr Geld zu machen vermag. Streeck belegt mit etlichen Beispielen, dass es zu einer einzigartigen Symbiose zwischen Goldman Sachs mit seinen Experten und dem amerikanischen Staat gekommen ist. Er fragt, woraus eigentlich das besondere Expertenwissen besteht, mit dem diese Bank zum Gemeinwohl der USA (und damit auch zu unserem) beiträgt, und worin die »Wertschöpfung« besteht, die den riesigen Gewinnen eines solchen Unternehmens vorausgeht, und wie sie zustande kommt. Mit der Kunst ihrer Rechenmaschinen scheint es jedenfalls nicht allzu weit her zu sein, war doch Goldman Sachs das »Flaggschiff jener Armada, die den finanzialisierten Kapitalismus beinahe aus Versehen versenkt hätte.«

Streeck sieht sich allerdings außerstande zu beurteilen, ob es wirklich (nur) ein Versehen war. Er stellt dagegen die äußerst wichtige Frage, ob es sein könnte, dass es in der »Wissensgesellschaft« der Finanzmärkte gar nicht um »Wertschöpfung«, sondern um »Abschöpfung« geht. In der Tat hat es den Anschein, dass, wenn es darauf ankommt, es nicht die »neumodischen mathematischen Zaubereien« sind, die den Unterschied machen, sondern sehr »altmodische Kenntnisse der Staatskunst« einschließlich der Kunst der Wahlkampffinanzierung und der Verhinderung oder Umgehung von Gesetzen.

Streeck erwähnt leider nicht, dass in diesem Zusammenhang auch die Produktion von Gesetzen eine Rolle spielt. Sie wirft übrigens auch in Deutschland die Frage auf, ob die Regierung in einer Demokratie eine Art von Hochverrat begeht, wenn sie Private (Rechtsberatungskonzerne) mit der Ausarbeitung von Gesetzentwürfen beauftragt und dabei sehenden Auges in Kauf nimmt, dass objektive Interessenkonflikte die Orientierung am Gemeinwohl äußerst zweifelhaft erscheinen lassen, da die gleichen Firmen auch die Kunden beraten, die von dieser Gesetzgebung am meisten betroffen sind. Darauf ist an anderer Stelle einzugehen.

Immerhin erkennt Streeck, dass die »geballte Präsenz der Goldmänner in der amerikanischen Politik« zu einer besorgniserregenden Lage führt: Die eigentliche Expertise erfolgreicher Investmentbanken liegt in einer subtilen Verbindung von politischer Kontaktpflege und genauer Kenntnis sowie aktiver Gestaltung aller möglichen Ränder der Legalität im Straf- und Zivilrecht und ihrer Interpretation durch die Aufsichtsbehörden und Staatsanwaltschaften, etwa wenn es um die sehr offene Grenze zwischen legalen Geschäften und »insider trading« geht. In diesem Zusammenhang ist beispielsweise daran zu erinnern, dass Goldman Sachs ein CDO-Produkt (Collateralized Debt Obligation) verkaufte, das seine Händler insgeheim in Zusammenarbeit mit einem Hedge-Fonds so konstruiert hatten, dass dieser auf dessen Absturz wetten konnte (»Abacus 2007-AC1-Affäre«). Zahlreiche andere Fälle, in denen die Bank ihren Kunden Papiere anbot, gegen die sie selbst gewettet hatte, ohne deren Käufer darüber zu informieren, kommen hinzu.

Streeck ist der Auffassung, dass sich hier der Kreis zum Expertentum der Notstandsregierungen des Mittelmeerraums schließt. Goldman Sachs war auch zur Stelle, als Griechenland Ende der neunziger Jahre durch »kreative Buchführung« seinen Eintritt in die Europäische Währungsunion und damit seinen Zugang zu praktisch grenzenlosen billigen Krediten sichern musste. Die Bank dürfte an ihrem »guten Rat« nicht schlecht verdient haben.

Zum Gesamtbild gehört, dass Mario Draghi, Professor an Summers' Harvard-Universität, im Jahre 2002 als Vizepräsident zu Goldman Sachs ging, wo er bis 2005 Chef der europäischen Niederlassung war, bevor er als Präsident der italienischen Zentralbank berufen und 2011 von den europäischen Regierungen einstimmig zum Chef der EZB ernannt wurde. Die Tatsache, dass niemand seine Goldman-Sachs-Vergangenheit auch nur zur Sprache brachte, schätzt Streeck als »Meisterwerk der Diskurssteuerung durch politische Öffentlichkeitsarbeit« ein.

Auch der von der internationalen Finanzdiplomatie eingesetzte italienische Ministerpräsident Mario Monti dürfte gute Erinnerungen an Goldman Sachs haben, diente er doch neben »Coca-Cola« diesem ehrwürdigen Institut ebenfalls als Berater. Unterdessen war es Monti – als Mitglied der Europäischen Kommission zuständig für »Financial Services« und Wettbewerb – gelungen, den deutschen Privatbanken ihren lange gehegten »Herzenswunsch« nach Zerschlagung ihrer öffentlich-rechtlichen Konkurrenz zu erfüllen. Einer der »Nebeneffekte« dieses Vorgehens war, dass die deutschen Landesbanken in Ermangelung eines neuen Geschäftsmodells zu Großkunden der von Goldman Sachs angeführten Schuldscheinindustrie wurden und sich durch blindes Vertrauen (»suckers«) auszeichneten.

Vor diesem Hintergrund ist die Frage mehr als berechtigt, ob wirklich dieselben, die den Wagen an die Wand gefahren haben, als Rettungssanitäter gerufen werden müssen, die Böcke zu Gärtnern und die Brandstifter zu Biedermännern befördert werden müssen. Streeck fragt auch, ob das, was als Rettung deklariert wird, in Wirklichkeit eine »Schlüsselübergabe an übermächtig gewordenen Belagerer« ist, verbunden mit ergebenen Bitten um milde Behandlung. Eine Antwort ist nicht leicht, da die »Natur der Sache« zur Mystifizierung durch Verwissenschaftlichung einlädt. Wollte man nach Mario Draghis raffiniertester strategischer Entscheidung fragen, seinem brillantesten Manöver, so wären das wohl die beiden Kreditprogramme im Dezember 2011 und im Februar 2012, welche die EZB, jedes 500 Milliarden Euro schwer, für die europäischen Banken aufgelegt hat (Laufzeit drei Jahre, ein Prozent Zinsen). Sollte man dies als »elegante Umgehung« des für die EZB geltenden Verbots direkter Staatsfinanzierung halten können, dann würde dies nach der Auffassung von Streeck der Vermutung entsprechen, dass Expertentum im Finanzsektor vor allem im Ausfindigmachen möglichst unangreifbarer Umgehungen rechtlicher Regeln besteht.

Ihm fällt die »beklemmende Ähnlichkeit« zwischen der draghischen Ausschüttung von frischgedrucktem Eurogeld an die Finanzindustrie und dem auf, was Griechen und Italienern als »Klientilismus« von eben jenen Kreisen vorgeworfen wird, die die diversen »Super-Marios« als Gouverneure der neuen europäischen Staatenordnung eingesetzt haben. Er glaubt, dass für sie der Unterschied zwischen Expertentum und Klientilismus allein darin besteht, an wen das Geld geht. Geht es an Banken, Manager und Aktionäre, handele es sich um »Rettung«. Sollte es »der (die) kleine Mann/Frau« sein, dann geht es um das, vor dem gerettet werden muss. Der Grund ist in den Augen von Streeck einfach: »Schließlich geht es ja um Kapitalismus, und der braucht nun einmal zufriedene Banken, nicht unbedingt zufriedene Bürger.«

Streeck bezweifelt, ob es den professionellen Kapitalverstehern wie Monti und Draghi gelingen wird, die in einem »kalten Staatsstreich« in ihre Hände gefallenen Demokratien lange genug zu betäuben, bis die Operation beendet und der marktkonforme Umbau des demokratischen Kapitalismus vollzogen sein wird. Die »Austreibung der Demokratie aus dem Kapitalismus« könnte allen Super-Marios zum Trotz auf halbem Wege steckenbleiben. Bei den Wissenden scheint endlich so etwas wie Angst vor der »Unvernunft der ungewaschenen Massen« zu entstehen. Und das, obwohl man ihnen viele Mal erklärt hat, dass sie die nicht verdient haben. Streeck hält Angst entgegen der Volksweisheit, dass Angst kein guter Ratgeber sei, in diesem Zusammenhang für einen guten Ratgeber. Wollte man sie den »gehobenen Kreisen« einjagen, müsste man zuallererst aufhören, sich von ihren Experten mit ihrer wissenschaftlichen Rhetorik beeindrucken zu lassen: »Nur wer diesen Respekt verweigert, kann hoffen, irgendwann wieder selbst respektiert zu werden.«

Es wäre zu wünschen, dass sich das wachsende Gefühl unter den Bürgern Europas, nicht für voll genommen zu werden, deutlicher bemerkbar machte, etwa wenn ihnen erzählt wird, warum Haushaltskürzungen, Sozialstaatsabbau, strukturelle Arbeitslosigkeit und immer prekärere Beschäftigung sein müssen, bei gleichzeitig immer weiter steigenden Einkommen der »Experten« in den Chefetagen der »Wissensgesellschaft«. Für Streeck geht die Zumutung, das Absurde glauben zu sollen, rasch an die Menschenwürde. Aus seiner Perspektive könnte die Wut derer, die sich von Abschöpfungsexperten des globalen Finanzkapitalismus für dumm verkauft fühlen, vielleicht zu einer politisch aussichtsreichen demokratischen Kraft werden – und zunächst wohl auch nur sie. Er glaubt, dass die neuen Eliten sich vor nichts so fürchten wie vor ihr, nicht obwohl, sondern weil es alles andere als »vernünftig« ist, sich ohne vorheriges Studium der Zentralbankwissenschaft einfach nur moralisch zu empören. Allein das Unvernünftige könnte vernünftig sein, wenn Vernunft bedeutete, dass die Forderungen der »Märkte« an die Gesellschaft auf Kosten eben jener Mehrheit der Gesellschaft erfüllt werden müssen, die von den Jahrzehnten neoliberaler Marktexpansion nur Verluste hatte. Unter den gegebenen Verhältnissen wäre die Vorstellung einer Anpassung der Märkte an die Menschen verrückt. Realistisch könnte sie nach der Meinung von Streeck dann werden, wenn sie mit »uneinsichtiger Beharrlichkeit« immer wieder vorgebracht würde, so dass die Rechner nicht nur mit ihr rechnen müssten, sondern auch mit dem »unbelehrbaren Bestehen« vieler kleiner Leute darauf, nicht für den Rest ihres Lebens die Renditeerwartungen irgendwelcher Schuldscheinvirtuosen und ihrer Eintreibungsexperten bedienen zu müssen.[9]

EXPERTEN UND DILETTANTEN

Aus dem Blickwinkel anderer ist das Vertrauen in Experten durch die Finanzkrise in einem Ausmaß verdampft, das man kaum überschätzen kann. All jene Sachverständige, die in den Jahren vor dem großen Bankencrash die Zögerlichkeit und Inkompetenz der politischen Klasse angeprangert hatten, die bei ihren Auftritten in Talkshows für jedes Problem eine Lösung präsentierten, deren Praxistauglichkeit sie nie unter Beweis stellen mussten: Sie waren alle vollkommen überrascht von dem, was nach dem Platzen der amerikanischen Immobilienblase und dem Zusammenbruch der Lehman-Bank in der globalen

Finanzwirtschaft geschah.[10] Die Politik sollte zwischenzeitlich begriffen haben, dass sich das Expertenprinzip desavouiert hat, nicht nur weil angeblich sachverständige Ratschläge zu erheblichen politischen Friktionen geführt haben, sondern weil sie in einer komplexen Gesellschaft auch auf einer rein fachlichen Ebene zwangsläufig unerwartete Folgewirkungen hervorriefen, etwa wenn nach einer Steuerreform die Staatseinnahmen weit stärker einbrachen als erwartet, und weil die keinen Wählern gegenüber verantwortlichen Experten nach dem Misserfolg ihrer Konzepte meist abtauchten und die Regierenden mit dem Volkszorn allein ließen.

Es wird zu Recht darauf hingewiesen, dass der Versuch, politische Entscheidungen an Expertengremien auszulagern, also zu vermeiden, an einem grundlegenden Missverständnis scheiterte. Niemand kann nämlich den Politikern die Tätigkeit abnehmen, für die sie selbst die zuständigen Experten sind (sein sollten). Sie beginnt damit, die Wahrscheinlichkeiten mit Blick auf die Zukunft abzuwägen und sie zu politischen Risiken ins Verhältnis zu setzen. Daran kommt kein Politiker vorbei. Er dürfte erkennen, dass die Argumente verschiedener Denkschulen, für sich genommen, sehr plausibel sein können. Aber genau deshalb ist der Expertenrat als Hilfe für politische Entscheidungen praktisch wertlos geworden. Selbst wenn unter den Sachverständigen Einhelligkeit bestünde, kommt für den Politiker eine Umsetzung von Expertenempfehlungen »eins zu eins« nicht in Betracht. Er muss als Experte für das Aushandeln und Austarieren gesellschaftlicher Interessen selbst handeln.[11] Und wenn er in seiner ureigenen Domäne Rat braucht, sollte er Niccolò Machiavelli oder Carl von Clausewitz bemühen. Dann dürfte jeder Politiker früher oder später die Essenz der Demokratie verstehen. Der Sinn demokratischer Herrschaft liegt nicht in erster Linie darin, sachlich richtig, sondern konsensfähig zu sein.[12]

Der Experte, der sich der Sache selbst verpflichtet fühlt, wird unpraktikable Vorschläge machen, weil er die Eigenlogik der Politik nicht mitbedenkt, für die wiederum der Politiker der Experte ist. Der Politiker seinerseits dient der Sache umso besser, je mehr er bei seinem Leisten bleibt und nicht im Fachlichen versinkt. Deshalb ist der Ausdruck »Expertenregierungen« irreführend. In Griechenland und

Italien agierten und agieren »Laienregierungen«, da dort auftre-
tende Verantwortliche keine Erfahrung auf dem Gebiet der politischen Machterringung und -ausübung haben. In Italien wurde etwa
die Regierung Monti vom etablierten Parteienbetrieb allenfalls ge-
duldet, aber nicht unterstützt. Wie auch immer: Mehr als jeder andere Vorgang der jüngeren Zeit haben die Krisen der Finanzräume
und des Euro-Raums vor Augen geführt, dass es in der Politik nicht
um Entscheidungen geht, die aus der Sicht politikfremder Diszipli-
nen als »richtig« oder »falsch« einzustufen sind.[13]

Weder ein Expertenrat noch eine politische Entscheidung konnten verhindern, dass all das in Europa Erreichte rasch in den Hintergrund gedrängt wurde und dass viele leichtfertig bereit sind, die europäische Gemeinschaft wieder aufzugeben, sich hinter die alten
Grenzen zurückzuziehen in der falschen Annahme, sie hätten unseren heutigen Wohlstand und unsere soziale Sicherheit, unsere wirtschaftlichen Möglichkeiten in Europa und der Welt auch ganz allein
geschafft, wozu es in Wirklichkeit einer jahrzehntelangen Anstrengung Europas bedurfte, vor allem auch der Solidarität und der gegenseitigen Hilfe.[14] Gleichwohl hält ein einflussreicher Politiker wie
Norbert Barthle, der haushaltspolitische Sprecher der CDU/CSU-
Fraktion im Deutschen Bundestag, es für falsch, jetzt den Weg in
eine dauerhafte Transferunion einzuschlagen, weil uns ein automa-
tischer fiskalischer Ausgleichsmechanismus finanziell und politisch
überfordern würde. Eine Währungsunion sei nicht zum Nulltarif zu
haben. Sie könne nur funktionieren, wenn jedes Mitgliedsland aus
eigener Kraft wettbewerbsfähig ist und solide wirtschaftet.[15]

Diese Forderung hält manch einen Beobachter nicht von der Feststellung ab, dass der Schritt in Richtung Transferunion im Sommer
2011 mit den Stabilisierungsbeschlüssen zugunsten Griechenlands
und der anderen finanzschwachen Euroländer getan wurde.[16] Die
Zukunft Europas wird nicht vom Inhalt irgendwelcher angeblich
wissenschaftlicher Äußerungen oder Gutachten abhängen. Die entscheidende Frage ist: Was will Deutschland in Europa und warum?
Der »Rest des Kontinents« und die ganze Welt erhoffen eine Antwort
darauf. Aus Berlin kommen zwar akademische, wissenschaftliche
Argumente, warum gespart werden muss. Nach dem Eindruck eines

ausländischen Beobachters fehlt es aber an Essays und Büchern darüber, wie die Deutschen über Geld, die Wirtschaft und überhaupt Europa denken.[17]

Vor allem ist jetzt aber der Souverän gefordert. Das heißt nicht, dass sich alle Bürgerinnen und Bürger darum bemühen müssen, die Ableitungen hochqualifizierter Spezialisten nachzuvollziehen. Fast jede Tageszeitung bietet genügend Orientierungswissen. Soweit manche Politiker noch ernstgenommen werden können, vermitteln ihre Erklärungen gelegentlich Hinweise darauf, was die Stunde geschlagen hat. Immerhin war der Presse schon zum Ende des Jahres 2011 zu entnehmen, dass die Chefin des IWF, die ehemalige französische Finanzministerin Christine Lagarde, die Gefahr einer Weltwirtschaftskrise in den Dimensionen der 1930er Jahre beschwor. Man sollte allerdings auch einige Gedanken darüber verlieren, wer die neue Weltwirtschaftskrise maßgeblich auslösen könnte. Ein »vielversprechender« Kandidat ist die größte Volkswirtschaft der Welt (USA).[18] In einer ausgesprochen pessimistischen Einschätzung bezeichnete Lagarde die Konjunkturaussichten als »ziemlich düster«. Das Wachstum werde sich verlangsamen, und die öffentlichen Haushalte könnten aus dem Lot geraten. Sie ortet den Kern der Probleme in den Ländern des Euro-Raumes. Kurz zuvor hatte übrigens auch die Organisation für wirtschaftliche Zusammenarbeit und Entwicklung (Organisation for Economic Co-operation and Development/OECD) vor einer drohenden Rezession gewarnt. Nach der Auffassung von Lagarde ist keine Volkswirtschaft vor einem Niedergang gefeit, wenn sie sich isolierte.

Entsprechende Sorgen bewegen auch die Welthandelsorganisation (World Trade Organization/WTO). Sie sieht den Welthandel an einem Scheideweg. Ein führender Vertreter der WTO (Pascal Lamy) wies darauf hin, dass Protektionismus eine Wachstumsbremse sei, die die Weltwirtschaft jedes Jahr circa 800 Milliarden US-Dollar kostet.[19] Es stellt sich jetzt die Frage, ob die Nationen im beginnenden Abschwung (Ende 2011) die Kraft haben, dem »süßen Gift« des Protektionismus zu widerstehen, fehlt doch diesmal der kollektive Schrecken über die dramatische Finanzkrise.[20] Manch ein Kommentator stellte seinerzeit die Frage, warum Lagarde Öl ins Krisenfeuer kippt, indem sie vor dem Rückfall in Protektionismus und Isolation warnt. Mit ihrer angeblich überzogenen Warnung vor einem Horrorsturz der Weltwirtschaft nähre sie den Verdacht, aus Washington heraus die »Euro-Rettungspolitik« in ihrem Sinne steuern zu wollen.

Zum Jahreswechsel 2011/2012 bestand aber hier und dort der Eindruck, dass sich die Investoren dadurch zum Glück nicht verrückt machen ließen und dass die Märkte seinerzeit Warnungen vor dem Weltuntergang oder Fakten wie schlechtere Bonitätsnoten für Banken gelassen zu Kenntnis nahmen.[21] Ein anderer Beobachter hegt die Vermutung, dass sich die Welt an derartige Warnungen zu sehr gewöhnt hat, um sie noch hinreichend ernstzunehmen. Gleichzeitig wird anerkannt, dass nach dem letzten Untergangsszenario im Herbst 2008 nichts mehr so ist, wie es war. Zwar hätten es Politiker und Notenbanker mit sehr viel Geld geschafft, die Fahrt in den Abgrund zu stoppen, weshalb viele an der Wall Street glaubten, sie könnten angesichts der ausgebliebenen Kernschmelze im System so weitermachen wie bisher. Die Euro-Krise hat die Welt aber schon wieder bedrohlich nahe an den Abgrund gebracht.[22] Die Milliarden, mit denen die Krise in den Jahren 2008 und 2009 bekämpft wurde, haben sich in Staatsschulden verwandelt.

Auf der ganzen Welt ist dennoch immer noch kein belastbarer Konsens darüber erkennbar, was jetzt zu tun ist. Immerhin war nach einer Analyse Ende 2011 folgendes Szenario erkennbar: Die Amerikaner und der IWF wollten noch einmal die Schleusen öffnen, diesmal die der EZB. Sie soll anscheinend, wie einst die amerikanische Fed, die Krise mit frischgedrucktem Geld zuschütten. Deutschland hatte damals schon (noch?) die Absicht, dies um jeden Preis zu verhindern, und wollte erst einmal die mittelfristigen Strukturprobleme lösen, weil bei reichlich verfügbarem Geld die fiskalische Disziplin der schwächeren Euro-Länder wieder aufgeweicht werden könnte. Aus der Sicht vieler Amerikaner, aber auch Europäer waren zu jener Zeit die Bundeskanzlerin und der deutsche Finanzminister die Hauptschuldigen dafür, dass es so weit gekommen ist. Darüber scheint leicht in Vergessenheit geraten zu sein, dass 77 Prozent der neuen Staatsschulden in den USA von der Fed zuletzt mit der Notenpresse finanziert wurden. Ihr neues Programm ist unbefristet. Neben hypothekengesicherten Anleihen will sie notfalls noch andere Wertpapiere kaufen. Die amerikanische Notenbank betont, dass sie eine stark expansive Geldpolitik auch dann noch für eine beträchtliche Zeit aufrechterhalten wolle, wenn sich die Wirtschaftserholung verstärke. Der Erfolg dieser Strategie steht in den Sternen. Die Inflationsängste werden steigen. Die Fed greift, ähnlich verzerrend wie die EZB, in die Märkte ein. Die EZB begründet ihren Ankauf von Staatsanleihen damit, dass sie die Wirkung der Geldpolitik sicherstellen müsse. Tatsächlich verzerrt sie damit die Märkte für Krisenstaaten und geht über eine reguläre Geldpolitik hinaus.[23]

Auch der Analyst Nikolaus Piper glaubt, es stehe »ziemlich« fest, dass Europa in eine Rezession rutscht. Sie werde aber »relativ« mild bleiben. Deutschland könnte mit einer bloßen Stagnation davonkommen. Voraussetzung sei allerdings, dass Europa stabil bleibt und Italien nicht pleite geht, dass die Banken die Vertrauenskrise beenden und wieder »normal« Geld verleihen. Piper erklärt übrigens die europäische Politik, nicht die Wall Street für schuldig an der Rezession. Anderthalb Jahre Euro-Krise und anderthalb Jahre Gipfeltreffen, bei denen die Hoffnung auf eine dauerhafte Lösung immer wieder enttäuscht worden sei, haben nach den Wahrnehmungen eines anderen Beobachters Vertrauen zerstört.[24] Unabhängig von den Bewertungen der Rating-Agenturen sei klar geworden, dass die Euro-Zone als Schuldner nicht mehr verlässlich ist. Die Rettung Europas vor der Schuldenkrise finde mit einsetzender Rezession unter anderen Bedingungen statt. In starken wie in schwachen Ländern gebe es nur noch begrenzt Raum für eine Sparpolitik. Sinkt die Wirtschaftsleistung noch mehr, weil Staatsausgaben gekürzt werden und die Nachfrage zurückgeht, dann werde alles nur noch schlimmer, ein Zustand, der in Großbritannien, ungeachtet der Tatsache, dass das Land nicht Mitglied der Euro-Zone ist, schon eingetreten sei. Von den Staatshaushalten wird daher wenig erwartet. Vielmehr werde der Druck auf die EZB zunehmen, so dass sehr schnell der Punkt erreicht sein könne, ab dem Geld gedruckt wird, weil die Anleihen bestimmter gefährdeter Staaten gekauft werden müssen. Darin sah manch einer schon Ende 2011 die am wenigsten schlechte, wenn nicht gar die einzig verbliebene Rettungsmöglichkeit.[25]

Es bleibt abzuwarten, ob diese und/oder andere Rettungsmaßnahmen den Weg in den Zusammenbruch beenden werden. Dem Versprechen einer stabilen Einheitswährung war von vornherein kein langes Leben zuzutrauen. Hierfür waren und sind die ordnungs- und finanzpolitischen Grundhaltungen der Mitgliedsländer zu unterschiedlich, die Bereitschaft zu fraglich, bewährte Grundsätze der Unabhängigkeit der Zentralbank und der Geldwertstabilität zu schützen.[26] Schon ein kurzer Rückblick auf das Jahr 2010 musste Zweifel wecken. Nach dem Ausbruch der Finanzkrise hatten die Regierungen mit dem typischen keynesianischen Rezept geantwortet: »Defizitfinanzierung«. Es kam bei manchem der Eindruck auf, dass damit die EU dem Abgrund ihrer Auflösung mit beschleunigtem Tempo entgegensteuerte.[27]

Tatsächlich widersetzte sich der damalige Chef der EZB, Jean-Claude Trichet, am 6. Mai 2010 noch immer dem Druck, Staatsanleihen notleidender europäischer Regierungen direkt zu kaufen, ebenso sein damaliger Kollege Axel Weber als Chef der Deutschen Bundesbank. Schon am nächsten Tag befand sich das Euro-System am Rand des Zusammenbruchs. Die Verzinsung spanischer, griechischer und portugiesischer Anleihen stieg steil an, und es gab Hinweise, dass der europäische Anleihehandel fast komplett zum Erliegen gekommen war. Die EZB selbst gestand im Juni 2010 in ihrem Monatsbericht ein, dass am 6. und 7. Mai 2010 die Gefahr eines Totalzusammenbruchs bestanden hatte. Sie erklärte, dass die Gefahr größer gewesen sei als unmittelbar nach dem Zusammenbruch der Lehman-Bank im September 2008,[28] und räumte einen dramatischen Anstieg der Wahrscheinlichkeit einer Zahlungsunfähigkeit von zwei oder mehr europäischen Bankengruppen ein. Jedenfalls trockneten die Geldmärkte schon seinerzeit aus.

Im Rückblick auf die ersten Tage des Mai 2010 wird übrigens immer noch darüber spekuliert, dass die deutsche Bundeskanzlerin im Hinblick auf die Landtagswahlen in Nordrhein-Westfalen den »Bailout« für Griechenland bis nach der Wahl verzögern wollte. Aber nachdem sich die Ereignisse überschlagen hatten, hätte sie den Wahlsieg geopfert, um den Euro zu retten. Im Rahmen des seinerzeit stattfindenden Gipfeltreffens hatte sich Merkel weiteren Rettungsfonds zunächst widersetzt, weil sie dies als Schritt in eine »Transferunion« ansah.[29] Die Ausgangslage und die Interessen waren klar: Deutschland wurde von Politikern aus Finnland, Österreich und den Niederlanden unterstützt. Die Regierungen mit hohen Defiziten und Ausgaben rebellierten gegen Staaten mit niedrigeren Defiziten und Hartgeldregierungen, die ihre potentiellen Kreditgeber waren.[30] Die sich daran anschließende Fortsetzung der »Rettungsbemühungen« könnte nur in einer ausführlichen und chronologisch geordneten eigenen weiteren »Erzählung« berichtet werden, ein Unterfangen, das angesichts der Priorisierung grundsätzlicher Fragestellungen hier nicht zu leisten ist. In deren Rahmen wäre übrigens auch zu klären, aus welchen Gründen die EU Großbritannien als zuverlässiges und vertrauenswürdiges Mitglied akzeptieren sollte.

Nach dem Eindruck einer Kommentatorin können die Briten nur froh sein, dass sie nicht Mitglied der Währungsunion sind – und die Währungsunion sollte es auch sein. Ihr Land wäre nämlich mit großer Wahrscheinlichkeit in diesem Fall nicht unter den stabilen Kernländern. Es müsste seinen Haushalt umfassend sanieren und stünde vor einem noch viel höheren Schuldenberg, da seine Volkswirtschaft als Euro-Land nicht jahrelang von der Wechselkursabwertung profitiert hätte, die das Pfund seit Einführung des Euro erlebt hat. Außerdem wäre die EZB der britischen Wirtschaft und dem britischen Kapitalmarkt nicht mit einem auf 275 Milliarden Pfund (Oktober 2011) ausgeweiteten Notprogramm von Anleihekäufen zu Hilfe geeilt, wie es die Bank von England tut.[31] London hatte 1990 mit dem Beitritt zum Europäischen Wechselkurssystem versucht, seine viel schwächere Wirtschaft an die Geldpolitik der Bundesbank zu koppeln, und scheiterte daran, musste also im September 1992 das Wechselkurssystem verlassen, eine Erfahrung, die vermutlich die Regierung davon abhielt, der Währungsunion beizutreten.

Die Entscheidung, dem Euro nicht beizutreten, wird als »goldrichtig« bezeichnet, erlebte das Land doch vor der Finanzkrise den längsten Wirtschaftsaufschwung in zwei Generationen. In der Bankenkrise und jetzigen Staatsschuldenkrise zahlen sich die eigene Währung und die Notenbank für das Land offensichtlich aus. Seit Einführung der Währungsunion hat das Pfund um fast 40 Prozent gegenüber dem Euro abgewertet. Das hat für eine bessere Wettbewerbsfähigkeit gesorgt, die allen Peripheriestaaten der Währungsunion fehlt. Zudem hat das Programm der Anleihekäufe das Wachstum möglicherweise auch gestärkt. Die britische Geldpolitik entlastet die eigene Volkswirtschaft jedenfalls in einer Weise, wie dies in einer Währungsunion nicht möglich wäre, auch wenn mit weiteren umfangreicheren Anleihekäufen die Gefahr einer weiteren Abwertung der Währung und einer importierten Inflation entsteht.[32]

Unterdessen bescheinigt man der EZB einen »Tabubruch«, für den es keinen geldpolitischen Grund, sondern nur das fiskalpolitische Ziel gebe, die Zinsen für die Staatsschuldner Italien und Spanien zu reduzieren. So werde die EZB zum »finanzpolitischen Handlanger der Politik«. Es habe ein Rückfall in die »geldpolitische Steinzeit« stattgefunden, als Zentralbanken politisch gesteuert waren und der fehlende Sparwille der Politik durch das Anwerfen der Notenpresse ersetzt wurde. Jetzt gehe es um mehr als um die Glaubwürdigkeit der EZB, wovon ohnehin kaum etwas übriggeblieben sei. Es gehe um das schwindende Vertrauen in den Euro, um den Flurschaden, der eintritt, wenn Kapital aus dem Währungsraum flieht.[33]

Im November 2012 war die Lage in Griechenland immer dramatischer geworden. Im August 2012 hatte die EZB den Rahmen für das griechische Notprogramm Emergency Liquidity Assistance (ELA) schon erweitert. Der griechischen Notenbank wurde gestattet, indirekt weitere griechische Staatsschulden zu finanzieren. Zu diesem Zweck begibt das Finanzministerium in Athen eine Anleihe, die von griechischen Banken gezeichnet werden, da ausländische Investoren schon lange nicht mehr zugreifen. Die selbst außerordentlich klammen griechischen Institute hinterlegen diese Anleihen dann umgehend als Sicherheit bei der griechischen Notenbank und erhalten dadurch den Kredit wieder zurück. Griechenland wendet in der Finanzpolitik also mit Billigung der EZB das »Münchhausen-Prinzip« seit Beginn der Krise an. Beim damaligen Stand soll es sich schon um 60 Milliarden Euro gehandelt haben. Formal haftet der griechische Steuerzahler für diese Kredite, die von der griechischen Notenbank ausgegeben wurden. Wird das Land aber zahlungsunfähig, ist das ein Problem für alle europäischen Steuerzahler.[34]

Zurück zur Seelenlage einiger Inselbewohner: Nach dem Veto des britischen Premierministers David Cameron Ende des Jahres 2011 gegen die Pläne zur Errichtung einer »Fiskalunion« hat ein englischer Künstler öffentlich über den »Dauerzustand existentieller Furcht« sinniert, der in seinem Heimatland offensichtlich zu besonderen Konsequenzen geführt hat. Der Dramatiker Simon Stephens befürchtet, dass Cameron das Vereinigte Königreich in eine »ganz fürchterliche« Position manövriert. Angesichts der Zukunftsangst komme den Briten ein fremder Sündenbock gelegen. Das sei im Moment eben Europa. Europa muss sogar für die Arbeitslosigkeit auf den britischen Inseln herhalten, die im November 2011 auf dem höchsten Stand seit 17 Jahren war. Zudem trug der Fraktionsvorsitzende der CDU im deutschen Bundestag, Volker Kauder, zu einer Abkühlung des deutsch-britischen Verhältnisses bei, als er verkündete, dass in Europa jetzt deutsch gesprochen wird, und bemerkte, dass die Briten nur den eigenen Vorteil suchten, ohne sich einzubringen.

Unterdessen führte Cameron das geringe wirtschaftliche Wachstum auf die »sinnlosen Interventionen der EU« zurück. Tatsächlich lehnt Großbritannien auch die Einführung einer Finanztransaktionssteuer kategorisch ab. Man sieht darin für das Land und für Europa »wirtschaftlichen Selbstmord«. Grundsätzlich will man sogar möglichst viele Kompetenzen von Brüssel nach London zurückholen. Da nützt es offenbar wenig, dass der Vizepremierminister, Nick Clegg, davor warnt, dass allein Populisten, Chauvinisten und Demagogen von Neuverhandlungen der EU-Mitgliedschaft profitieren würden.[35] Das ändert nichts daran, dass die britische Wirtschaft am Erfolg der Euro-Zone hängt, London aber bei der Rettung kaum mitreden kann.[36] Die USA und Großbritannien haben die Modernisierung ihrer Industrie vernachlässigt. Sie setzten zu stark auf schuldenfinanzierten Konsum und das sich selbst nährende Wachstum des Finanzsektors. In der Aufregung über die Staatsschuldenkrise im Euroraum wird leicht vergessen, dass Großbritannien 2010 mit 11, 4 Prozent nach Griechenland das höchste Haushaltsdefizit in Europa hatte, also mit Blick auf die Wirtschaftskraft des Landes einen Fehlbetrag aufwies, der viermal so groß ist wie in Deutschland.[37]

KALTE HERZEN

Nach der Einschätzung von Teilen der deutschen Presse hat der (ehemalige) französische Staatspräsident Nicolas Sarkozy die Brüsseler Beschlüsse im Dezember 2011 immerhin als »Geburtsstunde eines neuen, vertieften Europas ohne Großbritannien« vorgestellt.[38] Ein deutscher Politiker hat währenddessen schon einmal herausgefunden, dass das Europa von heute in den Herzen deutscher »Geistesarbeiter« kein Feuer mehr entzündet. Vermutlich liege das daran, dass Europa vor geraumer Zeit in die Hände von Ökonomen und Finanzanalysten geraten ist. Das erkläre, warum bis heute die Sehnsucht nach einer »europäischen Erzählung« ungestillt ist.[39] Politiktreibende und Kulturschaffende hätten bislang nicht hinreichend begriffen, dass wirtschaftliche und monetäre Umbruchzeiten vor allem kulturelle Zeitenwenden sind. Mit diesen Gedanken des SPD-Vorsitzenden Sigmar Gabriel sollte man sehr vorsichtig umgehen, weil hinter ihm das Gespenst des Nationalcharakters lauert. Kein ernsthafter Sozialwissenschaftler käme auf die Idee, ganze Bevölkerungsgruppen zu stereotypisieren und individualpsychologische Modelle auf Gesellschaften anzuwenden. Das ändert nichts daran, dass mittlerweile manch unausgesprochene Vorstellungen auf den Punkt gebracht werden, die man gar nicht teilen muss, um sie als machtvolle Unterströmungen in der Entfaltung des globalen Finanzdramas zu erkennen.[40]

In den Augen von Gabriel hat Bundeskanzlerin Merkel die dringend notwendige Fiskalunion Anfang Dezember 2011 zu einer reinen »Sanktionsunion« degradiert. Erstmals in der Geschichte der EU sei Politik nicht durch Verhandeln und Einverständnis aller durchgesetzt worden, sondern durch ökonomische Macht. Nach der Vorhersage von Gabriel werde die Krise der Staatsfinanzierung in der Euro-Zone ohne die europäische Antwort einer »echten Fiskalunion« und ohne einen damit verbundenen europäischen Schuldentilgungsfonds nicht beendet werden. Stattdessen werde Europa jetzt von Bankern und Anlegern regiert, nicht von Politikern, eine Folge der »Als-ob-Politik« der Staats- und Regierungschefs in den Jahren 2009 bis 2011. Gabriel vermisst wirksames Handeln der Politik. Deshalb übernähmen andere ihre Rolle: »Die Finanzmärkte erzwingen Rücktritte von Regierungen und höhere Zinsen, und die Europäische Zentralbank finanziert die betroffenen Staaten mit einer gemeinschaftlichen Haftung über Eurobonds, allerdings ohne sie so zu nennen. Schlimmer noch: ohne jeden Einfluss auf die Haushalts- und Finanzpolitik derjenigen, denen sie billiges Geld gibt.«[41]

Gabriel sieht die Bürgerinnen und Bürger Europas auf die Zuschauertribüne verbannt. Ihr gellendes Pfeifkonzert dauerhaft zu ignorieren, werde langsam gefährlich. Er konstatiert einen »massiven Vertrauensschwund« gegenüber dem gesamten europäischen Projekt. Gabriel verdient zwar mit seiner Schlussfolgerung Zustimmung, nach der die Zukunft unseres Kontinents zu wichtig ist, um sie auf Börsen- und Wechselkurse zu reduzieren. Mit solchen gefälligen Formeln sind aber die grundsätzlichen Probleme nicht gelöst. Das ist ein Befund, der besorgniserregend ist, wenn es denn stimmte, dass die europäische Schuldenkrise ihrer »finalen Phase« entgegengeht. Unterdessen hat ein Kommentator den Eindruck gewonnen, dass die Unbeirrbarkeit der Kanzlerin (»Erst einmal alle schön sparen und Hausaufgaben machen«) das Ausland aufbringt. Die drei wichtigsten britischen Zeitungen haben im November 2011 innerhalb einer Woche gar Psychogramme der Bundeskanzlerin verbreitet und ihr eine ausgeprägte Risikoscheu attestiert. Natürlich sei es unsinnig, allein in ihrer Person Europas größtes Problem zu sehen. Andererseits, und dies sei das Vertrackte, lägen die ausländischen Kritiker trotzdem richtig. Wenn es nicht schon zu spät ist (November 2011), lasse sich das Ende des Euro wohl nur abwenden, wenn sich Angela Merkel in »heroischer« Manier neu positionierte und ihr Land auf einen anderen Weg führte.

Dabei gehe es erst in zweiter Linie um »Euro-Bonds« oder die »Entfesselung der EZB«. Gefragt sei ein grundlegender Richtungswechsel. In Deutschland müsse man verstehen, dass die eigene »Exportmaschine« entscheidend zu dem verheerenden wirtschaftlichen Ungleichgewicht in den Ländern der Währungsunion beigetragen hat und der »sture Spar- und Stabilitätskurs Berlins« die Krise verschärft und eine zwischenzeitlich wohl noch mögliche Lösung verhindert hat. Den südlichen »Schlendrian« verantwortlich zu machen beruhe auf einer gefährlichen Illusion. Europas Politiker hätten viel zu lange gezögert und herumlaviert. Dabei gehe es nicht nur um die notorische Zerstrittenheit in Brüssel. Ein Grundproblem liege in den nationalen Dogmen und Idiosynkrasien, die sich in den wirtschaftlichen Lehrmeinungen widerspiegeln. Da werden der Zusammenbruch des Euro vorausgesagt oder sogar Währungsreform und Staatsnotstand. Es wird betont, dass solche Szenarien nicht nur fragwürdig sind, sondern an Panikmache grenzen. Zudem handele es sich um schablonenhafte Denkstrukturen, die einen realistischen Blick auf die gesellschaftlichen Verhältnisse verbauen. Man hält es für klar, dass sich die Fiktion der Entbehrlichkeit von Transferleistungen nicht aufrechterhalten lässt. Das sei der Preis für ein Europa, das in den kommenden Jahren noch ganz andere wirtschaftliche Herausforderungen infolge der Globalisierung zu bestehen haben werde.[42]

Allein die »Fiskalunion« wäre jedenfalls kein Fortschritt, sondern nur die »Perpetuierung der deutschen Stabilitätsobsession«. Die exzessive Austeritätspolitik des Kabinetts Brüning, nicht die Hyperinflation von 1923 habe Adolf Hitler ermöglicht. Dennoch wird prognostiziert, dass Deutschland nicht umdenken wird. Mit seiner schieren Macht werde das größte Land der EU seinen Willen durchsetzen und recht behalten wollen – bis alles in Scherben liegt. Die Deutschen seien auf dem besten Weg, Europa in ein Desaster zu führen, obwohl sie nur das Beste wollten.[43] Merkel ist in der Tat bis jetzt bei ihrer Grundlinie geblieben, die Schuldenkrise nicht anders als über eine Sanierung der nationalen Haushalte zu lösen. Nach langem Zögern hat sie sich aber immerhin dem französischen Projekt einer »Wirtschaftsregierung«[44] für die Euro-Staaten angeschlossen, ein Schritt, den sie vor der Krise noch strikt abgelehnt hatte, weil sie den für die deutschen Exporte so bedeutenden Binnenmarkt nicht spalten wollte.[45] Der ehemalige Bundespräsident und Verfassungsrichter Roman Herzog hält den Ausdruck jedoch für irreführend und fragt, was das für eine Wirtschaftsregierung sein soll, die zweimal im Jahr tagt.[46]

Man sollte indessen nicht übersehen, dass sich jedenfalls in Deutschland schon vor der Finanzkrise ein Regime fiskalischer Austerität fest etabliert hatte. Manche Beobachter vertreten die Meinung, dass die Finanzkrise einschließlich der zur Ablösung der Einsparungsrhetorik der großen Koalition installierten »Schuldenbremse« die graduelle Entwicklung dieses Regimes sprunghaft beschleunigt und ihre Ergebnisse weiter befestigt habe. Sie glauben, dass das Defizit, die Staatsschulden, die grundgesetzlich vorgeschriebenen Bemühungen um ihre Beseitigung und das absehbare regelmäßige Scheitern derselben die Politik des nächsten Jahrzehnts beherrschen werden. In Deutschland habe das fiskalische Austeritätsregime mittlerweile Verfassungsrang und sei auf dem Weg, die Sozialstaatsklausel des Grundgesetzes praktisch zu suspendieren. Unter den vielen krassen strategischen Fehlern der »Müntefering-Steinmeier-SPD« sei die nie mehr rückgängig zu machende Konstitutionalisierung fiskalischer Austerität wahrscheinlich der größte.[47]

15 Weltverbesserung durch den Kanzler-kandidaten Steinbrück?

Vor dem im vorhergehenden Kapitel angedeuteten Hintergrund ist es fast schon amüsant, den Stimmen abgewählter Autoritäten zu lauschen, die es schon immer besser wussten, aber nie richtig machten. Jetzt erkennt auch der ehemalige Bundesminister der Finanzen und »Möchtegern-Kanzler«, Peer Steinbrück, dass alte Schulden ersetzt, neue aufgenommen und steigende Zinsen finanziert werden, bis »uns das eines Tages um die Ohren fliegt«. Natürlich ändert das gar nichts an den fundamentalen Voraussetzungen für Wachstum, Beschäftigung und Steuereinnahmen, etwa in Griechenland. Es ist wohl müßig, danach zu fragen, was Steinbrück unter Anleitung seiner Chefin Merkel selbst in seinem Amt zur Veränderung der Verhältnisse beigetragen hatte. Jetzt wird jedenfalls alles gut.

Schon im Sommer 2011 hatte Steinbrück fast eine Art »Masterplan« zur Weltverbesserung vorgelegt:

- Entschuldungskonferenz unter Beteiligung privater Investoren und der Rating-Agenturen
- Garantie und Finanzierung verbleibender und neuer Kredite in einer europäischen Lösung über eine Kreditversicherungslösung (europäisch garantierte Schuldverschreibungen oder Anleihetausch gegen Euro-Bonds)
- europäische Abschirmung für labile Banken
- Konsolidierung und Rekapitalisierung des europäischen Bankensektors
- geordnete Abwicklung von Banken auf der Grundlage eines Bankeninsolvenzrechts (auch als Antwort auf das »too big to fail«-Problem)

- Investitionsförderprogramm für Mitgliedsländer der EWU, die ökonomisch nicht mithalten
- Umsatzsteuer auf Finanzgeschäfte
- Reform des EU-Haushalts durch Beseitigung der Schieflage bei Infrastruktur, Bildung, Forschung und Entwicklung, Mittelstand und Hochtechnologie
- Überführung der gegenwärtig die Bilanz der EZB belastenden Staatsanleihen auf den EFSF und später den ESM
- Zurückführung der EZB auf ihre geldpolitische Funktion in aller Unabhängigkeit

Unabhängig von der Tatsache, dass diese Agenda bis heute in fast allen wesentlichen Teilen ihrer Umsetzung harrt, hat Steinbrück schon seinerzeit erkannt, dass die Stabilität der Euro-Zone die Deutschen etwas kosten wird.[1] Wie viel Geld das sein wird und wer es aufzubringen hat, ist nach wie vor offen. Sein Parteifreund, Schachgegner und Gesprächspartner Helmut Schmidt weiß immerhin, dass es für die Europäer zwei zwingende Gründe gibt, bei der Wiederankurbelung der griechischen Wirtschaft zu helfen. Die Instanzen der EU und der EU-Staaten haben nach seiner Wahrnehmung ihre Pflichten schuldhaft versäumt. Auch die Bankenaufsichten hätten geschlafen, als Geldhäuser (zum Beispiel Hypo Real Estate) dem griechischen Staat in leichtfertiger Weise Anleihen abkauften, die zu bedienen unter Umständen unmöglich werde. Die Kommission in Brüssel und die Finanzminister hätten auch geschlafen. Vor diesem Hintergrund fragt Schmidt, ob man nun die Armen in Athen schuldig werden lassen darf. Gleichzeitig behauptet er, dass diese selber auch schuldig seien. Sollte die EU zulassen, dass einer ihrer Mitgliedsstaaten in Konkurs geht, dann wird nach der Voraussage von Schmidt ein politisches und psychologisches Präjudiz geschaffen, das künftig die Union als Ganzes gefährden könnte.[2] Gleichwohl schweigt er sich über die Frage aus, wie man in direkter, konkreter und persönlicher Weise auf das flächendeckende Verschulden reagieren könnte.

Sein Kollege Steinbrück hat dagegen drei Tage vor seiner Ausrufung zum Herausforderer der Bundeskanzlerin Merkel Ende September 2012 (wieder einmal) ein Papier vorgelegt, das Wege zu einer besseren Welt weisen soll. Es kann dahingestellt bleiben, ob es bei Steinbrück wie bei den allermeisten Politikern dabei nicht um bestmögliche Problemlösungen geht, sondern um die Teilnahme an einer »eitlen Darstellungskonkurrenz«. Die Erinnerung an die kurz zuvor geführte Kampagne seines Parteivorsitzenden, Sigmar Gabriel, mit seinem in jeder Hinsicht sehr überschaubaren und durchschaubaren »Bankenpapier« genügt. Leider leisten viel zu viele Journalisten dabei Hand- und Spanndienste, indem sie die kritische Distanz aufgeben, die sie brauchen, um Macht zu kontrollieren. Das können sie aber nur leisten, wenn sie Machtbeziehungen aufdecken und Beiträge zum Verständnis von Sachthemen bringen. Sie tragen zur Verschleierung von Macht und zur Verdummung bei, wenn sie politische Kontroversen nicht mehr ergründen, sondern nur noch deren Protagonisten die öffentliche Arena für einen »saftigen« Schlagabtausch bereiten: »So inszenieren sie – in einträchtiger Kollaboration – Machtkämpfe als verblödendes Unterhaltungsspektakel.«[3]

Man würde es sich zu einfach machen, wenn man nur das Verhalten von Angehörigen verschiedener politischer »Lager« beobachtet. Es mag sein, dass das Mitglied des Deutschen Bundestages, Peer Steinbrück, mit seinem am 25. September 2012 veröffentlichten Papier – »Vertrauen zurückgewinnen: Ein neuer Anlauf zur Bändigung der Finanzmärkte« – nur die Lösung von Problemen intendierte, die auch seine Partei verursacht hatte und die er selbst als Bundesminister der Finanzen nicht lösen konnte. Es mag aber auch sein, dass er sich eine Schärfung seines persönlichen Profils erhoffte, mit dem er dann in der seinerzeit noch anhaltenden Debatte um die »K-Frage«, also in der Konkurrenz mit seinen zwei Genossen Steinmeier und Gabriel um die »Spitzendkandidatur« in den Bundestagswahlen 2013, reüssieren könnte. Das ist zwar legitim, garantiert aber noch nicht die Qualität der veröffentlichten Überlegungen, selbst wenn sie von einem zunächst als qualifiziert erscheinenden Mitarbeiterstab formuliert wurden.

Tatsächlich sah sich der Vorsitzende der SPD nur drei Tage nach der Veröffentlichung des Papiers seines Genossen Steinbrück und nach der nicht gerade professionellen Offenbarung des Desinteresses seines Genossen Steinmeier an der Kanzlerkandidatur gezwungen, der Entwicklung hinterherzuhecheln und der mehr oder minder interessierten deutschen Öffentlichkeit zu erklären, dass Steinbrück die Rolle des Herausforderers von Merkel übernehmen werde. In der Presse wurde sogleich behauptet, dass Steinbrück 2009 im Kampf gegen die globale Finanzkrise über die Parteigrenzen hinweg Anerkennung zuteil geworden sei.[4] Den Wahlkämpfern unter den Sozialdemokraten wurde nachgesagt, dass sie über die »Holterdiepolter-Nominierung« aufrichtig glücklich gewesen seien.[5] Eigentlich sollte die Kür geordnet ablaufen. Doch das ist gründlich misslungen.[6] Immerhin ist am 28. September 2012 eine »quälende Zeit« zu Ende gegangen.[7] Das Kandidatenrennen der SPD gilt als ein besonderes Stück Politik, eine »neue faszinierende Erzählung im Buch der deutschen Demokratie«. Sie zeige, dass es auch in einem Konkurrenzkampf Freundschaft geben kann. Sie zeige aber auch, dass Heuchelei und Lüge nahezu selbstverständlich geworden sind.[8] Von seinem Parteivorsitzenden wurde Steinbrück aber unverzagt als der beste Kandidat und der beste Kanzler bezeichnet, um das soziale Gleichgewicht in Deutschland wiederherzustellen und die Finanzmärkte zu bändigen.

Steinbrück selbst war aber angeblich »ehrlich überrascht«, als gemeldet wurde, dass er nun als Merkel-Herausforderer feststehe.[9] Manch einem gilt er als »beste Wahl«. Ihm wird die größte Zahl an brauchbaren Eigenschaften für den Machtkampf zugeschrieben: Ehrgeiz und Machtwillen, Durchsetzungskraft und konzeptionelle Stärke, Autorität und Souveränität. Er habe Statur und Kontur, eine rustikale Natur und eine »politische Textur«, die in der Euro-Krise hilfreich sei. Von allen aktiven Politikern habe Steinbrück den »höchsten Feingoldgehalt« – also finanzpolitische Sachkunde samt der Gabe, sie auf den Punkt zu bringen; er könne polarisieren und zugleich die Mitte und den Mittelstand an sich binden.[10]

In der Sache verdient der Ausgangspunkt von Steinbrück Zustimmung.[11] Immerhin wird erkannt, dass seit Ausbruch der internationalen Finanzkrise Mitte 2007 die Frage, wer den Lauf von Wirtschaft und Gesellschaft bestimmt, unbeantwortet im Raum steht. Es geht dabei nach der Auffassung von Steinbrück um die »politische Bändigung eines finanzmarktgetriebenen Kapitalismus«, die eine entscheidende politische Herausforderung unserer Zeit sei. Man habe die Wahl zwischen entgrenzten Finanzmärkten, getrieben von anonymen Managern, die unter weitgehender Haftungsfreistellung mit unvorstellbaren Summen auf Renditejagd gehen, oder demokratisch legitimierten Institutionen. Es wird daran erinnert, dass die europäischen Regierungen zwischen 2008 und 2010 etwa 1,6 Billionen Euro für die Rettung »ihres« Bankensektors aufgebracht haben (13 Prozent der gesamten Wirtschaftsleistung!). Zur Vermeidung eines Konjunkturabsturzes haben Staaten weltweit 2000 Milliarden US-Dollar neue Schulden ausgegeben. Die Krise habe den Charakter einer »Zäsur« angenommen und zum Verlust der wichtigsten »Münze für Politik und Bankgeschäfte« (Vertrauen) geführt.

Die Finanzmärkte haben Maß und Mitte verloren, verkündete Steinbrück am 25. September 2012. Das System der kurzfristigen Renditemaximierung unter einer ausgeprägten Risikoignoranz stelle sich kaum in Frage, fühle sich aber politisch zu Unrecht angegriffen. »Systemische Blindstellen« des Finanzkapitalismus koppelten sich mit individuellen Verfehlungen und Exzessen bis hin zu schlicht kriminellem Verhalten einzelner: »Einige Banken manipulieren Zinsen für Geschäfte untereinander, um zusätzliche Gewinne generieren zu können, einige fördern sogar Steuerbetrug oder zählen kriminelle Organisationen oder politisch fragwürdige Regime zu ihren Geschäftspartnern.«[12]

Steinbrück macht ein bemerkenswertes Schuldeingeständnis: Die Politik werde einräumen müssen, dass manche Missstände und Fehlentwicklungen nicht zuletzt auf ihr Zusammenwirken mit Banken oder Fehlanreize für Banken zurückzuführen sind. Dazu rechnet er:

- Ideologie der Deregulierung
- Politik des »billigen Geldes«
- Förderung eines hemmungslosen Baubooms (Spanien)
- Förderung von Wohneigentum als Ersatz für eine steuerpolitische Korrektur zunehmender Verteilungsunterschiede (USA)

Die Finanzbranche hat nach Steinbrücks Eindruck zu wenig zu den »Aufräumarbeiten« der von ihr angeblich maßgeblich verursachten ökonomischen und sozialen Schieflage beigetragen, vor allem nicht im Hinblick auf die enormen Folgekosten. Das »konstitutiv wichtige« Prinzip einer sozialen Marktwirtschaft sei durch das Auseinanderfallen von Haftung und Risiko ausgehebelt, die Privatisierung von Gewinnen stehe der Sozialisierung von Verlusten entgegen. Die Krise Europas ist nach der Auffassung des ehemaligen Finanzministers nicht ausschließlich auf eine Refinanzierungskrise einzelner Mitgliedsstaaten aufgrund ihrer hohen Staatsverschuldung und mangelnden Wettbewerbsfähigkeit zu verkürzen. Das enorme Anwachsen des Schuldenstandes vieler Staaten von 2009 bis 2012 sei maßgeblich auf die Anstrengungen zurückzuführen, die Bankenkrise und ihre Folgen für Wirtschaft und Gesellschaft zu bewältigen. Kreditinstitute hätten »Infektionskanäle« in die öffentlichen Haushalte legen können und über ihre »Systemrelevanz« die Steuerzahler Europas zum »Gläubiger der letzten Instanz« gemacht. Das deutsche und europäische Krisenmanagement habe sich auf eine staatliche Verschuldungskrise konzentriert. Die Analyse sei so mit der Konsequenz einer unzureichenden Therapie fatalerweise verkürzt worden. Ergebnis: Die Bekämpfung der systemischen Ursachen unzureichend regulierter Finanzmärkte und eines labilen Bankensystems bleibt unterbelichtet.

Steinbrück beweist Realitätssinn. Er erkennt, dass sich viele Bürger abwenden, weil sie die Politik als getrieben und erpressbar wahrnehmen. Die Menschen haben kein Vertrauen mehr, weil sie nicht an die Veränderungsmacht von Politik glauben. Aber auch Steinbrück weiß (angeblich) erst seit 2008, dass weitgehend unregulierte Geschäftsmodelle Demokratie und Marktwirtschaft gefährden können. Dabei war doch schon viel länger erkennbar, dass Politik in dem Sumpf aus Standortinteressen von Finanzzentren, dem Einfluss von Lobbys, der Komplexität von Finanzgeschäften, der Vielzahl von Akteuren und Finanzprodukten sowie eigenen Unzulänglichkeiten steckengeblieben ist. Dafür hat er jetzt endlich eingesehen, dass es um nichts weniger als um die Frage geht, in welcher Gesellschaft wir »eigentlich« leben wollen. Für ihn ist die Alternative klar: marktkonforme Demokratie oder demokratiekonforme soziale Markwirtschaft.

Steinbrück wäre kein Politiker, wenn er nicht herausgefunden hätte, dass es um die Herstellung eines neuen Gleichgewichts zwischen Eigeninteressen und Gemeinwohl geht. Dazu hält er die Verordnung wirksamer »Leitplanken und Verkehrsregeln« für die ungezügelten Finanzmärkte und ihre Akteure für notwendig. Er wirft der amtierenden Bundesregierung vor, dass sie weder Initiator noch Treiber einer durchgreifenden Regulierung und Eindämmung spekulativen Kapitals sei. Sein eigenes Rezeptbuch scheint dagegen prall gefüllt. Die Spannbreite seines Medikamentenregals reicht von der Beteiligung der Verantwortlichen an den Kosten der Krise über den Rückzug aus der Staatshaftung für Banken bis zur Verringerung des »Erpressungspotentials« von Banken. Außerdem will er »Licht ins Dunkel bringen«, der Verantwortung gerecht werden und eine »Aufsicht auf Augenhöhe« einrichten. Eine ganze Batterie von Pillen ist im Angebot:

- Finanztransaktionssteuer
- bankenfinanzierter europäischer Restrukturierungsfonds
- europäische Abwicklungsbehörde
- vorrangige Haftung der Aktionäre samt Verlustbeteiligung der Gläubiger der Bank
- europaweit einheitliches Abwicklungsregime
- Einlagensicherungssysteme
- Sanierungs- und Abwicklungspläne
- Einschränkung des Eigenhandels für Banken
- Trennung von Geschäfts- und Investmentbanking
- aktive Gestaltung des Konsolidierungsprozesses im Landesbankensektor
- Ausweitung der Bankenregulierung auf Schattenbanken
- Verbot der zweifelhaften Risikoauslagerung auf Schattenbanken
- Durchleuchtung der Kreditvergaben und Beteiligungen von Banken an Schattenbanken
- Regulierung von Wertpapierleihe und -pensionsgeschäften
- Regulierung des OTC-Handels mit Derivaten
- Regulierung der Rohstoffmärkte
- Verbot von spekulativen Geschäften mit Kreditderivaten und ungedeckten Leerverkäufen
- Zulassungsverfahren für Handelsalgorithmen
- Entschleunigung des Hochfrequenzhandels

- unabhängige Kontrolle von Staatenratings
- Reform der Geschäftsmodelle von Rating-Agenturen
- Gründung einer europäischen Rating-Agentur
- Förderung bankeigener Rating-Verfahren
- zügige und passgerechte Umsetzung von Basel III
- antizyklische Eigenkapitalunterlegung
- Obergrenzen für die Beleihung von Immobilien
- angemessene risikoadäquate Vergütungsstrukturen
- verstärkte Kontrolle von Rating-Verfahren und internen Risikomodellen
- verbesserte Risikomessung seltener Ereignisse
- europäische Bankenaufsichtsbehörde unter dem Dach der EZB
- europäische Aufsicht für große, systemrelevante Banken
- Weisungsrechte zur Bekämpfung systemischer Risiken
- nationale Aufsicht für kleine und mittlere Banken
- verbesserte Zusammenarbeit zwischen BaFin und Bundesbank
- Erweiterung der Aufsichtskompetenzen
- verbesserte Qualifizierung und Bezahlung des Aufsichtspersonals

Diese Liste ist grenzwertig genial. Steinbrück und seine Mitarbeiter schaffen es, eine Bestandsaufnahme des eigenen Versagens in der Vergangenheit in eine frohe Botschaft für die Zukunft zu verwandeln. Der Chef der Commerzbank, Martin Blessing, ist sogar der Auffassung, dass Steinbrück solche Papiere selber schreiben könne. Für manche Punkte kann er sich dennoch nicht begeistern. Die Finanzmarkttransaktionssteuer sei nicht geeignet, um die Finanzmärkte sicherer zu machen. Die Forderung nach der Einführung von Trennbanken sei symbolisch. Sie würden die Probleme im Bankensektor nicht lösen.[13] Vor diesem Arsenal an Mitteln und Mittelchen scheint der Ausruf »Fürchtet euch nicht!« auf den ersten Blick doch angebracht. Steinbrück kann mit diesem Munitionskasten auf dem Rücken mühelos mit jeder cineastischen Präsentation eines Terminators konkurrieren. Er mag damit in eine dritte Dimension der Politik aufsteigen, in der sich nur noch Retter und Heiler trittsicher bewegen können.

Jenseits aller Debatten über schwierige und komplexe Einzelfragen stellt sich trotz der Strahlkraft einer messianischen Attitüde je doch die Frage, was (und wer) Steinbrück und seine Kollegen davon abgehalten hat, eine Vielzahl der angesprochenen Punkte wirkungsvoll in ihrer jeweiligen Verantwortlichkeit aufzugreifen und vorhersehbaren Schaden abzuwenden. Man könnte sogar noch etwas schärfer fragen, warum Steinbrück als Finanzminister einst das Gegenteil von dem getan hat, was er als Kanzlerkandidat heute fordert.[14] In diesem Zusammenhang ist daran zu erinnern, dass Verantwortung mit Antwort zu tun hat. Es wird auch ins Gedächtnis zurückgerufen, dass Steinbrück als Finanzminister den Finanzmarkt dereguliert hat, den er heute wieder regulieren will. Der Kanzlerkandidat Steinbrück 2012/2013 erscheint als »Rückabwicklung« des Finanzministers Steinbrück 2005.

Selbstverständlich ist irren menschlich. Aber es ist in der Tat nicht ehrlich, wenn der Paulus so tut, als sei er immer Paulus und nie Saulus gewesen. Verantwortung verlangt nach einer *ehrlichen* Antwort. Ehrlichkeit war aber nie eine Kategorie der Politik. Wäre es anders, müsste die Partei des Kandidaten Steinbrück einräumen, dass ihr ehemaliger Vorsitzender und Finanzminister a. D., Oskar Lafontaine, recht hatte, als er ein Verbot des Eigenhandels für Geschäftsbanken forderte. In den Augen eines Kommentators ist das Bankenpapier Steinbrücks deshalb de facto eine Rehabilitierung des immer noch verketzerten Lafontaine, der einst als »gefährlichster Mann Europas« galt.

Demgegenüber wird aber zutreffend darauf hingewiesen, dass in Wahrheit diejenigen gefährlich waren, die aus Banken Spielkasinos gemacht haben. Gefährlich ist in der Tat nicht der, der ein Verbrechen anprangert, sondern wer es begeht. Unverantwortlich ist nicht der, der dessen Fortsetzung verhindert, sondern wer es weiter geschehen lässt. Die Trennung von Geschäfts- und Investmentbanken wäre praktizierte Verantwortung (gewesen).[15] Der Blick zurück auf eine Epoche der Korrumpierung durch Inkompetenz ist natürlich nicht geeignet, das notwendige Maß an Zukunftsvertrauen zu erzeugen. Keiner der angesprochenen Punkte ist originell. Mit unterschiedlichem Auflösungsgrad sind sie schon seit längerem Gegenstände einer öffentlichen Debatte und zum größeren Teil sogar umgesetzt. Sie überschreiten gelegentlich sogar die Grenze zur Banalität, so wie das auch in dem Buch von Susanne Schmidt, ehemalige Bankerin in London und Tochter des einstigen Bundeskanzlers Schmidt, immer wieder geschieht.[16]

Die meisten der von Steinbrück erhobenen Forderungen sind längst auf den Weg gebracht. Wenn Steinbrück heute die Bändigung der Finanzmärkte bis hin zur Zerlegung der Universalbanken verlangt, dann klingt das als Konzept zunächst zwar überzeugend, und es könnte die Chance haben, zum »Wahlkampfschlager« zu werden. Aber: Es ist nichts Neues. So bleibt die Bankenzerschlagung als großer Konfliktpunkt.

In einem Kommentar wird allerdings vorausgesagt, dass CDU und FDP hier gut dagegenhalten könnten. Schließlich ist die Universalbank deutscher Prägung nicht das Problem gewesen. Dies belegt auch die Tatsache, dass die Deutsche Bank bis jetzt relativ unbeschädigt durch die Krise gekommen ist. Die HRE, die mit besonders vielen Milliarden Euro aufgefangen werden musste, hatte ein recht enges Geschäftsfeld, und die anderen deutschen »Krisenbanken« waren zumeist Landesbanken. Vor diesem Hintergrund gibt es Zweifel daran, dass Steinbrück mit seinen Ideen von einer Zerschlagung wird punkten können. Auch in der Presse wurde rasch und zutreffend erkannt, dass für Steinbrück die Frage kritisch werden könnte, warum er selbst nicht die Finanzmärkte bändigte, als er es konnte, nämlich in seiner Zeit als Bundesfinanzminister. Es muss offen bleiben, ob sein indirektes Eingeständnis, nicht aktiv genug gewesen zu sein, Ausweis eines großartigen Charakters ist oder ein schlichter Hinweis auf subjektive Unfähigkeit und/oder objektive Unmöglichkeit war. Die Aussage, dass auch »die Politik« Fehler gemacht hat, indem sie der Ideologie der Deregulierung anhing, kommt ihm ziemlich leicht über die Lippen.

Die »klare Kante«, die der Kandidat so gern von sich zeichnet, ist auch im Hinblick auf die Euro-Krise nicht so ohne weiteres erkennbar. Steinbrück liebäugelte zunächst mit den Euro-Bonds, also der Haftung Deutschlands für die Anleihen anderer Euro-Länder. Dann fiel ihm ein, dass es doch verfassungsrechtliche Hürden geben könnte und vorher starke Eingriffsrechte in die nationalen Haushalte geschaffen werden müssten. Zum Thema Griechenland druckste Steinbrück nach dem Empfinden eines Kommentators nur herum. Er will dem Land irgendwie mehr Zeit geben, aber dafür auch nicht mehr Mittel in die Hand nehmen. Einem dritten Hilfspaket begegnet er mit Skepsis. Als Kanzlerkandidat wird Steinbrück jedenfalls Dinge vertreten müssen, die dem widersprechen, was er als Finanzminister getan hat.[17]

KALTER STAATSSTREICH

Als Amtsträger war er auch dafür verantwortlich, dass der Rechtsberatungskonzern Freshfields Bruckhaus Deringer in der Zeit zwischen 2005 und 2009 mit der Erstellung von Entwürfen für das Finanzmarktstabilisierungsgesetz, die Verordnung zum Finanzmarktstabilisierungsfonds und für ein weiteres ergänzendes Gesetz beauftragt wurde. Es versteht sich fast von selbst, dass zur Klientel dieses Unternehmens auch Finanzinstitute gehören, die am Ausgang dieser Gesetzgebungsverfahren in höchstem Maße interessiert waren. Die Anwälte stellten letztlich dem Steuerzahler für die Nachhilfe in Sachen Gesetzgebung insgesamt rund 1,8 Millionen Euro in Rechnung. Diese Summe wurde aber erst bekannt, nachdem die *Bild-Zeitung* die Veröffentlichung durch Gerichtsbeschluss des Verwaltungsgerichts Berlin erzwungen hatte, da das Finanzministerium die Höhe zunächst nicht nennen wollte. Zwei Jahre nach seinem Ausscheiden hielt Steinbrück bei der genannten Kanzlei einen Vortrag, der seinem ehemaligen Auftragnehmer 15 000 Euro Honorar wert war. Bis jetzt gibt es aus bestimmten politischen Kreisen (FDP und Linkspartei) nur Mutmaßungen darüber, es könne eine Verbindung zwischen den Beraterauftrag und der späteren Verpflichtung als Redner geben.[18]

Die Fortführung derartiger Spekulationen ist müßig, da es im strafrechtlichen Sinn nicht möglich sein dürfte, daraus einen beweiskräftigen Vorwurf (etwa der Bestechlichkeit) abzuleiten. Die Meldungen über einen vermeintlichen Zusammenhang zwischen der Auftragsvergabe des damaligen Bundesfinanzministers an Freshfields Bruckhaus Deringer und einem späteren Vortrag Steinbrücks für deren Mitarbeiter bergen in der Tat kein großes »Skandalisierungspotential«.[19] Wichtiger wäre es, belastbare Erkenntnisse über den Verrottungsgrad eines vorgeblich demokratischen Systems zu gewinnen, in dem Gesetzgebung funktionell privatisiert werden muss, weil die verfassungsrechtlich Berufenen mangels Sachverstand dazu nicht mehr in der Lage sind.

Es gibt im deutschen Strafrecht zwar keinen Straftatbestand »Hochverrat durch Inkompetenz«. Das schließt aber die Diskussionswürdigkeit der Frage nicht aus, ob mit einem derartigen »Outsourcing« verfassungsrechtliche Prinzipien missachtet wurden. Die Auftragnehmer des deutschen Souveräns sind die Abgeordneten des Deutschen Bundestages. Die Bundesregierung hat bei der Ausübung ihres Gesetzesinitiativrechts das Gemeinwohl im Auge zu haben. Internationale Anwaltskonzerne sind ausschließlich ihrem Profitinteresse verpflichtet. Als Subunternehmer der Legislative sind sie in keiner Weise legitimierbar. Sollte das Personal in der Ministerialbürokratie fachlich nicht in der Lage sein, Gesetzesentwürfe zu schreiben, dann wäre das die Folge einer unzureichenden Rekrutierungspolitik, für die alle Ressortchefs und die Bundesregierung insgesamt verantwortlich sind.

Die nicht nur unter Steinbrück, sondern auch schon unter seinem sozialdemokratischen Amtsvorgänger Eichel wie unter seinem Amtsnachfolger Schäuble erfolgte und fortgesetzte Beauftragung derselben Kanzlei höhlt die Gewaltenteilung aus und entwürdigt diejenigen Bürger, die sich immer noch an Wahlen beteiligen und dabei die Hoffnung haben, dass ihre Interessen von halbwegs befähigten Volksvertretern und Amtsträgern wahrgenommen werden. Ein bezeichnendes Beispiel ist das Investmentmodernisierungsgesetz 2003/2004, das den Luftraum über Deutschland für die vielgeschmähten »Heuschrecken« (Hedge-Fonds, Finanzinvestoren) erst öffnete. Im Ergebnis handelt es sich um eine besondere Form des Staatsbankrotts. Die Demokratie dankt ab, wenn das erforderliche politische und administrative Personal unfähig ist. Vertreter der politischen Opposition (und Teile der Noch-Regierungspartei FDP) sehen in der Beauftragung von Freshfields Bruckhaus Deringer einen Fall für den Rechnungshof. Das Finanzministerium habe sich die Bankenrettungsgesetze ausgerechnet von Bankenlobbyisten schreiben lassen. Man schlug die Einsetzung eines Bankenuntersuchungsausschusses vor, um die Verflechtungen zwischen Politik und Finanzbranche aufzudecken.

Unter der Verantwortung von Schäuble und anderen ist übrigens nicht nur Freshfields Bruckhaus Deringer mit Steuergeld engagiert worden. Insgesamt erhielten 13 Kanzleien, Beratungs- und Wirtschaftsprüfungsfirmen im Laufe des Jahres 2012 Aufträge. Das Finanzministerium behauptet, dass diese Unternehmen nun nicht mehr in die Gesetzgebung eingebunden seien. Diese Praxis gebe es nicht mehr. Die Beteiligung einer Kanzlei an der Gesetzgebung unter Steinbrück müsse »fairerweise« vor dem Hintergrund der sich damals zuspitzenden Finanzkrise betrachtet werden. Das war nach Auskunft einer Sprecherin mit der vorhandenen Expertise im Ministerium nicht zu bewältigen!

Der Vorsitzende des Finanzausschusses des Deutschen Bundestages, Volker Wissing, sprach vor diesem Hintergrund zutreffend von einem »Schaden für die Glaubwürdigkeit der Demokratie«.[20] Solch eine Formulierung macht aber noch lange nicht das ganze Ausmaß der Peinlichkeit und Gefährlichkeit dieser Staatspraxis deutlich. Mehrere Bundesregierungen haben in Zeiten höchster Bedrängnis diejenigen, die eine Mitverantwortung an der ganzen Malaise tragen, als Nothelfer bezahlt. Im Ergebnis haben sie den Bock zum Gärtner gemacht. Anwaltskanzleien, die ihre Klientel zuvor bei der Verfolgung ihrer eigennützigen, wenn nicht eigensüchtigen Interessen nach Kräften mit (steuerlich absetzbarem!) enormem Kostenaufwand für die jeweiligen Kunden beraten haben, wurden (ebenfalls auf Kosten der Steuerzahler) mit Arbeiten beauftragt, die nun auf einmal dem Gemeinwohl dienen sollten. Dabei hat sich nach kurzer Zeit herausgestellt, dass an dem einen oder anderen »Produkt« ein erheblicher Nachbesserungsbedarf bestand (zum Beispiel Finanzmarktstabilisierungsgesetz, Finanzmarktstabilisierungsergänzungsgesetz). Zur Logik der Politik gehörte es, die Reparaturarbeiten denjenigen zu übertragen, die es vorher »verbockt« haben. Es dürfte kaum überraschen, dass dafür weitere Kosten anfielen, die wiederum dem Steuerzahler angelastet wurden. Im Einzelfall ist aber auch nicht auszuschließen, dass Mängel in Entwürfen auf eine unklare Auftragserteilung zurückzuführen waren oder Nachbesserungsbedarf durch veränderte politische Prioritätensetzung ausgelöst wurde. Dieser Mechanismus soll übrigens auch die Inbetriebnahme mindestens eines Flughafens in der Nähe von Berlin bis auf weiteres verzögern.

Die Etikettierung privater internationaler Beratungsunternehmen als »fünfte Kolonne des Kapitalismus« wäre funktionell, historisch und rechtlich unangemessen. Der Begriff wurde 1936 im spanischen Bürgerkrieg geprägt. Seinerzeit bezeichnete er Anhänger der (faschistischen) Aufständischen, die nach dem Putsch in den von der Regierung kontrollierten Gebieten verblieben waren, um dort bei Bedarf in Aktion zu treten. Einer der Führer des Militärputsches gegen die Republik hatte verkündet, er werde vier Kolonnen gegen Madrid marschieren lassen. Zur Einleitung der Offensive war jedoch die »fünfte Kolonne« bestimmt, also die Schar jener in der spanischen Hauptstadt lauernden Anhänger des Generals Franco.[21]

SCHIZOPHRENE VERANTWORTUNGSLOSIGKEIT

Grundsätzlich ist heute kaum zu bestreiten, dass die Politik in den Zeiten der Finanzkrise gerade dann, als es darauf ankam, die demokratische Legitimität ihres Vorgehens, die Sachgerechtigkeit ihrer Maßnahmen, ihre Autonomie der Entschließung und das Vertrauen in ihre Gemeinwohlorientierung mit der Abgabe von gesetzgeberischen Gestaltungsaufgaben an Private in einer Weise riskiert hat, die unerträglich ist. Daraus könnte eine Spirale schizophrener Verantwortungslosigkeit entstehen.

Den Kanzlerkandidaten Steinbrück bewegen aber ganz andere Sorgen, zum Beispiel die Höhe seines (vermeintlich zukünftigen) Gehalts. Zum Ende des Jahres 2012 brachte er es fertig, mit seinen Äußerungen über das Gehalt eines Bundeskanzlers und den angeblichen »Frauenbonus« für Angela Merkel nicht nur seinen koalitionären Wunschpartner zu verärgern. Zudem provozierte er kritische Reaktionen von manchen seiner Genossen.[22] Der »Möchtegernkanzler« Steinbrück ist möglicherweise von exzellenten Beratern umgeben. Aber keiner scheint ihm erklärt zu haben, dass persönliches

Vertrauen eine politische Kategorie ist. Es kommt nicht nur dem Politiker zugute, der es genießt. Selbst in Tageszeitungen ist nachzulesen, dass Vertrauen vielmehr der Kitt für ein ganzes demokratisches System sein kann. Dort ist die Kontroverse unausweichlich und die Einsicht der Bürger unerlässlich, dass sie auch mal von Leuten regiert werden, die sie nicht gewählt haben. Beides auszuhalten fällt leichter, wenn es trotzdem respektable Persönlichkeiten gibt.[23]

Und nun also Steinbrück.

Gleichwohl fühlen sich hierzulande viele Bürger schnell und oft von der Politik »verarscht«. In ihrem Bewusstsein bilden »die da oben« ein abgehobenes Kollektiv machtversessener und rücksichtsloser Egoisten.[24]

Und nun also Steinbrück.

Es gibt jedoch Politiker, denen man abnimmt, zumindest überwiegend der Sache und nicht in erster Linie den eigenen Ambitionen verpflichtet zu sein. Manchmal gewinnt einer von ihnen sogar eine Wahl oder verliert sie immerhin mit Anstand: »Es hilft der Politik, wenn es Leute gibt, die einfach den Hof ordentlich fegen.«[25]

Und nun also Steinbrück.

Er verlor sein Amt als Finanzminister, behielt aber den Ruf als »Krisenmanager«. Jedenfalls bis er Kanzlerkandidat wurde.[26] Der Kandidat gilt manchen als ein gebildeter Mensch, der schlagfertig und ein treffsicherer Analytiker ist. Zumindest lässt er den Rest der Welt wissen, dass er sich selbst genauso sieht. Für einen Kommentator ist es diese Selbstsicherheit, die ihn immer wieder zu Sätzen verleite, bei denen man sich an den Kopf greift und denkt: »Der hat sie doch nicht alle, dass er das jetzt so sagt.«[27]

Der Kandidat erhält immerhin von der Presse gute Ratschläge: Als »Nebenverdienst-Millionär« sollte er tunlichst nicht darüber reden, dass der Job, den er anstrebt, zu schlecht bezahlt ist. Für diese »pekuniäre Amtsphilosophie« ist sein Genosse Gerhard Schröder geeigneter. Dieser Genosse ist einfach geübter, die Früchte seiner Politik in »Verrechnungsrubel« zu genießen. Es dürfte ihm deshalb auch leichter fallen, seine damalige Besoldung im Amt als angemessen zu bezeichnen.[28]

Und nun also Steinbrück.

Selbst in Regionalzeitungen macht man sich Sorgen über den Aufenthaltsort dieses sich selbst beschädigenden Kanzlerkandidaten und über den Verbleib seiner »Cleverness«. In Erinnerung an kostspielige Beraterverträge und den Schlamassel mit lukrativen Honoraren kommen lupenreine Sozialdemokraten und Bürger mit natürlichem Gespür für das, was man besser lässt, angeblich aus dem Grübeln nicht mehr raus. Der »SPD-Ich-Manager« erinnert als Kandidat an eine lose Kanone an Bord eines Piratenschiffs. Vielleicht hat Steinbrück gar einen Beratervertrag mit der Vorsitzenden der CDU geschlossen, ist er doch zum großen Trumpf für Angela Merkel geworden. Eigentlich ist alles ganz einfach: Statt über das Kanzlergehalt zu klagen, hätte der Sozialdemokrat Steinbrück auch den Irrsinn mancher Managergehälter anprangern können. Wer sich aber bewusst dem Verdacht aussetzt, er verstehe Politik und politische Macht als Mittel zum Zweck der Erzielung von Einkommensmillionen, der weckt Zweifel an den eigenen Worten von Solidität, Solidarität und Gerechtigkeit.[29]

Intelligenz ist weder eine moralische noch eine politische Kategorie. Das macht nichts. In der Politik sollt man besser beginnen, zwischen Unverschämtheit und Schamlosigkeit zu differenzieren. Auch das wird sie wohl nicht mehr ohne sachverständige Hilfe, diesmal allerdings nicht von »Rechtsberatern«, leisten können. Eine Politik, die nicht mehr in der Lage ist, die ihr anvertrauten Aufgaben selbst zu erfüllen, müsste eine Lektion bekommen, die nur vom wirklichen Souverän erteilt werden könnte, wenn nötig auch außerhalb von Wahllokalen. Von deren Benutzung war angesichts des seit Jahren bestehenden Mangels eines verfassungsgemäßen Wahlrechts ohnehin abzuraten. Andere haben damit allerdings kein Problem. Ein Journalist hat herausgefunden: Es ist vollkommen in Ordnung. Gute Politik habe ihren Preis, sei es als Abgeordnetendiät oder eben als Expertise. Gleichwohl löste die Weigerung, die Höhe des Honorars offenzulegen, selbst bei ihm Argwohn aus, zumal ein solches Verhalten auch nicht mit den Betriebsgeheimnissen einer Kanzlei zu rechtfertigen sei.[30]

Wie auch immer: Man könnte und müsste jeden einzelnen Punkt der Steinbrück'schen Weltverbesserungsliste analysieren, um seine

Glaubwürdigkeit insgesamt zu beurteilen. Nur wenige Hinweise zu einem einzigen Punkt – zügige und passgerechte Umsetzung von Basel III – zeigen, wie sehr sich Vorschläge und Forderungen an der Realität stoßen können. Seit Jahren basteln nun auch die wichtigsten Bankenaufseher an einer besseren Welt. Die Eigenkapitalregeln (»Basel III«) gelten als Kern aller weltweit geplanten Regulierungen. Nach den Planungen sollte der Startschuss zum Jahreswechsel 2012/2013 fallen. Zunächst hatten die USA angekündigt, den Termin Januar 2013 nicht zu halten. Aus den Reihen der EU war Ende November 2012 zu hören, dass das für die Anwendung der Regeln erforderliche Gesetz nicht zum 1. Januar 2013 in Kraft treten kann, »was immer auch passiert«.[31] Die Verzögerungen nähren Befürchtungen, dass sich die USA ganz von »Basel III« verabschieden. Sie haben übrigens auch schon das Vorgängerprojekt »Basel II« nie realisiert. Eines ist klar: Wenn die Politik es nicht schafft, dieses Vorhaben umzusetzen, hat sie gar nichts in der Hand, um im Wahlkampf auf »Erfolge« zu verweisen. Man wird also beobachten müssen, was aus der Forderung von Steinbrück nach einer »zügigen und passgerechten Umsetzung« wird.

In der Öffentlichkeit ist teilweise der Eindruck entstanden, dass Steinbrück dabei ist, die Bändigung der Finanzmärkte als »sein Thema« zu verspielen. Kanzlerkandidat sei er ausschließlich wegen seines »unvergessen starken Profils als Finanzminister der großen Koalition in den turbulenten Zeiten der Finanzkrise« geworden. Nur das habe ihm die Kompetenz zur Regulierung von Banken und hemmungslos spekulierenden Fonds verschafft. Das schlechte Gewissen wegen seiner (üppig honorierten) Vortragstätigkeit und der »erpresserische Druck der Parteilinken« hätten ihn in opportunistischer Anpassung von seinem Thema fortgetrieben. Seither räsoniere und fabuliere er über alles Mögliche (Steuererhöhungen, soziale Ungleichheit, Kinderbetreuung, Frauenförderung und eine »neue Erzählung Europas«. Damit entsteht eine Gefahr: »Wer für alles stehen möchte, steht für nichts.«

Und nun also Steinbrück.

Aus dieser Zustandsbeschreibung (Stand Dezember 2012) schloss man seinerzeit, dass Steinbrück sich selbst aus den Augen verloren habe und als Kandidat des Ungefähren für eine Partei des Ungefähren stehe. Das ist in den Augen derjenigen, die im »Terror der Finanzmärkte das Erzübel unserer Zeit« sehen, besonders bedenklich. Für sie ist es eine »Aufgabe von historischer Dimension«, diesen Terror zu brechen. Es gebe nur ein einziges Feld, auf dem die Sozialdemokraten mehr seien als die oppositionell entschiedenere Variante der regierenden Christdemokratie. Das sei die Kontrolle der Finanzmärkte. Fast alle aktuellen Nöte ließen sich aus ihrem Terror ableiten: die Eurokrise, also die dramatische Überschuldung der Staaten, die skandalöse Vermögensverteilung, die öffentliche Armut, die Ausbeutung des allein haftenden Steuerzahlers, die Enteignung der Sparer durch Zinsen unterhalb der Inflationsrate, der Wertverlust von Lebensversicherungen und so weiter und so weiter.

Steinbrück selbst hat bilanziert, dass Europas Regierungen zwischen 2008 und 2010 circa 1,6 Billionen Euro zur Bankenrettung aufgebracht haben. Darüber hinaus habe man weltweit 2009 und 2010 infolge der Finanzkrise circa zwei Billionen US-Dollar zur Stützung der Konjunktur ausgegeben. Gleichwohl blieben die Märkte weitgehend ungeschoren. Hinter den Banken deutet sich sogar eine noch größere Bedrohung an. Schattenbanken (inklusive spekulativer Hedge-Fonds) schieben angeblich vollständig unkontrolliert 53 Billionen Euro um den Globus, mehr als zweieinhalbmal so viel wie noch vor zehn Jahren. Sie dürften sich erneut an der Griechenland-Rettung satt fressen, haben sie doch schon zuvor auf den Zerfall der Euro-Zone gewettet. In diesem Szenario hätte Steinbrück seine Chance, falls seine Partei noch bei klarem Verstand und nicht böswillig dem eigenen Kandidaten gegenüber wäre. Aber: Inzwischen hört der eine oder andere Kommentator bei Banken ein Gemunkel über führende Sozialdemokraten, die vertraulich flüsterten: »Fürchtet euch nicht, ist alles nicht so ernstgemeint.«[32]

Und nun also Steinbrück.

Einige andere grundsätzliche Aspekte treten hinzu. In der Verschuldungskrise profitiert die Exekutive mehr denn je von der »Dramaturgie der Krisengipfel«. Dennoch ist unter den Bedingungen von hoher Komplexität, Unsicherheit, Zeitdruck und Nichtwissen das Entscheiden schwierig geworden. Die globalisierte Finanzkrise gilt einem Beobachter als eine »Wissenskrise«, bei der kein »Masterplan« zur Verfügung stehe. Der souveräne Umgang mit Nichtwissen werde so »Machtressource« der Bundeskanzlerin. Sie navigiere mit »forcierter Passivität« durch die Krisen, ohne zu suggerieren, dass sie weiß, worin der Ausweg besteht. Das genüge den Wählern, die sich in »entspanntem Fatalismus« übten. Im Hinblick auf die Wahlen des Jahres 2013 wird behauptet, dass es in Deutschland mehr um Sicherheit als um Gerechtigkeit gehe. Der Wahlkampf werde ein Kampf über die Deutungshoheit zur Euro-Krise. Gegenüber der absehbaren Merkel'schen Formel »Ich passe auf unseren Euro auf!« klinge Steinbrücks Vorstoß, die Macht der Banken zu brechen, wie die »ideale Kandidatur zum Vizepräsidenten«.[33]

Wie dem auch sei: Für eine erfolgreiche Kanzlerkandidatur genügt das Image des (vermeintlich) erfolgreichen Krisenmanagers nicht. Notwendig ist unter anderem die Fähigkeit zur präzisen Analyse der systemischen Faktoren, die in der Finanzkrise zu einer ernsten Bedrohung der wirtschaftlichen und politischen Grundlagen der Bundesrepublik Deutschland geführt haben. Zu verlangen ist auch die Einsicht darüber, welchen Anteil man selbst an dem anhaltenden Desaster hat. Verantwortungsbewusste Entscheidungsträger dienen dem Allgemeinwohl. Sie müssen wissen, was sie wollen und was sie können.

Im Finanzkapitalismus moderner Prägung ist auch eine intellektuelle Richtlinienkompetenz erforderlich, um grundsätzlich entscheiden zu können, wann und in welcher Weise Eingriffe in dessen Funktionsmodus erfolgen müssen. Ein Herumkurieren an den Symptomen genügt nicht mehr. Klempner der Macht werden keine durchgreifenden und nachhaltig wirksamen Lösungen anbieten.

Und nun also Steinbrück?

16 Bundeskanzlerin mit Freundin

Angela Merkel, die ehemalige Chefin und derzeitige politische Gegnerin des Kandidaten Steinbrück, gilt auch nicht bei jedem Zeitgenossen als das ideale Gegenmodell an Kompetenz und Führungskraft. Die Führung der Bundeskanzlerin lebe von den Missverständnissen, die über sie im Umlauf seien. Merkel pflege einen »egomanischen Politikstil« und arbeite am Zerfall der Demokratie. Ihr wird eine »natürliche Qualifikation« für die »lautlose Sprengung« der Pfeiler zugeschrieben, auf denen Europa und seine Staaten ruhen. Ihre Unbefangenheit beim »Abbruchunternehmen Euro-Rettung« erlebten die beklommenen Vollstrecker als Überlegenheit. So erscheine Merkel als »Königin von Europa«. Die »Werte der anderen« hätten für sie keinerlei Verbindlichkeit. Höhler (Gertrud) meint, dass die Kanzlerin in einem dämonischen Spiel auftritt, das die Rettung Europas zu einem absurden Preis auslobe, da alle Spielregeln gebrochen würden, die den Geist von Europa garantierten. Sie glaubt, dass die Stabilität des Kontinents nur noch über Geldwerte definiert wird.

Die »Führung« der Kanzlerin ist für Höhler ein »zuverlässig codiertes Undercover-Stück«, das von den Missverständnissen der Beobachter lebe. Merkel habe ein »autokratisches System« entwickelt, das auch von den Vorurteilen der Beobachter profitiere. Sie praktiziere »autoritäres Schweigen« mit wachsendem Erfolg. Nach dem Eindruck von Höhler hatte Merkel ihr »wertentleertes Erfolgskonzept« ganz entspannt dabei und trug es nicht aggressiv vor. Deshalb habe Merkel nicht feindlich gewirkt. Ihr »Relativismus« sei von einigen Wegbegleitern erst nach Jahren verstanden worden. Sie wird sogar in die Nähe von »Falschspielern« gerückt, die Vertrauen brechen, Versprechen schreddern, mit Wertezitaten täuschen und Ethik wie Moral zur Befriedung der »anderen« missbrauchen. Nach Höhlers Einschätzung handelt es sich bei Merkels Relativismus um eine spezielle Variante von »Hypermoral«, die den Mächtigen besondere Lizenzen öffne. Sie diagnostiziert einen Utilitarismus, der das gesamte Wertepotential je nach Bedarf wegschwemme. Höhler sieht die CDU vor die Frage gestellt, ob der Wertekonsens, den alle bürgerlichen Parteien teilten, seine Gültigkeit zugunsten situativer Unberechenbarkeit aller Akteure und Motive verliert. Der Kanzlerin schreibt sie die Hoffnung zu, dass sich der darin liegende Konflikt durch Gewöhnung von selbst erledigen möge. Merkel führe ihr Amt jedenfalls wie einen Gemischtwarenladen. Sie agiere als Anbieterin in einem »Meinungsmarkt«, wo die Kundengunst über den Marktwert der Ware entscheide.

Höhler betont, dass Politik keine Waren anbietet, keine Kundenbedürfnisse erfüllt und keine Konsumversprechen abliefert. Es gehe um einen Kanon von Zusagen der Verfassung. Er beginne mit der Würde des Menschen als höchstem virtuellem Gut. Dieses dürfe nie in Geldwerten taxiert werden. Merkel arbeitet aus der Sicht von Höhler am Zerfall der Demokratie. Sie mache die Normen und Werte einer demokratischen Gesellschaft zur Manövriermasse. Andere behaupteten dagegen, dass Merkel eher für einen »softeren Verlauf der Abschiedsparty von dem Werteballast der bürgerlichen Mitte« sorge. Diese »Ernüchterungsprozesse der immer noch wertbesoffenen Westler von gestern« sollten nicht dämonisiert werden. In den Augen von Höhler ist das System M »Antipathos in höchster Perfektion«. Das Wertemanagement à la Merkel gilt ihr als ein »Business für Erfolgreiche, die sich entschieden haben«. Die Interessenlage schlage das Wertesystem. Immer. Die Kanzlerin verlasse auf leisen Sohlen unseren Grundwertekonsens. Mit ihr sei der »Typus des Ego-Politikers« auf die politische Bühne gekommen. Keiner ihrer Kollegen und Vorgänger habe das Tableau seiner Themen so entscheidend unter den persönlichen Machtzuwachs als einziger Prämisse gestellt. Ihre »Ego-Karriere« rangiere in jedem Fall vor dem Wohl des Landes und vor Europa.

Höhler behauptet, dass noch kein deutscher Staatschef so kompromisslos die Rangfolge seiner politischen Ziele immer wieder umgeworfen und neu sortiert habe, und zwar um den einen Mittelpunkt: das eigene Ich. Ein so »egomanischer Politikstil« sei nur durchzuhalten, wenn er schwer lesbar bliebe. Höhler hält das »System M« nicht für berechenbar. Merkel ist in ihren Augen die erste Staatschefin in Deutschland, die bindungslos unterwegs ist. Ihr Konzept der situativen Entscheidungen gehe von der Flüchtigkeit aller Versprechen und der hohen Verfallsgeschwindigkeit aller Loyalitäten aus. Das Ergebnis ist für Höhler eine »leise Variante autoritärer Machtentfaltung«, die Deutschland so noch nicht gekannt habe. Anklänge an die Diktaturen des 20. Jahrhunderts seien nicht zu leugnen: die Marginalisierung der Parteien, der Themenmix aus enteigneten Kernbotschaften anderer Lager in der Hand der Regentin, die Nonchalance im Umgang mit dem Parlament, mit Verfassungsgarantien, Rechtsnormen und ethischen Standards.

Höhler schreibt Merkel den Anspruch zu, das deutsche »Bremssystem«, eine Mischung aus Präpotenz und Symbolpolitik, zum Durchgriff auf das Budgetrecht beliebig vieler europäischer Länder auszubauen. Dabei handele es sich wieder um eine von den »geräuschlosen Sprengungen, die Umsturz als Regierungsprivileg durchsetzen«. Höhler hat entdeckt, dass im »System M« ein »autoritärer Sozialismus« angelegt ist, der eine Hürde nach der anderen nehme, weil er auf Gewöhnung setze. Dabei vermisst sie Leidenschaft und ein Bekenntnis zu Deutschland oder Europa. Merkel gehe es vielmehr um ein »deutsches Europa«. Über Merkels visionäres Profil sei nichts bekannt. Die Kanzlerin arbeite seit ihrem Auftreten an ihrer Flexibilität. Jeder, der sie auf eine Idee festlegen wollte, müsse scheitern. Die Abstinenz gegenüber Ideen und Visionen habe sich für sie als »Karriere-Treibsatz« erwiesen. Höhler kommt zu dem Ergebnis, dass man in Deutschland seit der Einigung an die Spitze rücken kann, wenn man als Asket an allen Vorgaben vorbeizieht, von denen sich die Mitspieler aus der alten Westwelt aufhalten lassen: »Rechtsnormen und Verfassungswerte, Verträge und Wettbewerbsfreiheit, ethische Standards und moralischer Grundkonsens«.[1]

Sie erkennt bei der Bundeskanzlerin in der Euro-Krise einen taktischen Vorteil, weil sie so wenig Europäerin wie Konservative sei. Merkel habe in Europa-Themen eine »Gastrolle« gespielt, die sie ausgefüllt hatte, indem sie abwartete, ohne klare Positionsmeldungen zu geben, und mit stimmte, wenn es unausweichlich wurde. Sie habe »pseudomoralische Argumentationsblasen aus dem Handbuch autoritärer Machtapparate« in den Meinungsmarkt geschickt, die jeder Handlung den Anschein der »Alternativlosigkeit« verliehen hätten. Wie schon auf nationaler Ebene sei die Regierung Merkel auch in der Euro-Zone bereit, bestehendes Recht auszuhebeln.[2]

Höhler dürfte nicht entfallen sein, dass die amtierende Bundeskanzlerin bei aller berechtigten Kritik jedenfalls mit ihrer Politik die gegenwärtigen Verhältnisse nicht verursacht hat. Am Anfang stand eine Deregulierung, die von den USA ausging und in Europa – wie auch die einstige angebliche Kohl-Beraterin Höhler noch wissen müsste – unter der Führung dieses Bundeskanzlers begann und unter dessen Nachfolger Gerhard Schröder fortgesetzt und sogar noch erweitert wurde. Der Staat beziehungsweise die liberal-demokratischen, wenn nicht schon postdemokratischen Regierungen haben sich nicht nur entschieden, in der Krise für das Finanzsystem und gegen die Menschen zu handeln. Sie waren auch und gerade in ihrer mehr oder weniger »sozialdemokratischen« Form maßgeblich an der Entfesselung dieses nun »wild gewordenen« Neoliberalismus beteiligt.[3] Gegenwärtig führt kein Weg an der Erkenntnis vorbei, dass es für eine Zügelung des Kapitalismus – mag er sich so destruktiv zeigen, wie er will – kein Subjekt gibt, schon gar nicht Gertrud Höhler.

Hier ist nicht zu untersuchen, ob sich Höhler mit der Bundeskanzlerin in einem unerklärten »Zickenkrieg« befindet.[4] Wichtiger ist die Klärung der Frage, ob die Regierungen der Postdemokratie und oligarchisierte Institutionen den Finanzkapitalismus eher beschleunigen als ihn bremsen und warum sie in einer Sphäre der Oligopole fieberhaft und unbeirrbar an der Umverteilung von Reichtum und Macht von unten nach oben arbeiten, so dass jedes Gesetz, das die Probleme der Verschuldung lösen soll, anscheinend todsicher mit einer Bevorzugung der »Besserverdienenden« endet. Wichtiger wäre selbst für Höhler, sich mit der Tatsache auseinanderzusetzen, dass Ökonomisierung und Privatisierung vor keiner gesellschaftlichen Instanz Halt machen. Das gilt auch für politische Parteien, die längst zu klientelabhängigen Wirtschaftsunternehmen geworden sind, Unternehmen, in die man Geld und Informationen hineinträgt, um dafür Regelungen, Gesetze oder – andersherum – die Verhinderung von Regelungen, Gesetzen und Aufmerksamkeit zu bekommen. Irgendjemand wird es vielleicht doch noch schaffen, Höhler zu erklären, dass jetzt nicht Schmähungen ad personam gefragt sind, sondern Konsequenzen aus der Einsicht, dass der Finanzkapitalismus des Neoliberalismus nicht trotz, sondern durch die »demokratischen« Regierungen entstanden ist.[5] Der von Höhler erhobene Vorwurf der »situativen Unberechenbarkeit« ist jedenfalls weder Merkel noch anderen europäischen Politikern als individuelles Charakterdefizit anzulasten. Vorwerfbar ist jedoch die Selbstauslieferung an die sogenannten Märkte. Man wird Merkel zwar möglicherweise vorhalten können, dass sie ihre Politik nicht hinreichend deutlich artikuliert und sich von Problemsitzung zu Problemsitzung treiben lässt. Aber sogar ausländische Beobachter haben erkannt, dass dies weniger mit ihrer Herkunft aus einem stalinistischen Land zu tun hat, wie der »äußerst boshafte, ja geradezu hundsgemeine Kommentar von Gertrud Höhler« nahelegt, als mit den vorliegenden Problemen.

Es bedarf offenbar einer gewissen Distanz, über die Höhler nicht mehr zu verfügen scheint, um zu erkennen, dass Politik heutzutage zu einer Art Funktion der Finanzmärkte verkommen ist und als solche – jedenfalls nicht als demokratische – nicht mehr stattfinden wird, wenn sie sich dagegen nicht wehrt. Ihre Unberechenbarkeit ist in der Tat kein Charakterdefizit, sondern eine logische Reaktion auf die Volatilität und Absurdität der von der wirtschaftlichen Realität einigermaßen entkoppelten Finanzmärkte.[6]

Es tritt eine spezifische politische Dimension hinzu. Nach verbreiteter Auffassung ist Angela Merkel die »ungekrönte Königin Europas«. Ihre Macht wird mit einem angeblich charakteristischen Merkmal ihres Handelns in Verbindung gebracht: ihre »geradezu machiavellistische Wendigkeit«. Kurz gefasst: »Man kann heute das Gegenteil von dem tun, was man gestern verkündet hat, wenn es die eigenen Chancen bei der nächsten Wahl erhöht.«[7]

In den Augen von Ulrich Beck hat sich Merkel als »Meisterin der Last-Minute-Rettung« erwiesen: »Gestern sagte sie über Euro-Bonds:

Nicht, solange ich lebe. Heute lässt sie Finanzminister Wolfgang Schäuble nach einem Umweg-Ausweg fahnden und duldet Kredite der EZB an die kollabierenden Banken und Staaten, die im Fall der Fälle letztlich auch vom deutschen Staatsbürger bezahlt werden müssten.«[8]

Beck sieht in der politischen Affinität zwischen Merkel und Machiavelli das »Modell Merkiavelli«, das aus vier Komponenten bestehe:

- Verknüpfung von Nationalstaatsorthodoxie und Europa-Architektur
- Kunst des Zögerns als Disziplinierungsstrategie
- Primat der nationalen Wählbarkeit
- Deutsche Stabilitätskultur

Um die deutsche Sparpolitik verbindlich auf ganz Europa auszudehnen, könnten nach »Merkiavelli« demokratische Normen gelockert oder unterlaufen werden. Nach dem Eindruck von Beck hat die deutsche Sparpolitik bislang aber keinerlei Erfolge vorzuweisen. Im Gegenteil: Die Schuldenkrise bedroht nun auch Spanien, Italien und bald vielleicht sogar Frankreich. Die Armen werden noch ärmer, der Mitte der Gesellschaft droht der Abstieg. Deutschland stehe vor der Entscheidung über Sein oder Nichtsein Europas. Es sei schlicht zu mächtig geworden, um sich den Luxus leisten zu können, keine Entscheidung zu treffen.

17 Ein scharfsinniger Geistlicher

Wie Verlauf und Ergebnisse der jüngeren wirtschaftlichen Entwicklungen gezeigt haben, ist selbst die exklusive Inanspruchnahme einschlägigen angeblichen Sachverstands nur begrenzt hilfreich. Angesichts einer scheinbar schicksalsmächtigen Bedrohungskulisse könnte es mittlerweile angemessen sein, sich einer Expertise zu bedienen, die den Umgang mit allmächtigen Kräften gewohnt ist. Was läge also näher, als bei klugen Theologen Rat zu suchen, um herauszufinden, ob im Kapitalismus des gegenwärtigen oder eines anderen Zuschnitts noch das »Heil« liegen kann? Einer von ihnen hat mit biblisch anmutender Sprachgewalt erkannt, dass Finanzkrisen zum Kapitalismus gehören wie das Wasser zum Meer.[1] Auch im Vergleich mit zahlreichen Beispielen der vergangenen Jahrzehnte gelangt insbesondere der Jesuitenpriester Friedhelm Hengsbach zu dem Ergebnis, dass die Immobilien- und Hypothekenkrise, die im ersten Jahrzehnt nach der Jahrtausendwende in den USA ihren Ausgang nahm, beispiellos ist. Das liege daran, dass diese Krise von einem ruckartigen Wechsel der gängigen doktrinären Leitbilder begleitet wurde. In der Tat schien bislang die flatternde Fahne, auf der die marktradikalen und wirtschaftsliberalen Glaubenssätze eingenäht waren, allseits für Orientierung gesorgt zu haben.[2]

Mittlerweile scheint aber die entsprechende Orientierung einer nicht geringen Irritation gewichen zu sein. Selbst die Galionsfiguren des unter dieser Fahne fahrenden (Staats-)Schiffs sind offensichtlich von Zweifeln an den Selbstheilungskräften des Marktes ergriffen worden und rufen nach dem Staat, damit er die Reihen der zusammengebrochenen Kartenhäuser wieder aufrichten möge. Die Notenbanken wurden um Erlösung gebeten, etwa durch Überflutung der

Wirtschaft und des Bankensektors mit Liquidität. Der »kollektive Mikroblick« schien nicht mehr gut genug.

Auf einmal wurden aber makroökonomische Lösungswege diskutiert, die seit den 1980er Jahren tabuisiert waren. Die Anfang 2009 in Davos versammelten vermeintlichen Eliten gaben vor, erkannt zu haben, dass die Krise eine monetäre, eine ökologische und eine soziale Dimension einschließt.[3] Natürlich macht die monetäre Dimension den Kern des Kapitalismus aus. Dort können Banken zugleich die Rolle von Schuldnern und Gläubigern spielen.[4] Aus ökologischer Sicht hat der Kapitalismus in die »Sparbüchse der Erde« gegriffen, um sich Zugang zur »Schatzkammer« mineralischer Rohstoffe im Schoße der Erde zu verschaffen. Die soziale Dimension ist unter anderem über die Flexibilisierung der Tarifverträge, die Lockerung des Kündigungsschutzes, die Einrichtung eines Niedriglohnsektors, die Kürzung der Sozialleistungen und die Zuzahlung für medizinische Leistungen zu ermessen. Unter dem finanziellen Schirm der Industrie haben insoweit erkennbar bürgerliche Kampagnen im Sinne eines Feldzuges gegen den Sozialstaat stattgefunden.[5] Das Motto schien überzeugend: »Vorrang der Leistungsgerechtigkeit gegenüber der Bedarfsgerechtigkeit.«[6] Die Ergebnisse waren in vielfacher Hinsicht beunruhigend.[7]

Auf einmal erkannte man sogar, dass spekulative Übertreibungen nicht wie erwartet durch gegenläufige Bewegungen an den Wertpapierbörsen ausgeglichen wurden und die Schönheit mathematischer Computermodelle keine Garantie für die Vorhersage bestimmter Katastrophenfälle war.[8] Tatsächlich wurde Geld immer mehr vom Tauschmittel[9] zu einem Vermögensgegenstand und Wertspeicher. Private und kapitalgedeckte Altersvorsorge wohlhabender Bevölkerungskreise schufen neue Geschäftszweige und riefen Finanzinvestoren auf den Plan. Es kam auch zur Abweichung der Steuerungsformen für Güter- und Vermögensmärkte. Der Steuerung durch reale Produktionsfaktoren und reale Kaufkraft standen immer mehr Steuerungen durch subjektive zukünftige und durch keinerlei reale Schranken ausgebremste Erwartungen gegenüber, etwa auf den Märkten für Immobilien und Wertpapiere.

Hengsbach erinnert auch zutreffend daran, dass auf der Angebotsseite dem Kreditschöpfungspotential des Bankensystems eine realwirtschaftlich indizierte Barriere fehlt, zumal die Beschränkungen der Zentralbank unterlaufen werden. Für die Wahrnehmung der Folgen ist kein exquisiter Sachverstand vonnöten. Das Zusammenspiel einer expansiven Kreditgewährung der Banken und der explosiven Erwartungen der Eigentümer, die sich auf unrealistische Wertsteigerungen ihrer Vermögen richteten, haben sich wechselseitig hochgeschaukelt. So konnten die Erwartungen auf fiktive, kreditfinanzierte Vermögenszuwächse zu einer Spirale auswuchern, die sich spekulativ verstärkte und vom realen Wirtschaftsgeschehen mehr und mehr ablöste. In der monetären Sphäre konnten spekulative Renditen erzielt werden, die in der realwirtschaftlichen Sphäre nicht oder nur schwer vorstellbar sind. Als jedoch die euphorische Blase der Erwartungen platzte, wurde die Realwirtschaft unmittelbar in den Abwärtssog hineingerissen.[10]

Ein weiterer Systemfehler liegt in erheblichen Funktionsdefiziten der Finanzmärkte. Die Preise für Aktien, langfristige Schuldtitel und Derivate sind weithin von subjektiven und kurzfristigen Erwartungen abhängig; langfristige Unternehmenspläne spielen eine nachrangige Rolle. Nach den Beobachtungen von Hengsbach ist der Handel mit Wertpapieren in den Vordergrund getreten, die Erstausstattung von Unternehmen mit Kapital in den Hintergrund: Kapital blieb investierenden Unternehmen vorbehalten und flutete in der monetären Zirkulation. Die Finanzierung von Megafusionen habe eine größere Rolle gespielt als der Börsenzugang kleiner und mittlerer Unternehmen. Kapitalgeber ließen sich mehr von visionären Selbstdarstellungen beeindrucken als von bilanzgestützten Erfolgsausweisen. Es kam zu einer asymmetrischen Verteilung von Informationschancen, Balancestörungen zwischen Währungsräumen und der Zunahme riskanter Operationen im Vertrauen darauf, dass die Zentralbanken der Industrieländer im Bedarfsfall schon einspringen werden.[11]

Zum Repertoire der Systemfehler gehört auch die weitgehende Außerkraftsetzung des Zusammenhangs zwischen Gewinn durch marktförmige Entscheidungen und Verlust durch marktwidrige Entscheidungen in modernen Kapitalgesellschaften.[12] Die Kapitalgesellschaften mit beschränkter Haftung gelten übrigens manch einem als das »zentrale Erfolgsmodell des Kapitalismus«. Erst sie hätten die gewaltige Akkumulation von Kapitalien ermöglicht, die die Voraussetzung der Industrialisierung und des wirtschaftlichen Wohlstands der westlichen Welt gewesen sei und auch weiterhin bleibe. Im Jahre 1911 hielt man sie bei einem Versuch, die damaligen wirtschaftlichen Erfolge Amerikas zu erklären, sogar für die »größte einzelne Entdeckung der Neuzeit, die wichtiger ist als Dampf und Elektrizität«.[13]

Systematisch fehlerhaft erscheint auch die extreme Überziehung des Grundsatzes der Haftungsbeschränkung in den Investmentbanken, indem sie mit einer äußerst niedrigen Eigenkapitalbasis operierten und folglich fast gar nicht mehr haften konnten. Ihnen war es mit Hilfe der Hebelwirkung des Fremdkapitals und einer waghalsigen Fristentransformation (Refinanzierung langfristiger Anlagen zu hohen Zinsen durch kurzfristige Kreditaufnahmen zu niedrigen Zinsen) möglich, ihr Geschäftsvolumen um das 22- bis 33-Fache auszudehnen und Eigenkapitalrenditen von 25 bis 40 Prozent vor Steuern zu erzielen. Es wurden hohe Dividenden ausgeschüttet, und möglichst wenig Kapital blieb in der Bank.[14] Die Unterkapitalisierung hatte zwar überhöhte Eigenkapitalrenditen gestattet, begründete aber auch enorme Risiken für die Bank, die Gläubiger und die Allgemeinheit. Erstaunlich ist, dass man derartige Evidenzen erst nach der Krise zu Kenntnis nahm.[15]

Hengsbach hält die »Rückkehr des Staates« zwar für eine der auffälligsten Begleiterscheinungen der aktuellen Finanz- und Wirtschaftskrise. Aber der Staat sei doch nicht die Rettung aus der Krise. Vielmehr gilt er als deren Bestandteil. Für Hengsbach sind die Gesetze zur Entregelung der Arbeitsverhältnisse und die zur Entregelung der Finanzwirtschaft zwei Seiten einer missratenen politischen Option. Es komme hinzu, dass sich der Staat beim Schnüren der Rettungspakete von den Finanzunternehmen als »kooperative Geisel« habe vereinnahmen lassen.[16] In diesem Zusammenhang wird daran erinnert, dass die rot-grüne Koalition seit 2001 die solidarischen umlagefinanzierten Sicherungssysteme (Renten-, Kranken- und Arbeitslosenversicherung) systemsprengend deformiert hat. Im Rahmen einer Politik der Entregelung habe man gesellschaftliche Risiken tendenziell individualisiert, solidarische Sicherungen privatisiert und Grundrechte in private Tauschverhältnisse überführt und gleichzeitig die kapitalgedeckte Vorsorge propagiert.

Hengsbach spricht von einem »Entregelungs- und Privatisierungsfieber der rot-grünen Koalitionsregierung«, die eine soziale Entsicherung der Arbeitsverhältnisse bewirkt habe. Aus seiner Sicht geht die dramatische Öffnung der Schere in der Verteilung von Gewinn- und Lohneinkommen sowie der Vermögen seit dem Jahre 2000 weithin auf die asymmetrische Steuerpolitik der rot-grünen und schwarz-roten Koalition zurück.[17] Die Entregelung der monetären Sphäre hält Hengsbach für die spiegelbildliche Entsprechung zur Entregelung der Arbeitsverhältnisse. Die Ziele sind unter anderem in dem Finanzmarktförderungsplan nachzulesen, der in der zweiten Legislaturperiode der rot-grünen Koalition vorgelegt wurde. Sie waren übrigens auch Teil der Agenda der nachfolgenden großen Koalition gewesen.

Er erinnert richtigerweise daran, dass das Bundesministerium der Finanzen kritische Eingaben ignorierte, gar Nachsicht gegenüber den innovativen Finanzprodukten und mehr »Aufsicht mit Augenmaß« verlangte. Er vermutet eine »fahrlässige Kontrollschwäche« deutscher Aufsichtsorgane. Die Aufsicht sei methodisch verengt erfolgt. Man habe die makroökonomische Sensibilität verloren, unter anderem, weil man zu sehr auf eine »qualitative« Regulierung im Einvernehmen mit den privaten Finanzunternehmen vertraut habe. Dahinter stand der Glaube, dass der einzelwirtschaftliche Erfolg für die gesamte Wirtschaft und Gesellschaft vorteilhaft sei. Hengsbach bemerkt zutreffend, dass sich die politisch Verantwortlichen dem öffentlichen Meinungsdruck der Finanzeliten ausgesetzt sahen und sich nicht trauten, ihnen Widerstand zu leisten. Stattdessen schlossen sie sich deren Auffassung an, dass das angloamerikanische Finanzregime dem kontinentaleuropäischen überlegen sei. So rückten die Finanzmärkte zur »fünften Gewalt« auf, die den Regierungen vermeintlich besser erklären konnte, wie vernünftige Politik auszusehen hat. Das ist noch sehr zurückhaltend formuliert. Mittlerweile geben die Finanzmärkte die Richtung vor, der die Politik zu folgen hat.[18]

Das ist besonders bemerkenswert, weil es schon fünf Jahre vor Ausbruch der Krise vertrauliche Vorwarnungen gegeben hatte und ausgerechnet Josef Ackermann im Bundeskanzleramt die Gründung einer Auffanggesellschaft (»Bad Bank«) vorgeschlagen hatte, welche die Kredite notleidender Banken bündeln sollte, während es der Staat übernehmen würde, für die Risiken einzustehen und eine Garantie abzugeben. Nach seinerzeitigen Indiskretionen wurde der Plan nicht weiterverfolgt.[19]

Es ist eine Binsenweisheit, dass Geld die Welt regiert. Umso spannender ist die Frage, wer das Geld regiert beziehungsweise dirigiert. Für manche zählen die leitenden Angestellten der »Geldregierung« zum Personal unserer »neuen Helden«. Ihre Sprache werde von der Politik adaptiert. Ihre Fragestellungen bestimmten die Forschungsziele unserer Wissenschaften. Ihr Lebensstil präge die Architektur unserer mondänen Innenstädte. Ihre Reiseziele legten die Flugrouten unserer Fluggesellschaften fest. Und ihre Entscheidungen beschäftigen die Gerichte in einem Maße, wie dies die Justiz noch nie erlebte.[20] Ackermann ist sogar zu einem politischen Zankapfel geworden und hätte deshalb auch hier eine ausführlichere Würdigung verdient. Dies ist jedoch schon von dem Schweizer Wirtschaftsjournalist Leo Müller in beeindruckender Weise geleistet worden.

Die politischen Entscheidungsträger haben jedenfalls nach dem Eindruck von Hengsbach auf den »Notschrei der Finanzeliten« schnell und bereitwillig reagiert. Folgt man seiner Vermutung, dann hat die politische Krisenbewältigung rettungsloser Retter eben jene Systemfehler und Funktionsdefizite reproduziert, die in der Finanzsphäre die Krise verursacht haben.[21] Die berühmte TV-Erklärung von Merkel und Steinbrück vom 5. Oktober 2008 zur Sicherheit der Spareinlagen wird als eine »symbolische Garantieerklärung« bezeichnet. Sie war als politische Patronatserklärung rechtlich wirkungslos und vermutlich auch überflüssig. Nicht nur für Hengsbach war absehbar, dass die isolierten, kurzatmigen, übertriebenen und spektakulären Entscheidungen der Bundesregierung widersprüchlich bleiben mussten.[22] Sie seien von einer »lyrischen Rhetorik« in Anlehnung an apokalyptisch ausgemalte Inszenierungen begleitet worden. In den sprichwörtlichen Abgrund habe man aber wohl nur deshalb geschaut, weil der Finanzminister von den Bankenvertretern genau darüber gehalten worden sei.

Daran knüpft Hengsbach eine Reihe kritischer und berechtigter Fragen an.[23] Den regierungsamtlichen Jargon zur »Alternativlosigkeit« der Rettung von Banken und Unternehmen hält er nicht für überzeugend. Damit steht Hengsbach keineswegs allein. Auch andere sind der Meinung, dass die Politik der Rettungsschirme nicht überzeugen könne und sehen die pointierteste Alternative darin, den Rettungsschirm durch eine obligatorische Rekapitalisierung gefährdeter Banken zu ersetzen.[24] Eine solche Floskel übertünche nämlich den Verzicht auf vernünftige und vertretbare Entscheidungsverfahren der politisch Verantwortlichen. Hengsbach betont richtigerweise, dass an Stelle einer flächendeckenden Rettung zuerst eine »Spurensicherung« fällig gewesen wäre.[25] Er schließt nämlich nicht aus, dass vor allem private Investmentbanker oder Landesbanken oder einzelne angeschlagene Institute, die von den Konzernmüttern längst ausgegliedert oder aufgegeben worden waren, sich als »Falschmünzer« betätigt haben. Im Treiben der Investmentbanker sieht man zumindest für den Bereich der Deutschen Bank einen »Kulturbruch«.[26]

Hengsbach hält auch den Ausschluss der Öffentlichkeit und die Abschirmung des ministeriellen Lenkungsausschusses gegen den Einspruch des Parlaments für kritikwürdig. So sei der Verdacht einer »Komplizenschaft finanzwirtschaftlicher und politischer Eliten« genährt worden. Er glaubt, dass zahlreiche Bürger empört darüber sind, dass staatliche Organe die Rolle »kooperativer Geiseln« spielten. Der Formel »zu groß, um zu fallen« hätte nach seinem Empfinden das Eingeständnis folgen sollen, dass man die jeweilige Bank zu groß werden ließ und dass man Fusionen und Übernahmen mit öffentlichen Mitteln zu noch größeren Finanzgiganten schmiedete, anstatt Megabanken und Versicherungskonzerne zu zerschlagen.[27]

18 Ist der kapitalistische Geist verrückt geworden?

Es ist kaum zu bestreiten, dass der Lauf der Dinge heutzutage durch das Finanzgeschehen maßgeblich bestimmt wird. Umso denkwürdiger ist es, dass die Logik von Ereignisreihen in diesem Bereich zum Teil höchst umstritten ist. Für manch einen stellt sich angesichts der Krisen in den vergangenen Jahrzehnten sogar die Frage, ob sich auf den Schauplätzen der internationalen Finanzwirtschaft ein effizientes Zusammenspiel vernünftiger Akteure oder ein »Spektakel reiner Unvernunft« vollzieht. Es gilt jedenfalls als nicht ausgemacht, ob der beschworene »kapitalistische Geist« verlässlich und rational oder schlicht verrückt operiert.[1]

Die Wirtschaftswissenschaft hilft, wie schon angedeutet, auch nicht immer weiter, wird sie doch als »Glaubenslehre unserer Tage« angesehen, die völlig verschiedene und widersprüchliche Interpretationen bereithält, um die »Ereignisstürme« im gegenwärtigen Finanzgeschäft zu erklären.[2] Die Erklärungsversuche zu den Preisbewegungen auf den Finanzmärkten, die oft als »Strömungsturbulenzen« und »pures molekulares Gestöber« beschrieben wurden, offenbaren nur eine »flagrante Uneinigkeit« über die Verknüpfung von Zahlungsereignissen. Niemand scheint zuverlässig zu wissen, durch welche Kräfte, mit welcher Vernunft oder Unvernunft die Dynamiken und Anomalien des finanzökonomischen Geschehens motiviert werden.[3] In einem Konzert von Erklärungsversuchen offenbart sich letztlich nur Ratlosigkeit. In der Frage nach der Wirklichkeit hinter den Preissignalen der Finanzmärkte dramatisiert sich eine Kontroverse in der vor allem die Ungelöstheit aller damit verbundenen Fragen manifest wird.[4]

Man fühlt sich in das »Feld einer dunklen und verworrenen Empirie« geführt, auf dem Ungewissheit darüber besteht, was eine ökonomische

Wirklichkeit überhaupt ist. Erkannt wird allenfalls eine »kritische Ereignismasse«, in der immer wieder eine »prekäre Ununterscheidbarkeit« zwischen Vernunft und Unvernunft, Chaos und Ordnung und absehbarem Weltlauf und entfesselter Kontingenz auszumachen sei.[5] Es stellt sich also die Frage, ob die »irrationalen Extuberanzen« nur Ausnahmefälle oder nicht eher reguläre Prozesse im Getriebe kapitalistischer Ökonomien sind. Ist man lediglich mit der begrenzten Einsicht des Finanzpersonals konfrontiert, oder begegnet die ökonomische Rationalität nicht ihrer eigenen Unvernunft?[6]

In seinen Nachforschungen über das *Gespenst des Kapitals* will Vogl wissen, ob es überhaupt ein »plausibles finanzökonomisches Narrativ« gibt. Für ihn geht es um nicht weniger als um die Geltung, die Möglichkeit und die Haltbarkeit einer liberalen oder kapitalistischen »Oikodizee«.[7] Vogl spricht von »Urszenen des Kapitals« und von Finanzrevolutionen dort, wo mit der Auslösung von Schuldzyklen Geldschöpfung betrieben wird.[8] Im nachhinein sieht er das System von Bretton Woods als eine verfehlte Idee von Anpassungsmechanismen auf den Finanzmärkten, den Goldstandard selbst nur als eine Illusion und die damit verbundenen Wirtschaftspolitik als eine letzte und vergebliche Anstrengung, die monetäre Weltordnung über die Deckung von Währungen zu sichern.[9] Damit ist ein langsamer, aber endgültiger Übergang vom »Warengeld« zum »Kreditgeld«, von gedeckten zu ungedeckten Währungssystemen geschehen.

Ungedecktes Papier- oder Rechnungsgeld war nach dem Ende von Bretton Woods kein vorübergehender Notbehelf in Zeiten der Krise, sondern avancierte zur Voraussetzung, zum Funktionselement und unvermeidlichen Schicksal im internationalen Kapitalverkehr. Es deutete sich ein bislang beispielloses System an, in dem sich Währungen nur auf Währungen beziehen und direkt oder indirekt nur auf einem Standard ungedeckten Rechengeldes beruhen sollten. Die Zirkulation uneinlösbarer Zahlungsversprechen geriet zu einem finanzökonomischen System, das nach der Einschätzung von Vogl gerade mit der Auflösung von »Wertreferenten« modellhaft geworden ist und damit der ökonomischen Theorie eine neue Herausforderung gestellt hat.[10] Es eröffnete sich ein ebenso theoretisches wie praktisches Experimentierfeld, auf dem seiner Meinung nach die Produktion neuer Märkte und Marktbedingungen noch einmal und endgültig die »Konsistenz einer kapitalistischen Oikodizee« bewahrheiten sollte. Für Vogl war das die Stunde für die »Systemprogramme des neuen Liberalismus«.[11]

Mittlerweile geht es nach dem Eindruck von Vogl um nichts Geringeres als um die Konstitution eines alternativen Wissens vom kapitalistischen Prozess. Geld könne nicht mehr als neutrales oder »verschleierndes« Tauschmittel im ökonomischen Verkehr begriffen werden. Es präsentiere sich vielmehr als Medium mit eigener Wirksamkeit und Kraft. Die Logik der Wahl werde nicht mehr von Knappheitsbedingungen, sondern von der Bedingung der Ungewissheit geprägt. Die finanzökonomischen Prozesse folgen nicht mehr den Regeln eines sich selbst korrigierenden und optimierenden Systems. Dessen Systemhaftigkeit stehe vielmehr selbst auf dem Spiel.[12] Man müsse davon ausgehen, dass die Finanzmärkte der Liquiditätsbeschaffung dienen, die nur über die Spekulation funktioniere und diese wiederum spekulär verfahre. Der Gang der Ereignisse werde nicht durch Vergangenheit oder Gegenwart bestimmt, sondern nur durch das, was vielleicht, möglicherweise oder wahrscheinlich eintreten wird.

Aus Vogls Sicht funktioniert der Finanzmarkt als ein »System von Antizipationen«, die das ökonomische Verhalten auf das Erraten dessen verpflichten, was der Markt selbst von der Zukunft denken mag. Damit nähmen gegenwärtige Erwartungen nicht einfach das künftige Geschehen vorweg. Vielmehr werde das künftige Geschehen von den Erwartungen an das künftige Geschehen mitgeformt und gewinne als solches »aktuelle Virulenz«. Gegenwart werde also durch »Vorträglichkeitseffekte« produziert. So beginne ein Spiel »potenzierter Erwartenserwartungen«. Darin gehe es um die Beobachtung von Beobachtungen und die Vorwegnahme möglicher Vorwegnahmen. Thema sei nicht die Feststellung eines gerechtfertigten Wissens vom »realen«, »wahren« oder »fundamentalen« Wert der Dinge. Thema ist die Frage, wie sich Wertschätzungen aus Meinungen formieren, die die Meinung über Meinungen spiegeln.[13] Vogl zieht die Schlussfolgerung, dass sich die Preise auf den Finanzmärkten nicht nach den Mechanismen von Warenmärkten formieren. Die sich durchsetzenden Preisniveaus klärten den Markt also nicht nach dem Maß knapper Mengen und gegebener

Quantitäten. Sie repräsentierten keine zugrundeliegenden »Fundamentalien«, sondern zirkulierten als höchst wirksame »Wertgespenster«.[14] Das ausgleichende Spiel von Angebot und Nachfrage sei verkehrt und liefere den paradoxen Augenschein, dass sich billige Kapitalwerte als teuer, teure aber als besonders günstig und als gute Gelegenheit erweisen.[15]

Es gehöre zur Eigenart politischer Ökonomie, dass die Folgen ihrer riskanten Entscheidungsprozesse auch diejenigen zu spüren bekommen, die nicht an den Entscheidungen teilhaben. Und Risiken unterschieden sich von Gefahren dadurch, dass letztere nicht dem eigenen Tun oder Unterlassen zuzurechnen sind. Deshalb haben sich aus der Sicht von Vogl ökonomische Systemrisiken und kalkulierbare Schadensfälle für die Mehrzahl derjenigen, die in aller Abhängigkeit nichts zu entscheiden haben, in elementare Gefahren verwandelt. Nach seiner Einschätzung überschreiten hier die Risiken, auf die man sich im normalen Funktionsablauf eingelassen hat, die Möglichkeit rationaler Kalkulation. Man müsse sich nicht darüber wundern, dass so operierende Gesellschaften »Angst vor sich selbst« bekommen. Unterdessen hätten Sicherheitsautomatismen Gefahrenblindheit erzeugt, und durch die Kommerzialisierung von Risiken seien Schadensfälle unendlich teuer oder schlicht unbezahlbar gemacht worden.[16] Nach der Formierung moderner Vorsorgegesellschaften durch die Verwandlung von Gefahren in Risiken und die Bändigung des Zufalls ist nach dem Eindruck von Vogl das Zufällige, die Gefahr, ein »ungebändigter Ereignissturm« in die Mitte dieser Gesellschaften zurückgekehrt.

Vogl spricht in diesem Zusammenhang vom Zufall in einer archaischen Gestalt, irregulär, gestaltlos und von Nicht-Wissen umspielt. Immerhin wisse man jetzt, dass Konkurrenzverhalten auf den Finanzmärkten nicht automatisch Gemeinwohl herbeiführt. Ein interessantes Geschäftsmodell ist in der Tat kein hilfreiches soziales Programm. Vogl sagt auch voraus, dass gegenwärtige Volkswirtschaften mit der Frage konfrontiert bleiben werden, ob und wie lange sie sich die Finanzierung ihrer kapitalistischen Funktionsideen und Strukturen leisten können. Unterstellt man, dass im Finanzkapital der besondere Charakter des Kapitals allgemein wird und dass es als einheitliche Macht die Lebensprozesse der Gesellschaft bestimmt, so sind nach seiner Überzeugung mit dem Kapital die Launen und die Gefährlichkeit alter Souveränitätsfiguren unter modernsten Bedingungen zurückgekehrt. Ungewissheit sei »arkanhaft« (geheim, nicht zugänglich) geworden. Es fielen Entscheidungen, die in ihrer Ungebundenheit, in ihrer Gesetzlosigkeit schicksalhaft werden. Dies präge die gegenwärtige Epoche »finanzökonomischer Konvulsionen« und die Lage der kapitalistischen Kosmopolis. Für Vogl ist das der »opake und wilde Überraschungsraum«, in den sich unsere Gesellschaften hineinfinanziert haben.[17]

Überlegungen, die seine Bemühungen fortsetzen, gehen davon aus, dass die »Finanzialisierung« der Ökonomie global ist.[18] Dementsprechend global sei auch die Krise des Finanzkapitalismus. Der von den Finanzderivaten hinterlassene Abgrund scheine unüberbrückbar. Statt einer Abschwächung der Krise wird deren unerbittliche Weiterverbreitung beobachtet, so dass das »nackte Leben« ganzer Bevölkerungen berührt sei. Es ist die Rede von der »Krise der Krisen«, einer Krise mit einer langen Geschichte und voraussichtlich einer langen Zukunft, einer »gewalttätigen« Krise einer ebenso gewalttätigen Finanzsphäre. Diagnostiziert wird eine systemische Krise, in der ein ökonomisches, politisches und kulturelles Modell als Ganzes unter der Last der eigenen Widersprüche zusammenbricht. Man erkennt schließlich den Bankrott eines gesellschaftlichen Modells. Übrig blieben Wut, Ernüchterung, Misstrauen und Protest – und die Fragen nach den Grenzen des Kapitalismus.[19]

Der Begriff »Finanzkrise« hat sich zu einem Mantra des Selbstbetrugs entwickelt. Dahinter stehen fachliche Fehleinschätzungen, wirtschaftliche Interessen und politisches Kalkül. Der mittlerweile etablierte Sprachgebrauch schafft die Illusion eines episodischen Charakters und erweckt den Anschein der Beherrschbarkeit durch »Krisenmanagement«. Die bisherigen Ergebnisse sind jedoch nicht geeignet, das unverzichtbare Vertrauen wiederherzustellen, das der ungezügelte Finanzkapitalismus moderner Prägung zerstört hat. Immer mehr Politiker spielen sich jetzt als entschlossene und kompetente Schutzherren des Gemeinwohls auf. Sie setzen das von Steuerzahlern erarbeitete Vermögen ein, um die Folgen einer gigantischen

Bereicherungsorgie einzudämmen, die kriminelle und korrupte Versagercliquen weltweit und über Jahre veranstaltet haben. Dabei wurden sie teilweise von den selbsternannten Rettern unterstützt. So ist schließlich eine »Pseudowirtschaft« entstanden, die nicht mehr berechenbar ist.

Wir sind genau in der »Krise«, die wir verdient haben. Dieser Begriff dürfte jedoch irreführend sein, da es sich in Wahrheit nicht um eine zeitweilige Störung handelt, sondern um den systematisch angelegten Zerfall ganzer Kulturen und Zivilisationen. So konnte sich eine gemeinwohlorientierte Staatsräson in eine Komplizenschaft mit asozialen Machtcliquen verwandeln. Die Finanzkrise ist keine Krise im Sinne einer vorübergehenden Störung eines ansonsten funktionsfähigen Systems, sondern die vorhersehbare Folge eines unkontrollierbar riskanten Geschäftsmodells. Eine globale Deregulierung hat die Voraussetzungen dafür geschaffen, dass sich die Kapitalmärkte in Tatorte verwandeln konnten, an denen auch organisierte und gemeinschädliche Verbrechen verübt werden. Derivate, Verbriefungen minderwertiger Kredite und Kreditausfallversicherungen werden eingesetzt, um scheinbar legale Gewinne zu erzielen. Ihre Höhe übersteigt die Beute jeder konventionellen Mafia-Gruppierung bei weitem. Mangelnder Sachverstand in der Politik, kriminelle Energie in der Finanzwirtschaft, die Gier von Investoren und Gleichgültigkeit in der Öffentlichkeit haben zur Abdankung wirtschaftlicher Rationalität geführt. Ethische Verfallsprozesse (»Geiz ist geil«[20]) haben ein gesellschaftliches Klima des Größenwahns und asozialer Selbstsucht geschaffen.

In einer Gemengelage aus staatskapitalistischem Systemversagen, öffentlicher Überschuldung und privaten Bereicherungsmöglichkeiten ist sogar eine sicherheitspolitische Bedrohung entstanden, unter anderem deshalb, weil die Funktionsfähigkeit der Banken als Teil kritischer Infrastrukturen gefährdet ist. Anhaltendes Versagen in Politik und Wirtschaft verbreitert die schon entstandene Gerechtigkeitslücke und gefährdet den sozialen Frieden. Korrupte Allianzen zwischen einzelnen Machtcliquen in Politik und Wirtschaft könnten den wahren Souverän irgendwann zur Wiederherstellung demokratischer Legitimität zwingen, indem die Verantwortlichen für die Vernichtung gesellschaftlichen Vermögens und die Zerstörung der Lebenschancen ganzer Generationen zur Rechenschaft gezogen werden. Die Sturmzeichen sind überall deutlich zu sehen. Es bleibt allerdings dahingestellt, ob jede Aufschrift, die auf Transparenten der »Occupy-Bewegung« in New York City oder in vielen anderen Städten der Welt zu sehen waren (»Occupy the World«) ernstzunehmen ist.

Der amtierende Präsident der Bundesrepublik Deutschland, Pfarrer Joachim Gauck, ist davon überzeugt, dass sich die Bürgerproteste gegen die Banken und das Finanzsystem nicht zu einer dauerhaften Protestbewegung entwickeln. Den Slogan »Besetzt die EZB« findet er albern. Das veranlasste einen Kritiker zu der Behauptung, dass der Bundespräsident nur wenig von der EZB weiß.[21] Immerhin gibt Gauck mittlerweile vor, verstanden zu haben, dass Maßlosigkeit in diese Krise geführt hat und aus einer »Verantwortungskrise« Wirtschaftskrisen und Staatsschuldenkrisen wurden, weil Ansprüche und Anstrengungen einander nicht mehr entsprachen. Er scheint auch verstanden zu haben, dass der »Wildwuchs« im Finanzsektor bis heute nicht beseitigt ist und dort dringend aufgeräumt werden muss. Die Politik sei den Banken nach wie vor unterlegen. Sie müssten allerdings für die Konsequenzen ihres Handelns haften. Die frisch erworbene Wirtschaftskompetenz des Bundespräsidenten gipfelt in dem Satz: »Verantwortlicher Kapitalismus ist möglich.«[22]

Wie auch immer: Wenn die von der internationalen Ökonomie erzielten Profite nicht gleichmäßiger und gerechter verteilt werden, dann sollten sich die Nationen der Erde auf einen Ansturm der Gewalt gefasst machen, mit dem verglichen das 20. Jahrhundert noch friedlich erscheinen könnte.[23] Die Hoffnung, dass die Folgen der anhaltenden Finanzkrise mit anderen Mitteln zu bewältigen sein werden, ist nicht mit dem Hinweis auf die Amoralität von Gewaltausübung begründbar.[24] Das ist umso bedauerlicher, als es auch und gerade in Bürgerkriegen zumeist die Falschen trifft. Der Begriff mag unangemessen dramatisierend klingen. Das ändert nichts daran, dass er in die öffentliche Diskussion, wenn auch aus unterschiedlicher Perspektive, schon Eingang gefunden hat.

19 Die Schuldfrage

Der Bundesminister für Wirtschaft und Technologie und der Verteidigung a. D., Karl-Theodor zu Guttenberg, mag nicht beispielhaft für das betrügerische Potential der politischen Klasse sein. Der Proband selbst bezeichnet es im Zusammenhang mit seinen angeblichen Bemühungen, eine Dissertation zu schreiben, als einen »wesentlichen Fehler«, sich nicht eingestanden zu haben, damit »überfordert« gewesen zu sein.[1] Der Gedanke, dass er insoweit dennoch kein Einzelfall ist, bleibt beunruhigend genug. Umso wichtiger wäre eine Verbindung von Sachverstand, Entschlossenheit und Gemeinwohlverpflichtung. So könnten personelle und programmatische Gegengewichte zu den gegenwärtigen geradezu obszönen Verhältnissen entstehen, in denen sich Allianzen der Habgier, der Unfähigkeit und der Menschenverachtung gebildet haben. Es ist äußerst ungewiss, ob die Schaffung derartiger Gegengewichte mit dem üblichen illusionären bis betrügerischen wahlkampfspezifischen Feuerwerk vorbereitet werden kann. In einer politischen Kultur, in der es als »unfair« bezeichnet wird, dass man Parteien an ihren Wahlversprechen misst (Franz Müntefering, SPD), ist das vielleicht auch nicht allzu überraschend.

Gleichzeitig wäre es nach wie vor eine »nutzlose Leidenschaft«, das immer noch weitgehend saturierte Bürgertum in Deutschland und vielen anderen Ländern der Welt auf die Barrikaden zu rufen. Damit ist nicht ausgeschlossen, dass allmählich doch immer mehr Menschen verstehen, dass sie von einer sehr kleinen Minderheit in eine Lage gebracht wurden, deren Gefährlichkeit, von (Vor-)Kriegszeiten abgesehen, in der neueren politischen Geschichte ohne Beispiel ist. Irgendwann bleibt dann nur noch die Hoffnung, dass rechtzeitig etwas entsteht, was sich in den vergangenen Jahren als knappe beziehungsweise nicht vorhandene Ressource erwiesen hat: sachverständige, entschlossene, glaubwürdige und gemeinwohlorientierte Führung.[2] Glücklicherweise hat es in der Geschichte immer wieder wirksame Formen emanzipierter Selbstorganisation gegeben. Dabei mag man sich regelmäßig gern an die Umgestaltung der wirtschaftlichen und politischen Verhältnisse durch freie, geheime und gleiche Wahlen erinnern.

Bei aller Vorzugswürdigkeit demokratischer und rechtsstaatlicher Verfahren lässt sich aber nicht leugnen, dass auch revolutionäre Umbrüche zur Aufhebung unerträglicher gesellschaftlicher Widersprüche führen können. Im Laufe der Geschichte gab es in vielen Teilen der Welt genügend Anlässe. Man mag sich daran erinnern, dass Europa andere Länder kolonisierte, Völkermorde beging und Sklaverei praktizierte – und zwar in unvorstellbaren Dimensionen –, während es einst für sich seine Ideen von Freiheit und Gleichheit entwickelte. Wie bereits angedeutet, dienten die Völkermorde der Rohstoffbeschaffung für eine industrielle Revolution, die den westlichen Kapitalismus begründete und mit ihm den materiellen Überschuss produzierte, auf dessen Basis die Ideen der modernen Demokratie entstanden.

Beschwerden darüber, dass Politiker uns in Kriege führen und so den zerstörenden kapitalistischen Fortschritt fördern, dürften kaum etwas daran ändern. Wenn überhaupt, sollten wir uns bei uns selbst dafür beschweren, dass wir diese Leute als unsere Repräsentanten ansehen. Rausschmeißen sollten wir sie. Unter Antikapitalismus versteht der Soziologe John Holloway, dass wir unsere eigene Verantwortlichkeit annehmen, unser eigenes Leben wieder in die Hände nehmen und das Kapital, das fortwährend unsere Produkte, unser Tätigsein (Denken, Entscheiden, Leben) uns enteignet, aus dem Weg schieben. Die alte Vorstellung von der Revolution, in deren Mittelpunkt die Vergesellschaftung der Produktionsmittel stand, habe sich als erbärmlich unzureichend erwiesen. Die Revolutionen des 20. Jahrhunderts seien nicht gescheitert, weil sie zu radikal gewesen wären, sondern weil sie auch nicht entfernt radikal genug gewesen seien. Aus dieser Sicht ist der Mittelpunkt der antikapitalistischen Revolution schlicht und ergreifend »das Tätigsein«. Wird man nicht anders tätig als bisher, wird es eine Zukunft für die Menschheit nicht geben. Das mag sogar heißen, »gegen die Arbeit« tätig zu sein. Vor allem die Arbeitsdisziplin sei es, die unser alltägliches Tun auf den Pfad zwinge, der die Menschheit – im wörtlichen Sinne und in jedem Sinne des Wortes – zerstört. Eine Revolution, die sich nicht auf die Umformung menschlichen Tätigseins gründet, ist vermutlich gar keine Revolution.[3]

Das ist alles so richtig wie (zu) allgemein. Konkreter sind dagegen Fragestellungen wie »Banker an die Laternen?« Das ist offensichtlich in mehrfacher Hinsicht problematisch. Vor dem Hintergrund angelsächsischer Lebensweisheiten (Worthülsen wie »too big« oder »too interconnected to fail«) verschwanden ganze Wirtschafts- und Gesellschaftsordnungen in einer Staubwolke des großen Versagens, in der auch die üblichen-unüblichen Verdächtigen auf einmal verschluckt scheinen. Es bleibt also immer noch die schlichte Frage zu klären: Wer war es?

Am Ende will es keiner gewesen sein. Nach mancher Einschätzung hat es sich die Öffentlichkeit längst einfach gemacht und die Finanzkrise an das Strafrecht überwiesen. Danach sind es die Banker, die sich nicht nur falsch verhalten, sondern auch Schuld im moralischen und strafrechtlichen Sinn auf sich geladen haben. Es ist aber äußerst fragwürdig, ob das Strafrecht zur Aufarbeitung der Finanzkrise taugt. Seine Regeln sind »systematisch blind« für Marktprozesse und die Natur von Marktrisiken. Im übrigen ist es nach geltendem rechtsstaatlichem Verständnis ausgeschlossen, dass Banker nach einem ordentlichen Gerichtsverfahren an die sprichwörtliche Laterne befördert werden. Das ist bekanntlich ein revolutionäres Signum, kein Ausdruck von »Justiz«. Die Geeignetheit und Leistungsfähigkeit des Strafrechts ist aus einer Vielzahl von Gründen höchst begrenzt. Es wird auch deshalb nie ein funktionelles Äquivalent für revolutionäre Umgestaltungen sein können.

So gerät die Wahlurne als angemessener Ort zwischen Gerichtssaal und Laternenmast ins Blickfeld. Über deren Funktionswert kann man angesichts deutlich zunehmender Wahlverweigerung und eines über längere Zeit verfassungswidrigen Wahlrechts unterschiedlicher Meinung sein. In diesem »Setting« ist die Berufung auf die Moral immer der Höhepunkt. Aber selbst die Wirtschaftsethik löst bei manchen Skepsis aus.[4] Man hält sie für das Resultat einer Verengung der Ökonomie beziehungsweise für das traurige Produkt einer geistigen Verarmung der Wirtschaftswissenschaften. Angesichts der »conditio humana« und der »animal spirits« der Menschen wird stattdessen eine Änderung des institutionellen Designs der Märkte vorgeschlagen, um diese tierischen Instinkte zu disziplinieren.[5] Damit werde die nächste Krise zwar nicht verhindert. Aber sie werde milder und nicht vergleichbar schockartig auftreten. Die Beachtung von Haftungsregeln, bestimmte Eigenkapitalanforderungen als Gegengewicht zur Kreditvergabe und das Handeln von Rating-Agenturen im Auftrag und auf Rechnung des Kunden und nicht im Auftrag der Finanzindustrie: All das ist vielleicht besser als Wirtschaftsethik oder Strafrecht.[6]

Weder brillante mathematische Formeln noch beschönigendes politisches Geschwätz können etwas daran ändern, dass es eine fundamentale Spannung in den Verhältnissen fortgeschrittener kapitalistischer Gesellschaften gibt, die Ungleichgewicht und Instabilität zur Regel und nicht zur Ausnahme macht. Tatsächlich dürfte die gegenwärtige Finanzkrise nur eine weitere Phase in einem anhaltenden Prozess konfliktbeladener Entwicklung und Transformation sein, der die Ordnung des demokratischen Kapitalismus ausgesetzt ist, die sich mehr oder minder erfolgreich nach dem Ende des Zweiten Weltkriegs etablierte. Gleichwohl ist der Verdacht nicht wirklich neu, dass Kapitalismus und Demokratie nicht so ohne weiteres gut zusammenpassen. Zum Alltag des demokratischen Kapitalismus gehört vielmehr ein endemischer und unversöhnlicher Konflikt zwischen kapitalistischen Märkten und demokratischer Politik. Die politische Linke in der industrialisierten Welt hatte immer mehr Anlass zu der Befürchtung, dass die politische Rechte die Demokratie über den Haufen wirft, um den Kapitalismus zu bewahren. Diese musste dagegen weniger befürchten, dass die Linke den Kapitalismus zugunsten der Demokratie abschafft.

Es bestand indessen nach dem Zweiten Weltkrieg die allgemein verbreitete Annahme, dass der Kapitalismus weitgehender politischer Kontrolle unterstehen musste, damit die Demokratie nicht im

Namen freier Märkte Einschränkungen unterliegt.[7] Als politische Ordnung wird der demokratische Kapitalismus offensichtlich von zwei im Widerspruch zueinander stehenden Prinzipien bestimmt. Das eine ist die durch das freie Spiel der Marktkräfte bestimmte Produktivität, das andere ist die Gesamtheit sozialer Bedürfnisse und Berechtigungen, so wie sie durch gemeinsame politische Entscheidungen zustandegekommen ist.[8] Dem nicht marktgebundenen Verständnis sozialer Gerechtigkeit scheint es bis jetzt gelungen zu sein, die Bemühungen einer ökonomischen Rationalisierung zurückzuweisen, selbst in der »bleiernen Zeit« des fortschreitenden Neoliberalismus. Die Menschen weigern sich nach dem Empfinden von Streeck geradezu starrköpfig, die Idee einer »moralischen Wirtschaft« aufzugeben und beharrten auf dem Primat das Sozialen gegenüber dem Ökonomischen.

Auch die Theorien politischer Ökonomie betrachten die marktabhängige Allokation nur als ein Regime neben anderen. Es wird von den besonderen Interessen derjenigen bestimmt, die über das Eigentum knapper Produktionsquellen verfügen und die eine starke Position am Markt haben. Die Alternative politischer Allokation wird dagegen von denjenigen bevorzugt, die tendenziell eine geringere wirtschaftliche, dafür aber eine höhere politische Kraft haben. Die Hauptströmungen der Ökonomie stellen dementsprechend nur die theoretische Darstellung einer politisch-ökonomischen Ordnung dar, die den Interessen derjenigen dienen, die über eine ausgeprägte Marktmacht verfügen. Vor dem Hintergrund einer Gleichsetzung ihrer Interessen mit dem Allgemeininteresse geraten die Verteilungsansprüche der Eigentümer von Produktivkapital zum Imperativ eines vermeintlich guten, wissenschaftlich begründeten Wirtschaftsmanagements.[9] Die Vertreter der vorherrschenden Wirtschaftslehren halten daher Marktstörungen, die auf Einmischungen der Politik zurückgehen, für eine Bestrafung von Regierungen, welche die »Naturgesetze«, die die Wirtschaft wirklich regierten, nicht beachtet haben. In ihren Augen ist eine gute Wirtschaftspolitik »naturgemäß« unpolitisch.[10] Es gibt die weitverbreitete Überzeugung, dass sich gegenwärtig die nächste Blase irgendwo auf der Welt bildet, die sogar noch mehr als bisher mit billigem Geld überflutet ist. In Betracht kommen etwa die Rohstoffmärkte, aber auch die Internet-Wirtschaft. Nichts werde Finanzinstitute daran hindern, den von den Zentralbanken angebotenen monetären Überschuss im Interesse ihrer Vorzugskunden – und vor allem im eigenen Interesse – in neue Wachstumsbereiche zu investieren.

Die Regulierungsreform des Finanzsektors sei fast in jeder Hinsicht gescheitert. Die Banken dürften auch 2013 zu groß sein, um zu scheitern. Das alles führt nach dem Eindruck von Streeck dazu, dass die Möglichkeiten zur Erpressung der Allgemeinheit fortbestehen, die von den Banken vor drei Jahren schon so gekonnt genutzt wurden. Der öffentliche Freikauf des privaten Kapitalismus dürfte nach dem Modell von 2008 jedoch nicht zu wiederholen sein, weil die öffentlichen Finanzen schon jetzt über das Limit beansprucht erscheinen. Es gilt daher als offensichtlich, dass die Risiken für die Demokratie in der gegenwärtigen Krise höher sind als für die Wirtschaft. Die Funktionsfähigkeit zeitgenössischer Gesellschaften (»system integration«) sei genauso prekär geworden wie die soziale Integration.

In einem neuen Zeitalter der Austerität habe auch die Fähigkeit von Nationalstaaten zur Vermittlung zwischen Bürgerrechten und den Erfordernissen der Kapitalakkumulation grundlegend gelitten.[11] Die Märkte haben in einer vorher nie dagewesenen Art und Weise begonnen, souveränen und demokratischen Staaten zu diktieren, was sie ihren Bürgern noch gewähren und was sie ihnen verweigern sollen. Diese Bürger sehen in ihren nationalen Regierungen immer weniger ihre Vertreter, sondern die anderer Staaten oder internationaler Organisationen wie etwa des IWF oder der EU. Die Demokratie werde aber nicht nur in Staaten ausgehebelt, die von den »Märkten« attackiert sind. Das gilt auch für Deutschland. Dort spricht sich der Bundesminister der Finanzen für eine Abkehr von »altmodischer« Regierungsarbeit aus und schlägt eine »governance« vor, welche aber die urdemokratische Haushaltshoheit des Parlaments einschränken könnte. Vor diesem Hintergrund wäre es nicht allzu erstaunlich, dass Wahlen als »unauthentisch« angesehen werden, die keine effektive Auswahl erlauben. Dies könnte zu einer Abwendung vom politischen System, zum Entstehen populistischer Parteien und sogar zu Straßenkämpfen führen.

Der »einfache Mann auf der Straße« mag in den 1970er und 1980er Jahren noch den Eindruck gehabt haben, dass er die damals anstehenden Verteilungskonflikte beeinflussen konnte. Die Gefechtsfelder, auf denen heutzutage die Widersprüche des demokratischen Kapitalismus ausgetragen werden, sind aber so unübersichtlich geworden, dass es für jeden außerhalb der politischen und finanziellen Elite zunehmend schwierig geworden ist, die jeweiligen zugrundeliegenden Interessen zu erkennen und die eigenen auch nur zu identifizieren. Dadurch mag die Apathie unter den Massen zunehmen und das Leben für die »Elite« leichter werden. Allerdings sollte man sich darauf nicht in einer Welt verlassen, in der die blinde Übereinstimmung mit den Forderungen von Finanzinvestoren angeblich die einzige institutionell rationale und verantwortliche Verhaltensform ist. Denjenigen, die an gesellschaftlicher Rationalität und Verantwortlichkeit festhalten wollen, muss eine derartige Welt früher oder später als absurd erscheinen. Dort, wo Demokratie, so wie wir sie kennen, effektiv aufgehoben ist, wie das nach dem Urteil von Streeck schon in Griechenland, Irland und Portugal der Fall ist, könnten Straßenunruhen und Aufstände die letzte politische Ausdrucksform für diejenigen sein, die keine Marktmacht haben. Streeck fragt gar, ob wir im Namen der Demokratie hoffen sollten, demnächst Gelegenheit zu haben, einige Beispiele zu beobachten.[12]

Unterdessen wird aber hoffentlich noch genügend Zeit bleiben, um all die hier zitierten klugen Ideen, Gedanken, Vorschläge und Alternativen zu prüfen, damit man sich für die im Hinblick auf die sozialverträgliche Gestaltung des Kapitalismus wirksamsten Maßnahmen entscheiden kann. Neben der unmittelbaren Wirkung des Motivs von Krieg und Frieden geht es auch darum, die Problemlösungsfähigkeit der EU erfolgreich unter Beweis zu stellen. Vielleicht werden die Ergebnisse etwas ermutigender sein als die in Deutschland zu beobachtenden Anstrengungen.

Wie dem auch sei: Die Banken haben in den vergangenen Jahren fast alle Vorurteile und Stereotype bestätigt. Es ist unbegreiflich, dass es in Banken offensichtlich keine Kontroll- und Sicherheitssysteme gibt, um das Verzocken von Milliardenbeträgen durch junge Investmentbanker zu verhindern. Noch schlimmer ist allerdings der berechtigte Verdacht, dass in dem mit Steuergeldern gestützten Finanzsystem organisierter Betrug möglich und üblich ist. Um nichts anderes handelt es sich etwa bei der Verfälschung wichtiger Indizes wie Libor und Euribor. Auch wenn die wenigsten alle technischen Einzelheiten und die Folgen dieses Handelns verstehen können, so dürfte den meisten doch klar geworden sein, dass in der Finanzwelt etwas sehr grundsätzlich faul ist. Die Akzeptanz der Marktwirtschaft hängt aber davon ab, dass es in ihr nach Recht und Gesetz zugeht. Dazu gehört auch, dass Risiken, die mit der Freiheit einhergehen, nicht nur die sprichwörtlichen »kleinen Leute« tragen, sondern alle nach Maßgabe ihrer jeweiligen Leistungsfähigkeit.[13]

20 Notstandsregime in Europa

Bei der Suche nach den Schuldigen sollte nicht in Vergessenheit geraten, dass sich Europa nicht nur in finanziellen Schwierigkeiten befindet. Der Kontinent hat auch ein moralisches Problem. Selbst bei einer gelingenden Rettung der gemeinsamen Währung wäre eine Stärkung der EU keineswegs garantiert. Dem Wunschbild von Sonntagsrednern steht nicht nur eine gewaltige Summe umverteilter Schulden gegenüber. Zur Schadensbilanz gehört nach dem Eindruck eines Kommentators auch eine gedemütigte und abgewertete Demokratie, die in der Eile der Rettungsmanöver überall mit Füßen getreten wurde. Es geht um die Erfahrung der Ohnmacht der Volksvertretung vor den Gesetzen der Wirtschaft.

Noch ohnmächtiger scheinen die angeblichen Volksvertreter allerdings gegenüber der Unverantwortlichkeit und Unbelangbarkeit der Wirtschaftsführer zu sein. Diese werden womöglich in ihrer Gier gestärkt aus den Rettungsverfahren hervorgehen. Nach der gleichmäßigen Umverteilung der Staatsschulden und der Schulden der Banken auf die Schultern der Steuerzahler dürften sich alle diejenigen, die diese Schulden angehäuft haben und von ihnen profitierten, belohnt und ermutigt fühlen. Dazu gehören die Politiker, für die die Schulden billige Wahlgeschenke waren, und vor allem die Banker, die damit Geschäfte gemacht haben und bizarre Boni sowie Chefgehälter kassierten. Viele Einzelfälle demonstrieren allerdings nur die normale Ungerechtigkeit, die zur Begleitmusik einer Finanzwirtschaft gehört. Einer derartigen Wirtschaft könnte womöglich nur eine Revolution ein Ende bereiten.

Als schlimmer wird indessen das moralische Exempel eingeschätzt. Der Weg zu Millionengehältern scheint nur über die charakterliche Deformation zu führen. Die Leistung, die sich wirklich lohnt, besteht offensichtlich nur noch aus Rücksichtslosigkeit, Lüge, Frechheit und Betrug. Das europäische Problem könnte man deshalb in der moralischen Verwahrlosung der Wirtschaftseliten sehen. Sie wird nicht einmal mehr verborgen, sondern selbstzufrieden ausgestellt. Eine drastische gedankliche Konsequenz liegt nahe: »Ein Europa, das von solchen Herrschaften heimlich gelenkt wird, ist die Rettung nicht wert. Man kann nicht einmal den Rettungsversuch verlangen von den Bürgern, die jetzt schon wissen, dass sie am Ende die Dummen sein werden.«[1]

Im »Zuge der rastlosen Retterei« gerät etwas noch viel Wichtigeres als der Euro oder die EU in Gefahr: die Demokratie selbst. Nach dem Empfinden eines Beobachters steht sie unter Stress und verliert an Substanz. Der permanente Ausnahmezustand der Krisenbewältigung zehre an den Legitimationsreserven des Systems. Als Notstandsregime wird es Europa aber schwer haben.[2] Immer neue und abenteuerliche Rettungssummen, undurchsichtige Verfahren und gebrochene Versprechen ließen Zweifel wuchern, ob nicht etwas fundamental falsch läuft. Von der Debatte über ein mögliches Europa-Referendum sollte für die Politik das Signal ausgehen, dass irgendwann Schluss ist mit der exekutivischen Kabinettspolitik der Brüsseler Nachtsitzungen.

Unterdessen sieht man die Politik selbst eingeklemmt zwischen Zwängen, die in der Krise kulminieren. Noch nie war die »politische Elite« nach dem Eindruck eines Zeitgenossen so sehr mit dem »Sofortismus der Märkte«, ihren Forderungen und Spekulationen konfrontiert wie beim Kampf um den Euro. Der Takt werde nicht mehr von gewählten Vertretern bestimmt. Als maßgebend gelten jetzt Börsenöffnungszeiten, die Zinssätze an den Finanzmärkten und die Hysterie der Banker und Fondsmanager. Das raube nicht nur den Regierenden den Schlaf, sondern der Demokratie den Atem und damit die Zeit, die sie braucht, um Entscheidungen zu beraten, zu erklären und schließlich zu fällen. Parlamente, die »alternativlose« Lösungen bloß noch beklatschen dürfen, verlieren in der Tat ihre Funktion und sogar ihre Würde. Das führt zu der merkwürdigen Lage, dass sich die Gesellschaft immer schneller in Richtung Mitsprache entwickelt, während die wahrhaft großen Entscheidungen in einem fast postdemokratischen Exekutivabsolutismus gefällt werden. Der dadurch entstandenen Grundspannung ist mit Argumenten und neuen Ideen entgegenzutreten. Sonst wird man nach der Einschätzung eines Kritikers spätestens dann zerrissen, wenn die Krise auch in Deutschland kein »Zuschauersport« mehr sein sollte.[3]

Die Gesetze zum ESM und zum Fiskalpakt konnten in Deutschland nicht wie geplant zum 1. Juli 2012 in Kraft treten, obwohl sich Regierung und Opposition weitgehend einig geworden waren. Das Bundesverfassungsgericht hatte den Bundespräsidenten vorsorglich gebeten, die Gesetze vorerst nicht auszufertigen. Angeblich sei man bei Gericht »entsetzt« gewesen, dass Bundeskanzlerin Merkel versuchte, den Bundespräsidenten zur sofortigen Unterzeichnung zu bewegen und Rechtsschutz zu verhindern, eine Behauptung, die der Regierungssprecher Steffen Seibert dementierte. Der Bundesminister der Finanzen, Wolfgang Schäuble, ließ sich nicht von einer öffentlichen Rüge an den Vorbehalten des Bundesverfassungsgerichts gegen eine rasche Unterzeichnung des ESM-Ratifizierungsgesetzes abhalten. Er hält es nicht für klug, wenn die Verfassungsorgane öffentlich miteinander kommunizieren.[4]

Offenbar hatten die »Regisseure der Berliner Freilichtaufführung« (Abstimmung über die einschlägigen Gesetze) das Bundesverfassungsgericht nicht auf ihrer Rechnung gehabt, obwohl es gerade in Sachen »Europarettung« seine Stimme zuvor oft und laut erhoben hatte.[5] Jetzt konnte man von ihm hören, dass sogar eine »Verfassungskrise« drohe, wenn weitreichende Gesetze mit Bindungswirkung nach außen verabschiedet würden, ohne dass die vorliegenden Eilanträge und Klagen dazu geprüft würden. Es kann dahinstehen, ob dies schon »sehr hoch gehängt ist«. Für manch einen ist die begriffliche Eskalation immerhin ein Zeichen dafür, dass das Bundesverfassungsgericht allmählich selbst »die Krise kriegt«. Es hadere schon lange mit der Kompetenzverschiebung auf dem Felde der Europapolitik zugunsten der Regierungen. Seine Ermahnungen liefen aber ins Leere, wenn die Parlamentarier sich nicht selbst als die zentrale politische Entscheidungs- und Kontrollinstitution verstehen wollen.

In einem Pressekommentar wird die Auffassung vertreten, dass die bereits ergriffenen und erst recht die im Raum stehenden Vorschläge zur Bewältigung der Schuldenkrise zu weit in den Kernbereich nationaler Souveränität und in die »Königsrechte« der nationalen Parlamente eingriffen, als dass ein Abgeordneter die Entscheidung, wie er abstimmen solle, seinem Fraktionsgeschäftsführer, seinem Parteivorsitzenden oder der Bundeskanzlerin überlassen könnte. Die Dissonanzen zwischen Karlsruhe und Berlin belegten zudem, dass die Staatsschuldenkrise den Europäern nicht nur materiell das Äußerste abverlangt. Grundregeln der europäischen Einigung würden ignoriert, gebeugt und gebrochen, um eine Rückabwicklung des Erreichten zu verhindern. Geblieben ist aber nach dem Empfinden des Kommentators die Überzeugung, dass die Krise dauerhaft nur mit einem Sprung nach vorne ins richtig tiefe Wasser überwunden werden könnte. Die Konzepte dafür verlangten jedoch eine Bereitschaft zu finanzieller Solidarität und zu einem Souveränitätsverzicht,[6] die nur die Völker selbst und direkt erklären können. Bis dahin gelten in der Tat die nationalen Verfassungen mit ihren Regeln und Beschränkungen. Das Bundesverfassungsgericht hat darüber zu wachen, dass sich Regierungen und Parlamente daran halten.

Es hatte zu diesem Zeitpunkt zutreffenderweise schon mehrfach drauf hingewiesen, dass der »schleichende Prozess der Souveränitätsabtretung« langsam aber sicher an die dafür vom Grundgesetz gezogenen Grenzen stößt. Fiskalpakt und ESM befinden sich zweifellos schon in diesem Grenzbereich. Es hätte eigentlich selbstverständlich sein müssen, dass sich das Gericht die erforderliche Zeit nehmen wollte und musste, um den nächsten Schritt hin zu einer immer engeren Schicksalsgemeinschaft auf seine Vereinbarkeit mit der Verfassung der Bundesrepublik Deutschland zu prüfen.[7]

In der Öffentlichkeit wurde nach dem Eingang der Anträge auf Erlass einer einstweiligen Anordnung und etlicher Klagen die Frage gestellt, warum das Bundesverfassungsgericht die Rolle einer Opposition einnimmt, die es bei der Euro-Rettung in Bundestag und Bundesrat kaum gibt. Die von der Politik mit Blick auf Karlsruhe ins Gespräch gebrachte Volksabstimmung zu Europa sei nur ein weiteres und gefährliches Eingeständnis des Scheiterns einer grenzwertigen europäischen Kabinettspolitik. Die Integration stehe beileibe nicht nur wegen der Euro-Rettung an einem Scheitelpunkt. Man fasst auch schon einen »Rückbau« von EU-Kompetenzen ins Auge. Aber die Euro-Rettung führe zwangsläufig zu einer neuen Art und Stufe der Integration. An der Überprüfungsbedürftigkeit der hierfür erforderlichen Gesetze sollte kein Zweifel bestehen.[8]

Bemerkenswert ist daher, dass ein liberaler Abgeordneter des Europäischen Parlaments (Alexander Graf Lambsdorff) Zweifel an der Urteilsfähigkeit des höchsten deutschen Gerichts äußerte. Dessen Richter seien nicht mit allen Vorgängen in Europa ausreichend vertraut. Die daraus gelegentlichen entspringenden vermeintlichen Fehleinschätzungen empfindet er als besorgniserregend. Schließlich werde so der größte Mitgliedstaat in seinem Handeln eingeschränkt. Sollte das Gericht die Maßnahmen zur Stabilisierung der Währung aufhalten, wäre das ein schwerer Schlag für ganz Europa. Diesem liberalen Abgeordneten steht der sozialdemokratische Präsident des Europäischen Parlaments, Martin Schulz, zur Seite, der herausgefunden hat, dass die Urteile der Verfassungsrichter »teilweise von großer Unkenntnis geprägt sind.« Sein christdemokratischer Kollege Karl Lamers hat den in Karlsruhe herrschenden Geist gar als »national zentriert und uneuropäisch« bezeichnet.[9] Er sei durch die »Behauptung« des Gerichts erstaunt, dass die Grenzen des Grundgesetzes erschöpft seien. Das werde zwar als gottgegeben hingenommen. Doch das Grundgesetz verpflichte Deutschland geradezu zur Vertiefung der europäischen Integration. Schulz findet es im übrigen »interessant«, dass ein Gericht dem Gesetzgeber sagt, was er tun darf und was nicht – und zwar schon vorher.[10]

Einer seiner Amtsvorgänger, Hans-Gert Pöttering (CDU), bedauert, dass die Debatte um die Weiterentwicklung des europäischen Integrationsprozesses zur Existenzfrage für das Grundgesetz erklärt wurde. Er bezieht sich insbesondere auf das Bundesverfassungsgericht. Das Gericht hat nach seiner Interpretation festgestellt, dass eine substantielle Fortführung der europäischen Integration an die Grenzen der deutschen Verfassung stößt. Nach der Einschätzung von Pöttering trifft aber das Gegenteil zu. »Unser« Grundgesetz habe sich als Fundament für den europäischen Einigungsprozess bewährt und werde auch künftige Integrationsschritte tragen. Als im Zusammenhang mit dem Maastricht-Vertrag eine Neuregelung des Artikels 23 Grundgesetz erfolgte, habe das »Prinzip der offenen Staatlichkeit« eine entscheidende Rolle bei den Beratungen gespielt. Das Lissabon-Urteil des Bundesverfassungsgerichts stehe diesem Grundsatz wegen der aufgezeigten Grenzen entgegen. Diese Grenzen sind aber für Pöttering in den damals formulierten Konstitutionsprinzipien nicht erkennbar. Die »Ewigkeitsgarantie« des Artikels 79 Absatz 3 Grundgesetz hält er für ein Bollwerk gegen Diktatur und Willkürherrschaft, das aber nicht als Abwehrmauer gegen die europäische Integration missverstanden werden dürfe. Offenheit, Dialog- und Kooperationsbereitschaft sind für Pöttering zwar Werte, die das Bundesverfassungsgericht stets hervorgehoben hatte. Sie passten aber nicht zu den aktuell von diesem Gericht geäußerten Bedenken gegenüber der Tragfähigkeit des Grundgesetzes.

Der ehemalige Präsident des Europäischen Parlaments sieht diese Haltung des Bundesverfassungsgerichts »auf das engste« verbunden mit der Kritik an einem »vermeintlichen Demokratiedefizit«, wie es in seiner Rechtsprechung zur EU immer wieder angemahnt wird. Pöttering wirft dem höchsten deutschen Gericht vor, dass es die Chance, das Demokratieprinzip im europäischen Kontext weiterzuentwickeln und damit die eigene Rolle als »Hüter der Demokratie« zu stärken, bislang nicht ausreichend genutzt habe. Stattdessen werde dem Europäischen Parlament seine umfassende Legitimität abgesprochen. Mit seinem Urteil vom 9. November 2011 zur Verfassungswidrigkeit der Fünf-Prozent-Klausel habe das Gericht eine Schwächung des Parlaments in Kauf genommen.[11]

Gleichwohl scheint das Bundesverfassungsgericht in einer Zeit großer Unsicherheit zu einer Institution herangereift zu sein, der die Bürger (mehr als aktiven oder pensionierten Politikern) zutrauen, die politische Ordnung und nationale Interessen zu wahren. Es ist der Eindruck entstanden, dass das Gericht im politischen Leben der Bundesrepublik Deutschland ein kaum zu überschätzender Machtfaktor geworden ist, dessen Entscheidungen wie etwa beim EMS und Fiskalpakt weit über die Grenzen Deutschlands hinaus Bedeutung haben. Die üblichen Folgen von Machtgewinn, Misstrauen und Unbehagen sind im Falle des Bundesverfassungsgerichts nicht zu beobachten. 68 Prozent der Bürger waren froh, dass das Gericht die Verfassungskonformität des ESM überprüfte. 60 Prozent waren damit einverstanden, dass sich das Gericht die erforderliche Zeit nahm, ein Indiz für das verbreitete Unbehagen an der kontinuierlichen Ausweitung deutscher Sicherheitsgarantien für die Krisenländer in der Euro-Zone. Die überwältigende Mehrheit bezweifelt, dass die Politik wirklich weiß, wie sie die Situation beherrschen kann. Und sie misstraut einem Kurs, der auf eine Beschleunigung der europäischen Integration abzielt. In diesem Kontext erscheint das Bundesverfassungsgericht den meisten als ein »Bollwerk«, das nationale Interessen und die im Grundgesetz festgeschriebene politische und gesellschaftliche Ordnung schützt.[12]

Die europäische Integration könnte die Verfassungsidentität Deutschlands in Frage stellen, wenn nicht sogar bedrohen. Man scheint vergessen zu haben, dass schon die Einführung des Euro mit einer Legende begann. Während in Irland, Frankreich und Dänemark Volksabstimmungen über den Vertrag von Maastricht stattfanden, begnügte man sich 1998 in Deutschland bei der Ratifizierung in Bundestag und Bundesrat mit der schlichten Behauptung, das Grundgesetz habe eine repräsentative Demokratie geschaffen, in der Plebiszite auf den Neugliederungsfall des Artikels 29 Grundgesetz beschränkt seien, eine Auffassung, die das Bundesverfassungsgericht in seinem »Maastricht-Urteil« übrigens bestätigte. Es vertrat dort die Auffassung, dass das Prinzip der repräsentativen Demokratie zum änderungsfesten Kern des Grundgesetzes gehöre. Damit sei es ausgeschlossen, ein verfassungsänderndes Gesetz, das diesen Kern antastet, durch einen Volksentscheid zu legitimieren.

Mit Blick auf Artikel 20 Absatz 2 Grundgesetz wird von einem Kritiker behauptet, dass damit ein auf mittelbare Legitimation verkürztes Verständnis des Demokratieprinzips unzutreffend als fester Bestandteil der grundgesetzlichen Ordnung ausgegeben und erneut gegen die Option einer Verfassungsgebung nach Artikel 146 Grundgesetz ausgespielt werde. Inzwischen könnte man diese künstlichen Antithesen aber als entlarvte Legenden ansehen.

Das Bundesverfassungsgericht argumentierte in seinen Entscheidungen über den Vertrag von Lissabon und im Hinblick auf den EFSF wiederum mit der Option einer Verfassungsneuschöpfung. Es betont, dass Art. 146 Grundgesetz die äußerste Grenze der Mitwirkung an der europäischen Integration formuliert. Allein die verfassungsgebende Gewalt sei berechtigt, den durch das Grundgesetz verfassten Staat freizugeben, nicht aber die verfasste Gewalt. In seinem »Griechenland-Urteil« aus dem Jahre 2011 wird das Budgetrecht des Parlaments darüber hinaus als »grundlegender Teil der demokratischen Selbstgestaltungsfähigkeit im Verfassungsstaat« und zugleich als »ein zentrales Element der demokratischen Willensbildung« dargestellt. Die Schlussfolgerung ist klar: Der Bundestag darf seine Budgetverantwortung nicht durch unbestimmte haushaltspolitische Ermächtigungen auf andere Akteure übertragen oder dauerhafte völkervertragsrechtliche Mechanismen begründen, die auf eine Haftungsübernahme für Willensentscheidungen anderer Staaten hinauslaufen, vor allem wenn sie mit schwer kalkulierbaren Folgen verbunden sind.

Anfang des Jahres 2012 wurde unter anderem von dem Ministerpräsidenten Bayerns und dem Vizepräsidenten des Bundesverfassungsgerichts vorgeschlagen, über die Entwicklung der Währungsunion hin zu einer Transfer- und Haftungsgemeinschaft für Staatsschulden einzelner Mitglieder das Volk abstimmen zu lassen. Das erforderte allerdings zuvor eine Grundgesetzänderung mit einer entsprechenden Öffnungsklausel. Die konkrete Ausgestaltung eines solchen »Europa-Referendums« ist für einen Rechtswissenschaftler eher von nachrangiger Bedeutung. Wichtiger wäre der vorangehende öffentliche Diskurs, bei dem die Bürgerinnen und Bürger von der angeblichen »Alternativlosigkeit« des europäischen Rettungsschirms im Verbund mit der Schuldenbremse überzeugt werden müssten. In der Popularität dieses Vorschlags erkennt er keine »romantisierende Volkstümelei«. Sie habe umso mehr mit gelebter Demokratie zu tun, die ohne ein gewisses Maß an Vertrauen in die Weisheit der Regierenden nicht zu haben sei, wie unter Berufung auf einen Satz von Bert Brecht behauptet wird: »Das Volk ist nicht tümlich«.[13]

Damit ist die Frage nach der Sinnhaftigkeit und Notwendigkeit einer Volksabstimmung in europäischen Angelegenheiten offensichtlich nicht zufriedenstellend beantwortet. Demokratie und europäische Integration waren nach dem Zweiten Weltkrieg für Deutschland zwei reichlich unverdiente Geschenke. Aus ihrer Kumulation hätte ein demokratischer Bundesstaat Europa entstehen sollen. Der Wille und die Kraft hierzu sind aber bis heute offensichtlich nicht vorhanden. Zudem scheint der Integrationsversuch über eine gemeinsame Währung einen Wertverlust der beiden Geschenke bewirkt zu haben: »Die bundesdeutsche Demokratie war noch nie in einem so schlechten Zustand wie heute.«[14]

Nach dem Empfinden eines Kommentators haben die europäischen Völker lange nicht mehr mit so viel Misstrauen aufeinander geblickt wie derzeit. Kurze Zeit vor der Entscheidung des Bundesverfassungsgerichts vom 12. September 2012 wurde schon spekuliert, dass damit ein Befreiungsschlag erfolgt, der die Lage grundsätzlich bessert. Umso dringlicher erscheinen dem Journalisten Dirk Kurbjuweit Maßnahmen, die verhindern, dass Demokratie und Europa gleichzeitig verkommen. Er hält Demokratie und europäische Integration für die Grundlagen der Bundesrepublik Deutschland. Das Problem sieht Kurbjuweit darin, dass beide in Widerspruch geraten sind. Die Demokratie behindere eine schnelle Rettungspolitik für den Euro. Und eine schnelle Rettungspolitik unterhöhle die Demokratie. Diese Politik habe das »Machtgefüge« des Staates verändert. Die Exekutive, also die Regierung, hat nach der Ansicht dieses Journalisten gewonnen. Er glaubt, dass nur die Experten im Kanzleramt und im Finanzministerium noch halbwegs durchschauen, was passiert und was passieren müsste. Diese Einschätzung dürfte darauf beruhen, dass Kurbjuweit weder in der einen noch in der anderen Behörde länger gearbeitet hat. Das verhindert aber nicht die eine oder andere richtige Einsicht, etwa dass ein Leitmotiv dieser Exekutive der »Wille zur Mauschelei« ist und dass dabei die Bundeskanzlerin ihre Machtbefugnisse überdehnt, um einigermaßen effizient regieren zu können.

Das Parlament hat nach der Einschätzung von Kurbjuweit dagegen verloren. Die Aufgabe der Regierungskontrolle könne es kaum noch bewältigen. Tatsächlich findet eine Opposition wegen der vermeintlichen Verpflichtung zum gemeinsamen staatstragenden Verhalten nicht statt. Berechtigte und notwendige Kritik wird fast schon mit »Vaterlandsverrat« gleichgesetzt. Kurbjuweit sieht das Bundesverfassungsgericht als »Gewinner«. Seine Richter seien zum »Aufsichtsrat der deutschen Politik« avanciert, dessen Eingreifen fast schon zur Regel geworden sei. In der Tat ist das nicht die Rolle, die ihnen zugedacht war. Ihr Leitmotiv sei »Funktionstüchtigkeit«. Damit sind sie nach dem Eindruck von Kurbjuweit in der Europapolitik fast ein Regierungsorgan geworden. In den Finanzmärkten sieht dieser Beobachter zudem einen starken Machtfaktor, der in keinem Handbuch der Demokratie vorgesehen ist. In den »Geldmenschen« erkennt er den eigentlichen Souverän, der das Denken und Handeln der Politiker bestimmt und selbst vom Leitmotiv »Gier« gesteuert ist. Kurbjuweit erinnert an die »Beflissenheit«, mit der die Bundeskanzlerin den Finanzmärkten eine »marktkonforme Demokratie« zugesagt hatte.

In diesem Szenario ist es nicht allzu überraschend, dass die Bürger als »Verlierer« angesehen werden. Sie stehen offensichtlich so ratlos vor den politischen Ereignissen wie lange nicht mehr. Keiner durchblickt mehr die von der Politik geschaffene »Rettungsstruktur«. Der Verstand hat zugunsten des Gefühls abgedankt, das auch in den Augen von Kurbjuweit bei europapolitischen Fragen nicht immer der beste Ratgeber ist. Das (Zwischen-)Ergebnis ist nicht gerade ermutigend: ein ratloser Souverän und ein überfordertes Parlament, das von einer etwas weniger ratlosen, etwas weniger überforderten Regierung sowie den Finanzmärkten dominiert wird. Eine solche Demokratie bezeichnet Kurbjuweit als »Patient«.

Fraglich ist, ob es mit Europa wesentlich besser bestellt ist als mit Deutschland. Die kriegerische Vergangenheit Europas nährte zunächst natürlich das Pathos, mit dem man für die europäische Integration warb. In Wahrheit ging es aber mit der Durchsetzung nationaler Interessen weiter. Zunächst stand die »Zähmung« Deutschlands auf der Agenda. Die Methode war einfach: Unterwerfung der deutschen Kohlenvorräte unter französischen Einfluss. Im Euro sieht Kurbjuweit das Instrument einer »zweiten Zähmung«, mit der Frankreich vor allem die Macht der Bundesbank brechen wollte. Heute scheint »Friedlichkeit« aber selbstverständlich geworden zu sein. Das alte Pathos klingt jetzt für manche hohl. Europa wurde zum »Elitenprojekt«. Dabei hielt man sich nicht lange mit Fragen an die Bevölkerung auf. Es entstand eine »Gemeinschaft« ohne starkes Parlament, aber mit einer starken Bürokratie und großem Einfluss der Regierungen. Legitimation schien durch Erfolg entstanden zu sein. Darin erkennt Kurbjuweit keine saubere, aber eine akzeptable Methode. Jetzt zeigt sich jedoch, dass es ein gravierender Fehler war, den Euro nicht mit einer europäischen und parlamentarisch kontrollierten »Finanzregierung« zu verbinden. In dieser Form ist die Währung anscheinend kein Erfolg mehr. Kurbjuweit sieht Europa mehr oder weniger nackt vor sich stehen. Die einige Idee des Friedens sei verblasst. Die Interessen der Staaten liefen auseinander. Die einen wollen in der Not möglichst viel Solidarität, die anderen möglichst wenig. Niemand weiß, wie diese Konflikte demokratisch und wirksam zu lösen sind. Deshalb ist aus der Sicht von Kurbjuweit auch Europa ein »Patient«.

Der Konflikt zwischen der Suprematie Europas über die Demokratie oder der Demokratie über Europa wäre vielleicht vermeidbar, wenn man die Deutschen fragte, ob und wie sie ihre Demokratie mit der europäischen Integration versöhnen wollen. Einerseits gilt die repräsentative Demokratie als »prinzipiell gut«. Andererseits schlage bei den ganz großen Fragen die Stunde des Souveräns. Man stehe nun vor der ganz großen Frage, ob der deutsche Souverän bereit ist, Souveränität nach Europa zu verlagern, damit eine »vernünftige« Euro-Politik möglich wird. Juristisch, so erkennt auch der Journalist Kurbjuweit, sei das nicht ganz leicht zu machen: »Der Wille entscheidet.« Das Grundgesetz müsse man nicht »umschmeißen«, und den »Bundesstaat Europa« müsse man auch nicht erst schaffen. Schon die Zeit vor einer Volksabstimmung sei wertvoll, weil man sich dann in einer breiten Debatte darüber verständigen könnte, was für ein Europa Deutschland will und was die eigene Rolle sein soll. Wäre die Mehrheit überzeugt, hätte die Bundesregierung den Auftrag, in Europa für eine stärkere Integration und eine stärkere Verzahnung der Finanzpolitik unter Aufgabe von Souveränität zu werben. Eine derart starke Legitimation wäre der »gute Fall«.

Der »schlechte Fall« wäre natürlich auch möglich. Die EU hat schon eine Volksabstimmung der Franzosen gegen eine europäische

Verfassung überlebt. Das Ende Europas ist deshalb immer noch nicht in Sicht. Die Bundesregierung könnte weiter daran mitarbeiten, den hochverschuldeten Ländern zu helfen nach Maßgabe des deutschen Haushaltsrechts. Die Demokratie könnte bei einer solchen Volksabstimmung nur gewinnen, die europäische Integration auch. Ein Stück weit könnte sie verlieren. So wären die Gewichte vielleicht richtig verteilt: »Denn am Ende, wenn es hart auf hart kommt, geht die Demokratie vor.«[15]

Manche der zitierten Äußerungen könnte man als Indiz dafür ansehen, dass man sich viel näher an den vom Grundgesetz gezogenen Grenzen sieht, als nach außen zugegeben wird. Die »verbalen Rempeleien« gegen Karlsruhe, aber auch gegen kritische Ökonomen werden nicht nur als schlechter Stil, sondern auch als Indikator des schlechten Gewissens angesehen. Nach dem Eindruck einer anderen Journalistin sind sich alle Beteiligten sehr bewusst, dass die Währungsunion in Deutschland keine Zustimmung gefunden hätte, wenn die Politik damals auch nur annähernd Klarheit über die Auslegbarkeit der Beschlüsse, die Dehnbarkeit des Rechtsrahmens und den damit ermöglichten Souveränitätsverzicht durch die Hintertür geschaffen hätte. Politiker wie Schulz und Lambsdorff sprechen in ihrer Argumentationsnot dem Bundesverfassungsgericht nun schlicht die Sachkenntnis ab. Als Sachwalter deutscher Interessen empfehlen sich diese Politiker und das Europäische Parlament nach der Einschätzung dieser Kommentatorin so ganz sicher nicht.[16]

Natürlich ist in einer Demokratie selbst die Macht des Verfassungsgerichts nicht grenzenlos, auch wenn es einen guten Grund dafür gibt, dass seine Richter in Streitfragen über die Interpretation des Grundgesetzes das letzte Wort sprechen. Schon die Existenz der Verfassungsgerichtsbarkeit zeigt, dass auch Gesetze, die auf legale Weise mit einer Mehrheit der demokratisch gewählten Volksvertreter verabschiedet wurden, gegen die Verfassung verstoßen und daher illegitim sein können. Grundsätzlich ist daher ein Verfassungsgericht ein Gewinn für den Rechtsstaat. Darüber hinaus gehört auch das Demokratieprinzip zu den konstituierenden Prinzipien der Verfassung und damit der Verfassungsgerichtsbarkeit. Gleichwohl wird betont, dass die von der Verfassung offengelassenen Fragen möglichst weitgehend der Beurteilungs- und Gestaltungsfreiheit des demokratisch gewählten Gesetzgebers vorbehalten sein sollten. Eine Verrechtlichung der Politik durch einen übermäßigen Einfluss des Verfassungsgerichts dürfte in der Tat nicht im Sinne des Grundgesetzes sein. Sie könnte die Demokratie sogar gefährden.[17] Im Hinblick auf die Verfahren gegen ESM und Fiskalpakt wird von einer »vierten Lesung von Gesetzen« gesprochen. Diese Fortsetzung der Politik mit juristischen Mitteln führe zu einer Verlagerung politischer Entscheidungen auf das nur indirekt demokratisch legitimierte Gericht. Das Bundesverfassungsgericht selbst habe Anteil an der »Justizialisierung von Politik«.

Die Politikwissenschaftlerin Christine Landfried hält es nicht für die Aufgabe des Verfassungsgerichts, dem Bundespräsidenten Ratschläge darüber zu erteilen, wann er die vom Parlament verabschiedeten Gesetze unterzeichnen soll. Die Verfassungsrichter hätten im Laufe der Zeit ihre ohnehin erhebliche Machtfülle durch neue Sanktionsformen, die Vermischung von Prozessarten und das Überschreiten der konkreten Streitfrage ausgedehnt, etwa durch die »verfassungskonforme Interpretation«. Damit verfolgten sie das Ziel, den Handlungsspielraum des Gesetzgebers nicht unnötig einzuschränken und nur im äußersten Notfall eine Norm zu kassieren. Diese »wohlgemeinte Zurückhaltung« sei aber nicht selten ins Gegenteil umgeschlagen. Mit der »verfassungskonformen Auslegung« definierten die Richter eine bestimmte Auslegungsmöglichkeit als die einzig verfassungsgemäße und verringerten so die Offenheit der Verfassung. In manchen Fällen habe das Bundesverfassungsgericht sich nicht auf die zu klärende Frage konzentriert, sondern lehrbuchartig gleich ganze Rechtsgebiete mitbehandelt. So hätten sich die Richter ein »Initiativrecht« verschafft, das ihnen nach dem Grundgesetz nicht zustehe. Landfried meint, dies am Beispiel des Urteils zum Vertrag von Lissabon veranschaulichen zu können. Seinerzeit ging es um die Frage, ob mit dem Vertrag und dem dazugehörigen Zustimmungsgesetz ein Maß an europäischer Integration erreicht war, das dem Bundestag und dem Bundesrat keinen »ausreichenden Raum zur politischen Gestaltung der wirtschaftlichen, kulturellen und sozialen Lebensverhältnisse« mehr lässt.

Das Bundesverfassungsgericht kam zu dem Ergebnis, dass dies nicht der Fall ist, der Vertrag von Lissabon also verfassungsrechtlichen Anforderungen genügt. Dabei stand wohlgemerkt nicht zur Diskussion, wie ein europäischer Bundesstaat verfassungsrechtlich zu bewerten ist. Nach der Auffassung von Landfried hatte die Feststellung des Bundesverfassungsgerichts, dass ein solcher Bundesstaat in Deutschland eine freie Entscheidung des Volkes jenseits der gegenwärtigen Gestaltungskraft des Grundgesetzes voraussetzt, nichts mit der konkreten Streitfrage des damaligen Verfahrens zu tun. Auch mit seiner Aussage, die Bundesrepublik Deutschland könne bei einem wachsenden Missverhältnis zwischen europäischen Hoheitsrechten und dem Maß an demokratischer Legitimation wählen, habe das Bundesverfassungsgericht ungefragt in die politische Debatte eingegriffen. Für sie stellt sich die Frage, wann die »Verrechtlichung der Politik« zu einer Gefahr für die Demokratie wird.

Sie erinnert an Artikel 20 Grundgesetz, der bestimmt, dass alle Staatsgewalt vom Volke ausgeht und dass die Gesetzgebung an die verfassungsmäßige Ordnung gebunden ist, die vollziehende Gewalt und die Rechtsprechung Gesetz und Recht verpflichtet sind. Die für die Aufgabenverteilung zwischen Parlament und Verfassungsgericht maßgebenden Kriterien sind mit deren jeweiligen Funktionen zu verknüpfen. Bei der Beurteilung der Verfassungsmäßigkeit politischer Verfahren und Prozesse sind die Kompetenzen des Verfassungsgerichts in der Tat groß. Bei einer Entscheidung über politische Inhalte sollte es Zurückhaltung üben, weil sich hier die Kompetenzverteilung zugunsten des Parlaments verschiebt. Demzufolge sei das Bundesverfassungsgericht vor allem zur Beurteilung der »Fairness«, das heißt der Verfassungsmäßigkeit demokratischer Verfahren, aufgerufen. Gleichwohl kann es vorkommen, dass das Gericht auch über Inhalte und Werte urteilen muss. Dann erlangt die Frage der Arbeitsteilung eine besondere Bedeutung.

Landfried hält den Unterschied zwischen politischer und rechtlicher Entscheidungsfindung im Bewusstsein der politischen Rolle des Gerichts für die »Pointe der Verfassungsgerichtsbarkeit in einer Demokratie«. Durch die Differenz zwischen Politik und Verfassungsrechtsprechung erhöhe sich die Problemlösungskapazität. Dieser

»produktive Unterschied« verschwinde aber dann, wenn die Bundestagsabgeordneten das Verfassungsgericht zu politischen Zwecken missbrauchen oder die Richter in Fragen inhaltlicher Politik ihre Kompetenzen überschreiten. Dann gehe auch der »Gewinn an Rationalität« verloren, der mit einem Verfassungsgericht für den demokratischen Rechtsstaat verbunden sein könne.

In ersten Reaktionen auf die Urteilsverkündung war selbst in konservativen Tageszeitungen in journalistisch-schnoddriger Diktion zu lesen, dass die Entscheidung des Bundesverfassungsgerichts »gehyped« worden sei wie der »Millennium-Bug« oder das Ende der Welt laut Maya-Kalender. Manch einer werde am Morgen dieses Tages doppelt gefrühstückt haben, weil nicht mehr gewiss schien, dass es am Tag danach noch Nussnougatcreme in Deutschland gibt. Der weitverbreiteten Dramatisierung wurde eine Entlastungsfunktion zugeschrieben. Die Öffentlichkeit habe die bis dahin schon drei Jahre während Euro-Rettung mit einem Gefühl der Ohnmacht verfolgt. Die europäischen Regierungen müssten sich wie in Zeitlupe bewegen, um bei den Geldhändlern keine panischen Reaktionen auszulösen. Dabei weiß doch jeder mittelmäßig begabte Zeitgenosse, dass der Umbau von Institutionen kompliziert ist und rasche Entlastungsmanöver nicht möglich sind. Und beim politischen Personal vermisst man immer noch jemanden, der in einer großen Rede darlegen könnte, wohin die Reise geht. So bleibe der Eindruck, Europa sei schwach und rettungsbedürftig, obschon es doch eine der reichsten, friedlichsten und kreativsten Gegenden der Welt sei. Die große Inszenierung der Karlsruher Urteilsverkündung wird als Ventil bezeichnet, das zudem auf »klassische Merkel-Taktik« weise. Man rückt immer wieder mal andere Institutionen ins Licht, auf denen dann alle Blicke ruhen, während die Kanzlerin in Ruhe ihre Sachen machen kann und nicht pausenlos von quengelnden Bürger gefragt wird, wann wir endlich da sind.[18]

Der Journalist Heribert Prantl fand nach der Lektüre des Urteils schnell heraus, dass Europa Glück gehabt hat. Es markiere nicht das Ende des europäischen Projekts. Damit hat es sich aber auch schon. Das Urteil bringe Europa nicht weiter. Und Deutschland auch nicht. Es bringe auch der Demokratie nichts. Das Urteil weiche den wichtigsten Fragen aus. Wie in Europafragen üblich, sei es ein »Ja, aber«-Urteil. Das »Ja« wird aber diesmal als ebenso kraftlos wie das »Aber« empfunden. Man hörte ein seufzendes »Aber ja«. Das sonst vermeintlich eher unbescheidene Verfassungsgericht habe sich jetzt bescheiden gezeigt und in den Gang der Politik nicht eingegriffen. Die Währungsunion erlebe eine »revolutionäre Evolution«. Und das Gericht lasse es geschehen. Es versuche lediglich, die deutsche Haftungssumme auf 190 Milliarden Euro zu deckeln, wohlwissend, dass das kaum funktionieren wird, weil dieser Deckel auf die EZB nicht passt. Die Richter hätten die EZB-Problematik bis zum Hauptsacheverfahren komplett ausgeklammert. Bis dahin kann die EZB nach dem Eindruck von Prantl machen, was sie will. Das sei vielleicht auch gut so, weil das Gericht nicht wisse, was es will.

Aus der Sicht von Prantl ist es in EU-Angelegenheiten ein Pilger, der sein Ziel nicht kennt. Mit seinen europäischen Entscheidungen habe es sich sein (ansonsten) hohes Ansehen nicht verdient. Prantl empfindet sie als »kraftmeierisch«. Jetzt habe sich das Gericht übernommen. Im Hinblick auf die Leitung oder Begleitung des europäischen Einigungsprozesses habe es zu viel versprochen und zu wenig gehalten. Alle Versuche, die 1993 mit dem Maastricht-Urteil begannen, hätten nur die anderen EU-Staaten aufgebracht und in Deutschland zu hohe Erwartungen geweckt. Die vom Gericht bisher angewandte Methode (jeweilige Stärkung des nationalen Parlaments) sei ausgereizt. Der Bundestag könne die demokratische Kontrolle von gewaltigen Euro-Rettungsprojekten nicht gewährleisten. Der nationalen Demokratie schreibt Prantl keine »Gestaltungskompetenz«, sondern nur noch eine »Verweigerungskompetenz« zu. Im Hinblick auf das Erfordernis größerer europäischer Demokratie habe sich das Bundesverfassungsgericht auf »törichte Weise selbst in die Ecke gestellt«. In mehreren Entscheidungen sei die europäische Demokratie nicht ermuntert, sondern »bekrittelt« und das Europäische Parlament verspottet worden. Man habe nur negative Kritik geübt.[19]

Aus der Sicht manch eines Politikers (Wolfgang Bosbach, CDU) ist mit der Entscheidung jedenfalls der Weg frei für die Vergemeinschaftung der Schulden.[20] Einem Journalisten ist nach der Verkündigung des Urteils sogar »seltsam herbstlich« zumute gewesen. Er hat ein »Urteil der Konjunktive und der Selbstbescheidung« gehört. Ihm ist auch aufgefallen, dass das Bundesverfassungsgericht immer wieder auf den »weiten Einschätzungsspielraum« des Gesetzgebers verwies, den es im ökonomischen und politischen Feld der Euro-Rettung zu respektieren habe. In der Tat kommen zudem im Hinblick auf die Auslegung von Vorschriften der Europäischen Verträge die Worte »dürfte« oder »müsste« mit dem Hinweis vor, dass dafür der Europäische Gerichtshof zuständig sei. Im übrigen sei das Gericht auch selbst schuld daran, dass es mit Erwartungen konfrontiert wird, die es nicht erfüllen könne. Es kämpfe seit 1993 dagegen an, dass sich Demokratie und nationale Souveränität im europäischen Einigungsprozess auflösen. Vor dem Übergang Deutschlands in einen europäischen Bundesstaat müsse nach den Vorstellungen des Gerichts das deutsche Volk abstimmen. Bislang unterblieb aber eine Festlegung des Zeitpunkts beziehungsweise des Anlasses. Auch dieses Mal war es nicht soweit. Ein Grund dafür dürfte nicht nur die berechtigte Zurückhaltung der Richter in politischen Fragen sein. Das Gericht sei am Ende einer Entwicklung angekommen. Die Regeln zum Rettungsschirm, die Vorschriften über die EZB, das gilt als ein Terrain, das andere, das heißt die Richter des Europäischen Gerichtshofs in Luxemburg, zu bewachen haben. Darin erkennt man den »melancholischen« Aspekt des Urteils.[21]

Für andere ist es ein Urteil mit vielen kleinen Kautelen und ohne groß angelegte Entwürfe. Mehr sei schon deshalb nicht zu erwarten gewesen, weil es sich nur um ein Eilverfahren (Antrag auf Erlass einer einstweiligen Anordnung) handelte, obschon dessen Ergebnis in einer Hinsicht Bestand haben dürfte. Die Haftungsobergrenze für Deutschland muss bei 190 Milliarden Euro bleiben, egal was irgendwelche Juristen aus dem Kleingedruckten des Vertrages herauslesen. Die Richter hätten mit vollem, vermutlich berechtigtem Misstrauen die Vorgaben des ESM in diesem Punkt als nur scheinbar eindeutig erkannt. Anlass für Misstrauen hätten auch die Vorschriften für die »Kapitalabrufe« geboten. Beim Ausfall eines Staates müssten die anderen die Lücke füllen. Es bleibt offen, bis zu welcher Grenze der Anteil der verbleibenden Zahler steigt. Deshalb war klarzustellen, dass die 190-Milliarden-Euro-Grenze auch für diesen Notfall gilt. Bemerkenswert ist allerdings, dass auch nach diesem Urteil für eine höhere Haftung Raum bleibt, wenn der Bundestag zustimmt. Die Obergrenze wird so nicht zuletzt wegen des weiten Einschätzungsspielraums des Gesetzgebers löchrig. Zwar hat das Gericht schon früher angedeutet, dass sich selbst die Abgeordneten nicht durch gigantische Haftungszusagen handlungsunfähig machen dürfen, ohne dafür eine klare Zahl zu nennen. Vermutlich liegt diese Grenze noch nicht einmal bei 300 Milliarden Euro, ein Betrag, zu dem man bei Berücksichtigung der bereits eingegangenen Verpflichtungen mühelos kommt.

Die Ausführungen zur EZB werden als »erwartbar kryptisch« bezeichnet, schon deshalb, weil das Thema dem Hauptsacheverfahren vorbehalten bleiben sollte. Immerhin spürte man schon »höchstrichterlichen Unmut« und sagt voraus, dass das Gericht einschreiten würde, sollte die EZB eine Finanzpolitik betreiben, mit der die Haftung Deutschlands ohne Limit und vor allem ohne demokratische Beteiligung des Bundestages ausgedehnt werden kann. Das dürfte aber die Beteiligung europäischer Richter unausweichlich machen. Gleichwohl hält man die Nutzanwendung der allgemeinen Lehrsätze über die Rechte und Pflichten des Parlaments für weich und immer weicher. Das Gericht sieht sich zu einer wirklichen Prüfung, ob der Umfang der Zahlungsverpflichtungen und Haftungszusagen zu einer Entäußerung der Haushaltsautonomie des Bundestages führt, außerstande, da es eben den weiten Einschätzungsspielraum des Gesetzgebers respektieren will.[22]

Manche Politiker zögerten nicht, sogleich die »Botschaft« des Gerichts zu verkünden, wonach es Integration in Europa nur mit Parlamentskontrolle geben könne. Vertreter der Linkspartei erklärten gar, dass es allein ihr zu verdanken sei, dass die Rechte des Bundestages gestärkt worden sind.[23] Andere empfinden dagegen Skepsis wegen der vermeintlich kritischen Haltung, die das Bundesverfassungsgericht zu Europa einnehme. Solche Urteile wie die aus Karlsruhe seien sonst nirgendwo in Europa denkbar. Das Gericht habe »alles Europäische« im Ergebnis zwar immer mitgemacht, aber immer in einem »unguten Ton«, oft mit »unguten Auflagen« und mit einem »nationalen Unterton«. Das Bundesverfassungsgericht habe die

Skepsis der Deutschen gegenüber Europa verstärkt und »salonfähig« gemacht.[24]

Dennoch: Die zwei Vorbehalte der Richter gelten eher als »leise Ermahnungen«, mit denen die Politik gut wird leben können. Die Rechte des Parlaments werden zwar gestärkt. Die Hoffnung der Euro-Skeptiker auf die Festlegung einer verbindlichen Obergrenze der deutschen Haftung wurde aber offensichtlich enttäuscht. Die Forderung, dass die Volksvertretung das letzte Wort über die Rettungsmilliarden haben soll und nicht irgendeine eher undurchsichtige Stabilisierungsbehörde, könnte man auch als eine absolute Selbstverständlichkeit ansehen, deren Betonung manch einen schon wieder nervös macht. Es wird auch die Frage nach dem Realitätsgrad der Forderung gestellt, wonach Deutschland seinen Vertragspartnern klarmachen muss, dass es an den ESM-Vertrag insgesamt nicht gebunden sein wolle, wenn die genannten Vorbehalte nicht respektiert werden.[25] Die Bundeskanzlerin habe vor dem Verfassungsgericht einen Sieg errungen, der allerdings vor allem in der Vermeidung einer Niederlage bestehe. Jetzt könne Merkel mit ihrem Euro-Krisenmanagement dort fortfahren, wo die Kläger es vorübergehend gestoppt hatten. Der permanente Rettungsschirm kann kommen, und die EZB wird zum Rettungsanker für den Euro. Der eigentliche Sieg der Kanzlerin liege darin, dass sie damit so spielend durchkommt.[26]

Dem Bundesverfassungsgericht wird attestiert, dass es keine Außen- und Wirtschaftspolitik gemacht hat, sondern wie eh und je mit richterlicher Selbstbeschränkung urteilte. Wie in allen Fällen, wenn es um Euro und Europa ging, hätte es die »Selbsterhöhung zur politischen Instanz« verweigert. Nach dem Wegfall der »Karlsruher Bremse« werde der Euro gerettet, soweit das Geld reicht. Karlsruhe habe zwar den Volkssouverän bestätigt. Dahinter tue sich aber ein »hässliches Demokratie-Defizit« auf. Die Staaten hätten ihr »Erstgeburtsrecht« – die Hoheit über den Staatshaushalt – an eine nicht gewählte Institution (EZB) »outgesourct«. Damit wird nach dem Empfinden eines Kommentators die Begeisterung für Europa nicht gestärkt, und für die Demokratie auch nicht.[27]

Dem ehemaligen Verfassungsrichter Udo Di Fabio kommt es unterdessen so vor, als ob Zentralbanken oder das Bundesverfassungsgericht scheinbar ganz ohne Absicht so etwas wie »heimliche Antipoden« in jener Schwebelage der Krise sind, in der auch das geübte Räderwerk der europäischen verbundenen Regierungen sich zwar drehe, aber in der Richtung eigentlich nicht mehr richtig weiterwisse. Udo Di Fabio erinnert in diesem Zusammenhang daran, dass man mit der Einrichtung einer vom politischen Eingriff unabhängigen Notenbank das Diktum des Ökonomen Friedrich August von Hayek endgültig widerlegen wollte, dass die Regierungen zu allen Zeiten die Münz- und Währungshoheit nur missbraucht und zum Betrug genutzt hätten.

Er sieht auch das Publikum empört, weil Abgeordnete des Deutschen Bundestages vor laufender Kamera offenbart haben, dass sie keinen blassen Schimmer davon haben, in welcher Höhe sie soeben eine Gewährleistungsermächtigung per Gesetz, also eine Bürgschaft im Namen des Volkes, gegeben haben. Und Regierungschefs hätten den Anschein erweckt, also ob sie die Lüge zur europäischen Staatsräson erheben wollten. Sollte die Diagnose stimmen, dass der europäische Teil der Menschheit bis vor kurzem in einer Epoche lebte, deren juristische Begriffe ganz vom Staat geprägt waren und den Staat als Modell der politischen Einheit voraussetzen, und die Epoche der Staatlichkeit jetzt zu Ende geht und dass darüber kein Wort mehr zu verlieren ist, dann sollte man sich auch nicht mehr an das Bundesverfassungsgericht klammern. Auch dieses Gericht könnte nicht aufhalten, was die Gesetzmäßigkeit der Überstaatlichkeit erzwingt. In den Augen von Di Fabio wirkt ein mahnender Bundesbankpräsident »seltsam gestrig«, wenn er sich auf das Recht der geltenden Verträge beruft, wo doch jeder zu wissen scheint, dass Not kein Gebot kennt und in Zeiten des Umbruchs man sich nicht vom Alten fesseln lassen soll.[28]

Der Soziologe Jürgen Habermas erklärte auf dem 69. Deutschen Juristentag (2012), dass dem Urteil des Bundesverfassungsgerichts vom 12. September 2012 mehr als nur eine politisch-operative Bedeutung zukomme. Das Gericht hätte »normative Aufklärungsarbeit« leisten müssen. Nach seinem Eindruck konnte man schon bei der bisherigen Europa-Rechtsprechung nicht wissen, ob das Gericht den Nationalstaat um der Demokratie willen oder nicht doch eher die Demokratie um des Nationalstaats willen verteidigt. Es habe sich auf dieser »abschirmend-souveränitätsversessenen Argumentationslinie« den Blick auf die »kommunizierenden Röhren des nationalstaatlichen und des europäischen Rechts« verstellt. Weil es davon ausgeht, dass der demokratische Grundsatz nur im nationalen Rahmen implementiert werden kann, hat das Gericht in der Wahrnehmung von Habermas angesichts der vom Europäischen Rat jetzt an sich gezogenen Kompetenzen sein Pulver verschossen. Habermas kann in der Entscheidung vom 12. September 2012 keinen konstruktiven Beitrag zur transnationalen Rettung der auf nationaler Ebene gefährdeten Demokratie erkennen. Das »Ja, aber« zu ESM und Fiskalpakt bekräftige die demokratischen Grundnormen, an die die Kläger appelliert hatten. Aber im Prozess der richterlichen Anwendung auf »normativ glitschige technokratische Sachverhalte« scheine sich deren Substanz eher zu verflüchtigen.[29]

Nach dem Eindruck eines weiteren Beobachters suggeriert die Schärfe der Habermas'schen Vokabel eine tiefere Kluft zwischen dem Soziologen Habermas und dem Juristen Voßkuhle, als sie in Wirklichkeit besteht. Der Präsident des Bundesverfassungsgerichts betonte bei dieser Gelegenheit, dass sich auch das Gericht in Richtung Europa bewege, vielleicht nur nicht so schnell, wie sich das manche wünschten.[30] Es gehe darum, in einer Vertrauenskrise das Vertrauen durch Einhaltung der selbstgesetzten Regeln zurückzugewinnen. Kurz zuvor hatte allerdings die für Justizfragen zuständige Kommissarin, Viviane Reding, den aus ihrer Sicht allzu heiligen deutschen Ernst im Umgang mit dem Recht kritisiert und für eine eher locker-politische Lesart der europäischen Regeln plädiert, eine Argumentation, die bei den Juristen Befremden auslöste, zumal sie von Reding als »ordnungsversessen« tituliert wurden. Es war nicht erkennbar, ob Reding den Hinweis von Voßkuhle, dass man Europa wolle, aber als ein demokratisches und rechtsstaatliches Europa, intellektuell einordnen konnte.[31]

Unterdessen haben andere gesehen, wie nach dem Urteil aus Karlsruhe die Erleichterung durch Euro-Staaten und Finanzmärkte wie eine »La-Ola-Welle« gerauscht ist, obschon scheinbar in Vergessenheit geraten war, dass das Gericht (nur) eine »Eilentscheidung« verkündet hat. Für das »Hauptsacheverfahren« schloss man indessen nicht aus, dass die Rolle der EZB sich als »brisanter« Punkt erweisen könnte. Eine Vorlage an den Europäischen Gerichtshof wäre eine echte Premiere. Das Bundesverfassungsgericht hatte deutlich zu erkennen gegeben, dass es die Absicht der EZB zum Ankauf von Staatsanleihen für problematisch hält, weil im Erwerb solcher Anleihen am Sekundärmarkt eine Umgehung des Verbots monetärer Haushaltsfinanzierung liegen könnte, sofern er auf eine von den Kapitalmärkten unabhängige Finanzierung der Haushalte der Krisenstaaten zielt.[32]

Die Thematik war noch unmittelbar vor der Verkündung der Entscheidung Gegenstand eines (erfolglosen) Eilantrags eines der Kläger, Peter Gauweiler, gewesen. Er meinte, dass durch den Beschluss der EZB eine völlig neue Situation entstanden sei. Die EZB sei für den Ankauf von Staatsanleihen nicht demokratisch legitimiert und mache sich so »zum unbegrenzten Ultra- und Hyperrettungsschirm«.[33] Und während die EZB und die europäischen Institutionen noch daran arbeiteten, den Euro aus seiner akuten Krise zu befreien, sondierte man in Berlin bereits diskret bei seinen Partnern, ob sie zu einer abermaligen Reform der EU bereit sind und wie weit sie dabei gehen würden. Die deutsche Neigung zu einem Konvent schien seinerzeit gering gewesen zu sein. Bei den im August 2012 begonnenen Gesprächen ging es zunächst um die Balance zwischen nationaler Eigenständigkeit und einem gemeinsamen Handeln zur Verbesserung der Wettbewerbsfähigkeit. Die Frage nach Verantwortung und demokratischer Legitimation scheint dabei an Gewicht zu gewinnen. In mehreren Hauptstädten war unterdessen der Verdacht entstanden, dass Brüssel die Krise nutzen will, um mehr Macht in die Zentrale zu verlagern.[34]

Zehn Wochen nach der Entscheidung des Bundesverfassungsgerichts verkündete auch der Europäische Gerichtshof (EuGH) Ende November 2012 sein Urteil über den ESM. Das Gericht hat eine Klage des irischen Politikers Thomas Pringle abgewiesen. Es bestätigte, dass der ESM mit seinem Volumen von 500 Milliarden Euro nicht gegen EU-Recht verstößt. Dem Vorwurf, dass der ESM mit Artikel 125 EU-Vertrag (»No Bail-out« – kein Freikauf) vereinbar sei, ist der EuGH mit einer zweckorientierten, großzügigen Auslegung entgegengetreten. Die Richter vertreten die Auffassung, dass es um die

Sicherstellung einer soliden Haushaltspolitik der Mitgliedsstaaten gehe. Die Verschuldung unterliege der »Marktlogik« als Anreiz zur Wahrung der Haushaltsdisziplin. Die »Euro-Rettung« muss also ein echter Beitrag zur Haushaltskonsolidierung maroder Staaten sein und nicht etwa eine Übernahme leichtfertig aufgetürmter Schulden einzelner Länder. Aus der Sicht des EuGH tritt der ESM nicht als Bürge der Schuldenstaaten auf. Sie blieben ihren Gläubigern gegenüber selbst haftbar. Das Gericht erkennt auch keinen Zuständigkeitskonflikt zwischen dem ESM und der EU. Die Aktivitäten des Rettungsschirms richteten sich nicht auf die Währung, sondern auf den Finanzierungsbedarf der Staaten. Die Zuständigkeiten der EU für die Währungspolitik blieben unberührt.

Nach ersten Bewertungen zeugt das Urteil von der wenig ausgeprägten Neigung des EuGH, politische Entscheidungen auf europäischer Ebene grundlegend zu korrigieren. Selbst eine Berufung auf die Grundrechtecharta schließt das Gericht aus. Der Rettungsschirm begründe keine neuen Aufgaben der EU. Deshalb liege der ESM auch nicht in der Reichweite dieser Charta.[35] Das Urteil lädt zur Ergänzung eines alten Spruchs ein: »Wer Europarecht sät, wird Urteile aus Luxemburg ernten.« (Hans-Jürgen Papier, ehemals Präsident des Bundesverfassungsgerichts) Nun könnte man sagen: »Wer den Europäischen Gerichtshof fragt, darf sich über die Antwort nicht wundern.«[36] Die »ewigen Rettungspakete« verletzen also nicht das Haftungsverbot, mit dem man einst die Deutschen zum Verzicht auf die D-Mark bewegt hatte. Das ist die Markierung, die auch für die Entscheidung des Bundesverfassungsgerichts im »ESM-Hauptsacheverfahren« zu beachten sein dürfte, da das Europa-Recht selbst gegenüber nationalem Verfassungsrecht »Anwendungsvorrang« besitzt.

Gegen Ende des Jahres 2012 wurden im Rat der EU-Finanzminister und auf Gipfeltreffen der Staats- und Regierungschefs in Brüssel Entscheidungen getroffen, mit denen man nicht nur die ersten Schritte auf dem Weg hin zu einer europäischen Bankenunion machen, sondern sich auch dem Ziel einer »wahren« oder »echten« Wirtschafts- und Währungsunion nähern wollte. Die Bankenunion soll langfristig durch zwei europäische Fonds zur Restrukturierung beziehungsweise Abwicklung finanzschwacher Banken und zur Sicherung von Spareinlagen ergänzt werden. Nach Einrichtung einer effizienten Bankenaufsicht durch die EZB sollen solche Banken zudem die Möglichkeit eines direkten Zugriffs auf den EU-Rettungsfonds erhalten. Damit will man die gefährliche Spirale der Staatsverschuldung beenden. Die Voraussetzungen zur direkten Rekapitalisierung sollten zu Beginn des Jahres 2013 geschaffen werden. Die Kommission will im Laufe des gleichen Jahres ein Konzept zur Abwicklung finanzschwacher Banken vorlegen. Offen war zum Jahresende 2012 hingegen, wann ein gemeinsames Einlagensicherungssystem (gegen bisher strikten deutschen Widerstand) etabliert werden kann.[37]

Aus der Sicht des EZB-Präsidenten ist der Aufbau einer gemeinsamen Bankenaufsicht ein wichtiger Baustein zur Stabilisierung des Bankensektors.[38] Eine Zeitlang gab es Streit darüber, wie bei einer Übernahme der Aufsichtsfunktion durch die EZB die beiden Hauptaufgaben dieser Bank (unabhängige Geldpolitik und demokratisch legitimierte Bankenaufsicht) voneinander abgeschirmt werden könnten. Deutschland wünschte sich von Anfang an eine scharfe Trennung. Die deutschen Sparkassen und Genossenschaftsbanken forderten Ausnahmeregelungen. Sie wollten sich nicht der Aufsicht der EZB unterstellen. Nur wenige Stunden vor dem Sondertreffen aller 27 europäischen Finanzminister am 12. Dezember 2012 hatten sich deutsche und französische Unterhändler in bilateralen Gesprächen auf einen Kompromiss einigen können.

Gegenstand der Einigung war auch, dass die EZB direkt alle »systemrelevanten« Banken beaufsichtigen soll, die staatlich gestützt werden. Die Schwelle liegt bei einer Umsatzsumme von 30 Milliarden Euro. Zugleich werden mindestens die drei größten Banken jedes Euro-Landes direkt überwacht und solche Banken, deren Umsatz ein Fünftel des Bruttosozialprodukts eines Landes übersteigt. Das betrifft zwischen 20 und 30 deutsche Geldhäuser, darunter die Landesbanken. In Frankreich fallen alle Banken unter die Regelung, in Spanien circa 95 Prozent. Innerhalb der Euro-Länder dürften zukünftig etwa 150 Banken direkt von der EZB beaufsichtigt werden. Die anderen Banken sollen weiterhin von nationalen Aufsehern kontrolliert werden. Die EZB wird das Recht erhalten, ihnen Anweisungen zu erteilen. Sie soll auch das Recht erhalten, die Aufsicht über jede Bank in begründeten Fällen an sich zu ziehen.[39] Mit dem deutsch-französischen Kompromiss waren aber zunächst nicht alle Probleme ausgeräumt. Dies galt insbesondere für die von Deutschland geforderte (und durchgesetzte) Trennung zwischen Geldpolitik und Bankenaufsicht und die Einbindung von Nicht-Euro-Ländern in die Aufsicht.

Schon im Vorfeld des Gipfels vom 13./14. Dezember 2012 hatte sich der eine oder andere Blütentraum dagegen in Luft aufgelöst. Dies gilt insbesondere für die Idee des Ratsvorsitzenden Herman Van Rompuy, einen eigenen Haushalt oder eine Arbeitslosenversicherung für die Euro-Zone einzurichten. Statt weitreichende Reformen zu beschließen, war man nur bereit, einen allgemeinen Arbeitsplan für den Umbau der Währungsunion in Angriff zu nehmen. In einem Punkt wurde man allerdings konkret. Die Finanzminister gaben die Auszahlung der nächsten Hilfskredite an Griechenland frei – bis März 2013 ein Betrag von insgesamt 49 Milliarden Euro. Damit dürfte dieser Mitgliedstaat der EU seit Beginn 2012 Unterstützungsleistungen in Höhe von circa 120 Milliarden erhalten haben.

Erst in den frühen Morgenstunden des 14. Dezember 2012 war nach zähen und hochemotionalen mehr als 14 Stunden währenden Verhandlungen der Durchbruch erzielt worden. Mitgliedern der Kommission waren die Monate zuvor als »Odyssee« erschienen, bei der immer unklar gewesen sei, wohin die Reise mit Griechenland gehen werde. Tatsächlich hingen wohl die Rettung Griechenlands vor der Pleite und die neue Bankenaufsicht zusammen. Immerhin sind 16 Milliarden Euro direkt für die Rekapitalisierung griechischer Banken bestimmt. Die neue zentrale Aufsicht soll spätestens ein Jahr nach Inkrafttreten der gesetzlichen Grundlagen arbeitsfähig sein (1. März 2014). Ende des Jahres 2012 war geplant, sie bis Februar 2013 mit dem EU-Parlament zu verhandeln und in den nationalen Parlamenten abzustimmen. Es gibt allerdings eine Ausnahme: Beschließt der ESM einstimmig, dass eine Bank unter die Kontrolle der EZB gestellt werden soll, und stimmt die EZB dem zu, dann darf sie auch schon früher kontrollieren. Wie dem auch sei: Der einzig sichere Termin nach dieser Entscheidungslage war das Weihnachtsfest 2012.[40]

Unterdessen hatte sich hier und da recht schnell die Überzeugung gebildet, dass die EZB streng mit jenen Geldinstituten umspringen werde, die sie seit Jahren mit neuen Milliardenspritzen als »Zombie-Banken« am Leben erhält. Die EZB könne als Aufseher aber schon deshalb keinen »Biss« haben, weil ihr bei der Abwicklung einer Bank selbst die größten Verluste drohen. Immerhin hat sie in riesigem Umfang »Schrottpapiere« als Sicherheit für die Finanzierung von »Wackelbanken« akzeptiert. Fiele eine solche Bank, wäre das Eigenkapital der EZB schnell verloren. Folglich dürfte die europäische Zentralbank selbst Banken ohne Geschäftsmodell und Überlebenschance für »heilbar« erklären und verlangen, sie mit frischem Kapital aus dem ESM-Rettungstopf zu versorgen. Eine Schlussfolgerung ist immerhin unmissverständlich: »Mit dieser Bankenunion macht die Politik den Bock zum Gärtner.«[41]

Gleichwohl: Für das Jahr 2013 haben sich die europäischen Staats- und Regierungschefs vorgenommen:

- die Banken stärker zu kontrollieren
- den Steuerzahler vor einer Haftung für finanzschwache Institute zu schützen
- zu erkunden, in welchen Bereichen der Wirtschaftspolitik die Euro-Staaten besonders eng voneinander abhängen und wie sie sich dort besser abstimmen können
- das Regelwerk des ESM zu erweitern, um eine direkte Rekapitalisierung der Banken zu ermöglichen
- sich über Vorschläge zur Einrichtung von nationalen Fonds zur Abwicklung finanzschwacher Banken und zur Garantie von Spareinlagen zu einigen

Angestrebt wird dabei, dass die Euro-Mitgliedsländer die jeweiligen Töpfe einrichten und nach einheitlichen Regeln betreiben. Die Kommission soll einen einheitlichen Mechanismus zur Abwicklung von Banken vorschlagen, der für alle Geldhäuser gilt, die unter die gemeinsame Aufsicht fallen. Der dazugehörige Fonds soll mit »Beiträgen des Finanzsektors« gefüllt werden. Bis es so weit ist, wird allerdings weiterhin im Einzelfall auf Steuergeld zurückgegriffen. Der Fonds soll ausschließlich zur Abwicklung von Banken, nicht zu deren Sanierung verwendet werden.

Im Laufe des Jahres 2013 sollen der Ratspräsident und der Kommissionspräsident auch einen »Fahrplan mit Terminvorgaben« zur weiteren Entwicklung der Wirtschafts- und Währungsunion vorlegen, die Einzelheiten aber vorher mit den Regierungen der Mitgliedsländer abstimmen.[42] Dabei geht es im Kern um vertragliche Vereinbarungen zwischen den Euro-Ländern und der Kommission, in denen sich die Länder verpflichten, bestimmte wirtschaftspolitische Reformen durchzuführen und um die Prüfung von »Solidaritätsmechanismen«, mit denen die Bemühungen der Länder unterstützt werden, die sich vertraglich zu spezifischen Reformen verpflichten.[43]

Aus der Sicht von Bundeskanzlerin Merkel waren die Gipfel-Beschlüsse zur Euro-Rettung ein Erfolg, der gar nicht hoch genug eingeschätzt werden könne. Nach ihrer Wahrnehmung war es gelungen, die »Kernforderungen« Deutschlands durchzusetzen. Liegt Eigenlob häufig neben der Wahrheit, dann ist nach dem Eindruck einer journalistischen Bewertung der Abstand in diesem Fall besonders groß. Die Entscheidungen seien geeignet, Merkels Ruf als besonnene und standfeste Währungsretterin nachhaltig zu beschädigen. Es seien große Rückschritte zu verzeichnen. Im Hinblick auf die vorgesehene Struktur der Bankenaufsicht in der EZB fehlt es nach dem Eindruck von Juristen der Deutschen Bundesbank sogar an einer dauerhaft tragfähigen Rechtsgrundlage. Nach der Beschlusslage vom Dezember 2012 werden die Bankenaufseher ihre wichtigsten Beschlüsse nicht nur den Währungshütern (EZB) zur Genehmigung vorlegen müssen. Sie müssen sich im Konfliktfall auch einem Vermittlungsausschuss beugen, für den es nach Auffassung der Deutschen Bundesbank keine ausreichende europarechtliche Absicherung gibt. Läge die Letztentscheidung am Ende über die Bankenaufsicht doch noch beim EZB-Rat, dann gilt dies als »GAU« (größter anzunehmender Unfall) für den deutschen Finanzminister, der dezidiert gefordert hatte, dass die EZB im Hinblick auf ihre eigentliche Aufgabe (Sicherung der Geldwertstabilität) nicht in einen Konflikt gerät.

EZB-Rat und Bankenaufsicht sind auch personell viel enger verflochten, als dies nach deutschen Vorstellungen der Fall sein dürfte.

Niemand kann die Euro-Länder daran hindern, Mitglieder des EZB-Rats in den neuen Vermittlungsausschuss zu entsenden. Deutschland hat es auch nicht geschafft, größeren Euro-Staaten mehr Einfluss bei der Bankenaufsicht zu verschaffen. Die Stimme Maltas wird auch zukünftig in allen Gremien der EZB so viel zählen wie die Stimme der Bundesrepublik Deutschland. Die Währungsunion setzt ihren Weg zur Haftungsunion fort. Die »Crashgefahr« besteht weiter. Schweden hat schnell verstanden. Sein Finanzminister, Anders Borg, hält das Risiko für zu groß. Er glaubt nicht, dass es ausreichende Schutzklauseln für die Steuerzahler gibt, damit sie nicht für die Fehler in Banken anderer Länder haften müssen.[44]

Dieser mehr oder minder hoffnungsfrohe Überblick über Ambitionen und Pläne sollte nicht zu einem Missverständnis führen: Die Euro-Krise war zum Ende des Jahres 2012 keineswegs vorbei. Die Situation blieb unverändert sehr fragil. Mit den unbegrenzten Staatsanleihekäufen durch die EZB trat zwar zunächst etwas Ruhe auf den Märkten ein. Sie dürfte aber schnell verfliegen, wenn keine Verbesserung der Wettbewerbsfähigkeit in den Krisenstaaten eintritt und die Konsolidierung der Haushalte unterbleibt. Mit ihren Maßnahmen konnte die EZB die Ursachen für die Zersplitterung der Finanzmärkte schon bisher nicht beseitigen. Die Krise könnte sich sogar noch verschärfen, wenn die Reformbemühungen nicht fortgesetzt werden. Neue Refinanzierungsprobleme bei den Banken könnten schwerwiegende Folgen für das gesamte Finanzsystem haben.[45]

Festzuhalten bleibt auch, dass die Staats- und Regierungschefs der EU-Mitgliedsländer zum Ende des Jahres 2012 keine Entscheidungen über eine weitreichende Umgestaltung der Währungsunion treffen wollten und damit von den Vorstellungen abrückten, die Van Rompuy, Barroso, Juncker und Draghi in ihrem Papier vom 5. Dezember 2012 (»Towards A Genuine Economic and Monetary Union«) entwickelt hatten. Die von Van Rompuy vorgeschlagene »Fiskalkapazität« zur Abfederung makroökonomischer Schocks fand sich nicht einmal mehr in der Schlusserklärung des Dezembergipfels 2012 wieder.

Immerhin enthüllte Bundeskanzlerin Merkel, dass sie sich mittelfristig einen »Solidaritätsfonds« mit einem Volumen zwischen zehn und 20 Milliarden vorstellen könne, mit dem Länder in großen aktuellen Schwierigkeiten bei der Haushaltskonsolidierung unterstützt werden könnten. Frankreich setzte in der Schlusserklärung dagegen eine neue Interpretation des Stabilitätspakts durch. Überschreitet das Staatsdefizit eines Landes noch nicht den Maastrichter Referenzwert (drei Prozent der Wirtschaftsleistung), sollen im »präventiven Arm« des Pakts »Zukunftsinvestitionen« besonders gewürdigt werden.

Der französische Staatspräsident und der italienische Ministerpräsident schafften es auch, die Abschlusserklärung durch den Hinweis zu ergänzen, dass bei der Berechnung der Haushaltsdefizite im »präventiven Verfahren« der Euro-Zone »produktive öffentliche Investitionen« nicht berücksichtigt werden, ein Erfolg, der der deutschen Delegation nicht ganz geheuer war, weil sie dahinter die Absicht witterte, den Stabilitätspakt aufzuweichen. Insgesamt herrschte beträchtlicher Unmut über die Verfasser des Papiers vom 5. Dezember 2012, weil sie dieses Papier ohne Absprache mit den nationalen Regierungen geschrieben hatten. Van Rompuy und Barroso erhielten deshalb den Auftrag, den weiteren Zeitplan in einem Konsultationsprozess mit den Mitgliedsstaaten auszuarbeiten.[46]

In den Augen mancher Journalisten hat das letzte Gipfeltreffen des Jahres 2012 gezeigt, dass das Hauptproblem Europas gegenwärtig die Re-Nationalisierung ist. In allen Mitgliedsstaaten habe man ausschließlich das eigene Interesse im Blick. Es gebe ein Europa des Ostens, des Nordens und des Südens und dazwischen nur schmale und schwache Brücken. Man spüre die Erstarrung, die mit einer Ritualisierung verknüpft sei. Niemand kämpfe für eine mutige Reform. Die »vor den Türen brüllende Euro-Krise« ändere nichts am routinierten Abspulen nationaler Programme.

Gerade bei der Bundeskanzlerin beobachtet man einen enormen Unterschied zwischen der öffentlichen Rhetorik und dem Verhalten in Verhandlungen. Draußen betone sie das Gemeinsame, hinter verschlossenen Türen ist davon angeblich nichts übrig. Merkel wirke »kleinlich und krämerisch«. Eine »Politik des Zahlen-vermeiden-Wollens« gilt als zu wenig. Der Gipfel zum Ende des Jahres 2012 habe auch bewiesen, dass Merkel nicht führt, obwohl sie führen müsste. Sie mache aus der ihr geltenden Aufmerksamkeit nichts. Die

Bundeskanzlerin trete nicht »fürs Ganze« ein. Das müsste sie als Regierungschefin des größten und reichsten Landes der EU aber tun. Merkel wird daher als mitverantwortlich dafür angesehen, dass Europa derzeit keine Perspektive hat. Man empfindet den »Dezember-Gipfel« insofern als »historisch«, weil er den Versuch von Barroso und Van Rompuy zum Aufbau einer politischen Union erstickt habe. In der folgenden Präsidiumssitzung ihrer Partei erklärte Merkel, ihr dränge sich der Eindruck auf, dass der französische Staatspräsident bis zur Bundestagswahl alles verhindern wolle, was von ihr kommt. Die Zusammenarbeit funktioniere noch nicht, weil Hollande mehr Verbündete habe als die Bundeskanzlerin. Merkel arbeitet aber angeblich daran, genug Verbündete für Deutschland zu sammeln: »Ein bisschen klingt das wie früher, als es noch Kriege gab in Europa.«[47] Es kann dahinstehen, ob diese Erinnerung nach der Verleihung des Friedensnobelpreises an die EU noch angemessen ist. Ein Satz aus dem Werk des Dramatikers Samuel Beckett (*Endspiel*) beschreibt die Lage vielleicht besser: »Irgendetwas geht seinen Gang.«

In einem weihnachtlichen Kommentar wird dieser Satz als keine schlechte Beschreibung für das empfunden, was die Menschen in der Finanz-, Staatsschulden-, Euro- und Griechenlandkrise fühlten. Es gehe zwar nicht um die Tragödie vom Erlöschen des Lebens. Aber das Gefühl, dass etwas in Europa »ungut« seinen Gang geht, dass die Zukunft des Kontinents an mangelnder Solidarität zerbrechen könnte, sei schlimm genug.

Das Jahr 2012 gilt als »Jahr der Rettung«. Das Spektrum des zu Rettenden war weit: Euro, Griechenland, Europa, das Geld, die Banken, die Wirtschaft, das System und seine Glaubwürdigkeit. Die Retter (Kommissare und Investoren) sah nicht nur Heribert Prantl aus Limousinen steigen, in »Perpetuum-mobile-Tagungen« tagen, vor die Kameras treten und in wechselnden Posen (beschwichtigend und beschwörend, halbherzig und forsch) berichten. Jeder konnte hören, wie sie die angeblich alternativlosen und dann doch wieder revidierten Programme ankündigten. Diese Retter erschienen allmächtig oder taten jedenfalls so und umgaben sich mit den Insignien der Macht. Anders als die christliche Vorstellung einer Rettung geschehe die Euro-Rettung nicht in Solidarität mit den Nichtbetuchten. Sie wird als »ver-rückte« Rettung empfunden, weil man semantisch suggeriere, dass es um die Menschen gehe.

Prantl glaubt jedoch, dass Schuldverhältnisse, Finanzbeziehungen, Machtgefüge und Wirtschaftssysteme gerettet werden. Das Überleben von Menschen sei dabei sekundär. Da in den Südländern der EU die gemeinsame Währung nicht abgewertet werden kann, sieht er die dort lebenden Beschäftigten abgewertet und die Nichtbeschäftigten ausgehungert – zum angeblichen Wohl des großen Ganzen und der EU. Die Fluchtwege für das Finanzkapital aus den Südländern in die Schweiz und sonstige Refugien blieben offen, und im Norden des Kontinents verweigert man den Schuldenerlass, während der Präsident der Europäischen Kommission in seiner Weihnachtsbotschaft Hoffnung auf die Rüstungsindustrie setzte, in der gute Arbeitsplätze für Jugendliche geschaffen werden könnten. Angesichts dieser Aussage eines Vertreters des Friedensnobelpreisträgers des Jahres 2012 empfiehlt Prantl: »Rette sich, wer kann.«

In der Tat: Die von Weihnachtsengeln angekündigte Rettung lässt seit 2000 Jahren auf sich warten. Man wird wohl weiter vergeblich auf das Erscheinen von Godot, eines Gottes oder eine Revolution warten oder auf das Verschwinden eines Diktators, der Ausbeutung und des Elends. Richtig dürfte hingegen die Erkenntnis sein: »Die Rettung kommt aber nicht durch irgendetwas oder irgendwen, sondern vor allem durch einen selber.«[48]

Es ist jedoch fraglich, ob das Weihnachtsfest erforderlich war, um das zu sehen, was ist und was sein wird. Die Notwendigkeit menschlicher Solidarität ist nicht nur im Hinblick auf die »Rettung« Europas an jedem Tag eines Jahres offensichtlich. Je länger sie übersehen wird, desto eher wird das »Fest des Friedens« zur Farce.

Zum Jahreswechsel 2012/2013 betonte Bundeskanzler a. D. Helmut Schmidt, dass die Einschätzung, in Europa sei das Schlimmste überstanden, nicht zutreffe. Die Staatsschuldenkrise sei nicht beseitigt, die Jugendarbeitslosigkeit in Griechenland und Spanien ungelöst. Darin sieht er ein »unerhörtes Versagen unserer Gesellschaften insgesamt« einschließlich der Deutschen, der Franzosen und der anderen EU-Mitglieder. Nur dem Präsidenten der EZB attestiert er eine erfolgreiche Krisenbewältigung, obschon er (»relativ inflationsfrei«) tat, was er »eigentlich« nicht soll (Kauf von Staatsanleihen). Aus der Sicht von Schmidt war alle »deutsche Angstmacherei« vor einer drohenden Inflation überflüssig. Die Regierungen hätten sich dagegen der Staatsschuldenkrise nicht gewachsen gezeigt. Die Gipfelserie habe nicht zu einer Lösung geführt. Seine Amtsnachfolgerin Merkel gebe sich alle Mühe, die große Abschreibung griechischer Schulden auf die Zeit nach der Bundestagswahl 2013 zu verschieben. Schmidt vermisst Führung und empfiehlt dem Europäischen Parlament, gegen diesen Mangel aufzubegehren, indem die Abgeordneten im Zusammenhang mit der mittelfristigen EU-Planung gegen die Kommission einen »Putsch« veranstalten.

In jedem der offenen Probleme in Europa hört er einen Ruf nach Reformen. Schmidt vermisst sowohl eine gemeinsame Bankenaufsicht als auch eine wirksame Regulierung der globalen Finanzmärkte im Euro-Raum. Das liegt nach seinem Empfinden daran, dass alle mitreden wollen und Leute fehlen, die nicht nur Resolutionen verabschieden, sondern deren Inhalt auch tatsächlich durchsetzen. Deshalb hätten die Investmentbanker und die von ihnen bezahlten Rating-Agenturen zu »Herren der Weltpolitik« werden können. Sie verstünden immer mehr von immer weniger – und produzierten Schrecken. Für entscheidend hält Schmidt die Rolle der Medien. Mit ihrer Berichterstattung über Lappalien (»drittrangiges Zeug«) haben sie nach seinem Empfinden das sich in Europa ausbreitende »Missvergnügen« an der EU erzeugt.

Er sieht die Strahlkraft des europäischen Gesellschaftsmodells auch wegen der undurchsichtigen Zukunft der EU verblassen. Schmidt rät von der Übernahme einer deutschen Führungsrolle ab. In Europa könne bis heute allein das »deutsch-französische Tandem« führen – wenn die entscheidenden Personen es wollen. Er erinnert an die britische Politik, die schon unter Churchill die Mitwirkung an der Errichtung der »Vereinigten Staaten von Europa« verweigerte und das »Commonwealth« pries. Heute sind die Engländer nach der Einschätzung von Schmidt beinahe schon wieder soweit. De Gaulle wäre das wahrscheinlich ganz recht, wollte er doch die Engländer nicht drin haben in Europa. Aber: »Die Pflichten gegenüber der europäischen Gemeinschaft bedürfen künftig eines weit größeren Engagements aller Beteiligten.«[49]

Die Aussichten sind jedoch nicht rosig. Die Euro-Länder schnüren zwar ein Rettungspaket nach dem anderen (»Rettungsroutine«). Genugtuung über eine Beruhigung der Lage kann aber kaum aufkommen, wenn man das Demonstrationsgeschehen von Athen bis Lissabon betrachtet. Gleichwohl wird von einer Chance gesprochen, die in jeder Krise liege. Sie könne sogar Anlass zu den »schönsten Hoffnungen« sein. Die europäische Integration könnte man gar als »Modellfall« ansehen. »Europa« habe sich nur dank einer Abfolge von Krisen immer weiter entwickelt. In dieser Sicht wird aus der Krise der europäischen Währungsunion quasi im Handumdrehen eine einmalige Chance für den großen Wurf in Richtung einer politischen Union.[50]

Das ändert nichts daran, dass anhaltende Meldungen über obszöne Bereicherungen, unverantwortliches, am unrechtmäßigen Gewinn orientiertes Verhalten, Manipulationen und Regelverletzungen aller Art breite Kreise der Bevölkerung an der Sinnhaftigkeit des bestehenden Finanzsystems zweifeln lassen und dass die Krise das ganze System in Frage stellt. Die Bürger lehnen das bestehende Finanzsystem in ihrer Mehrheit ab. Die Akzeptanz der Marktwirtschaft könnte insgesamt in Gefahr geraten. Das Vertrauen in den Sachverstand und die Objektivität der Experten hat schon jetzt sehr gelitten. Der ohnehin schon immer unberechtigte Glaube an die Allmacht der Märkte ist in der Finanzkrise zerstört worden. Gleichzeitig schwindet das Vertrauen in die Politiker, die als »Kaste« in der Beliebtheit gerade noch so vor den Banken rangieren. Mit unhaltbaren Versprechungen haben sie vor allem Enttäuschungen hervorgerufen, so dass das System insgesamt kein Vertrauen mehr genießt. Manch einer befürchtet, dass »basisdemokratische Forderungen« die Fähigkeit rechtsstaatlich gesicherter Prozesse bedrohen, Antworten auf zukünftige Herausforderungen zu finden. Es ist in der Folge auch eine allgemeine »Verrohung der Sitten« zu befürchten.[51]

Dabei ist es schon beunruhigend genug, wenn selbst (und nur) medizinisch vorgebildete Banker wie der Europa-Chef von Goldman Sachs, Alexander Dibelius, Fehler einräumt, die er allerdings nicht in der Dimension justitiablen Fehlverhaltens, sondern in einer moralischen Dimension verortet. Früher habe man in der Finanzindustrie »sicher eher« gedacht, dass etwas Legales auch legitim sein muss. Jetzt erkennt dieser vermeintlich hochqualifizierte »Finanzfachmann«, dass nicht alles, was gemacht werden darf, auch gemacht werden muss. Er hält Märkte aber weiterhin unverzagt für »konstitutiv« für die Freiheit, wenn auch nicht allein. Nach seiner Einschätzung befinden sie sich in einem Rechtsstaat in einer wechselseitigen Balance. Dibelius behauptet allem Anschein nach ernsthaft, dass die Dienstleistung seines Finanzinstituts einen »Mehrwert« schaffe. Er schreibt Bankern sogar eine Art »Kuratorenfunktion« zu. Den Kapitalismus hält Dibelius dennoch für lebendig und sagt ihm vor allem in seinen sozialen Dimensionen eine Weiterentwicklung voraus.[52]

Aus der Politik ist unterdessen zu hören, dass das große Versprechen des ehemaligen Bundeskanzlers Ludwig Erhard und der sozialen Marktwirtschaft (»Wohlstand für alle«) gebrochen worden sei. Dem damaligen »Neoliberalismus« wird attestiert, dass er das Gegenteil des »stumpfsinnigen Glaubens an den Segen deregulierter Märkte« gewesen sei. Die These der seinerzeit auftretenden »Ordoliberalen«, dass man wirtschaftliche Macht nicht kontrollieren kann und deshalb ihre Entstehung verhindern muss, gilt als zentral. Nach der Überzeugung von Sahra Wagenknecht kauft diese Macht sich die Politik, wenn sie erst einmal da ist. Dann sei es vorbei mit Demokratie und Marktwirtschaft. Am derzeitigen Wirtschaftssystem findet sie schlimm, dass es die Kapitalisten fördert und den Unternehmern das Leben schwermacht. Ihr Ziel ist gleichwohl nicht die Planwirtschaft, sondern der »kreative Sozialismus«. Wer heute Wohlstand für alle will, müsse den Kapitalismus in Frage stellen. Dem heutigen Kapitalismus traue niemand mehr die Realisierung des Gründungsanspruchs der Bundesrepublik Deutschland (»Meinen Kindern soll es einmal besser gehen«) zu.[53]

Insgesamt schien es im Laufe des Jahres 2012 nicht nur unter »Reißbrettstrategen« tatsächlich »schick« geworden zu sein, über die EU und ihre Strukturen grundsätzlich und schwerblütig nachzudenken. Dabei könnte allen entgangen sein, dass Europa schon längst nach neuen Regeln tickt. Immerhin hat einer entdeckt, dass die EU seit Beginn dieses Jahres die größte Strukturreform seit ihrer Gründung erlebt – ganz im stillen. Mehrere große Trends werden ausgemacht:

- Rückkehr der Nationalstaaten Europas
- Krise der nationalen Exekutiven und Parlamente
- keine ausreichende Beteiligung der europäischen Institutionen an der Lösung von Problemen
- Bedeutungsverlust der Gemeinschaftsmethode zur politischen Gestaltung
- Zerstörung der politischen Balance zwischen den EU-Staaten durch wirtschaftliche Ungleichgewichte
- Bruch der deutsch-französischen Achse
- Übernahme der Führung in der EU durch Deutschland
- Etablierung eines Europas der vielen Geschwindigkeiten
- Verlust einzelner Mitgliedsstaaten (zum Beispiel Großbritannien) durch neue politische Fliehkräfte
- Reformzwang durch Bindung an die gemeinsame Währung (zum Beispiel Griechenland)
- Auflösung des Zusammenhalts in einzelnen Staaten durch Staatsschulden und das Selbstbedienungssystem der Banken (zum Beispiel Spanien)

Als eigentliche Lektion des zweiten Krisenjahres auf dem Kontinent gilt, dass alle politische Gleichmacherei nichts nutzt, solange nicht auch die Wettbewerbsfähigkeit zwischen Europas Zentrum und der Peripherie besser ins Lot gebracht wird. Es dürfte richtig sein, dass sich dieses Problem mit Geldgeschenken allein nicht lösen lassen wird. Deutschland wird als »Krisengewinner« eingestuft. Sein politisches Gewicht in Europa erdrücke inzwischen alle. Der »Koloss in der Mitte« trage nicht zum Frieden bei. Deutschland scheint sich entschlossen zu haben, diese Spannung auszuhalten und dem »Rest Europas« seine ordnungspolitischen Vorstellungen »nahezubringen«. Dazu gehörte zu Beginn des Jahres 2012 der Fiskalpakt mit der »Schuldenbremse«. In der Folge dürfte es um eine gemeinsame Fiskalpolitik mit Eingriffsrechten in die nationale Haushaltspolitik gehen. Dazu gehöre auch die Etablierung einer europäischen Bankaufsicht. Schließlich müsste eine gemeinsame Wirtschaftspolitik betrieben werden. Im Idealfall würde ein neu strukturiertes Europäisches Parlament über das »neue Wirtschafts-Europa« wachen.

Über solchen Zukunftsträumen ist allerdings nicht zu vergessen, dass Europa in der größten Krise seit seiner Gründung steckt. Manch einer befürchtete, dass der politische Zusammenhalt in der EU zerstört worden wäre, wenn die gemeinsame Währung nicht überlebt hätte. Europa hätte, so eine Mutmaßung, die volkswirtschaftliche Katastrophe nicht überlebt. Das Jahr 2012 wird daher als historisches »Scharnierjahr« der Krise angesehen. Ein Kommentator glaubt, dass die Politik in diesem Jahr die Gestaltungshoheit über das »Existenzproblem Euro« zurückerobert habe.[54]

Bundeskanzlerin Merkel machte anlässlich ihrer Neujahrsansprache allerdings deutlich, dass die Deutschen auch 2013 kein Ende der Euro-Krise erwarten können. Nach ihrer Einschätzung beginnen die beschlossenen Reformen zwar zu wirken. Dennoch bräuchten wir weiterhin viel Geduld. Die Krise sei noch längst nicht überwunden. Auch international müsse mehr getan werden, um die Finanzmärkte besser zu überwachen. Die Welt habe die Lektion der verheerenden Finanzkrise von 2008 noch nicht ausreichend gelernt. Nie wieder dürfe sich eine solche Verantwortungslosigkeit wie damals durchsetzen.[55]

Mit den saisonüblichen Litaneien von Politikern nähert man sich Gebetsritualen. Vielleicht sollte man sie besser Theologen überlassen. Mindestens einer von ihnen wäre hierfür qualifizierter als alle deutschen Politiker. Bemerkenswerterweise kommen aus diesen Reihen Analysen, zu denen Experten oder Amtsträger mangels Sachverstand, wegen Fahrlässigkeit, böswilliger Absichten oder Feigheit anscheinend nicht in der Lage sind. Von den Finanzmärkten ging in der Wende zum 21. Jahrhundert jedenfalls ein »Megaimpuls der Beschleunigung« aus. Ein politischer Grund hierfür liegt in den Augen des Jesuiten und Sozialethikers Friedhelm Hengsbach in der »fahrlässigen Überformung des Rheinischen Kapitalismus durch den angloamerikanischen Finanzkapitalismus«. Ein weiterer Grund sei die »überdehnte Selbsteinschätzung einer Finanzmarktelite«.[56] Im Kapitalismus sieht er nicht nur eine bloße Wirtschaftsform, sondern eine

»Imagination«, die sie funktionsfähig halte, ein »hegemoniales Deutungsmuster« wirtschaftlicher und gesellschaftlicher Verhältnisse. Seine destruktive Dynamik wurzele in einem gesellschaftlichen strukturell asymmetrischen Machtverhältnis. Das Bankensystem steuere mit seiner unbeschränkten Kredit- und Weltwirtschaftsmacht das Volumen und die Richtung der unternehmerischen Wertschöpfung. Dieses Potential gilt als Grundlage eines unbegrenzten Wachstumssogs und einer säkularen Naturzerstörung.[57] Manager haben nach der Einschätzung von Hengsbach in diesem System einzig die Aufgabe, die kurzfristigen Interessen der Kapitaleigner zu bedienen. Die Absicherung gesellschaftlicher Risiken der abhängig Beschäftigten wird der privaten kapitalgedeckten Vorsorge überlassen. Der geldspezifische Analphabetismus der Bevölkerung erlaubt es den Finanzakteuren, die für sie selbst erklärungsbedürftigen Operationen mit Legenden und »großen Erzählungen« zu umrahmen. [58] Zur »größten Erzählung« (Lüge?) gehöre die Aussage, dass die Finanzmärkte »informationseffizient« sind. Nach der Auffassung von Hengsbach ist das Dogma von der Informationseffizienz und der langfristigen Rationalität der Finanzmärkte ein naiver Aberglaube. Die Dominanz der global operierenden Finanzakteure über Wirtschaft und Gesellschaft leitet er aus dem begrenzten nationalstaatlichen Gestaltungsvermögen, der »fahrlässigen« Entregelung der Finanzmärkte und der Verbreitung der Informations- und Kommunikationstechnik ab.[59] Automatisierte Handelssysteme schaffen absolute Undurchsichtigkeit und manipulieren womöglich Märkte und Kurse. Die Komplexität der Algorithmen begründet ein hohes Risiko für die Stabilität des Finanzsystems. Dahinter stehen spielerische Beliebigkeit oder die Optionen der Programmierer.[60]

Zwar will die Bundesregierung versuchen, den automatisierten Handel auszubremsen. Diese und andere Regulierungsbemühungen dürften aber auch in Zukunft von der Lobby der Finanzindustrie konterkariert werden. Hinzu kommen der außerbörsliche Handel und die alternativen privaten Handelssysteme, die sich einer öffentlichen Aufsicht und Kontrolle nach wie vor gänzlich entziehen.[61] Schlimmer noch:»Die unter Einsatz von Algorithmen erzielte Beschleunigung des Wertpapierhandels hat nicht nur den zeitlichen

Horizont der Finanzinvestoren und des unternehmerischen Handelns verkürzt, sondern vergleichsweise auch die politischen Entscheidungsverfahren und deren Ergebnisse.«[62] Offene Kapitalmärkte setzen nationale Regierungen unter erheblichen Entscheidungsdruck. Hengsbach erinnert zu Recht daran, dass die rot-grüne Koalition und auch die nachfolgenden Regierungen die »finanzdemokratische Stimme der Märkte« verstanden haben. Sie zogen auch die erwarteten Schlussfolgerungen, wenn es um die Ausgaben für das Gesundheits- und Bildungswesen ging, die Senkung der Steuern, Arbeitskosten und Umweltabgaben, die Kürzung der Sozialleistungen und vor allem die Begünstigung des Finanzsektors. Wahr ist und bleibt, dass zunächst und vor allem die rot-grüne Koalition seit der Jahrhundertwende dem Drängen der Finanzlobby nachgegeben hat und mehrere passgerechte Steuer- und Finanzmarktförderungsgesetze verabschiedete, um Deutschland zu den führenden Finanzplätzen London und New York aufschließen zu lassen. Ausgerechnet unter Führung von angeblichen Sozialdemokraten wurden die Beschränkungen des Börsenhandels gelockert, die Schleusen für innovative Finanzdienste (Handel mit Derivaten) »euphorisch« geöffnet. Vermögenslose »Zweckgesellschaften« zur Kreditverbriefung wurden von der Gewerbesteuer befreit. Die Finanzverwaltung stufte die Kapitalbeteiligungsgesellschaften als »rein vermögensverwaltend« ein, und die höchstrichterliche Rechtsprechung segnete ihre weitgehende Steuerfreiheit ab. Die große Koalition setzte diesen Weg fort.

Das Ergebnis: Finanzierungsengpässe, die nur durch den Verkauf von öffentlichem Vermögen und Unternehmen (unter anderem Sozialwohnungen) beseitigt werden konnten, um auch nur kurzfristig Entlastung zu erreichen. Finanzinvestoren wurde auf diese Weise durch mehrere Bundesregierungen ein weites und auf Dauer profitables Betätigungsfeld eröffnet. Hengsbach bezeichnet es vor diesem Hintergrund als verständlich, dass der Gesetzgeber seinen Anteil an der Entregelung des deutschen Finanzregimes und damit auch an der krisenhaften Entwicklung herunterspielt. Er vermutet, dass die staatlichen Organe die Funktion eines Retters aus der Krise nicht übernehmen konnten, weil sie Bestandteil der »Vorkrise« waren.[63]

Die Banken blieben sich unterdessen selbst treu. Ihr »Notruf« zielte nicht darauf ab, den Staat zu erneuern oder zu stützen, indem sie etwa ihre privaten Interessen dem Allgemeininteresse unterordneten. Sie riefen den Staat zwar als Retter, nahmen ihn aber faktisch als Geisel beziehungsweise zogen ihn über den (Schalter-)Tisch. Der Staat war in dieser Rolle auch noch kooperativ. Das schloss aber nach dem Empfinden von Hengsbach den widersprüchlichen Charakter der isolierten, kurzatmigen, übertriebenen und spektakulären Entscheidungen der Bundesregierung nicht aus. Die jeweiligen Entscheidungen seien mit einer lyrischen Rhetorik gerechtfertigt worden, die kabarettreif wirkte. Im übrigen blieb der Staat erpressbar.[64]

Für Hengsbach wiegt zudem der Vorwurf äußerst schwer, dass die Bankenrettung unter weitgehendem Ausschluss des Parlaments und der Öffentlichkeit stattfand, wenngleich weder das Parlament noch die demokratischen Entscheidungsverfahren einem Bankgeheimnis unterliegen. Das Krisenmanagement der Euro-Staaten sei »finanzmarkthörig« gewesen. Man habe »vergiftete Denkmuster« auf den Euro-Raum übertragen. Sie treten besonders in Krisenzeiten gehäuft auf und postulieren, dass Systemdefizite auf individuelles Versagen zurückzuführen sind. Journalisten und »Mitglieder der politischen Klasse« hätten die deutsche Öffentlichkeit zu dem individualistischen Fehlschluss aufgehetzt, Griechenland oder andere »Defizitsünder« anzuprangern, als wären sie allein die Ursache der monetären Turbulenzen im Euro-Raum, obschon doch Leistungsbilanzdefizite und -überschüsse zwei Seiten einer Münze sind.

Außerdem ist nach dem Urteil von Hengsbach die Ahnung eines »Quasikriegs« zwischen den Ansprüchen privater Kapitalmacht, den die Finanzakteure anmelden, und der demokratisch legitimierten Macht der Staaten längere Zeit verdrängt worden. Spardiktate, Schuldenbremsen und Fiskalpakte sind für ihn Waffen im Verteilungskampf zwischen öffentlichen und privaten Interessen. Die Folgen treffen zuerst die unteren Bevölkerungsschichten und zersetzen die demokratische Ordnung. Mit dem Lamento über die Staatsverschuldung lenkten die Finanzakteure davon ab, dass die hohen Staatsschulden durch die kreditfinanzierte Anhäufung privater Vermögen verursacht worden sind. Der Staat habe sich nicht gewagt, sie anzutasten. Er habe sie vielmehr vor dem Verfall gerettet. Hengsbach fragt – anders als Merkel –, wie lange sich die Spirale schleichender Umschuldung zugunsten privater Vermögenseigentümer und zu Lasten öffentlicher Haushalte fortsetzen lässt. Im Unterschied zur Bundeskanzlerin kann er mit überzeugenden Argumenten darstellen, dass es um die Zurückgewinnung der Souveränität (nicht nur) der Staaten geht, die allgemeinen Interessen der Bevölkerung gegen die Hegemonie der Finanzmärkte zu behaupten.[65]

Die Klarheit der Gedankenführung dieses Geistlichen wirft die Frage auf, ob der Besuch einer Kirche der Festigung des Glaubens auch an die Demokratie nicht dienlicher ist als der Besuch jeder Wahlveranstaltung. Wollte man trotzdem lieber Politikern zuhören, so würde man die Berechtigung und Dringlichkeit dieser Frage noch besser verstehen. Es fällt nach allem leichter, an die Behauptung einer Jungfrauengeburt, an die Menschwerdung Gottes und an die Himmelfahrt zu glauben als an die Fähigkeit der Politik, die Kräfte der Finanzmärkte im Interesse des Gemeinwohls rechtzeitig und nachhaltig wirksam zu bändigen. Eine gegenteilige Auffassung wäre als Unterform des Wunderglaubens wohl besser in einer religiösen Einrichtung jedweder Art platziert.

21 Friedenssicherung durch europäische Reformen

Unabhängig von der Plausibilität und Glaubwürdigkeit all der zitierten Meinungen, Betrachtungen, Positionen, Erklärungen, Entscheidungen und Maßnahmen sollte eines klargeworden sein: Europa steht am Scheideweg und im schlimmsten Fall am vielzitierten Abgrund. Einige Wirtschaftswissenschaftler haben im Sommer 2012 in einem Aufruf davor gewarnt, dass Europa »schlafwandelnd« auf eine Katastrophe von unabsehbaren Ausmaßen zusteuere.[1] Mittlerweile wächst die Furcht, dass im Wirtschafts- und Euro-Europa die soziale Basis immer mehr unter die Räder gerät.[2] Sowohl das Ziel als auch die Methode des zukünftigen Integrationsprozesses bedürfen einer überzeugenden politischen Verständigung. Dazu gehört auch die Aufwertung des Europäischen Parlaments zu einer echten Instanz europäischer Gesetzgebung und der Kommission zu einer europäischen Regierung, kontrolliert von der jeweiligen Legislative in einem Zweikammersystem.

Dieser Verständigungsprozess sollte idealerweise durch einen legitimationsstiftenden Entscheid des europäischen Souveräns über die Prinzipien und Methoden der weiteren Integration eingeleitet werden. So ließe sich der bisherigen von dem französischen Europapolitiker Jean Monnet geübten »Salamitaktik« und der »Dauerkrise« ein Ende bereiten.[3] Die circa 500 Millionen Bürger in den Mitgliedsländern der EU müssen ihr Schicksal selbst in die Hand nehmen. Sie sollten es nicht nur ein paar hundert Politikern überlassen, die offensichtlich nicht in der Lage waren, diese existenzbedrohende Entwicklung zu verhindern oder sie in vertrauenerweckender Weise zu steuern.

Es sollte auch andeutungsweise erkennbar geworden sein, dass die gegenwärtige Debatte über die Euro-Krise und ihre Bezüge zum

Demokratieprinzip mehr ist als eine Gelegenheit zu politischer Selbstdarstellung, journalistischer Spekulation, wissenschaftlicher Untersuchung und pseudo-philosophischer Träumerei. Die kommenden Jahre werden nicht nur analytische Probleme bei der Untersuchung bestehender oder alternativer Wirtschaftsordnungen und Bündnissysteme aufwerfen. Sie bringen vor allen Dingen auch existentiell wichtige Herausforderungen für die praktische Politik mit sich. Sollten sich die Verantwortlichen ihnen nicht rechtzeitig stellen, sind Bedrohungen des inneren und äußeren Friedens nicht mehr auszuschließen – in Europa und weltweit. Sie werden im Kontext der ökonomisch geprägten Globalisierung bislang nicht angemessen wahrgenommen.

Man diskutiert zwar die Schwächung der meisten grundlegenden Institutionen der Moderne durch eine gesellschaftliche Denationalisierung. Das Spektrum umfasst das Ende der Demokratie, des Nationalstaats und des europäischen Wohlfahrtsstaates. Die Folgen der Pluralisierung – wenn nicht Aufhebung – von Grenzen durch expansive Wirtschaftsaktivitäten auf die »wirkungsmächtigste Institution der Moderne«, also den Krieg, sind aber bis jetzt kaum Gegenstand öffentlicher Debatten.[4] Hier besteht Nachholbedarf, haben sich die zentralen Sicherheitsprobleme doch in einer Weise transnationalisiert, dass nicht mehr Kriege zwischen Staaten, sondern transnationale Sicherheitsprobleme wie der neue Bürgerkrieg und der neue Terrorismus die aktuelle Sicherheitslage bestimmen.[5]

Zweifellos haben die jüngeren Entwicklungen im Prozess der Finanzialisierung des Kapitalismus die Sicherheitslage in Europa und weltweit sehr prekär werden lassen. Es ist vielleicht noch nicht angemessen, von einem neuen kalten Krieg zu sprechen. Gleichwohl müssen wir darüber nachdenken, unter welchen Bedingungen die antagonistischen Wohlstandsverhältnisse der Gegenwart zukünftig noch in friedlicher Art und Weise abgebaut werden können. Das erfordert vor allem Kompetenz, Phantasie, Sensibilität für Fragen der sozialen Gerechtigkeit und Intelligenz als moralische Kategorie, alles Ressourcen, deren Knappheit in Wirtschaft und Politik zwar schon immer evident war, die aber in jüngerer Zeit immer gravierender zu werden scheint.

Manch eine Analyse der geistigen und charakterlichen Merkmale von Politikern und ihrer Entscheidungsmechanismen ist inzwischen zu Ergebnissen gelangt, die kein Vertrauen in die sachgerechte Lösung der Probleme aufkommen lassen. Für die meisten Bürger soll es eine ausgemachte Sache sein, dass Politiker und Wirtschaftsbosse korrupt sind, eine Einschätzung, die sich auf eine mittlerweile sehr lange Indizienkette stützen lässt.[6] Sie führt zu äußerst beunruhigenden Behauptungen über die Psychologie von Machthabern. Beobachtet wird die Tendenz, dass sich Mächtige über moralische Bedenken leichter hinwegsetzen. Sie werden als die besseren Lügner bezeichnet, die dabei immer weniger in innere Konflikte geraten und keinen Stress empfinden. Ihnen wird der Wunsch zugeschrieben, Mitmenschen, die sie als Objekt betrachten, zu manipulieren, um daraus persönlichen Nutzen zu ziehen. Mächtige werten angeblich die Leistungen anderer schnell ab und schreiben sich selbst übergroße Anteile an Erfolgen zu. Angela Merkel hat sich aus der Perspektive eines Beobachters als »äußerst machtgeschickt« erwiesen. In der Euro-Krise sei es ihr immer wieder gelungen, sich als Wahrerin deutscher Interessen zu profilieren, weil sie sich bemüht hätte, den Begehrlichkeiten anderer Staaten Grenzen zu setzen. Während sie dafür von vielen ausländischen Politikern und Journalisten angefeindet wurde, habe sie dadurch ihren Nimbus daheim verstärkt, obwohl sie nicht viel wirtschaftlichen Sachverstand besitze, deklarierte Positionen oft wieder aufgebe, einen mitunter »rasanten Schlingerkurs« fahre und (wie die meisten anderen) nicht wisse, was zu einer wirklichen Lösung der Währungs- und Finanzprobleme führen könnte. Merkel okkupiere – machtbewusst, wertevariabel und hemmungslos – Positionen aus unterschiedlichen politischen Lagern.

Die zitierte Analyse kommt zu dem Ergebnis, dass für Politiker das Image zählt, das sie von sich kreieren. Man sieht immer wieder, wie Politiker Ämter übernehmen, für die sie keine nachgewiesene Qualifikation haben, und wie sie sich erfolgreich als »Illusionskünstler« betätigen – wie etwa in jüngerer Zeit das schon genannte Beispiel des CSU-Mitglieds Karl-Theodor zu Guttenberg besonders eindrucksvoll gezeigt hat. Aber nicht nur er hat bewiesen, dass Politik der »Tummelplatz für machtorientierte Opportunisten und Schaumschläger« ist, auf dem Sympathie Trumpf ist. Dankenswerterweise sind aber inzwischen in der Hauptstadt der Bundesrepublik Deutschland die Grenzen der Vertrauenswürdigkeit durch zwei Sätze hinreichend deutlich markiert:»Niemand hat die Absicht, eine Mauer zu bauen.« Und:»Niemand hat die Absicht, einen Flughafen zu eröffnen.«

Natürlich ist der Populismus das Kernprogramm der Opportunisten. Problemlösung spiele keine Rolle, auch wenn dadurch die schon vorhandenen Probleme noch größer werden. Die Strategie ist einfach. Man behauptet, alles im Griff zu haben. Den meisten Politikern wird die ernsthafte Absicht zur Schuldentilgung abgesprochen. Nach der Einschätzung des zitierten Beobachters tun sie nur so. Er beruft sich auf den tschechischen Außenminister und Präsidentschaftskandidaten im Jahr 2013, Karel Schwarzenberg, nach dessen Urteil die Schuldenkrise vor allem eine moralische Krise ist. Sie gilt ihm als Folge der Verantwortungslosigkeit vor allem von Politikern. Sie hätten seit fast 30 Jahren überall in Europa über ihre Verhältnisse gewirtschaftet. Man beschimpft die Banker, aber die Politiker haben schlicht mehr ausgegeben, als sie eingenommen haben:»Die Politik trägt durch ihre Verantwortungslosigkeit die Hauptschuld an der heutigen Krise.«[7]

Mit anderen Worten:»Letztlich wurde überall mit der gleichen Methode Politik betrieben: Die Regierungen machten Schulden, um die Wähler mittels immer neuer sozialer Wohltaten zu bestechen und damit den eigenen Machterhalt abzusichern.«[8]

Die Lage ist fast aussichtslos, wenn folgender Gedanke richtig wäre: Menschen scheuen naturgemäß vor Schmerzen zurück. Fast jeder nimmt die Ankündigung von Einschränkungen als Bedrohung und Aufschub als Erleichterung wahr. Opportunistische Politik bedient genau diese Bedürfnisse und die damit verbundene Irrationalität.[9] Die Schulden- und Finanzkrise ist letztlich gerecht. Die von ihr betroffenen Menschen haben sie verdient, weil sie ihren politischen Vertretern mit Erwartungen und Forderungen gegenübergetreten sind, die bei halbwegs realistischer Betrachtung ökonomisch und finanziell nicht erfüllbar waren. Politiker haben sich darüber hinweggesetzt und letztlich einen korrupten und korrumpierenden Zirkel eingerichtet. Sie haben sich das Wohlwollen ihrer Wähler mit Geld erkauft, das sie nicht hatten und das sie vernünftigerweise auch nicht erwarten durften. Und die Wähler haben mit ihren Entscheidungen dazu beigetragen, dass sich eine Politikerkaste in der Gesellschaft einnisten konnte, die unabhängig von Wahlergebnissen über viele Jahre eine Art moralischen und geistigen Inzest veranstaltet hat, der Anmaßung und Hochstapelei, Betrug und Korruption zu zentralen Elementen öffentlicher Machtausübung werden ließ. Eine Lösung, die den Maßstäben der üblichen menschenrechtlichen Lyrik und der verfassungsrechtlichen Prosa entspricht, ist nicht erkennbar.

Die Schlussfolgerung ist einfach:»... denn alles, was entsteht, ist wert, dass es zugrunde geht ...«.[10]

Diese endzeitliche Anleihe mag man als deplaciert empfinden und ihr widersprechen. Man könnte sie vielleicht durch eine Forderung ersetzen oder ergänzen:»Aber ich sage: Was fällt, das soll man auch noch stoßen! ... Und wen ihr nicht fliegen lehrt, den lehrt mir – schneller fallen!«[11]

Es ist nicht zu leugnen, dass die Welt vor existentiellen Bedrohungen steht. Die Skala umfasst die Proliferation von Atomwaffen, ethnisch-religiöse Konflikte, die Zerstörung der Biosphäre, eine außer Kontrolle geratene Weltwirtschaft, die Tyrannei des Geldes, die Verbindung einer anarchischen Barbarei mit der eiskalten Barbarei technischen und wirtschaftlichen Kalküls. Tatsächlich hat die Menschheit es jetzt gleichzeitig mit der »Hydra des Finanzkapitalismus« und mit allen möglichen Fundamentalismen zu tun. So ist eine Gemengelage von Einzelkrisen entstanden, die sich zu einer einzigen großen Krise zusammenfügen und den Weg zur Menschlichkeit versperren könnten.[12] Daher liegt eine Frage auf der Hand: Können die hinlänglich bekannten »Eliten« in Wirtschaft und Politik, die sich als inkompetente und korrupte Versagercliquen präsentiert haben, den Weg freiräumen, oder die Menschen, die von der Unfähigkeit, der Fahrlässigkeit und der kriminellen Energie mancher ihrer Angehörigen am meisten betroffen sind?

Eine Antwort ist wohl erst dann möglich, wenn eine kritische und hinreichend große Masse verstanden hat, wer für das ganze Desaster verantwortlich ist. Man wird sich also noch in Geduld üben müssen. Oder auch nicht. Die Komplexität der Gesamtproblematik war zwar noch nicht einmal annähernd mit der erforderlichen Präzision zu beschreiben. Die friedensgefährdende Kraft der geschilderten Entwicklungen ist aber hoffentlich hinreichend deutlich geworden.

Die abschließenden Thesen können Taten nicht ersetzen:

- Die anhaltenden Finanzkrisen verlangen eine neue Debatte über Inhalt und Reichweite des Sicherheitsbegriffs.

- Die um sich greifende Verwendung des Ausdrucks »Krieg« zeigt mit ihren Verknüpfungen (zum Beispiel «Wirtschaftskrieg«, »Währungskrieg«), dass auch die innere Sicherheit nicht mehr auf die klassischen Grenzen individuellen Rechtsgüterschutzes zu beschränken ist.

- Der zunehmende Verlust des Vertrauens in die Problemlösungskompetenz demokratisch legitimierter Politik gefährdet den sozialen Frieden und führt zu einer unübersehbaren Fülle von Folgeproblemen, die mit polizeilichen Mitteln nicht lösbar sind.

- Die bereits in einigen Ländern eingesetzten »Expertenregierungen« sind Vorformen eines Ausnahmezustandes, aus dem mittlerweile selbst demokratische Wahlen nicht mehr ohne weiteres herausführen und Neuwahlen eher ein Zeichen der Resignation als der nationalen Besinnung sind.

- Der widersprüchliche und gegensätzliche Charakter von Wirtschaftsordnungen und nationalen Interessen hat sich so verschärft, dass gewaltsame Entladungen nicht mehr auszuschließen sind.

- Trotz der offensichtlich gewordenen gesellschaftszerstörenden Wirkungen eines entfesselten Finanzkapitalismus versuchen zu viele Politiker nach wie vor, die Verhältnisse schönzureden, an deren Entstehung sie selbst beteiligt waren.

- Es ist angesichts eines ungestörten »Raubtierkapitalismus« höchst fraglich, ob die Verantwortlichen in der Politik ihrem Eid gerecht geworden sind, die Gesetze zu achten, Gerechtigkeit gegen jedermann zu üben, den Nutzen des Volkes zu mehren und Schaden von ihm abzuwenden.

- Die Politik hat in zahlreichen Staaten ihre Unabhängigkeit gegen die Pseudowahrheiten der Bankenoligarchie eingetauscht.
- Amtsinhaber fühlten sich ausgerechnet den Unternehmern besonders verpflichtet, die sich die Regierung vom Hals halten wollten, eine Haltung, die durch die vorherrschende Ideologie freier Märkte noch verstärkt wurde.
- Auch in Deutschland hat sich die Politik den Partikularinteressen der Finanzindustrie dienstbar gemacht hat und auf eigene demokratische Gestaltung weitestgehend verzichtet.
- In einer globalisierten Welt muss für ein Mindestmaß an ökonomischem Anstand gesorgt werden, weil davon auch der innere Frieden in Europa abhängt.
- Mit den gewaltigen Finanzkrisen geht eine ebenso große Vertrauenskrise einher, welche die Glaubwürdigkeit des wirtschaftlichen Systems, die Gerechtigkeit und die Handlungsfähigkeit des demokratischen Staats akut gefährdet.
- Die Ereignisse der Finanzkrise müssen in eine historische Perspektive gerückt werden, weil nicht nur geldgierige Banker, inkompetente Politiker und raffgierige Anleger sie verursacht haben.
- Manager, Aufsichtsräte, Rechnungsprüfer, Rating-Agenturen, Rechtsanwälte und Hypothekenvermittler haben auch moralisch große Schuld auf sich laden können, weil sie von niemandem gebremst wurden.
- Auch im wahrscheinlich unvermeidlichen nächsten Zeitalter des Kapitalismus werden Regierungen Unrecht haben können und möglicherweise lebensgefährliche Fehler begehen.
- Der Markt löst nicht alle Probleme, und er hat nicht immer recht.
- Das Versagen der Finanzmärkte ist Ausdruck eines staatskapitalistischen Systemversagens.
- Geld verkörpert nicht aus sich heraus einen Wert und ist keine verlässliche objektive Bezugsgröße, auf deren Grundlage gesellschaftliche Beziehungen ausschließlich abzuwickeln sind.
- Die kapitalistische Entwicklung stößt in einer irreversiblen »Entsubstantialisierung des Kapitals« und einer historischen »Entwertung des Werts« an ihre absolute innere Schranke.
- Spätestens seit den 1980er Jahren ist die Deregulierung das Zei-

chen der Zeit geworden und hat die Geldschöpfungsmöglichkeiten ins Unermessliche erweitert.

■ Weder die autonome Aufblähung der Finanzmärkte mit Hilfe der neoliberalen Deregulierung noch deren Regeneration durch die Geldflut der Notenbanken seit 2001 haben reale Werte mit Arbeitssubstanz erzeugt.

■ Der Staat tritt über den Sündenfall des Monetarismus in Form einer expansiven Geldschöpfung der Notenbanken hinaus als »letzte Instanz« des Kapitalismus in Aktion.

■ Die strukturelle Gewalt der Ökonomie wirkt oft direkt in die Politik hinein und steuert die Staatsgewalten, zwingt also den Staat zu ganz bestimmten Prioritäten und definiert, was »systemrelevant« ist und was nicht.

■ Politiker, Finanzmarktakteure und Wohlstandsbürger haben sich im Börsenspiel zur tragischen Schicksalsgemeinschaft verschworen und huldigen der wundersamen Geldvermehrung an den Finanzmärkten wie einer monetären Befreiungstheologie auf dem Weg ins Scheinparadies der Pumpwirtschaft.

■ Die Mehrzahl der Marktteilnehmer sucht nach neuen und möglichst einfachen Methoden des Geldverdienens, wenn es keine verantwortliche Instanz gibt, so dass Panikattacken, Krisen und Zusammenbrüche unumgänglich werden.

■ Die Krise des Weltkapitals ist nicht nur ein konjunkturelles Phänomen, sondern ein Epochenbruch höheren Grades, in dem mehr zur Disposition steht als Arbeitsplätze und Geldeinkommen.

■ Der von den Finanzderivaten hinterlassene Abgrund scheint unüberbrückbar und statt einer Abschwächung der Krise findet deren unerbittliche Weiterverbreitung statt, so dass das nackte Leben ganzer Bevölkerungen berührt wird.

■ Eine Antwort auf die Frage, ob die Geschichte offen ist für Produktionsweisen, Lebensbedingungen und Naturverhältnisse jenseits des Kapitalismus, ist überfällig und unverzichtbar.

■ Die Vorstellung, der Reichtum einer Person sei die Belohnung für Leistung und Arbeit, ist eine der gravierendsten (Selbst-)Täuschungen in der neueren Gesellschafts- und Wirtschaftsgeschichte.

- Betrug und Selbstbetrug gehören im Kapitalismus zum Geschäft, weil mit einem hohen Grad der Arbeitsteilung und der Geldwirtschaft für den einzelnen Marktteilnehmer zwangsläufig Informationsdefizite über die Herkunft und Qualität von Waren, die Bedürfnisse und die Zahlungsfähigkeit von Kunden, die Sorgfalt von Herstellern und Bonität von Investoren einhergehen.

- Eine prekäre Vertrauenssituation trägt zur fundamentalen Entmündigung des Menschen bei, zumal der Kapitalismus als Heilsversprechen gilt, für das man blind auf die »Hohepriester der Moderne« vertraut.

- Schwere ökonomische Krisen können zu Krisen des politischen Systems führen, in denen die politischen Herrschaftsverhältnisse ihre Legitimation verlieren und die Menschen Revolutionen beginnen oder in nationalistischen Bewegungen ihr Recht auf Widerstand und Selbstverteidigung wahrnehmen.

- Die Verantwortlichen sind weder politisch noch rechtlich zur Rechenschaft gezogen worden, so dass weiterhin gesellschaftlicher Widerstand gegen das Versagen der Politik und die asoziale Energie der Finanzwirtschaft erforderlich ist.

- Etliche Rettungsmaßnahmen in der Euro-Krise kommen einer Konkursverschleppung gleich, durch die Staaten und Menschen entmündigt und in eine generationenübergreifende Schuldknechtschaft geführt werden, aus der eine Befreiung irgendwann nur noch unter bürgerkriegsähnlichen Bedingungen erfolgen kann.

Anmerkungen

1 Kriegszeiten

1 Gerald Celente, zitiert nach: Simone Boehringer, Wir haben Krieg, *Süddeutsche Zeitung* vom 7. November 2012, S. 12.
2 Druyen, 2012, S. 9.
3 Zitiert nach: *Die Zeit* vom 6. Dezember 2012 (Worte der Woche).
4 Andreas Oldag, Angst vor dem Abstieg, *Süddeutsche Zeitung* vom 8. November 2012, S. 13
5 http:m.faz.net/aktuell/wirtschaft/wirtschaftspolitik/abwertungswettlauf-briti scher zentralbankchef-warnt-vor-waehrungskrieg-11989752.html
6 Roman Leick, Europas schwarze Pest – Die vergebliche Jagd auf den griechischen Sündenbock, *Der Spiegel* vom 26. November 2012, S. 108 f.
7 www.cnbc.com/id/49385502/Swiss_Prepare_Army_for_Euro_Zone (28. Januar 2013)
8 Zitiert nach: Ralph Schulze, Randale gegen Radikalkur, *Saarbrücker Zeitung* vom 15. November 2012, S. A 3.
9 Ralph Schulze, Südeuropa in Not, *Saarbrücker Zeitung* vom 15. November 2012, S. A 4.
10 Gegen die marktkonforme Demokratie und für demokratiekonforme Märkte: Schulze, 2012.
11 Das ist die Einschätzung von Cordt Schnibben, Die Gewalt der Zinsen, *Der Spiegel* vom 12. November 2012.
12 So Klaus-Dieter Frankenberger, Im Zentrum, *Frankfurter Allgemeine Zeitung* vom 4. August 2012, S. 1.
13 Jörg Bremer/Tobias Piller, Weitermachen, um die Zweifel zu zerstreuen, *Frankfurter Allgemeine Zeitung* vom 21. Dezember 2012, S. 5.
14 Zutreffend: Mak, 2012, S. 11 f.
15 Andreas Wirsching, Der große Preis, *Frankfurter Allgemeine Zeitung* vom 12. September 2012, S. 27.
16 In diesem Sinne: Burghard Müller, Das Elend mit den Nationalsprachen, *Frankfurter Allgemeine Zeitung* vom 11. September 2012, S. 11.
17 Fuhrmann, 2002, S. 10.

2 Vom Kalten Krieg zum Finanzkrieg

1 Grundlegend: Kaldor, 2000.
2 Über das »Zeitalter der Angst«: Rachman, 2012, S. 181 ff.
3 Über Krieg und Zivilisation: Keegan, 1997, S. 197 ff. Zu den gesellschaftstheoretischen Hintergründen von Kriegen: Michael Mann, Krieg und Gesellschaftstheorie:

Klassen, Nationen und Staaten auf dem Prüfstand, in: Knöbl/Schmidt, 2000, S. 25 ff.

4 Vgl. dazu: Elmar Altvater, Im Schlepptau der Finanzmärkte, in: Blätter für deutsche und internationale Politik, 2011, S. 19. Heynen (2012, S. 237 ff.) belegt mit konkreten Beispielen, dass das Schlimmste noch vor uns liegt.

5 Zitiert nach: Marcus Theurer, Die Stadt der bösen Banker, *Frankfurter Allgemeine Zeitung* vom 4. August 2012, S. 13.

6 Graeber, 2012, S. 409.

7 Vgl. vor allem (teilweise wörtlich wiedergegeben): Negt, 2012, S. 9–26; Habermas, 2011, S. 55; Roychoudhuri, Eine kleine Flamme, in: Gessen u. a., 2011, S. 64. Deutelmoser (2012, S. 9) meint übrigens, dass bis heute keine einigermaßen erschöpfende Analyse vorliegt, die im öffentlichen Raum diskutiert wurde, geschweige denn, dass einleuchtende Sanierungsmaßnahmen gefunden worden wären.

8 Zu einem konkreten aktuelleren Beispiel (»Kriegslüge Massenvernichtungswaffen«): Zumach, 2005, S. 17 ff.

9 Einführend über Zentralbanken und Geldpolitik: Wagener, 2012, S. 55 ff.

10 Wilhelm Röpke, zitiert nach: Lars P. Feld, Europa in der Welt von heute, *Frankfurter Allgemeine Zeitung* vom 17. Februar 2012, S. 10.

11 So Michael Scharang, Finale Raserei, *Die Presse*, Spectrum, vom 11. Dezember 2010, S. II.

12 Grundsätzlich über die Entwicklung des Wettbewerbs als ursprünglich rein ökonomische Idee zum politischen Heilsversprechen: Richter, 2012, S. 7 ff.

13 Zitiert nach: Ralph Rotte, Sicherheitspolitische Implikationen der globalen Finanzkrise, *Politische Studien*, Heft 425, Mai/Juni 2009, S. 58. Vgl. auch: Rickards, 2012, S. 36.

14 Grundsätzlich und ausführlich: Bundesakademie für Sicherheitspolitik, 2001.

15 Insgesamt: Ralph Rotte, Sicherheitspolitische Implikationen der globalen Finanzkrise, *Politische Studien*, Heft 425, Mai/Juni 2009, S. 58 ff.

3 Finanzkapitalismus und Weltuntergang

1 Zitiert nach: Wickert, 2011, S. 71. Ausführlich über eine Alternative zu Kommunismus und Kapitalismus: Felber, 2008, S. 273 ff.

2 Grundsätzlich: Wolfgang Küttler, Perspektiven und Grenzen des Kapitalismus als Gesellschaftsformation, in: Krause, 2011, S. 11 ff.

3 So Gorz, 2009, S. 17.

4 So Hengsbach, 2012, S. 37.

5 Zitiert nach: Alensias, 2010, S. 1.

6 Jessen, Fegefeuer des Marktes, in: Jessen, 2006, S. 107 f.

7 Hank, 2009, S. 184 ff.

8 Vgl. dazu: Elsenhans, 2012, S. 9.

9 Heinrich Haasis, Die Lehre aus der Finanzkrise heißt Dezentralität, *Frankfurter Allgemeine Zeitung* vom 14. April 2011, S. 20.

10 Heike Göbel, Leiden am Kapitalismus, *Frankfurter Allgemeine Zeitung* vom 30. Januar 2012, S. 1.

11 Karl-Heinz Büschemann, Macht und Markt, *Süddeutsche Zeitung* vom 30. Januar 2012, S. 4.

12 Jenner, 2012, S. 9.

13 So insgesamt: Karl-Heinz Büschemann, Macht und Markt, *Süddeutsche Zeitung* vom 30. Januar 2012, S. 4.

14 In diesem Sinne Geißler, 2012, S. 12.

15 Zutreffend: Simone Boehringer, Erpressung, *Süddeutsche Zeitung* vom 1. Februar 2012, S. 17, S. 17.
16 Schmieding, 2012, S. 12 f.
17 Vgl. insgesamt: Christiane Siedenbiedel, Die Angst vor der Inflation, *Frankfurter Allgemeine Sonntagszeitung* vom 23. September 2012, S. 41.
18 Mohamed El-Erian, Die Notenbanken machen mir Angst, *Frankfurter Allgemeine Sonntagzeitung* vom 23. September 2012, S. 43.
19 So insgesamt mit weiteren Nachweisen: Bischoff u. a., 2010, S. 103 f.
20 So insgesamt: Evelyn Finger, Beruhigt euch! *Die Zeit* vom 19. Januar 2012, S. 1.
21 Vgl. Hetzer, 2003, S. 125 ff.
22 Aufruf zur Sicherheitsleistung. Dabei geht es im Devisenhandel um einen Warnhinweis, der von einem Broker an einen Händler übermittelt wird. Zu dieser Warnung kommt es, wenn die Gefahr droht, dass mit einer offenen Handelsposition die »Margin« unterschritten wird. Ein Investor stellt einem Broker Kapital zum Handel am Devisenmarkt zur Verfügung. Dieses Kapital muss mit der Hinterlegung einer Sicherheitsleistung abgesichert werden. Die Hinterlegungssumme beträgt in den meisten Fällen zwischen 0,25 und 1 Prozent des zur Verfügung gestellten Handelskapitals. Drohen die Verluste aus dem Handel die Sicherheitsleistung zu überschreiten, dann kommt es zum »Margin Call«. Kommt der Händler dem Aufruf zur erneuten Hinterlegung einer Sicherheitsleistung nicht nach, dann wird die Handelsposition automatisch geschlossen; http://wikipedia.org/wiki/Margin_ Call – (15. Januar 2013).
23 Insgesamt: Mallaby, 2011, S. 459 f.
24 Walter/Quitzau, 2011, S. 9.
25 Schindler, 2012, S. 177 ff.
26 Sven Giegold, Die Demokratie ist gefährdet, *Süddeutsche Zeitung* vom 14. April 2011, S. 23.
27 Zum Übergang vom Spät- zum Finanzkapitalismus: Oliver Nachtwey, Legitimationsprobleme im Spätkapitalismus *revisited*, in: Becker u. a., 2010, S. 368 ff.
28 Zitiert nach: Claus Hulverscheidt, Eine Zwei und zwölf Nullen, *Süddeutsche Zeitung* vom 14. April 2011, S. 17). Zu den Folgen der Staatsverschuldung ausführlich: Beck/Prinz, 2011, S. 51 ff.
29 Paul Lendvai, zitiert nach: Georg Paul Hefty, Europäischer Rechtsraum, *Frankfurter Allgemeine Zeitung* vom 19. Januar 2012, S. 10.
30 Insgesamt: Prantl, 2011, S. 7 ff., 12 ff.
31 Zur »Herrschaft der Unvernunft« in der Geldindustrie: Wüllenweber, 2012, S. 197 ff.
32 So und insgesamt: Schmidbauer, 2011, S. 7, 8.
33 Ebd., S. 8 ff.
34 Sennet, 2009, S. 143.
35 So Hans Vorländer, Spiel ohne Bürger, *Frankfurter Allgemeine Zeitung* vom 12. Juli 2011, S. 8.
36 Ausführlich über die Geschichte des Zusammenbruchs der Lehman-Brothers-Bank: McDonald/Robinson, 2010.
37 Hörisch, 2004, S. 130.
38 Kaletsky, 2011, S. 9, 10. Zum »kapitalistischen Weltsystem«: Soros, 2000, S. 139 ff.
39 Bremmer, 2010, S. 25.
40 Barbara Supp, Unbarmherzige Samariter, *Der Spiegel* vom 6. Februar 2012, S. 56.
41 Zu Reagans »imperialem« Kreislauf: Soros, 2007, S. 125 ff.
42 Beck, 2010, S. 16.

4 Kapitalismus zwischen Enttäuschung und Entlarvung

1 Hilfreich insoweit: Lowenstein, 2009.
2 Insgesamt: Plumpe, 2010, S. 7 f., 12.
3 Braunberger/Fehr, 2008; Müller, 2009; Otte, 2010; Otte, 2009; Ramonet, 2010; Schäfer, 2008; Grandt u. a., 2011.
4 Der Ökonom Tomáš Sedláček, Schulden machen uns zu Sklaven, *Süddeutsche Zeitung* vom 4./5. Februar 2012, S. 29, glaubt nicht, dass sich der Kapitalismus an sich in der Krise befindet – eher der »Wachstumskapitalismus«.
5 Über die Voraussetzungen einer »Revolution rückwärts«: Graeber, 2012 c, S. 72 ff.
6 Seppmann, 2011, S. 214 f.
7 Vgl. z. B. Brunetti, 2011, S. 99.
8 Hankel/Isaak, 2011, S. 49.
9 Roubini/Mihm, 2010, S. 183.
10 So Reich, 2010, S. 15.
11 Zur Schuldfrage auch: Swietly, 2009, S. 7.
12 Kaletsky, 2011, S. 10 f.
13 Über eine Neukonfigurierung des Kapitalismus auch: Best, 2009, S. 28 ff. Andere rufen dagegen gleich zum Systemwechsel auf: Woltron, 2009.
14 Kaletsky, 2011, S. 12 f.
15 Vgl. dazu die differenzierten und kritischen Überlegungen von Stadler, 2011, S. 118 ff.
16 Münchau, 2008, S. 71 ff.
17 Zur Frage, ob Gold das bessere Geld ist: Polleit, 2011, S. 115 ff. Vgl. auch: Patrick Bernau, Es ist nur Gold, was ewig glänzt, in: Hank/Plumpe, 2012, S. 110 ff.
18 Spekulationsblasen: Über einen längeren Zeitraum steigen Vermögenspreise außerordentlich stark an und fallen dann abrupt ab.
19 Vgl. dazu auch: Baader, 2010, S. 79 ff.
20 Über das Politikversagen und die ökonomischen Folgen in den USA: Zimmermann/Schäfer, S. 43 ff.
21 Über das Versagen der deutschen Volkswirtschaftler: Dill, 2009, S. 125 ff. Ausführlicher und differenzierter über das Versagen der Ökonomen: Nienhaus, 2009, S. 13 ff.
22 Vgl. auch Sedláček, 2012, S. 369 f. Zur Frage, ob Volkswirte für die Finanzkrise gar mitverantwortlich sind: Thomas Fischermann/Petra Pinzler, Angriff auf den Elfenbeinturm, *Die Zeit*, 16. Februar 2012, S. 27.
23 Baecker, 2008. Andere sind der Auffassung, dass es den »freien Markt« gar nicht gibt: Chang, 2010, S. 19 ff.
24 Insgesamt: Kaletsky, 2011, S. 14–17.
25 Ebd., S. 22.
26 Schweinsberg, 2011, S. 32 ff.
27 Paqué, 2010, S. 250.
28 Miegel, 2010, S. 27 ff. Über die Finanzkrise als »Wachstumspause«: Hüther, 2011, S. 54 ff.
29 Kaletsky, 2011, S. 24.
30 Payandeh, Finanzmarktkapitalismus am Ende?, in: Altvater u. a., 2011, S. 81, 104. Grundlegend auch: Klaus Dörre, Die neue Landnahme. Dynamiken und Grenzen des Finanzmarktkapitalismus, in: Dörre u. a., 2009, S. 21 ff.
31 Kaletsky, 2011, S. 26, 27.
32 Zum mentalitätsgeschichtlichen Hintergrund: Weber, 2010, S. 76 ff.
33 Ausführlich über Ursache und Verlauf der Hypothekkrise in den USA: Zobler/Bölscher, 2009.
34 Vgl. Reinhart/Rogoff, 2010, S. 314 f.

5 Schach oder Matt?

1 Zur Erforderlichkeit eines neuen Paradigmas: Müller, 2010, S. 160 ff.
2 So Kurz, 2010, S. 8.
3 Über den Staat im liberalen Paradigma: Willke, 2003, S. 84 ff. Zum Elend der Politik im Neoliberalismus: Bettina Lösch, Die neoliberale Hegemonie als Gefahr für die Demokratie, in: Butterwegge u. a., 2008, S. 222 ff.
4 Bussemer, 2011, S. 140.
5 Honneth, 2011, S. 320 f.
6 Schmidt/Steinbrück, 2011, S. 223–226, 230 f.
7 Ebd., S. 232 ff. Über die Schwachpunkte der Finanzaufsicht: Kaufman, 2010, S. 107 ff.
8 Vgl. dazu: Michael Martens, Von Teilzahlung zu Teilzahlung, *Frankfurter Allgemeine Zeitung* vom 31. Dezember 2011, S. 1. Zu den Herausforderungen in Griechenland: Hartmann/Malamatinas, 2011. Über die Ursachen der griechischen Entwicklung: Wehr, 2011, S. 61 ff.
9 Catherine Hoffmann, Feigheit vor Banken, *Süddeutsche Zeitung* vom 2./3. Juli 2011, S. 23.

6 Ökonomie oder Psychiatrie

1 Zu den Methoden, mit denen man sich in eine Gemeinschaftswährung schwindelte: Lynn, 2011, S. 47 ff.
2 Über den Markt für Kreditausfallversicherungen: Jaschinsky, 2011, S. 62 ff.
3 Andreas Zielcke, Der Finanzmarkt braucht Moral, *Süddeutsche Zeitung* vom 26. Januar 2011, S. 23. Ausführlicher über Management und Moral: Goeudevert, 2010, S. 85 ff. Zu Zivilgesellschaft und Moral: Crouch, 2011, S. 203 ff.
4 Bettina Schulz, Was Tanker die Banken lehren können, *Frankfurter Allgemeine Zeitung* vom 11. April 2011, S. 11.
5 Vgl. insgesamt: Hollnagel, 2009 a, S. 162 ff.
6 Henkel, 2010, S. 8.
7 Über Keynes und den Kampf gegen das Finanzkapital: Shaxson, 2011, S. 87 ff.
8 Zitiert mit Nachweisen bei Brodbeck, Geldwert und Geldgier, in: Liessmann, 2009, S. 207 f.
9 Zitiert nach Braunberger, 2009, S. 141.
10 Insgesamt: Jean Uwe Heuer, Einstürzende Altbauten, *Die Zeit* vom 19. April 2012.
11 Für Roth (2009, S. 62) ist es jedenfalls »kompletter Quark«, dass Waren real, ihr Geldausdruck aber irreal sei. Geld stehe nicht neben der realen kapitalistischen Warenproduktion. Es sei nur eine »Form der Ware«. In diesem Sinne auch: Weber, 2009, S. 25.
12 Brodbeck, Geldwert und Geldgier, in: Liessmann, 2009, S. 209. Zu den Grundlagen von Geld und Kredit lexikalisch knapp und instruktiv: Eichhorn/Solte, 2009, S. 38 ff. North, 2009, S. 223,
13 North, 2009, S. 223.
14 Ferguson (2010, S. 302) zeigt, dass die heutige Finanzwelt das Ergebnis einer 4000-jährigen Evolution der Wirtschaft ist.
15 Über Hebel und »Zaubertricks«: Eichhorn/Solte, 2009, S. 122 ff.
16 So ganz überwiegend wörtlich: Wagenknecht, 2011, S. 67 f.
17 Versagen wird der Politik angelastet: Hollnagel, 2009 a, S. 161 ff.
18 Zu den diversen Formen des Marktversagens: Wittmann, 2009, S. 123 ff.
19 Dazu ausführlich: Bürger/Rothschild, 2009, S. 59 ff.
20 Zum Kapitalismus als Religion auch: Lilge, 2012.

21 De Weck, 2009, S. 18.
22 Brodbeck, Geldwert und Geldgier, in: Liessmann, 2009, S. 211 f.
23 Zu den Gestaltungsmöglichkeiten auf den Finanzmärkten: Brunnhuber/Klimenta, 2003, S. 122 ff.
24 Zeise, 2011, S. 9.
25 Zitiert mit Nachweisen bei Brodbeck, Geldwert und Geldgier, in: Liessmann, 2009, S. 214 f.
26 Zutreffend: ebd., S. 215.
27 Ebd., S. 216.
28 Zur Finanzkrise als Vertrauenskrise auch: Baum u. a., 2009, S. 11 ff.
29 Nikolaus Piper, Die Sphinx spricht Klartext, *Süddeutsche Zeitung* vom 15. September 2010, S. 18.
30 Zum schmalen Grat zwischen Inflation und Deflation: Riße, 2010, S. 187 ff.
31 Grundsätzlich über Vertrauen als Wirtschaftsfaktor: Walter/Quitzau, 2011, S. 266 ff.
32 Über die moralischen Grenzen des Marktes eingehend: Sandel, 2012.
33 Zu den praktisch-alltäglichen Formen des Betrugs in der Bankenwelt: Eder, 2011.
34 Dazu ausführlich: Roth, 2012. Zu den Verhältnissen in manchen Mitgliedsstaaten der EU: Karl-Peter Schwarz, Korruption als System, *Frankfurter Allgemeine Zeitung* vom 7. Februar 2011, S. 1.
35 Über die Lüge von der Kontrolle über Vorstände und Banker: Müller, 2009, S. 181 ff.
36 Über »schöne« und »wahre« Lügen: Das, 2010, S. 81 ff.
37 Insgesamt: Hilmar Kopper, Geld braucht Gesetze, *Der Spiegel* vom 23. Dezember 2011, S. 62–67.

7 Mehr Geld oder kein Geld mehr?

1 Vgl. dazu: Prof. Dr. Hannes Voigt, Verfasser eines Leserbriefes (*Der Spiegel*, 9. Januar 2012, S. 8): »Als die RAF in Deutschland wütete, war mir die ideologisch verbohrte Dialogunfähigkeit dieser Verbrecher zutiefst zuwider. Nach der Lektüre des Gesprächs mit Hilmar Kopper fühle ich zum ersten Mal einen Hauch von verstehender Sympathie für die Beweggründe der RAF.«
    Etwas weniger blutrünstig, aber auch kritisch zum geistigen Fassungsvermögen von Kopper: Günther Nonnenmacher, Die Freiheit lebt davon, dass die Vorbilder sich vorbildlich verhalten, in: Kahl u.a., 2012, S. 188 ff.
2 Richard David Precht, Vom Schlingern der Galeere – Bio-philosophische Betrachtungen über die obskuren »Märkte«, *Der Spiegel* vom 9. Januar 2012, S. 68 ff.
3 Zitiert nach: Gustav Seibt, Krieg der Illusionen, *Frankfurter Allgemeine Zeitung* vom 9. Januar 2012, S. 9.
4 Jean-Claude Juncker, Gegenseitige Bedingung und bedingungslose Gegenseitigkeit, in: Kahl u. a., 2012, S. 65, 73.
5 So insgesamt: Seibt, *Frankfurter Allgemeine Zeitung*, Krieg der Illusionen, *Frankfurter Allgemeine Zeitung* vom 9. Januar 2012, S. 9.
6 Der Hauptgeschäftsführer des Bundesverbandes deutscher Banken, Michael Kemmer, behauptet, dass Geschäfte der Schattenbanken den Finanzmarkt effektiver machten. Es geht um 46 Billionen Euro, die weltweit in diesem Sektor verborgen sein sollen und damit der Aufsicht nationaler Behörden entzogen sind. Diese Summe steht für circa 30 Prozent des gesamten Finanzsystems. Dazu ausführlicher: Markus Zydra, Die Banken im Schatten sieht man nicht, *Süddeutsche Zeitung* vom 31. Juli 2012, S. 16.

7 Die Systemfrage stellt sich auch für Günter Grass, Die Steine des Sisyphos, *Süddeutsche Zeitung* vom 4. Juli 2011, S. 11. Er zweifelt ernsthaft daran, ob unsere Verfassung noch garantiert, was sie verspricht.

8 Insgesamt: Richard David Precht, Vom Schlingern der Galeere, *Der Spiegel* vom 9. Januar 2012, S. 68 ff.

9 Widmer, 2002, S. 13 ff. Über das diffuse Phänomen »Angst 2.0«: Holger Gertz, Ich versteh kein Wort, *Süddeutsche Zeitung* vom 27./28. August 2011, S. 3.

10 So insgesamt zutreffend: Brodbeck, Geldwert und Geldgier, in: Liessmann, 2009, S. 216–237.

11 Wallwitz, 2011, S. 115.

12 Heidenreich/Heidenreich, 2008, S. 7.

13 Ebd.

14 Dazu detailliert auch: Binswanger, 2009, S. 114 ff.

15 So Heidenreich/Heidenreich, 2008, S. 7 f.

16 Grundsätzlich: Weber, 2009. Vgl. auch: Baecker, 2008, S. 13 ff.

17 Heidenreich/Heidenreich, 2008, S. 9.

18 Insgesamt: Ebd., S. 10–13.

19 Über die Zusammenhänge zwischen Eigenkapital, Leverage und Bilanzierungsregeln: Peukert, 2011, 469 ff.

20 Securitization (deutsch: Verbriefung) bedeutet die Schaffung von handelbaren Wertpapieren (englisch: Securities) aus Forderungen (= zukünftige Zahlungsströme) oder Eigentumsrechten.

21 Heidenreich/Heidenreich, 2008, S. 75.

22 Zur Geburt und zum historischen Aufstieg des Finanzkapitals: Kurz, 2005, S. 246 ff.

23 Zum Ausmaß der Blase: Leuschel/Vogt, 2009, S. 55 ff.

24 Insgesamt zutreffend: Heidenreich/Heidenreich, 2008, S. 76 f.

25 Ebd., S. 77 f.

26 Vgl. dazu: ebd., S. 78 f.

27 Die Rettung dieses Versicherungsgiganten ist ein Beispiel für das vernetzte Zusammenwirken von Finanzeliten und politischen Eliten: Krysmanski, 2012, S. 66 f.

28 Zu den Hintergründen: Heike Buchter, Mit der Angst infiziert, *Die Zeit* vom 22. September 2011, S. 27.

29 Heidenreich/Heidenreich, 2008, S. 80.

30 Ebd., S. 81 f.

31 Ebd., S. 83.

32 Ebd., S. 85.

33 Ebd., S. 86.

34 Ausführlich dazu: Petra Pinzler, 2011. Einführend: Petra Pinzler, Noch mehr ist nicht genug, *Die Zeit*, 22. September 2011, S. 35.

35 Vgl. dazu: Schellhorn, 2009, S. 36 f.

36 Gauß (2012, S. 13) ist der Überzeugung, dass kein Finanzwissenschaftler dem ratlosen Publikum aus betrogenen Betrügern sagen kann, wo die ungeheuren Summen von Geld, die vernichtet wurden, vorher waren und wohin sie verschwunden sind.

37 Insgesamt: Heidenreich/Heidenreich, 2008, S. 118 f.

38 Ebd., S. 122 f.

8 Geld braucht Vertrauen

1 Christina von Braun, Eine Anhäufung von Nullen, *Der Spiegel* vom 25. Juni 2012.

2 Zu Geld und Geltung: Hörisch, 1996, S. 215 ff. Ausführlich auch schon Simmel, 2003, S. 686 ff.

3 Zu deren Aussichten: *Frankfurter Allgemeine Zeitung* vom 7. August 2012, S. 17 (Schlechte Nachrichten für Sparer).

4 Ausführlich über die Konsequenzen für Europa: Jankowski/Bohr, 2010; Schulmeister, 2010; Tichy, 2010.

5 Zu den Folgen für Deutschland auch: Köhler, 2008, S. 139 ff.

6 So Haesler, 2011, S. 65.

7 Zutreffend: ebd.

8 Ebd., S. 66 f.

9 Dazu: Wiggershaus, 2010.

10 Haesler, 2011, S. 69 f.

11 Zu besonderen geldtheoretischen Vorstellungen im Hinblick auf die aktuelle Krise des Euro: Peter Knauer, Geld anders einrichten, in: *Aus Politik und Zeitgeschichte* 13/2012, S. 49 ff.

12 Haesler, 2011, S. 71.

13 Schnaas, 2010, S. 7. Zur Entwicklung von der Finanzkrise zur Staatsschuldenkrise: Hank, 2012, S. 284 ff.

14 Schnaas, 2010, S. 7.

15 Ebd., S. 11. Zum teuren Versagen der Finanzalchimisten: Storbeck, 2009, S. 43 ff.

16 Zur Abgrenzung von Ware und Müll: Weyh, 2006, S. 15 ff.

17 Schnaas, 2010, S. 12.

18 Vgl. auch: Fiat money und das Problem der Geldschöpfung, in: Kuschel/Assmann, 2011, S. 46 ff. Zur»wunderbaren« Geldvermehrung ebenfalls ausführlich: Butterweck, 2009, S. 12 ff. Über die Risiken der Geldschöpfung: Hans Christoph Binswanger, Goethe und Geld – »ein großer Optimist, *Süddeutsche Zeitung* vom 11./12. 2011, S. 26.

19 Schnaas, 2010, S. 13 f. Zu den praktischen Folgen einer Entwicklung, die dazu führt, dass Geld zum Maßstab aller Dinge wird: Rajan, 2012, S. 191 ff.

20 Schnaas, 2010, S. 15.

21 Ebd., S. 16.

22 Auch die amerikanischen Verbraucher stützen die Weltwirtschaft seit mindestens 18 Jahren weitgehend durch ihre Käufe auf Pump. Im Jahre 1991 betrugen die Ersparnisse eines Haushalts im Schnitt acht Prozent. 2006 waren daraus Schulden geworden. Vgl. dazu: Rifkin, 2012, S. 374.

23 Insgesamt: Schnaas, 2010, S. 17 ff.

24 Umfassend zur»Politik der Unvernunft«: Krugman, 2009, S. 122 ff.

25 Schnaas, 2010, S. 19.

26 Zu»außerordentlichen Verwirrungen« und dem Wahn der Massen anhand konkreter historischen Beispiele: MacKay/de la Vega, 2010, S. 19 ff.

27 Schnaas, 2010, S. 20.

28 Aus der Sicht von Kennedy (2011, S. 21) basiert unser Geldsystem auf dem exponentiellen Wachstumsmuster des Zinseszins, ein Muster, das in der Natur bei ausgewachsenen Zellen nur in krankhaften Zellen, etwa in Krebszellen, zu finden sei.

29 Schnaas, 2010, S. 21 f.

9 Ein brisanter Bericht aus den USA

1 United States of America/Financial Crisis Inquiry Commission, 2011 (FCIC Report).

2 Dabei handelt es sich um hypothekarisch gesicherte Darlehen an Kunden, deren Bonität sehr zweifelhaft war.

3 Rückkaufvereinbarung

4 Paul, 2010, S. 116. Differenzierter über die Rolle der US-Notenbank: Stiglitz, 2010, S. 185 ff.

5 Zitiert nach: Moritz Koch/Martin Hesse, IWF geißelt die Schwäche europäischer Banken, *Süddeutsche Zeitung* vom 14. April 2011, S. 17.

6 Zum Versagen der amerikanischen Notenbank im Zusammenhang mit den Aufsichtspflichten: Kaufman, 2010, S. 107 ff.

7 Vgl. dazu insgesamt: FCIC Report, 2011, S. 9 f.

8 Ebd., S. 11.

9 Ebd., S. 12.

10 Insgesamt: ebd., S. 13 ff.

11 Ebd., S. 15.

12 Ausführlich über die zerstörerischen Praktiken dieses Geldhauses: McGee, Chasing Goldman Sachs, 2010.

13 Insgesamt: FCIC Report, 2011, S. 16 f.

14 Ebd., S. 18 f.

10 Zerschellen nach langem Blindflug

1 Mattick, 2012, S. 30 f.

2 Appleby, 2011, S. 567.

3 Ebd., S. 568.

4 Ebd., S. 569.

5 Ebd., S. 570.

6 Ebd., S. 571.

7 Ebd., S. 572 f.

8 Ebd., S. 574 f. Ausführlich auch: Hartmut Hirsch-Kreinsen, Finanzmarktkapitalismus und technologische Innovationen, in: Kraemer/Nessel 2012, S. 145 ff.

9 Appleby, 2011, S. 576.

10 Über das Betriebsklima in diesem Institut ausführlich: Smith, 2012. Der Europa-Chef von Goldman Sachs fand die Lektüre des Buchs, das sein ehemaliger Kollege verfasst hatte, eher ermüdend und weder neu noch skandalträchtig: Alexander Dibelius, Occupy war Event-Philosophie, *Der Spiegel* vom 31. Dezember 2012.

11 Appleby, 2011, S. 578.

12 Zitiert nach ebd., S. 580 f.

13 Ebd., S. 584.

14 Ebd., S. 586 f.

15 Arnoldi, 2009, S. 22. Instruktiv zu den Besonderheiten der amerikanischen Wohnungsbaufinanzierung: Bähr/Rudolph, 2011, S. 149 ff. Ausführlich zum »großen amerikanischen Hypothekenschwindel«: Taibbi, 2012, S. 110 ff.

16 Appleby, 2011, S. 588.

17 Über die Begrenzung des »Moral Hazard«: Schmidt, 2010, S. 154 ff.

18 Zitiert nach: Appleby, 2011, S. 590.

19 Ebd., S. 591.

11 Zersetzung und Auflösung

1 Kurz, 2009, S. 768.

2 Ebd., S. 782.

3 Ebd., S. 27.

4 Ebd., S. 12.

5 Ebd., S. 10.

6 Ebd., S. 9.

7 Ebd., S. 11.

8 Altvater, 2005, S. 25.

9 Ebd., S. 27.
10 So Zeise, 2011, S. 7. Zu den Voraussetzungen und Folgen des Aufstiegs des »Katastrophen-Kapitalismus«: Klein, S. 391 ff.
11 Piper (2009, S. 87 ff.) sieht in den Vorgängen in der Wall Street gar ein »Lehrstück für Karl Marx«. Zur Bedeutung von Karl Marx heute: Callinicos, 2011, S. 229 ff. Vgl. auch: Michael Heinrich, Das analytische Potential der Marx'schen Theorie angesichts der Krise, in: Scherrer u. a., 2011, S. 50 ff. Über das Wiederaufleben des Interesses an Karl Marx: Cleaver, 2012, S. 73 ff. Zu den Gründen für die Lektüre des Hauptwerks von Marx: Heinrich, 2008, S. 16 ff. Vgl. auch: Berger, 2004.
12 Marx gilt auch als »erster Denker der Globalisierung«: Ziesemer, 2012.
13 So Pierenkemper, 2012, S. 74.
14 Heinrich, 2005, S. 8.
15 Franziska Augstein (Weltwirtschaftsgewitter, in: Beise/Schäfer, 2009, S. 64 ff.) hält Karl Marx jedenfalls für aktuell, weil er die Gesellschaft, in der wir heute leben – die jetzige Finanzkrise eingeschlossen –, beschrieben habe.
16 So Wippermann, 2008, S. 136.
17 Vgl. auch: Streeck, 2010.
18 Linß, 2012, S. 122.
19 Hosfeld, 2009, S. 11.
20 So Reheis, 2011, S. 9.
21 Ebd., S. 10 f.
22 Harvey, 2011, S. 7.
23 So Fülberth, 2012, S. 7.
24 Reheis, 2011, S. 13.
25 Ebd., S. 16.
26 Ebd., S. 17.
27 Ebd.
28 Marx/Engels, 1990, S. 7.
29 So insgesamt Reheis, 2011, S. 20.
30 Zu Konsequenzen und Beispielen: ebd., S. 21.
31 Insgesamt: ebd., S. 22 ff.
32 Ebd., S. 25 ff.
33 Ebd., S. 29.
34 Hartmann, 2011, S. 479.
35 So Reheis, 2011, S. 30.
36 Reheis, 2011, S. 31.
37 Marx, 1973 (Bd. 1), S. 49.
38 Reheis, 2011, S. 35, 36.
39 Dazu im einzelnen: Zeise, 2011, S. 49–53 .
40 Reheis, 2011, S. 37.
41 Ebd., S. 37.
42 Ebd., S. 38 f. Karl Marx wird hier und im folgenden nach Reheis zitiert.
43 Ebd., S. 39.
44 Ebd., S. 39 f.
45 Ebd., S. 40 f.
46 Ebd., S. 42.
47 Ebd., S. 44, mit Nachweisen.
48 »Bereichert euch« gilt gar als Motto der Marktwirtschaft: Lueer, 2012, S. 19 ff.
49 Reheis, 2011, S. 44 f.
50 Drucker, 2010, S. 71 ff.
51 Zu Beispielen: Reheis, 2011, S. 99 f.
52 Vgl. den instruktiven Überblick von Waldemar Hummer, Von der amerikanischen

»Subprime Crisis« (2007) zum permanenten »Europäischen Stabilitätsmechanismus«, in: Hummer, 2011, S. 231 ff.
53 Zu deren fragmentarischem Charakter und verkürzter Rezeption: Kurz, 2012, S. 244 ff.
54 So und insgesamt Reheis, 2011, S. 100 ff., 105 ff.
55 Ebd., S. 108, mit weiteren Nachweisen.
56 Ebd., S. 110.
57 Ebd., S. 111 ff.
58 Ebd., S. 118–121.

12 Die Zerstörung der Mitte der Gesellschaft

1 So insgesamt und zutreffend: Heinrich, 2005, S. 169.
2 Ausführlich zu diesem epocheprägenden Wissenschaftler und »Krisenökonomen«: Blomert, John Maynard Keynes, 2007; Braunberger, Keynes für jedermann, 2009.
3 Zitiert nach: Heinrich, 2005, S. 170.
4 Ebd., S. 171–174.
5 Ausführlich über Krisentendenzen: Habermas, 1979, S. 50 ff.
6 Christiane Schlötzer (Hellenischer Kraftakt, *Süddeutsche Zeitung* vom 22. Februar 2012, S. 4) meint, dass etwa Griechenland von einer nationalistischen Welle durchweht wird und dass dort wie in Deutschland dumme Stereotypien wiederauferstehen, die zu den Kollateralschäden der Rettungsversuche gehören.
7 Insgesamt: Heinrich, 2005, S. 175–178.
8 Zitiert nach: Wagenknecht, 2011, S. 7.
9 Vgl. z. B. Pfeiffer (2012, S. 225), der darlegt, dass die Verheißungen des Kapitalismus leere Versprechungen geblieben sind. Zum historischen Hintergrund des Wohlstandsversprechens: Erhard, *Wohlstand für Alle*, 1957.
10 Wagenknecht, 2011, S. 8.
11 Niall Ferguson (Russisches Roulette mit dem Haushalt, *Die Zeit* vom 12. Mai 2011, S. 25) behauptet, dass die Regierungen der USA dieses gefährliche Spiel seit zehn Jahren spielen.
12 Wagenknecht, 2011, S. 9.
13 Ebd., S. 11.
14 Ebd., S. 12.
15 Ebd., S. 34.
16 Zu den Ansätzen für eine europaweite Regulierung der Hedge- Fonds: Ruth Picker, Heuschrecken? Zähmen? – Ansätze zur Regulierung von Hedge-Fonds und Private-Equity-Fonds in Europa, in: Attac, 2008, S. 53 ff.
17 Wagenknecht, 2011, S. 63 f. Für diese Einschätzung gibt es inzwischen beeindruckende Belegfälle. Vgl. nur: Corinna Noth, Der Händler, der Anwalt und der Mittelsmann, *Süddeutsche Zeitung* vom 8. April 2011, S. 26.
18 Wagenknecht, 2011, S. 82.
19 Ebd., S. 109 f.
20 Ebd., S.175.
21 Ebd., S. 251.
22 Ebd., S. 349, 358.
23 Comte-Sponville, 2009, S. 89.
24 Es gibt Spekulationen darüber, dass Wagenknecht sich die DDR mehr gedacht als erlebt und daher nicht leicht aus ihr herausfindet: Edo Reents, Stolz und Vorurteil, *Frankfurter Allgemeine Zeitung* vom 2. Juli 2011, S. 44.
25 Walter Hamm, Die Linke und Eucken, *Frankfurter Allgemeine Zeitung* vom 19. Januar 2012, S. 11.

26 So insgesamt ebd.

27 Vgl. Thomas Steinfeld, Der gute Bürger und die böse Wirtschaft, *Süddeutsche Zeitung* vom 3./4. September 2011, S. 13. Grundsätzlich stellt sich auch die Frage, was an Souveränität übrig bleibt, wenn ganze Staaten zum Gegenstand der Finanzwirtschaft geworden sind: Thomas Steinfeld, Wer gibt uns einen Feind mit Gesicht? *Süddeutsche Zeitung* vom 27./28. August 2011, S. 13.

28 Schmidbauer, 2012, S. 185 f.

29 Biswanger, 2003, S. 55.

30 Insgesamt: Schmidbauer, 2012, S. 193 ff., 197.

31 Ausführlich über die komplexen Zusammenhänge: Schumpeter, 1946. Dazu einführend und über die »Große Vision des Kapitalismus«: Kurz/Sturn, 2012, S. 187 ff. Über Leben und Wirken von Schumpeter auch: Nasar, 2011, S. 219 ff.; 261 ff.; 459 ff.

32 Vgl. dazu: Benjamin Cortez/Thorsten Vogel, Finanztransaktionssteuer – Möglichkeiten und Grenzen, in: *Aus Politik und Zeitgeschichte* 13/2012, S. 41 ff.

33 So insgesamt zutreffend: Dirk Kurbjuweit, Rückkehr der Ruchlosen, *Der Spiegel* vom 23. Dezember 2011, S. 28 ff.

34 Über den Tanz um das goldene Kalb aus moderner politischer Sicht: Heiner Geißler, in: Stadtkulturdirektion Weimar, 2010, S. 13 ff.

35 Insgesamt: Comte-Sponville, 2009, S. 90–100.

36 Dies zeigen die hier referierten Bemerkungen von Kurz, 2010, S. 349 ff.

37 Ebd., S. 350 ff.

38 Zu einem konkreten Beispiel: Kai Strittmatter, Griechenland: Im Teufelskreis, *Süddeutsche Zeitung* vom 14. September 2011, S. 22.

39 Insgesamt: Kurz, 2010, S. 353 f.

40 Ebd., S. 354 ff.

41 Kurz, 2009, S. 748 f.

42 Ebd., S. 750 f.

43 Ebd., S. 751 f.

44 Ebd., S. 756.

45 Ebd., S. 757.

46 Ebd., S. 758.

47 Ebd., S. 759.

48 Ebd., S. 763.

49 Ebd., S. 763 ff., 767.

13 Die große Geldlüge

1 Dohmen, 2011, S. 9.

2 Dazu: North, 2009, S. 129–133; Frank, 2009, S. 200.

3 Zur »Vergeistigung« des Geldes anhand eines historischen Vergleichs zur Entwicklung des Papiergeldes: von Braun, 2012, S. 227 ff.

4 Metz/Seeßlen, 2011, S. 463 f.

5 Ebd., S. 464.

6 Ebd., S. 470.

7 Ebd., S. 465.

8 Ebd., S. 466.

9 Schachtschneider (2011) spricht sogar von einem »Staatsstreich der politischen Klasse«.

10 So und insgesamt: Botho Strauß, Uns fehlt ein Wort, ein einzig Wort, *Frankfurter Allgemeine Zeitung* vom 23. August 2011, S. 31.

11 Dabei scheint ihre eigene Politik zur Bewältigung der Euro-Krise nicht nur Ver-

trauen auszulösen: Stephan, 2011, S. 179 ff. Zu ihrem Verhalten in der Finanzkrise ebenfalls: Kurbjuweit, 2009, S. 132 ff.

12 *Süddeutsche Zeitung* vom 24. August 2011, S. 4 (Merkel als Marktfrau).

13 Cerstin Gammelin, Hoffen, bangen, warten, *Süddeutsche Zeitung* vom 25./26. Juni 2011, S. 4.

14 So insgesamt ein Streitgespräch zwischen Peter Bofinger und Joachim Starbatty, Die zwei Todsünden, *Der Spiegel* vom 17. Dezember 2011, S. 76 ff.

15 In diesem Sinne: Bettina Schulz, Lösungsideen für eine eklatante Schwachstelle, *Frankfurter Allgemeine Zeitung* vom 18. Juni 2012, S. 13.

14 Politik ohne Sachverstand

1 Hans Hugo Klein, Metamorphosen der Demokratie, *Frankfurter Allgemeine Zeitung* vom 29. August 2011, S. 7.

2 Christian Demand, *Merkur* 9/10, 2012 (Editorial).

3 Wolfgang Streeck, Wissen als Macht, Macht als Wissen, *Merkur* 9/10, 2012, S. 776.

4 Ebd.

5 Ebd., S. 777.

6 Die Abgrenzung der Zuständigkeit dieser beiden Professionen kann im Einzelfall sehr schwierig sein. Dazu ausführlich: Hetzer, 1982.

7 Vgl. Anmerkung 9 dieses Kapitels.

8 Summers unterstützte die Deregulierung der Finanzmärkte, insbesondere die Deregulierung der OTC-Derivate, die später als eine Ursache für die Finanzkrise ab 2007 bewertet wurde. Clinton bedauerte später öffentlich, auf den Rat von Rubin und Summers gehört zu haben.

9 So insgesamt: Wolfgang Streeck, Wissen als Macht, Macht als Wissen, *Merkur* 9/10, 2012, S. 778–787.

10 Wörtlich: Ralph Bollmann, Der Politiker als Experte, *Merkur* 9/10, 2012, S. 797.

11 Ebd., S. 798 f.

12 Ebd., S. 800

13 Insgesamt: ebd., S. 805 f.

14 So Portisch, 2011, S. 76.

15 Norbert Barthle, Hilfe zur Selbsthilfe – mehr nicht, *Süddeutsche Zeitung* vom 25. Juli 2011, S. 18.

16 Stefan Ruhkamp, Ein bisschen pleite, *Frankfurter Allgemeine Zeitung* vom 25. Juli 2011, S. 18.

17 Derek Scally, Das Land der höflichen Mörder, *Süddeutsche Zeitung* vom 2. Februar 2012, S. 2.

18 Heike Buchter/Angela Köckritz/Mark Schieritz, Gefahr für die Welt, *Die Zeit* vom 4. August 2011, S. 19.

19 Zitiert nach: *Frankfurter Allgemeine Zeitung* vom 17. Dezember 2011, S. 13 (Lagarde warnt vor Abrutschen in die Depression). Zur mangelnden rechtzeitigen Erkenntnis der Depression in den USA: Posner, 2009, S. 117 ff.

20 Alexander Hagelüken, Die große Versuchung, *Süddeutsche Zeitung* vom 17./18. Dezember 2011, S. 25.

21 Holger Steltzner, Depression, *Frankfurter Allgemeine Zeitung* vom 17. Dezember 2011, S. 13.

22 Vgl. Moeller, 2011, und Marc Brost/Heike Buchter/Mark Schieritz, Euro am Abgrund, *Die Zeit* vom 14. Juli 2011, S. 21; Heike Faller/Claas Tatje, Ein Jahr in der Ego-Zone, *Die Zeit* vom 19. Mai 2011, S. 30 f.

23 Patrick Welter, Bernankes riskanter Schubser, *Frankfurter Allgemeine Zeitung* vom 15. September 2012, S. 11.

24 Zu den Abläufen aus der Sicht eines beobachtenden Journalisten: Werner Mussler, Meine Gipfel, *Frankfurter Allgemeine Zeitung* vom 17. Dezember 2011, S. 44.

25 Nikolaus Piper, Die Schatten der Vergangenheit, *Süddeutsche Zeitung* vom 17./18. Dezember 2011, S. 4.

26 Alfred Schüller, Das fatale Einheitsdenken in der EU, *Frankfurter Allgemeine Zeitung* vom 2. September 2011, S. 12.

27 Bagus, 2011, S. 119.

28 Ausführlich zu den Bemühungen von Bankern und Politiker, nach der Lehman-Pleite das Finanzsystem – und sich selbst – zu retten: Sorkin, 2010.

29 Sinn (2012, S. 295) behauptet, dass die offiziellen Rettungsfonds, insbesondere der EFSF, die IWF-Hilfen und der EU-Naturkatastrophentopf EFSM mitgeholfen hätten, die Krise weitere zweieinhalb Jahre zu verdecken, nachdem man dies mit den Target-Krediten schon zweieinhalb Jahre zuvor versucht habe.

30 Bagus, 2011, S. 127 ff.

31 Zu den widersprüchlichen Signalen aus Brüssel im Zusammenhang mit den Anleihekäufen der EZB: Hendrik Kafsack/Manfred Schäfers, Die zerstrittenen Institutionen, *Frankfurter Allgemeine Zeitung* vom 6. August 2011, S. 12.

32 So insgesamt: Bettina Schulz, Die Angst vor der Krise des Nachbarn, *Frankfurter Allgemeine Zeitung* vom 12. Oktober 2012, S. 11.

33 So Holger Steltzner, Im Dienst der Politik, *Frankfurter Allgemeine Zeitung* vom 9. August 2011, S. 1.

34 Markus Zydra, Mit der Notenpresse, *Süddeutsche Zeitung* vom 8. November 2012, S. 13.

35 Vgl. insgesamt: Christian Zaschke, Sündenbock Europa, *Süddeutsche Zeitung* vom 17. November 2011, S. 8.

36 Andreas Oldag, Außenseiter von der Insel, *Süddeutsche Zeitung* vom 9. August 2011, S. 19; ders., Auf Gedeih und Verderb, *Süddeutsche Zeitung* vom 30. Januar 2012, S. 17.

37 So Wörtlich: Martin Hesse, Alarm im Wunderland, *Süddeutsche Zeitung* vom 9. August 2011, S. 4. Vgl. auch: Bettina Schulz, Anpassungsschmerz, *Frankfurter Allgemeine Zeitung* vom 30. Juli 2011, S. 9.

38 Michaela Wiegel, Wahl zwischen zwei Arten von Europäern, *Frankfurter Allgemeine Zeitung* vom 13. Dezember 2011, S. 1.

39 Klaus-Dieter Frankenberger (Europäische Erzählung, *Frankfurter Allgemeine Zeitung* vom 14. Februar 2012, S. 8) hält eine neue Erzählung für existentiell. Allerdings sei die politische Prägekraft des Motivs »Krieg und Frieden« nicht zu übertreffen.

40 In diesem Sinne: Lewis, 2011. Vgl. dazu: Tobias Kniebe, Der kalte Blick, *Süddeutsche Zeitung* vom 17./18. Dezember 2011, S. 17.

41 Sigmar Gabriel, Was wir Europa wirklich schulden, *Frankfurter Allgemeine Zeitung* vom 13. Dezember 2011, S. 29.

42 Andreas Oldag, Unerträgliche Schulmeisterei, *Süddeutsche Zeitung* vom 6. Dezember 2011, S. 17.

43 So Thomas Kirchner, Die Stabilitätsobsession, *Süddeutsche Zeitung* vom 28. November 2011, S. 11.

44 Vgl. die insoweit unterstützende Argumentation von Christian von Bechtolsheim, Vereinigte Staaten von Europa? Zu wenig!, *Süddeutsche Zeitung* vom 6. Dezember 2011, S. 2.

45 Dazu: Nikolaus Busse, Eine zweite EU?, *Frankfurter Allgemeine Zeitung* vom 28. November 2011, S. 10.

46 Roman Herzog, »Die dürfen nur nicken, *Die Zeit* vom 22. September 2011, S. 2.

47 Streeck/Mertens, 2011, S. 32.

15 Weltverbesserung durch den Kanzlerkandidaten Steinbrück?

1 Peer Steinbrück, Wir tun nicht, was wir wissen, *Die Zeit* vom 22. Juni 2011, S. 25.
  Vgl. auch: *Frankfurter Allgemeine Zeitung* vom 17. September 2011, S. 11 (Deutschland haftet mit 400 Milliarden Euro). Zu weiteren Zahlen: Catherine Hoffmann, Die große Rechnung, *Süddeutsche Zeitung* vom 17./18. September 2011, S. 29.
2 Helmut Schmidt, Griechenland gehört zu uns, *Die Zeit* vom 22. Juni 2011, S. 23.
3 Michael Schmitz, Opportunisten und Illusionskünstler, *Der Spiegel* vom 27. August 2012.
4 Claus Hulverscheidt, SPD eröffnet Wahlkampf, *Süddeutsche Zeitung* vom 29. September 2012, S. 1.
5 Ralf Wiegand/Nico Fried/Bernd Dörries/Cornelius Pollmer, Herumeiern auf hohem Niveau, *Süddeutsche Zeitung* vom 29. September 2012, S. 2.
6 Zu den Details: Majid Sattar, Steinmeier nicht, schon gar nicht Gabriel, *Frankfurter Allgemeine Zeitung* vom 29. September 2012, S. 3.
7 Majid Sattar, Kür ohne Würde, *Frankfurter Allgemeine Zeitung* vom 29. September 2012, S. 1.
8 Markus Feldenkirchen/Horand Knaup/Dirk Kurbjuweit/Ralf Neukirch/Gordon Repinski, Der Außenseiter, *Der Spiegel* vom 1. Oktober 2012.
9 Zitiert nach Susanne Höll, Drei, zwei, eins – seins, *Süddeutsche Zeitung* vom 29. September 2012, S. 3.
10 So Heribert Prantl, Der Fels der SPD, *Süddeutsche Zeitung* vom 29. September 2012, S. 4.
11 Nach dem Eindruck von Markus Feldenkirchen/Horand Knaup/Dirk Kurbjuweit/Ralf Neukirch/Gordon Repinski (Der Außenseiter, *Der Spiegel* vom 1. Oktober 2012) spricht Steinbrück damit auch den »Linken« seiner Partei aus dem Herzen.
12 http://www.spd.de/aktuelles/77086/20120926_steinbrueck_finanzmarktpapier.html
13 Martin Blessing, Der Spaß ist nicht entscheidend, *Süddeutsche Zeitung* vom 21. Dezember 2012, S. 17.
14 Ausführlich zur Amtsführung Steinbrücks in Krisenzeiten: Lohse/Wehner, 2012, S. 222 ff.
15 Heribert Prantl, In die Speichen greifen, *Süddeutsche Zeitung* vom 4. Oktober 2012, S. 4.
16 Zu den aus ihrer Sicht zehn wichtigsten Punkten einer Neuregulierung: Susanne Schmidt, 2012, S. 43 ff.
17 Zu den Beispielen (Spitzensteuersatz, Vermögenssteuer, Erbschaftsteuer für Unternehmensnachfolger): Manfred Schäfers, In Haftung für die SPD, *Frankfurter Allgemeine Zeitung* vom 29. September 2012, S. 11.
18 Zitiert nach: *Frankfurter Allgemeine Zeitung* vom 29. Dezember 2012, S. 2 (Finanzministerium zahlte 1,8 Millionen).
19 Zutreffend: Majid Sattar, Steinbrücks missglückte Geldpolitik, *Frankfurter Allgemeine Zeitung* vom 31. Dezember 2012, S. 2.
20 Insgesamt zitiert nach: *Süddeutsche Zeitung* vom 31. Dezember 2012/1. Januar 2013, S. 5 (Beraterverträge in der Kritik).
21 www.de.wikipedia.org/wiki/Fünfte_Kolonne (1. Januar 2013).
22 Vgl. dazu: Michael Bauchmüller/Daniel Brössler, Steinbrück: Kanzler verdienen zu wenig, *Süddeutsche Zeitung* vom 31. Dezember 2012/1. Januar 2013, S. 1.
23 Zutreffend: Nico Fried, Die den Hof sauber fegen, *Süddeutsche Zeitung* vom 31. Dezember 2012/1. Januar 2013, S. 4.
24 Ebd.
25 Ebd.
26 Ebd.

27 Kurt Kister, So klug, so dumm, *Süddeutsche Zeitung* vom 31. Dezember 2012/1. Januar 2013, S. 4.

28 Ebd.

29 Zutreffend: Dieter Wonka, Merkels großer Trumpf heißt Peer Steinbrück, *Leipziger Volkszeitung* vom 31. Dezember 2012/1. Januar 2013, S. 1.

30 Jan Heidtmann, Der Preis guter Politik, *Süddeutsche Zeitung* vom 29. Dezember 2012, S. 4.

31 Zitiert nach: Andrea Rexer, Großbanken außer Kontrolle, *Süddeutsche Zeitung* vom 28. November 2012, S. 11.

32 Insgesamt: Hans-Ulrich Jörges, Außer Atem: Der Hase Peer, *Stern* vom 6. Dezember 2012, S. 54.

33 Karl Rudolf Korte, Ich kümmere mich! *Süddeutsche Zeitung* vom 4. Dezember 2012, S. 4.

16 Bundeskanzlerin mit Freundin

1 Gertrud Höhler, Das System M, *Frankfurter Allgemeine* Zeitung vom 3. August 2012, S. 31.

2 Höhler, 2012, S. 93 f.

3 So richtig: Metz/Seeßlen, 2012 b, S. 7.

4 Zu den Gemeinsamkeiten und den Unterschieden in der Psychologie der beiden Damen: Renate Meinhof, Die Abkanzlerin, *Süddeutsche Zeitung* vom 21. August 2012, S. 1.

5 Das haben immerhin Metz/Seeßlen, 2012, S. 8, erkannt.

6 Zutreffend: Armin Thurnher, Die Glut, das Seil und die Bank – Werner Faymanns neues Europäertum, *Falter* vom 8. August 2012, S. 5.

7 Ulrich Beck, Merkiavellis Macht, *Der Spiegel* vom 8. Oktober 2012. Ausführlicher über »Zögern als Zähmungstaktik«: Beck, 2012, S. 45 ff. Zum Regierungsstil der Bundeskanzlerin im Umfeld der Finanzkrise auch: Heckel, 2009, S. 39 ff. Ausführlich über »die Macht der Sphinx«: Langguth, 2009, S. 340 ff.

8 Beck, Merkiavellis Macht, *Der Spiegel* vom 8. Oktober 2012 .

17 Ein scharfsinniger Geistlicher

1 Hengsbach, 2009, S. 7.

2 Ebd., S. 9.

3 Ebd., S. 10 f.

4 Zu weiteren Aspekten: ebd., S. 11.

5 Ebd., S. 13.

6 Ebd., S. 14.

7 Ebd., S. 14 f.

8 Daniel Mohr (Schmiermittel des Marktes, *Frankfurter Allgemeine Zeitung* vom 10. August 2011, S. 9) ist der Auffassung, dass sich verselbständigende Computer keinen Börsencrash befördert haben. Vgl. aber auch: Nadine Oberhuber/Dyrk Scherff, Die Macht der Computer, *Frankfurter Allgemeine Sonntagszeitung* vom 2. Oktober 2011, S. 43.

9 Zum Geld als Tauschmittel: Hiller von Gaertringen, 2011, S. 79 ff.

10 So wörtlich Hengsbach, 2009, S. 23.

11 Ebd., S. 24 f.

12 Grundsätzlich dazu: ebd., S. 26.

13 Vgl. die Nachweise bei Sinn, 2009, S. 85.

14 Ebd., S. 86.

15 Insgesamt: Hengsbach, 2009, S. 27.

16 Ebd., S. 32.

17 15 Prozent der Bevölkerung in Deutschland gelten bereits als armutsgefährdet, das sind circa zwölf Millionen Menschen. Die Lage verfestigt sich. Die Reichen bleiben reich, die Armen arm. Die Lage wird auf Dauer zur Instabilität führen. Die Mittelschicht, die eine Gesellschaft friedlich hält, schrumpft. Zu den statistischen Details: Marc Beise, Der Fluch der Schere, *Süddeutsche Zeitung* vom 22. Juni 2012, S. 16.

18 So Berger, 2012, S. 191.

19 Insgesamt: Hengsbach, 2009, S. 33–37.

20 So Leo Müller, 2006, S. 9.

21 Zur Frage, wer die Retter rettet: Weidenfeld/Sauga, 2012, S. 195 ff.

22 Zu Beispielen: Hengsbach, 2009, S. 38.

23 Ebd., S. 39.

24 Harald Hau/Bernhard Lucke, Die Alternative zum Rettungsschirm, *Frankfurter Allgemeine Zeitung* vom 16. September 2011, S. 12.

25 Hengsbach, 2009, S. 39.

26 Im Treiben der Investmentbanker sieht man zumindest für den Bereich der Deutschen Bank einen »Kulturbruch«. Dazu ausführlich: Meck, 2012.

27 Zu konkreten Beispielen: Hengsbach, 2009, S. 40 f.

18 Ist der kapitalistische Geist verrückt geworden?

1 So Vogl, 2010, S. 7.

2 Zum einschlägigen Schulenstreit: ebd., S. 21 ff.

3 Ebd., S. 23.

4 Ebd., S. 26.

5 Ebd., S. 27.

6 Zur Frage nach der ökonomischen Rationalität auch: Nida-Rümelin, 2011, S. 21 ff.

7 Insgesamt: Vogl, ebd., S. 28 f. Hinter dem Begriff steht die Vorstellung, dass trotz aller Krisen die Märkte ausgleichend, selbstregulierend und gerecht wirken; marjorie-wiki.de/wiki/Oikodizee#cite_note-0 (26. Januar 2013).

8 Ebd., S. 83.

9 Aus der Sicht von Jürgen Stark (Auf dem Weg zu einer neuen Weltwährungsordnung? *Frankfurter Allgemeine Zeitung* vom 4. März 2011, S. 12) war die Währungsordnung von Bretton Woods ein zentraler Faktor der Entwicklung des internationalen Kapital- und Warenverkehrs und damit des wirtschaftlichen Aufschwungs nach dem Krieg.

10 Insgesamt: Vogl, 2010, S. 86 f.

11 Ebd., S. 88.

12 Ebd., S. 153 f.

13 Ebd., S. 155.

14 Ebd., S. 157.

15 Ebd., S. 158.

16 Ebd., S. 177.

17 Ebd., S. 178.

18 Bei der Ausübung ihrer »(Bio)Macht und Regierungskunst« steht die Finanzialisierung nach dem Eindruck von Marazzi (2012, S. 24) außerhalb der bürgerlichen Gesellschaft.

19 Marazzi, 2011, S. 8 f.

20 Dazu auch: Hörl, 2011, S. 290 ff.

21 Albrecht Müller, 2012, S. 17.

22 Joachim Gauck, Von Freiheit und Grenzen, *Süddeutsche Zeitung* vom 16. November 2012, S. 11.

23 So Lapham, 1999, S. 61.

24 Zur Wiederholungsgefahr bei Wirtschaftskrisen schon ausführlich und grundsätzlich: James, 2003, S. 290 ff.

19 Die Schuldfrage

1 Guttenberg, 2011, 17. Ausführlich zu dieser für die Politik in mehrfacher Hinsicht exemplarischen Gestalt: Lepsius/Meyer-Kalkus, 2011; Lohse/Wehner, 2011; Preuß/Schultz, 2011.

2 Josef Joffe (Der Feind im Haus, *Die Zeit* vom 21. Juli 2011, S. 1) hält das Führungsdefizit in der westlichen Welt für bedrohlicher als alle Schulden und Währungskrisen zusammen.

3 Insgesamt: Holloway, 2010, S. 249, 252–255, 257 ff.

4 Gleichwohl wollen die Wirtschaftsethiker aus der Nische heraus: Philip Plickert, Ein Bindestrichfach, *Frankfurter Allgemeine Zeitung* vom 13. Februar 2012, S. 10.

5 Über Voraussetzungen und Ziele einer Neukonzeption des Finanzmarktes: Mastronardi/von Cranach, 2010, S. 137 ff. Zum Schutz der Güter- und Kapitalmärkte vor den Eskapaden des Devisenmarktes und Wechselkurmanipulationen: Bofinger, 2010, S. 69 ff.

6 Insgesamt: Rainer Hank, Banker an die Laterne? Die Grenzen von Strafrecht und Moral, in: Kempf/Lüderssen/Volk, 2010, S. 363 ff.

7 Streeck, 2011, S. 2.

8 Ebd., S. 3.

9 Ebd., S. 4.

10 Ebd., S. 5.

11 Ebd., S. 18 f.

12 Ebd., S. 21 f.

13 So zutreffend: Günther Nonnenmacher, Es ist etwas faul, *Frankfurter Allgemeine Zeitung* vom 24. Juli 2012, S. 1.

20 Notstandsregime in Europa

1 Jens Jessen, Moralisch bankrott, *Die Zeit* vom 12. Juli 2012, S. 1.

2 Reinhard Müller, Notstandsregime, *Frankfurter Allgemeine Zeitung* vom 20. August 2012, S. 1.

3 Heinrich Wefing, Zeit für Demokratie, *Die Zeit* vom 12. Juli 2012, S. 1

4 Zitiert nach: *Frankfurter Allgemeine Zeitung* vom 22. Juni 2012, S. 1 (Einigung über ESM und Fiskalpakt – Gauck wartet Klagen ab).

5 Ausführlich und grundsätzlich zur Rolle der nationalen Verfassungsgerichte in der europäischen Demokratie: Grimm, 2012, S. 128 ff.

6 Was unter den damit verbundenen Schlagworten »Politische Union«, »Vereinigte Staaten von Europa«, »Europäischer Finanzminister« im einzelnen zu verstehen wäre, wird allerdings von Leuten, die solche Vorschläge machen, selten ausformuliert: Nikolas Busse, Chefsache, *Frankfurter Allgemeine Zeitung* vom 12. September 2012, S. 10.

7 Zutreffend: Berthold Kohler, Ins richtig tiefe Wasser, *Frankfurter Allgemeine Zeitung* vom 23. Juni 2012, S. 1.

8 Reinhard Müller, Die Barbiere von Karlsruhe, *Frankfurter Allgemeine Zeitung* vom 10. Juli 2012, S. 1.

9 Etwas differenzierter zur Person des in diesem Verfahren zuständigen Berichterstatters, Peter Huber: Joachim Jahn, Streiter für die direkte Demokratie, *Frankfurter Allgemeine Zeitung* vom 12. September 2012, S. 16.

10 Zitiert nach: *Frankfurter Allgemeine Zeitung* vom 10. Juli 2012, S. 9 (Nervöse Politiker warnen Bundesverfassungsgericht).
11 Hans-Gert Pöttering, Traum? Hoffnung? Notwendigkeit! *Frankfurter Allgemeine Zeitung* vom 14. August 2012, S. 27.
12 Renate Köcher, Das Bollwerk, *Frankfurter Allgemeine Zeitung* vom 22. August 2012, S. 10.
13 Insgesamt: Hans-Peter Schneider, Das Volk überzeugen, *Frankfurter Allgemeine Zeitung* vom 9. August 2012, S. 6.
14 Dirk Kurbjuweit, Die Stunde des Souveräns, *Der Spiegel* vom 3. September 2012.
15 Ebd.
16 Zutreffend: Heike Göbel, Die Karlsruhe-Rempler, *Frankfurter Allgemeine Zeitung* vom 10. Juli 2012, S. 9.
17 Christine Landfried, Jedem das Seine, *Frankfurter Allgemeine Zeitung* vom 26. Juli 2012, S. 8
18 Nils Minkmar, Weltwunder Karlsruhe, *Frankfurter Allgemeine Zeitung* vom 13. September 2012, S. 29. Zu den Reaktionen auf das Urteil in der Politik: Günter Bannas, Überparteilich erleichtert, *Frankfurter Allgemeine Zeitung* vom 13. September 2012, S. 3.
19 Heribert Prantl, Ein Gericht gibt auf, *Süddeutsche Zeitung* vom 13. September 2012, S. 4.
20 Zitiert nach: Nico Fried, Schönen Tag noch, *Süddeutsche Zeitung* vom 13. September 2012, S. 3.
21 Wolfgang Janisch, Macht mal die Krise weg, in: *Süddeutsche Zeitung* vom 13. September 2012, S. 3.
22 Wolfgang Janisch/Heribert Prantl/Ronen Steinke, Sätze wie Wachs, *Süddeutsche Zeitung* vom 13. September 2012, S. 2.
23 Zitiert nach: Claus Hilverscheidt, Euro-Rettung erlaubt, *Süddeutsche Zeitung* vom 13. September 2012, S. 1.
24 Karl Lamers (ehemaliger außenpolitischer Sprecher der CDU-Bundestagsfraktion), Nationaler Unterton, *Süddeutsche Zeitung* vom 1. September 2012, 5.
25 Heinrich Wefing, Rettung ohne Grenzen, *Die Zeit* vom 13. September 2012.
26 Matthias Geis, *Die Zeit* vom 13. September 2012.
27 Josef Joffe, Im Namen der Vernunft, nicht des Volkes, *Die Zeit* vom 13. September 2012
28 Udo Di Fabio, Geteilte Gewalten, *Die Zeit* vom 13. September 2012
29 Jürgen Habermas, Heraus aus dem Teufelskreis, *Süddeutsche Zeitung* vom 22. September 2012, S. 11.
30 Grundsätzlich auch Voßkuhle, Über die Demokratie in Europa, *Aus Politik und Zeitgeschichte* 13/2012, S. 3 ff.
31 Zitiert nach: Wolfgang Janisch, Das Europa der Anderen, *Süddeutsche Zeitung* vom 22. September 2012, S. 5.
32 Zum Meinungsstreit in dieser Frage: Wolfgang Janisch, Das nächste Urteil, *Süddeutsche Zeitung* vom 14. September 2012, S. 14.
33 Vgl. dazu: Heribert Prantl, Eilantrag gegen ESM, *Süddeutsche Zeitung* vom 10. September 2012, S. 1.
34 Martin Winter, Berlins Gretchenfrage, *Süddeutsche Zeitung* vom 4. September 2012, S. 6.
35 Wolfgang Janisch, Rettungsschirm gebilligt, *Süddeutsche Zeitung* vom 28. November 2012, S. 6.
36 Joachim Jahn, Grenzenlose Haftung, *Frankfurter Allgemeine Zeitung* vom 28. November 2012, S. 9.
37 Cerstin Gammelin, Pokern um die Aufsicht, *Süddeutsche Zeitung* vom 13. Dezember 2012, S. 11.

38 Zitiert nach: Markus Zydra, Kommt sie oder nicht? *Süddeutsche Zeitung* vom 7. Dezember 2012, S. 12.

39 Vgl. dazu: Cerstin Gammelin, Durchbruch, *Süddeutsche Zeitung* vom 12. Dezember 2012, S. 6.

40 Vgl. auch Cerstin Gammelin, Jetzt naht Weihnachten, *Süddeutsche Zeitung* vom 14. Dezember 2012, S. 2.

41 So Holger Steltzner, Allmächtige EZB, *Frankfurter Allgemeine Zeitung* vom 14. Dezember 2012, S. 1.

42 Man konnte den Eindruck gewinnen, dass die EU-Mitgliedsländer ihren Präsidenten Van Rompuy so »an die Leine« nehmen wollten: Javier Cáceres/Cerstin Gammelin, Ein Kuss für den Belgier, *Süddeutsche Zeitung* vom 15./16. 2012, S. 6.

43 Vgl. dazu Cerstin Gammelin, Schutz der Steuerzahler, *Süddeutsche Zeitung* vom 15./16. Dezember 2012, S. 6.

44 Zitiert nach: Michael Sauga, Große Schritte zurück, *Der Spiegel* vom 17. Dezember 2012.

45 So sinngemäß der Vizepräsident der EZB, Vitor Constancio, zitiert nach: Markus Zydra, Trügerische Ruhe, *Süddeutsche Zeitung* vom 15./16. Dezember 2012, S. 12.

46 Vgl. dazu insgesamt: Nikolas Busse, Lieber mit kleinen Töpfen kochen, *Frankfurter Allgemeine Zeitung* vom 15. Dezember 2012, S. 2.

47 So und insgesamt: Dirk Kurbjuweit/Christoph Pauly/Jan Puhl/Mathieu von Rohr/Christoph Scheuermann/Christoph Schult, Die Kuhhändler, *Der Spiegel* vom 22. Dezember 2012, S. 56, 65.

48 So und insgesamt: Heribert Prantl, Rette sich, wer kann, *Süddeutsche Zeitung* vom 24. Dezember 2012, S. 4.

49 So und insgesamt: Helmut Schmidt, Pflicht zur Solidarität, *Die Zeit* vom 27. Dezember 2012, S. 1.

50 Davon ist Otmar Issing, Das System ist korrigierbar, *Frankfurter Allgemeine Zeitung* vom 29. Dezember 2012, S. 29, überzeugt.

51 Ebd.

52 Alexander Dibelius, Occupy war Event-Philosophie, *Der Spiegel* vom 31. Dezember 2012.

53 Sahra Wagenknecht, Wir brauchen Märkte, *Der Spiegel* vom 31. Dezember 2012.

54 So insgesamt: Stefan Kornelius, Europa ist kein Traumschloss mehr, *Süddeutsche Zeitung* vom 31. Dezember 2012/1. Januar 2013, S. 35.

55 Zitiert nach: Daniel Brössler, Nicht einfacher, sondern schwieriger, *Süddeutsche Zeitung* vom 31. Dezember 2012/1. Januar 2013, S. 5.

56 Hengsbach, 2012, S. 32 f.

57 Ebd., S. 36 f.

58 Ebd., S. 38 f.

59 Ebd., S. 40 f.

60 Ebd., S. 49 ff.

61 Ebd., S. 52 f.

62 Ebd., S. 62.

63 Ebd., S. 63–66.

64 Ebd., S. 67 ff.

65 Ebd., S. 70–76.

21 Friedenssicherung durch europäische Reformen

1 *Frankfurter Allgemeine Zeitung* vom 26. Juli 2012, S. 12 (Ökonomen warnen vor Euro-Katastrophe«.

2 Heribert Prantl, Heimat Europa, *Süddeutsche Zeitung* vom 2./3. Juli 2011.

3 So insgesamt: Julian Nida-Rümelin, Mehr als eine Währung, *Die Zeit* vom 26. Januar 2012, S. 50.
4 Vgl. dazu: Zangl/Zürn, 2003, S. 11.
5 Ebd., S. 15. Zur Entwicklungsdynamik von Bürgerkriegen: Münkler, 2011, S. 242 ff.
6 Vgl. die Beispiele bei Michael Schmitz, Opportunisten und Illusionskünstler, *Der Spiegel* vom 27. August 2012
7 Zitiert nach ebd.
8 Ortner, 2012, S. 10.
9 So und insgesamt zutreffend: Michael Schmitz, Opportunisten und Illusionskünstler, *Der Spiegel* vom 27. August 2012
10 Goethe, 1970, S. 43.
11 Nietzsche, 1954, S. 455.
12 Hessel/Morin, 2012, S. 7 f.

Abkürzungen

AIG	American International Group
BaFin	Bundesanstalt für Finanzdienstleistungsaufsicht
BBC	British Broadcasting Corporation
BIP	Bruttoinlandsprodukt
CDOs	Collateralized Debt Obligations (in Fonds gebündelte und verbriefte Kredite unterschiedlicher Qualität)
CDS	Credit Default Swap/Kreditausfall-Swap
CIA	Central Intelligence Agency/Auslandsnachrichtendienst der Vereinigten Staaten
EFSF	Europäische Finanzstabilisierungsfazilität
EFSM	Europäischer Finanzstabilisierungsmechanismus
ELA	Emergency Liquidity Assistance (Liquiditätshilfe im Notfall)
EU	Europäische Union
EuGH	Europäischer Gerichtshof
EWU	Europäische Währungsunion
EZB	Europäische Zentralbank
Fed	Federal Reserve/US-Zentralbank
GSE	Government-Sponsored Enterprises
HRE	Hypo Real Estate
INET	Institute for New Economic Thinking
IWF	Internationaler Währungsfonds
NATO	North Atlantic Treaty Organization/Organisation des Nordatlantikvertrags
OCC	Office of the Comptroller of the Currency (US-Bankenaufsicht)
OECD	Organisation for Economic Co-operation and Development/Organisation für wirtschaftliche Zusammenarbeit und Entwicklung
OTC	Over The Counter (außerbörslicher Handel)
OTS	Office of Thrift Supervision (US-Sparkassenaufsicht)
SEC	Securities and Exchange Commission (US-Börsenaufsicht)
WTO	World Trade Organization/Welthandelsorganisation

Literatur

Abensour, Miguel, *Demokratie gegen den Staat*, Berlin 2012

Alensias, Dana (Hg.), *Hassliebe Kapitalismus – Das Wirtschaftssystem in weltweiter Kritik*, Deutschland (fastbookpublishing), 2010

Altvater, Elmar, *Das Ende des Kapitalismus wie wir ihn kennen*, Münster 2005

Altvater, Elmar, Joachim Bischoff, Rudolf Hickel, Joachim Hirsch, Dierk Hirschel, Jörg Huffschmid, Karl Georg Zinn, *Krisen Analysen*, Hamburg 2009

Altvater, Elmar, Thomas Barth, Lutz Brangsch, Aldo Legnaro, Hans Jürgen Krysmanski, Werner Rügemer, *Privatisierung und Korruption – Zur Kriminologie von Globalisierung, Neoliberalisierung und Finanzkrise*, Hamburg 2009

Altvater, Elmar, *Der große Krach oder die Jahrhundertkrise von Wirtschaft und Finanzen von Politik und Natur*, Münster 2010

Altvater, Elmar, Hans-Jürgen Bieling, Alex Demirović, Heiner Flassbeck, Werner Goldschmidt, Mehrdad Payandeh, Stefanie Wöhl, *Die Rückkehr des Staates?*, Hamburg 2011

Appleby, Joyce, *Die unbarmherzige Revolution – Eine Geschichte des Kapitalismus*, Hamburg 2011

Arbeitsgruppe Alternative Wirtschaftspolitik, *Memorandum 2012*, Köln 2012

Arnoldi, Jakob, *Alles Geld verdampft*, Frankfurt am Main 2009

Aswestopoulos, Wassilis, *Griechenland – eine EUROpäische Tragödie*, München 2011

Attac (Hg.), *Crash statt Cash – Warum wir die globalen Finanzmärkte bändigen müssen*, Wien 2008

Baader, Roland, *Geldsozialismus – Die wirklichen Ursachen der neuen globalen Depression*, Gräfelfing 2010

Baecker, Dirk, *Womit handeln Banken? Eine Untersuchung zur Risikoverarbeitung in der Wirtschaft*, Frankfurt am Main 2008

Bagus, Philipp, *Die Tragödie des Euro – Ein System zerstört sich selbst*, München 2011

Bähr, Johannes, Bernd Rudolph, *1931 Finanzkrisen 2008*, München/Zürich 2011

Bandulet, Bruno, *Die letzten Jahre des Euro – Ein Bericht über das Geld, das die Deutschen nicht wollten*, Rottenburg, 3. Aufl. 2011

Bandulet, Bruno, Wilhelm Hankel, Bernd-Thomas Ramb, Karl Albrecht Schachtschneider, Udo Ulfkotte, *Gebt uns unsere D-Mark zurück! Fünf Experten beantworten die wichtigsten Fragen zum kommenden Staatsbankrott*, Rottenburg, 2. Aufl. 2012

Baum, Gerhart, Julius Reiter, Olaf Methner, *Abkassiert – Die skandalösen Methoden der Finanzbranche*, Reinbek bei Hamburg 2009

Beck, Ulrich, *Nachrichten aus der Weltinnenpolitik*, Berlin 2010

Beck, Ulrich, *Das deutsche Europa*, Berlin 2012

Beck, Hanno, Aloys Prinz, *Abgebrannt – Unsere Zukunft nach dem Schulden-Kollaps*, München 2011

Beck, Hanno, Aloys Prinz, *Staatsverschuldung – Ursachen, Folgen, Auswege*, München 2012

Beck, Hanno, *Geld denkt nicht*, München 2012

Becker, Karina, Lars Gertenbach, Henning Laux, Tilman Reitz (Hg.), *Grenzverschiebungen des Kapitalismus – Umkämpfte Räume und Orte des Widerstands*, Frankfurt am Main/New York 2010

Beirat für gesellschafts-, wirtschafts- und umweltpolitische Alternativen/Attac Österreich (Hg.), *Mythen der Krise –Einsprüche gegen falsche Lehren aus dem großen Crash*, Hamburg 2010

Beise, Marc, Ulrich Schäfer, *Kapitalismus in der Krise – Wie es zur großen Krise kam, wie ernst die Gefahr wirklich ist und wie sich die Probleme lösen lassen*, München 2009

Beise, Marc, *Lang lebe der Euro! Warum wir für unsere Währung auf die Straße gehen sollten*, München 2012

Benoist, Alain de, *Am Randes des Abgrunds – Eine Kritik der Herrschaft des Geldes*, Berlin 2012

Berger, Jens, *Stresstest Deutschland – Wie gut sind wir wirklich?* Frankfurt am Main 2012

Berger, Michael, *Karl Marx: Das Kapital*, München, 2. Aufl. 2004

Berger, Peter, *Alles neu – alles wie gehabt? Historische Erfahrungen mit Wirtschafts- und Finanzkrisen*, Wien 2012

Bernau, Patrick, *Euro-Tsunami – Europa wird im Geld ertrinken*, Frankfurt am Main 2012

Best, Michael, *Kapitalismus reloaded – Wohin wir nach dem Debakel steuern müssen*, Frankfurt am Main 2009

Beucker, Pascal, Anja Krüger, *Die verlogene Politik – Macht um jeden Preis*, München 2010

Binswanger, Hans Christoph, *Geld und Magie – Eine ökonomische Deutung von Goethes Faust*, Hamburg 2003

Binswanger, Hans Christoph, *Die Wachstumsspirale*, Marburg 2009

Bischoff, Joachim, *Jahrhundertkrise des Kapitalismus*, Hamburg 2009

Bischoff, Joachim, Richard Detje, Christoph Lieber, Bernhard Müller, Gerd Siebecke, *Die Große Krise: Finanzmarktcrash – verfestigte Unterklasse – Alltagsbewusstsein – Solidarische Ökonomie*, Hamburg 2010

Bischoff, Joachim, *Die Herrschaft der Finanzmärkte – Politische Ökonomie der Schuldenkrise*, Hamburg 2012

Blätter für deutsche und internationale Politik (Hg.), *Das Ende des Kasino-Kapitalismus? Globalisierung und Krise*, Berlin 2009

Blätter für deutsche und internationale Politik (Hg.), *Exit: Mit Links aus der Krise*, Berlin 2011

Bloss, Michael, Dietmar Ernst, Joachim Häcker, Nadine Eil, *Von der Wall Street zur Main Street – Die Weltwirtschaft nach der Finanzkrise*, München 2009

Blumenkranz, Carla, Keith Gessen, Christopher Glazek, Mark Greif, Sarah Leonard, Kathleen Ross, Nikil Saval, Eli Schmitt, Astra Taylor, *Occupy!*, Berlin 2011

Blüm, Norbert, *Ehrliche Arbeit – Ein Angriff auf den Finanzkapitalismus und seine Raffgier*, München, 2. Aufl. 2011

Bofinger, Peter, *Ist der Markt noch zu retten? Warum wir jetzt einen starken Staat brauchen*, Berlin 2010

Bofinger, Peter, *Zurück zur D-Mark? Deutschland braucht den Euro*, München 2012

Braun, Christina von, *Der Preis des Geldes – Eine Kulturgeschichte*, Berlin 2012

Braunberger, Gerald, Benedikt Fehr, *Crash – Finanzkrisen Gestern und Heute*, Frankfurt am Main 2008

Braunberger, Gerald, *Keynes für jedermann*, Frankfurt am Main 2009

Braunschweig, Christoph, *Die demokratische Krankheit – Der fatale Teufelskreis aus Politikerversprechen und Wähleranspruch*, München 2012

Breithaupt, Fritz, *Der Ich-Effekt des Geldes – Zur Geschichte einer Legitimationsfigur*, Frankfurt am Main 2008

Bremmer, Ian, *Das Ende des freien Marktes – Der ungleiche Kampf zwischen Staatsunternehmen und Privatwirtschaft*, München 2011

Brenner, Robert P., Daniela Dahn, Friedhelm Hengsbach, Saskia Sassen u. a., *Kapitalismus am Ende?*, Hamburg 2009

Bruhn, Jürgen, *Raubzug der Manager oder die Zerstörung des Sozialstaats*, Hamburg 2005

Brunetti, Aymo, *Wirtschaftskrise ohne Ende?*, Bern 2011

Brunnhuber, Stefan, Harald Klimenta, *Wie wir wirtschaften werden – Szenarien und Gestaltungsmöglichkeiten für zukunftsfähige Finanzmärkte*, Frankfurt am Main/Wien 2003

Budde, Gunilla, *Kapitalismus – Historische Annäherungen*, Göttingen 2011

Bundesakademie für Sicherheitspolitik (Hg.), *Sicherheitspolitik in neuen Dimensionen – Kompendium zum erweiterten Sicherheitsbegriff*, Hamburg 2001

Bürger, Hans, Kurt W. Rothschild, *Wie die Wirtschaft die Welt bewegt – Die großen ökonomischen Modelle auf dem Prüfstand*, Wien 2009

Bussemer, Thymian, *Die erregte Republik – Wutbürger und die Macht der Medien*, Stuttgart 2011

Butterweck, Hellmut, *Die Rache des Geldes – Von Wachstumsgrenzen und dem Ende des Neoliberalismus*, Sankt Augustin 2009

Butterwegge, Christoph, Bettina Lösch, Ralf Ptak, *Kritik des Neoliberalismus*, Wiesbaden, 2. Aufl. 2008

Butzko, HG., *Geld oder Leben – Eine Reise durch den Wirtschaftswahnsinn*, Reinbek bei Hamburg, 2. Aufl. 2011

Callinicos, Alex, *Die revolutionären Ideen von Karl Marx*, Hamburg, 3. Aufl. 2011

Chang, Ha-Joon, *23 Lügen, die sie uns über den Kapitalismus erzählen*, München 2010

Cioran, Emil M., *Syllogismen der Bitterkeit*, Frankfurt am Main 1980

Clausewitz, Carl von, *Vom Kriege*, Reinbek bei Hamburg 2002

Cleaver, Harry, *»Das Kapital« politisch lesen*, Wien 2012

Clement, Wolfgang, Friedrich Merz, *Was jetzt zu tun ist – Deutschland 2.0*, Freiburg im Breisgau 2010

Cohn-Bendit, Daniel, Guy Verhofstadt, *Für Europa! Ein Manifest*, München 2012

Comte-Sponville, André, *Kann Kapitalismus moralisch sein?* Zürich 2009

Creveld, Martin van, *Die Zukunft des Krieges*, München 1998

Crouch, Colin, *Postdemokratie*, Frankfurt am Main 2008

Crouch, Colin, *Das befremdliche Überleben des Neoliberalismus*, Berlin 2011

Das, Satyajit, *Traders, Guns & Money – Die dunklen Machenschaften im internationalen Börsenhandel*, München 2010

Dath, Dietmar, Legitimiert euch doch selbst! Geordnete Zurückweisung der »Legitimationsprobleme im Spätkapitalismus«, in: *Kursbuch 170 – Krisen lieben*, Hamburg 2012

Davidson, Paul, *Was würde Keynes heute tun? Wie wir zu globalem Wohlstand kommen*, Kulmbach 2011

Derrida, Jaques, *Das andere Kap – Die vertagte Demokratie: Zwei Essays zu Europa*, Frankfurt am Main 1992

Deutelmoser, Otto K., *Bank- und Börsenkrise*, Stuttgart/Leipzig, 2012

Di Fabio, Udo, *Wachsende Wirtschaft und steuernder Staat*, Berlin 2010

Dill, Alexander, *Der große Raubzug – Wie im Windschatten der Weltfinanzkrise die Staatskassen geplündert wurden*, München 2009

Dimou, Nikos, *Über das Unglück, ein Grieche zu sein*, München 2012

Ditfurth, Jutta, *Zeit des Zorns – Warum wir uns vom Kapitalismus befreien müssen*, Frankfut am Main 2012

Dohmen, Caspar, *Good Bank – Das Modell der GLS Bank*, Freiburg 2011

Dörre, Klaus, Stephan Lessenich, Hartmut Rosa, *Soziologie – Kapitalismus – Kritik*, Frankfurt am Main 2009

Drewermann, Eugen, *Krieg ist Krankheit, keine Lösung*, Freiburg im Breisgau 2002

Drucker, Peter F., *Ursprünge des Totalitarismus – Das Ende des Homo Oeconomicus*, Wien/Leipzig 2010

Druyen, Thomas, *Krieg der Scheinheiligkeit – Plädoyer für einen gesunden Menschenverstand*, Düsseldorf 2012

Dubois, Anna, *Die Finanzkrise im Nachhaltigkeitskontext*, Saarbrücken 2011

Dullien, Sebastian, Hansjörg Herr, Christian Kellermann, *Der gute Kapitalismus ...und was sich dafür nach der Krise ändern müsste*, Bielefeld 2009

Eagleton, Terry, *Warum Marx recht hat*, Berlin 2012

Eckert, Daniel D., *Weltkrieg der Währungen – Wie Euro, Gold und Yuan um das Erbe des Dollar kämpfen*, München, 3. Aufl. 2010

Eder, Maria, *Schluss mit dem Betrug!*, München 2011

Ehling, Holger, *England, glorious England – Annäherung an eigenwillige Verwandte*, Berlin 2009

Eichhorn, Wolfgang, Dirk Sollte, *Das Kartenhaus Weltfinanzsystem – Rückblick – Analyse – Ausblick*, Frankfurt am Main 2009

Elsenhans, Hartmut, *Kapitalismus global – Aufstieg – Grenzen – Risiken*, Stuttgart 2012

Enzensberger, Hans Magnus, *Aussichten auf den Bürgerkrieg*, Frankfurt am Main 1996

Enzensberger, Hans Magnus, *Sanftes Monster Brüssel oder die Entmündigung Europas*, Berlin 2011

Erhard, Ludwig, *Wohlstand für Alle*, Düsseldorf 1957

Farrell, Greg, *Crash of the Titans – Greed, Hubris, the Fall of Merrill Lynch, and the Near-Collapse of Bank of America*, New York 2010

Felber, Christian, *50 Vorschläge für eine gerechtere Welt – Gegen Konzernmacht und Kapitalismus*, Wien 2006

Felber, Christian, *Neue Werte für die Wirtschaft – Eine Alternative zu Kommunismus und Kapitalismus*, Wien 2008

Felber, Christian, *Kooperation statt Konkurrenz – 10 Schritte aus der Krise*, Wien 2009

Felber, Christian, *Retten wir den Euro*, Wien 2012

Ferguson, Niall, *Der Aufstieg des Geldes – Die Währung der Geschichte*, Berlin 2010

Fergusson, Adam, *Das Ende des Geldes – Hyperinflation und ihre Folgen am Beispiel der Weimarer Republik*, München 2011

Fichtner, Ullrich, Cordt Schnibben (Hg.), *Billionenpoker – Wie Banken und Staaten die Welt mit Geld überschwemmen und uns arm machen*, München 2012

Fischer-Lescano, Andreas, Kolja Möller, *Der Kampf um globale soziale Rechte*, Berlin 2012

Flassbeck, Heiner, *Zehn Mythen der Krise*, Berlin 2012

Förster, Stig, Markus Pöhlmann, Dierk Walter (Hg.), *Kriegsherren der Weltgeschichte*, München 2006

Frank, Stefan, *Die Weltvernichtungsmaschine – Vom Kreditboom zur Wirtschaftskrise*, Saarbrücken, 2. Aufl. 2009

Frank, Stefan, *Kreditinferno – Ewige Schuldenkrise und monetäres Chaos*, Saarbrücken 2012

Frey, Eric, *Mit der Krise leben lernen – Finanzpolitik und Geldanlage in stürmischen Zeiten*, Wien 2009

Friedman, Milton, *Kapitalismus und Freiheit*, München, 7. Aufl. 2010

Friederichs, Johann, *Euroland – Ein fataler politischer Irrtum? Geschichte und Rettungsversuch*, Norderstedt 2012

Friedrichs, Julia, *Ideale – Auf der Suche nach dem, was zählt*, Hamburg 2011

Fromm, Erich, *Haben oder Sein?* München, 38. Aufl. 2011

Fuhrmann, Manfred, *Bildung – Europas kulturelle Identität*, Stuttgart 2002

Fukuyama, Francis, *Das Ende der Geschichte – Wo stehen wir?* München 1992

Fülberth, Georg, *Kapitalismus*, Köln, 2. Aufl. 2011

Fülberth, Georg, *»Das Kapital« kompakt*, Köln, 2. Aufl. 2012

Fulcher, James, *Kapitalismus*, Stuttgart, 2. Aufl. 2011

Galbraith, John Kenneth, *The Age of Uncertainty*, London 1977

Galbraith, James K., *Der geplünderte Staat oder was gegen den freien Markt spricht*, Zürich 2010

Gauß, Karl-Markus, *Ruhm am Nachmittag*, Wien 2012

Geißler, Heiner, *Ou Topos – Suche nach dem Ort, den es geben müsste*, Hamburg 2010

Geißler, Heiner, *Sapere aude? Warum wir eine neue Aufklärung brauchen*, Berlin 2012

Gessen, Keith, Astra Taylor, Mark Greif, Carla Blumenkranz (Hg.), *Occupy! Die ersten Wochen in New York*, Berlin 2011

Goethe, Johann Wolfgang von, *Faust – Der Tragödie erster Teil*, in: Insel Goethe Werkausgabe, Bd. 3, Frankfurt am Main 1970

Goeudevert, Daniel, *Das Seerosen-Prinzip – Wie uns die Gier ruiniert*, Köln 2010

Görß, Sebastian, *Finanz- und Schuldenkrise verstehen – Ein kommentierter Überblick für Einsteiger*, Books on Demand 2012

Gorz, André, *Auswege aus dem Kapitalismus – Beiträge zur politischen Ökologie*, Zürich 2009

Graeber, David, *Schulden – Die ersten 5000 Jahre*, Stuttgart 2012a

Graeber, David, *Inside Occupy*, Frankfurt am Main 2012b

Graeber, David, *Kampf dem Kamikaze-Kapitalismus – Es gibt Alternativen zum herrschenden System*, München 2012c

Grandt, Michael, *Der Staatsbankrott kommt!* Rottenburg, 4. Aufl. 2010

Grandt, Michael, Gerhard Spannbauer, Udo Ulfkotte, *Europa vor dem Crash*, Rottenburg 2011

Gremliza, Hermann L., *No way out?*, Hamburg 2012

Griffin, Edward, *Die Kreatur von Jekyll Island – Die US-Notenbank Federal Reserve*, Rottenburg, 2. Aufl. 2009

Grimm, Dieter, *Die Zukunft der Verfassung II – Auswirkungen von Europäisierung und Globalisierung*, Berlin 2012

Guttenberg, Karl-Theodor, *Vorerst gescheitert*, Freiburg im Breisgau 2011

Habermas, Jürgen, *Legitimationsprobleme im Spätkapitalismus*, Frankfurt am Main, 5. Aufl. 1979

Habermas, Jürgen, *Ach, Europa*, Frankfurt am Main 2008

Habermas, Jürgen, *Zur Verfassung Europas*, Berlin 2011

Haesler, Aldo, *Das letzte Tabu – Ruchlose Gedanken aus der Intimsphäre des Geldes*, Zürich 2011

Hafner, Wolfgang, *Im Schatten der Derivate – Das schmutzige Geschäft der Finanzelite mit der Geldwäsche*, Frankfurt am Main 2001

Hank, Rainer (Hg.), *Was Sie schon immer über Wirtschaft wissen wollten*, Frankfurt, 2. Aufl. 2008

Hank, Rainer, *Der amerikanische Virus – Wie verhindern wir den nächsten Crash?* München 2009

Hank, Rainer, *Neues vom Sonntagsökonom – Geschichten aus dem wahren Leben*, Frankfurt am Main 2010

Hank, Rainer, *Die Pleite-Republik – Wie der Schuldenstaat uns entmündigt und wie wir uns befreien können*, München 2012a

Hank, Rainer (Hrsg.), *Was Sie schon immer über Wirtschaft wissen wollten*, Frankfurt am Main, 2. Aufl. 2008

Hank, Rainer, Werner Plumpe, *Wie wir reich wurden – Eine kleine Geschichte des Kapitalismus*, Stuttgart 2012b

Hankel, Wilhelm, *Die EURO Lüge ... und andere volkswirtschaftliche Märchen*, Wien, 3. Aufl. 2010

Hankel, Wilhelm, Robert Isaak, *Geldherrschaft*, Weinheim 2011a

Hankel, Wilhelm, Wilhelm Nölling, Karl Albrecht Schachtschneider, Dieter Spethmann, Joachim Starbatty, *Das Euro-Abenteuer geht zu Ende – Wie die Währungsunion unsere Lebensgrundlagen zerstört*, Rottenburg 2011b

Hannich, Günter, *Die kommende Euro-Katastrophe – Ein Finanzsystem vor dem Bankrott?* München, 3. Aufl. 2009

Hannich, Günter, *Die Deflation kommt – Wie die Inflationslüge Ihr Vermögen gefährdet*, Rottenburg 2010

Hardt, Michael, Antonio Negri, *Empire – Die neue Weltordnung*, Frankfurt am Main/New York 2003

Hartmann, Martin, *Die Praxis des Vertrauens*, Berlin 2011

Haug, Wolfgang Fritz, *Vorlesungen zur Einführung ins »Kapital«*, Berlin, 6. Aufl. 2005

Haug, Wolfgang Fritz, *Hightech – Kapitalismus in der Großen Krise*, Hamburg 2012

Häring, Norbert, *Markt und Macht*, Stuttgart 2010

Häring, Norbert, *Stimmt es, dass … Respektlose Fragen zu Wirtschaftsordnung und Wirtschaftskrise*, Stuttgart 2012

Hartmann, Detlef, John Malamatinas, *Krisenlabor Griechenland – Finanzmärkte, Kämpfe und die Neuordnung Europas*, Berlin Hamburg 2011

Harvey, David, *Marx' »Kapital« lesen*, Hamburg 2011

Heckel, Margaret, *So regiert die Kanzlerin*, München 2009

Heidenreich, Ralph, Stefan Heidenreich, *Mehr Geld*, Berlin 2008

Heinrich, Michael, *Kritik der politischen Ökonomie*, Stuttgart, 3. Aufl. 2005

Heinrich, Michael, *Wie das Marxsche Kapital lesen?* Stuttgart 2008

Hengsbach, Friedhelm, *Ein anderer Kapitalismus ist möglich – Wie nach der Krise ein Leben gelingt*, Bad Homburg 2009

Hengsbach, Friedhelm, *Die Zeit gehört uns – Widerstand gegen das Regime der Beschleunigung*, Frankfurt am Main 2012

Henkel, Hans-Olaf, *Die Abwracker – Wie Zocker und Politiker unsere Zukunft verspielen*, München, 5. Aufl. 2009

Henkel, Hans-Olaf, *Rettet unser Geld!* München, 2. Aufl. 2010

Herberg-Rothe, Andreas, *Der Krieg – Geschichte und Gegenwart*, Frankfurt am Main 2003

Hessel, Stéphane, Edgar Morin, *Wege der Hoffnung*, Berlin 2012

Hetzer, Wolfgang, *Wahrheitsfindung im Strafprozeß unter Mitwirkung psychiatrischpsychologischer Sachverständiger*, Berlin 1982

Hetzer, Wolfgang, *Tatort Finanzmarkt – Geldwäsche zwischen Kriminalität, Wirtschaft und Politik*, Hamburg 2003

Hetzer, Wolfgang, *Rechtsstaat oder Ausnahmezustand?*, Berlin 2008

Hetzer, Wolfgang, *Finanzmafia – Wieso Banker und Banditen ohne Strafe davonkommen*, Frankfurt am Main, 3. Aufl. 2011

Hetzer, Wolfgang, *Demokratie in Europa zwischen Euro-Manie und Re-Nationalisierung*, in: Rechtspolitisches Forum, Bd. 59, Trier 2012

Heuser, Beatrice, *Den Krieg denken – Die Entwicklung der Strategie seit der Antike*, Paderborn 2010

Heynen, Malte, *Der Raubzug der Banken – Von einem, der auszog, seine Ersparnisse zu retten, und entdeckte, was wirklich mit unserem Geld passiert*, München 2012

Hickel, Rudolf, Axel Troost (Hg.), *Jörg Huffschmid. Kapitalismuskritik heute – Zeitdiagnosen: Vom Staatsmonopolistischen zum Finanzmarktgetriebenen Kapitalismus*, Hamburg 2010

Hickel, Rudolf, *Zerschlagt die Banken – Entmachtet die Finanzmärkte – Eine Streitschrift*, Berlin 2012

Hiller von Gaertringen, Christian, *Der schöne Schein*, Frankfurt am Main 2011

Hobsbawm, Eric, *Wie man die Welt verändert – Über Marx und den Marxismus*, München 2012

Hodgson Brown, Ellen, *Der Dollar-Crash – Was Banker Ihnen nicht erzählen*, Rottenburg, 2. Aufl. 2009

Höhler, Gertrud, *Die Patin,* Zürich 2012

Hollnagel, Bruno, *Der Markt hat immer Recht – Die Finanzkrise und die Lehren daraus,* Wien 2009 a

Hollnagel, Bruno, *Der Traum des Pharao – Die großen Spekulationen zwischen Angst und Gier,* Wien 2009 b

Holloway, John, *Kapitalismus aufbrechen,* Münster 2010

Holztrattner, Manfred, Clemens Sedmak, *Eliten oder Nieten? Die Finanz- und Wirtschaftskrise als Folge politischer und wirtschaftlicher Führungsschwächen,* Salzburg 2009

Honegger, Claudia, Sighard Neckel, Chantal Magnin, *Strukturierte Verantwortungslosigkeit,* Berlin 2010

Honneth, Axel, *Das Recht der Freiheit,* Berlin 2011

Hörhan, Gerald, *Gegengift,* Wien 2011

Hörisch, Jochen, *Kopf oder Zahl – Die Poesie des Geldes,* Frankfurt am Main 1996

Hörisch, Jochen, *Gott, Geld, Medien,* Frankfurt am Main 2004

Hörl, Michael, *Die Finanzkrise und die Gier der kleinen Leute,* Gelnhausen 2011

Hörmann, Franz, Otmar Pregetter, *Das Ende des Geldes,* Etsdorf am Kamp 2011

Horn, Gustav A., *Des Reichtums fette Beute,* Frankfurt/New York 2011

Horster, Detlef (Hg.), *Markt und Staat – Was lehrt uns die Finanzkrise?* Weilerswist 2011

Horstmann, Ulrich, *Die Währungsreform kommt!* München 2011

Hosfeld, Rolf, *Die Geister, die er rief,* München 2009

Howard, Michael, *Der Krieg in der europäischen Geschichte – Vom Mittelalter bis zu den neuen Kriegen der Gegenwart,* München, 2. Aufl. 2010

Hüfner, Martin, *Rettet den Euro! Warum wir Deutschland und Europa neu erfinden müssen,* Hamburg 2011

Hummer, Waldemar (Hg.), *Die Finanzkrise aus internationaler und österreichischer Sicht – Vom Rettungspaket für Griechenland zum permanenten Rettungsschirm für den Euro-Raum,* Innsbruck/Wien/Bozen 2011

Hunt, Tristram, *Friedrich Engels – Der Mann, der den Marxismus erfand,* Berlin 2012

Hüther, Michael, *Die disziplinierte Freiheit – Eine neue Balance von Markt und Staat,* Hamburg 2011

Illing, Falk, *Deutschland in der Finanzkrise – Chronologie der deutschen Wirtschaftspolitik 2007–2012,* Wiesbaden 2013

Issing, Otmar, *Krise des Euro? Krise Europas?,* Stuttgart 2011

Issing, Otmar, *Wie wir den Euro retten und Europa stärken,* Kulmbach 2012

Janich, Oliver, *Das Kapitalismuskomplott – Die geheimen Zirkel der Macht und ihre Methoden,* München, 5. Aufl. 2011

James, Harold, *Der Rückfall – Die neue Wirtschaftskrise,* München/Zürich 2003

Jankowski, Hans, Karin Bohr-Jankowski, *Europa 2010 – Das Ende der Solidarität?,* München 2010

Jaschinski, Siegfried, *Das Deutsche Finanzsystem – Achillesferse der Wirtschaft,* Stuttgart 2011

Jenner, Gero, *Von der Krise ins Chaos – Wann kommt der finale Crash?,* Wien 2012

Jessen, Jens (Hg.), *Fegefeuer des Marktes – Die Zukunft des Kapitalismus,* München 2006

Jones, Gareth, *Das Kommunistische Manifest von Karl Marx und Friedrich Engels,* München 2012

Judt, Tony, *Dem Land geht es schlecht – Ein Traktat über unsere Unzufriedenheit,* München 2011

Kahl, Bruno, Markus Kerber, Nils Ole Oermann, Johannes Zachhuber (Hg.), *Der fröhliche Sisyphos – Für Wolfgang Schäuble,* Freiburg/Basel/Wien 2012

Kaldor, Mary, *Neue und alte Kriege*, Frankfurt am Main 2000

Kaletsky, Anatole, *Kapitalismus 4.0*, München 2011

Kaufman, Henry, *Die Neuordnung der Finanzmärkte – Warnungen, Konsequenzen und Reformen*, München 2010

Keegan, John, *Die Kultur des Krieges*, Reinbek bei Hamburg 1997

Kempf, Eberhard, Klaus Lüderssen, Klaus Volk (Hg.), *Die Finanzkrise, das Wirtschaftsstrafrecht und die Moral*, Berlin 2010

Kempf, Eberhard, Klaus Lüderssen, Klaus Volk (Hg.), *Ökonomie versus Recht im Finanzmarkt?*, Berlin 2011

Kennedy, Margrit, *Occupy Money – Damit wir zukünftig ALLE die Gewinner sind*, Bielefeld 2011

Kirchhof, Paul, *Deutschland im Schuldensog – Der Weg vom Bürgen zurück zum Bürger*, München 2012

Klaus, Václav, *Europa?*, Nürnberg 2011

Klaus, Václav, *Europa braucht Freiheit – Plädoyer eines Mitteleuropäers*, Berlin 2012

Klein, Naomi, *Die Schock-Strategie – Der Aufstieg des Katastrophen-Kapitalismus*, Frankfurt am Main 2007

Knöbl, Wolfgang, Gunnar Schmidt (Hg.), *Die Gegenwart des Krieges*, Frankfurt am Main 2000

Köhler, Wolfgang, *Wall Street Panik – Banken außer Kontrolle*, Murnau 2008

Kompe, Karl, *Finanz- und Wirtschaftskrise: Propheten und Paradigmen – Gäbe es einen antizipativen Beitrag der Wirtschaftswissenschaften?* Norderstedt 2010

Konrad, Kai A., Holger Zschäpitz, *Schulden ohne Sühne – Was Europas Krise uns Bürger kostet*, München 2012

Kornwachs, Klaus, *Zuviel des Guten – Von Boni und falschen Belohnungssystemen*, Frankfurt am Main 2009

Koslowski, Peter, *Ethik der Banken*, München 2009

Kraemer, Klaus, Sebastian Nessel, *Entfesselte Finanzmärkte – Soziologische Analysen des modernen Kapitalismus*, Frankfurt am Main 2012

Krause, Günter (Hg.), *Kapitalismus und Krise heute – Herausforderung für Transformationen*, Berlin 2011

Kraushaar, Wolfgang, *Der Aufruhr der Ausgebildeten – Vom arabischen Frühling zur Occupy-Bewegung*, Hamburg 2012

Krugman, Paul, *Die neue Weltwirtschaftskrise*, Frankfurt am Main 2009

Krugman, Paul, *Vergesst die Krise! Warum wir jetzt Geld ausgeben müssen*, Frankfurt am Main 2012

Krysmanski, Hans Jürgen, *0,1 % – Das Imperium der Milliardäre*, Frankfurt am Main 2012

Künzel, Christine, Dirk Hempel (Hg.), *Finanzen und Fiktionen – Grenzgänge zwischen Literatur und Wirtschaft*, Frankfurt am Main/New York 2011

Kurbjuweit, Dirk, *Angela Merkel – Die Kanzlerin für alle?*, München 2009

Kurz, Heinz D., Richard Sturn, *Schumpeter für jedermann – Von der Rastlosigkeit des Kapitalismus*, Frankfurt am Main 2012

Kurz, Robert, *Das Weltkapital*, Berlin 2005

Kurz, Robert, *Schwarzbuch Kapitalismus*, Frankfurt am Main 2009

Kurz, Robert (Hg.), *Marx lesen!* Frankfurt am Main, 4. Aufl. 2010

Kurz, Robert, *Geld ohne Wert – Grundrisse zu einer Transformation der Kritik der politischen Ökonomie*, Berlin 2012

Kuschel, Karl-Josef, Heinz-Dieter Assmann, *Börsen, Banken, Spekulanten*, Gütersloh 2011

Langguth, Gerd, *Kohl – Schröder – Merkel: Machtmenschen*, München 2009

Lapham, Lewis, *Die Agonie des Mammon – Die Herrscher des Geldes tagen in Davos und erklären sich die Welt*, Hamburg 1999

Latour, Bruno, *Krieg der Welten – wie wäre es mit Frieden?*, Berlin 2004

Lepsius, Oliver, Reinhart Meyer-Kalkus, *Inszenierung als Beruf – Der Fall Guttenberg*, Berlin 2011

Leuschel, Roland, Claus Vogt, *Die Inflationsfalle*, Weinheim, 2. Aufl. 2009

Lewis, Michael, *Wall Street Poker*, München 2010

Lewis, Michael, *Boomerang – Europas harte Landung*, Frankfurt am Main 2011

Ley, Michael, *Die kommende Revolte*, München 2012

Liessmann, Konrad Paul (Hg.), *Geld – Was die Welt im Innersten zusammenhält*, in: Philosophicum Lech, Bd. 12, Wien 2009

Liessmann, Konrad Paul, *Lob der Grenze – Kritik der politischen Unterscheidungskraft*, Wien 2012

Lilge, Thomas, *Du sollst – Kapitalismus als Religion und seine Performer*, Berlin 2012

Linß, Vera, *Die wichtigsten Wirtschaftsdenker*, Wiesbaden, 3. Aufl. 2012

Lohse, Eckart, Markus Wehner, *Guttenberg: Biographie*, München 2011

Lohse, Eckart, Markus Wehner, *Steinbrück: Biographie*, München 2012

Lowenstein, Roger, *Buffett – Die Geschichte eines amerikanischen Kapitalisten*, Kulmbach 209

Lueer, Hermann, *Der Grund der Finanzkrise – Von wegen unverantwortliche Spekulanten und habgierige Bankmanager*, Münster, 4. Aufl. 2012

Luksic, Oliver, *Ist der Euro noch zu retten?*, Baden-Baden 2011

Lynn, Matthew, *Pleite – Griechenland, der Euro und die Staatsschuldenkrise*, Weinheim 2011

Maaz, Hans-Joachim, *Die narzisstische Gesellschaft – Ein Psychogramm*, München 2012

MacKay, Charles, Joseph de la Vega, *Gier und Wahnsinn – Warum der Crash immer wieder kommt ...*, München 2010

Mak, Geert, *Was, wenn Europa scheitert*, München 2012

Mallaby, Sebastian, *Mehr Geld als Gott – Hedgefonds und ihre Allmachtsphantasien*, München 2011

Marazzi, Christian, *Verbranntes Geld*, Zürich 2011

Marazzi, Christian, *Sozialismus des Kapitals*, Zürich 2012

Marsh, David, *Der Euro – Die geheime Geschichte der neuen Weltwährung*, Hamburg 2009

Marterbauer, Markus, *Zahlen bitte! Die Kosten der Krise tragen wir alle*, Wien 2011

Marx, Karl, *Das Kapital*, Berlin 1973

Marx, Karl, Engels, Friedrich, *1845 bis 1846*, in: Werke in 43 Bänden, Bd. 3, Berlin 1990

Marx, Reinhard, *Das Kapital*, München 2008

Mastronardi, Philippe, Mario von Cranach (Hg.), *Lernen aus der Krise – Auf dem Weg zu einer Verfassung des Kapitalismus*, Bern/Stuttgart/Wien 2010

Mattick, Paul, *Business as Usual – Krise und Scheitern des Kapitalismus,* Hamburg 2012

McDonald, Lawrence G., Patrick Robinson, *Dead Bank Walking – Wie Lehman Brothers zusammenbrach*, Hamburg 2010

McGee, Suzanne, *Chasing Goldman Sachs*, New York 2010

Meck, Georg, *The Deutsche – Investmentbanker an der Macht*, Frankfurt 2012

Menasse, Robert, *Der Europäische Landbote – Die Wut der Bürger und der Friede Europas*, Wien 2012

Merz, Friedrich, *Mehr Kapitalismus wagen – Wege zu einer gerechten Gesellschaft*, München/Zürich, 2. Aufl. 2008

Metz, Markus, Georg Seeßlen, *Blödmaschinen – Die Fabrikation der Stupidität*, Berlin 2011

Metz, Markus, Georg Seeßlen, *Bürger erhebt euch!*, Hamburg 2012 a

Metz, Markus, Georg Seeßlen, *Kapitalismus als Spektakel*, Berlin 2012 b

Miegel, Meinhard, *Exit – Wohlstand ohne Wachstum*, Berlin, 3. Aufl. 2010

Minsky, Hyman. P, *Instabilität und Kapitalismus*, Zürich 2011

Misik, Robert (Hg.), Gertraud Auer Bora, *Genial dagegen*, Wien 2011

Moebius, Stephan, Markus Schroer (Hg.), *Diven, Hacker, Spekulanten*, Berlin 2010

Moeller, Wilfried, *Die Euro-Krise*, Norderstedt 2011

Mörtenböck, Peter, Helge Mooshammer, *Occupy: Räume des Protests*, Bielefeld 2012

Most, Edgar, *Sprengstoff Kapital – Verschwiegene Wahrheiten zum Kapital*, Berlin 2011

Müller, Albrecht, Wolfgang Lieb, *NachDenkSeiten. Das kritische Jahrbuch 2012/2013*, Frankfurt am Main, 2012

Müller, Albrecht, Wolfgang Lieb, *Nachdenken über Deutschland – Das kritische Jahrbuch 2011/2012*, Frankfurt am Main 2011

Müller, Albrecht, *Der falsche Präsident*, Frankfurt am Main 2012

Müller, Dirk, *Crashkurs – Weltwirtschaftskrise oder Jahrhundertchance?*, München 2009

Müller, Henrik, *Sprengsatz Inflation*, Frankfurt am Main 2010

Müller, Henrik, *EuroVision – Warum ein Scheitern unserer Währung in die Katastrophe führt*, Frankfurt am Main 2012

Müller, Leo, *Ackermanns Welt*, Reinbek bei Hamburg 2006

Müller, Wolfgang, *Die großen Wirtschaftslügen*, München 2009

Müller, Sandra (Hg.), *Der Euro vor dem Zusammenbruch – Wie retten wir unser Geld?* Berlin 2011

Münchau, Wolfgang, *Kernschmelze im Finanzsystem*, München 2008

Münkler, Herfried, *Über den Krieg – Stationen der Kriegsgeschichte im Spiegel ihrer theoretischen Reflexion*, Weilerswist, 6. Aufl. 2011

Napoleoni, Loretta, *Die Zuhälter der Globalisierung – Über Oligarchen, Hedge Fonds, 'Ndrangheta, Drogenkartelle und andere parasitäre Systeme*, München 2008

Napoleoni, Loretta, *Der Flächenbrand der Empörung – Wie die Finanzkrise unsere Demokratie revolutioniert*, München 2012

Nasar, Sylvia, *Markt und Moral – Die großen Ökonomen und ihre Ideen*, München 2011

Negt, Oskar, *Gesellschaftsentwurf Europa – Plädoyer für ein gerechtes Gemeinwesen*, Göttingen 2012

Nida-Rümelin, Julian, *Die Optimierungsfalle*, München 2011

Niederhausen, Holger, *Zeit der Entscheidung – Die »Finanzkrise« und neue Begriffe für eine grundlegend menschliche Gesellschaft – Teil I: Die Krise*, Niederhausen 2011

Nienhaus, Lisa, *Die Blindgänger*, Frankfurt am Main 2009

Nietzsche, Friedrich, *Also sprach Zarathustra*, Werke in drei Bänden, Band 2, München 1954

North, Michael, *Kleine Geschichte des Geldes – Vom Mittelalter bis heute*, München 2009

Ockenfels, Wolfgang, *Was kommt nach dem Kapitalismus?* Augsburg 2011

Ortner, Christian, *Prolokratie – Demokratisch in die Pleite*, Wien 2012

Otte, Max, *Der Crash kommt – Die neue Weltwirtschaftskrise und wie Sie sich darauf vorbereiten*, Berlin, 14. Aufl. 2009

Otte, Max, *Der InformationsCrash – Wie wir systematisch für dumm verkauft werden*, Berlin 2010

Otte, Max, *Stoppt das Euro-Desaster*, Berlin 2011

Paqué, Karl-Heinz, *Wachstum!*, München 2010

Pasero, Ursula, Karen van den Berg, Alihan Kabalak, *Capitalism revisited – Anmerkungen zur Zukunft des Kapitalismus*, Marburg 2010

Paul, Ron, *Befreit die Welt von der US-Notenbank – Warum die Federal Reserve abgeschafft werden muss*, Rottenburg 2010

Pelinka, Anton, *Europa – Ein Plädoyer*, Wien 2011

Peukert, Helge, *Die große Finanzmarkt- und Staatsschuldenkrise*, Marburg, 2. Aufl. 2011

Pfeiffer, Hermannus, *Der profitable Irrsinn – Was auf den Finanzmärkten geschieht und wer dabei gewinnt*, Berlin 2012

Pfingsten, Andreas (Hg.), *Ursachen und Konsequenzen der Finanzkrise – Münsteraner Bankentage 2009*, Wiesbaden 2012

Pieper, Dietmar, Johannes Saltzwedel (Hg.), *Der Dreißigjährige Krieg – Europa im Kampf um Glaube und Macht 1618–1648*, München 2012

Pierenkemper, Toni, *Geschichte des modernen ökonomischen Denkens – Große Ökonomen und ihre Ideen*, Göttingen 2012

Pinzler, Petra, *Immer mehr ist nicht genug*, München 2011

Piper, Nikolaus, *Die große Rezession – Amerika und die Zukunft der Weltwirtschaft*, München 2009

Plumpe, Werner, *Wirtschaftskrisen – Geschichte und Gegenwart*, München 2010

Plumpe, Werner, *Ohne Krisen keine Harmonie – Eine kleine Geschichte der Gleichgewichtsstörungen in der Wirtschaft*, in: Krisen lieben – Kursbuch 170, Hamburg 2012

Pohl, Ines, *Schluss mit Lobbyismus*, Frankfurt am Main 2012

Pohrt, Wolfgang, *Kapitalismus Forever – Über Krise, Krieg, Revolution, Evolution, Christentum und Islam*, Berlin 2012

Polleit, Thorsten, *Der Fluch des Papiergeldes*, München 2011

Portisch, Hugo, *Was jetzt*, Salzburg 2011

Posner, Richard A., *A Failure of Capitalism – The Crisis of 08 and the Descent into Depression*, Cambridge/London 2011

Prager, Christoph, *Ratingagenturen – Funktionsweisen eines politischen Herrschaftsinstruments*, Wien 2012

Prantl, Heribert, *Wir sind viele*, München 2011

Preuß, Ulrich K., *Krieg, Verbrechen, Blasphemie*, Berlin 2003

Preuß, Roland, Tanjev Schultz, *Guttenbergs Fall – Der Skandal und seine Folgen für Politik und Gesellschaft*, München 2011

Rachman, Gideon, *Nullsummenwelt – Das Ende des Optimismus und die neue globale Ordnung*, London 2012

Rajan, Raghuram G., *Fault Lines – Verwerfungen*, München 2012

Rammstedt, Otthein (Hg.), *Georg Simmels Philosophie des Geldes*, Frankfurt am Main 2003

Ramonet, Ignacio, *Der perfekte Crash – Krise des Jahrhunderts und Neugestaltung der Zukunft*, Berlin 2010

Reheis, Fritz, *Entschleunigung – Abschied vom Turbokapitalismus*, München 2006

Reheis, Fritz, *Wo Marx Recht hat*, Darmstadt 2011

Reich, Robert B., *Superkapitalismus – Wie die Wirtschaft unsere Demokratie untergräbt*, Frankfurt am Main 2008

Reich, Robert B., *Nachbeben – Amerika am Wendepunkt*, Frankfurt am Main/New York 2010

Reifner, Udo, *Die Geldgesellschaft – Aus der Finanzkrise lernen*, Wiesbaden 2010

Reinhart, Carmen M., Kenneth S. Rogoff, *Dieses Mal ist alles anders*, München, 3. Aufl. 2010

Reißmann, Ole, Christian Stöcker, Konrad Lischka, *We are Anonymous*, München 2012

Resch, Christine, Heinz Steinert, *Kapitalismus*, Münster, 2. Aufl. 2011

Richter, Sandra, *Mensch und Markt – Warum wir den Wettbewerb fürchten und ihn trotzdem brauchen*, Hamburg 2012

Rickards, James, *Währungskrieg – Der Kampf um die monetäre Weltherrschaft*, München 2012

Rietzschel, Thomas, *Die Stunde der Dilettanten – Wie wir uns verschaukeln lassen*, Wien 2012

Rifkin, Jeremy, *Die empathische Zivilisation – Wege zu einem globalen Bewusstsein*, Frankfurt 2012

Riße, Stefan, *Die Inflation kommt!* München, 3. Aufl. 2010

Röggla, Kathrin, *Gespensterarbeit, Krisenmanagement und Weltmarktfiktion*, Wien 2009

Rose, Mathew D., *Korrupt? Wie unsere Politiker und Parteien sich bereichern – und uns verkaufen*, München 2011

Roth, Jürgen, *Gazprom – Das unheimliche Imperium – Wie wir Verbraucher betrogen und Staaten erpresst werden*, Frankfurt am Main 2012

Roth, Karl Heinz, *Griechenland: was tun?* Hamburg 2. Aufl. 2012

Roth, Rainer, *Sie kriegen den Karren nicht flott ... Anmerkungen zu Ursachen und »Lösungen«*, Rhein-Main-Bündnis gegen Sozialabbau und Billiglöhne, 2. Aufl. 2009

Rothkopf, David, *Die Super-Klasse – Die Welt der internationalen Machtelite*, München 2008

Roubini, Nouriel, Stephen Mihm, *Das Ende der Weltwirtschaft und ihre Zukunft – Crisis Economics*, Frankfurt/New York 2010

Rügemer, Werner, *»Heuschrecken« im öffentlichen Raum. Public Private Partnership – Anatomie eines globalen Finanzinstruments*, Bielefeld 2008

Rügemer, Werner, *Rating-Agenturen – Einblicke in die Kapitalmacht der Gegenwart*, Bielefeld 2012

Saint-Étienne, Christian, *Das Ende des Euro – Szenarien für die Zeit danach*, Kulmbach 2012

Sandel, Michael J., *Was man für Geld nicht kaufen kann – Die moralischen Grenzen des Marktes*, Berlin, 2. Aufl. 2012

Sandschneider, Eberhard, *Der erfolgreiche Abstieg Europas – Heute Macht abgeben, um morgen zu gewinnen*, München 2011

Schachtschneider, Karl Albrecht, *Die Rechtswidrigkeit der Euro-Rettungspolitik – Ein Staatsstreich der politischen Klasse*, Rottenburg 2011

Schäfer, Daniel, *Die Wahrheit über die Heuschrecken – Wie Finanzinvestoren die Deutschland AG umbauen*, Frankfurt am Main 2006

Schäfer, Ulrich, *Der Crash des Kapitalismus – Warum die entfesselte Marktwirtschaft scheiterte und was jetzt zu tun ist*, Hamburg 2008

Schäfer, Ulrich, *Der Angriff – Wie der islamistische Terror unseren Wohlstand sprengt*, Frankfurt am Main 2011

Schallmayer, Peter, *Kapitalismuskritik – Theorie und Praxis bei Marx, Nietzsche, Mann, Müntefering und in der Heuschreckendebatte*, Würzburg 2009

Scharpf, Fritz W., *Monetary Union, Fiscal Crisis and the Preemption of Democracy*, in: MPIfG Discussion Paper 11/11, 2011 (www.mpifg.de/pu/mpfig_dp/dp11-11.pdf)

Schäuble, Wolfgang, *Zukunft mit Maß – Was wir aus der Krise lernen können*, Lahr 2009

Scherhorn, Gerhard, *Geld soll dienen, nicht herrschen – Die aufhaltsame Expansion des Finanzkapitals*, Wien 2009

Scherrer, Christoph, Thomas Dürmeier, Bernd Overwien (Hg.), *Perspektiven auf die Finanzkrise*, Opladen 2011

Schindler, Jörg, *Die Rüpel-Republik*, Frankfurt am Main 2012

Schirrmacher, Frank, *Ego – Das Spiel des Lebens*, München 2013

Schmidbauer, Wolfgang, *Das kalte Herz – Von der Macht des Geldes und dem Verlust der Gefühle*, Hamburg 2011

Schmidbauer, Wolfgang, *Das Floß der Medusa – Was wir zum Überleben brauchen*, Hamburg 2012

Schmidt, Helmut, Peer Steinbrück, *Zug um Zug*, Hamburg 2011

Schmidt, Susanne, *Markt ohne Moral – Das Versagen der internationalen Finanzelite*, München 2010

Schmidt, Susanne, *Das Gesetz der Krise – Wie die Banken die Politik regieren*, München 2012

Schmidt-Salomon, Michael, *Keine Macht den Doofen – Eine Streitschrift*, München 2012

Schmieding, Holger, *Unser gutes Geld – Warum wir den Euro brauchen*, Hamburg 2012

Schnaas, Dieter, *Kleine Kulturgeschichte des Geldes*, München 2010

Schreiber, Gerhard, *Der Zweite Weltkrieg*, München, 4. Aufl. 2007

Schröder, Christian, *Europa in der Finanzfalle*, Berlin 2012

Schulak, Eugen Maria, Rahim Taghizadegan, *Vom Systemtrottel zum Wutbürger*, Salzburg 2011

Schulmeister, Stephan, *Mitten in der großen Krise – Ein »New Deal« für Europa*, Wien, 2. Aufl. 2010

Schulze, Ingo, *Unsere schönen neuen Kleider – Gegen die marktkonforme Demokratie – für demokratiekonforme Märkte*, München 2012

Schumpeter, Joseph A., *Kapitalismus, Sozialismus und Demokratie*, Tübingen, 8. Aufl. 2005

Schweinsberg, Klaus, *Sind wir noch zu retten? Warum Staat, Markt und Gesellschaft auf einen Systemkollaps zusteuern*, München 2011

Sedláček, Tomáš, *Die Ökonomie von Gut und Böse*, München 2012

Seifert, Werner G., Hans-Joachim Voth, *Invasion der Heuschrecken – Intrigen – Machtkämpfe – Marktmanipulation*, Berlin 2006

Sennett, Richard, *Die Kultur des neuen Kapitalismus*, Berlin, 4. Aufl. 2009

Seppmann, Werner, *Risiko-Kapitalismus*, Köln 2011

Shaxson, Nicholas, *Schatzinseln – Wie Steueroasen die Demokratie untergraben*, Zürich 2011

Simmel, Georg, *Philosophie des Geldes*, Köln 2009 (Nachdruck der 2. vermehrten Aufl. Leipzig 1907)

Simonis, Heide, *Verzockt! Warum die Karten von Markt und Staat neu gemischt werden müssen*, Göttingen 2010

Sinn, Hans-Werner, *Ist Deutschland noch zu retten?* München 2003

Sinn, Hans-Werner, *Kasino-Kapitalismus*, Berlin 2009

Sinn, Hans-Werner, *Die Target-Falle – Gefahren für unser Geld und unsere Kinder*, München, 2. Aufl. 2012

Skidelsky, Robert, *Die Rückkehr des Meisters – Keynes für das 21. Jahrhundert*, München 2010

Sloterdijk, Peter, *Falls Europa erwacht*, Frankfurt am Main 2002

Sloterdijk, Peter, *Im Weltinnenraum des Kapitals*, Frankfurt am Main 2006

Sloterdijk, Peter, *Die nehmende Hand und die gebende Seite*, Berlin 2010

Smith, Greg. *Die Unersättlichen – Ein Goldman-Sachs-Banker rechnet ab*, Hamburg 2012

Sorkin, Andrew Ross, *Die Unfehlbaren – Wie Banker und Politiker nach der Lehman-Pleite darum kämpften, das Finanzsystem zu retten – und sich selbst*, München, 2. Aufl. 2010

Soros, George, *Die Krise des globalen Kapitalismus – Offene Gesellschaft in Gefahr*, Frankfurt am Main 2000

Soros, George, *Die Alchemie der Finanzen*, Kulmbach, 3. Aufl. 2007

Soros, George, *Das Ende der Finanzmärkte – und deren Zukunft – Die heutige Finanzkrise und was sie bedeutet*, München 2008

Spethmann, Dieter, *Der Euro plündert Deutschland*, München 2011

Stadler, Christian, *Krieg*, Wien 2009

Stadler, Wilfried, *Der Markt hat nicht immer Recht*, Wien 2011

Stadtkulturdirektion Weimar (Hg.), *Frisst der Kapitalismus seine Kinder – Weimarer Reden 2010*, Weimar 2010

Steinbrück, Peer, *Unterm Strich*, Hamburg 2010

Steingart, Gabor, *Das Ende der Normalität*, München 2011

Stephan, Cora, *Angela Merkel. Ein Irrtum*, München, 3. Aufl. 2011

Stiglitz, Joseph, *Im freien Fall – Vom Versagen der Märkte zur Neuordnung der Weltwirtschaft*, München 2010

Stiglitz, Joseph, *Der Preis der Ungleichheit – Wie die Spaltung der Gesellschaft unsere Zukunft bedroht*, München 2012

Stockheim, Ulrich, *Land der Empörer*, München 2011

Storbeck, Olaf, *Die Jahrhundertkrise – Über Finanzalchemisten, das Versagen der Notenbanken und John Maynard Keynes*, Stuttgart 2009

Strachan, Hew, *Carl von Clausewitz – Vom Kriege*, München 2008

Streeck, Wolfgang, *Taking Capitalism Seriously – Toward an Institutionalist Approach to Contemporary Political Economy*, Max-Planck-Institut für Gesellschaftsforschung, MPIfG Discussion Paper 10/15, 2010

Streeck, Wolfgang, *The Crisis in Context – Democratic Capitalism and Its Contradictions*, Max-Planck-Institut für Gesellschaftsforschung, MPIfG Discussion Paper 11/15, 2011

Streeck, Wolfgang/Mertens, Daniel, *Politik im Defizit – Austerität als fiskalpolitisches Regime*, Max-Planck-Institut für Gesellschaftsforschung, MPIfG Discussion Paper 10/5, 2011

Sundhaussen, Holm, *Jugoslawien und seine Nachfolgestaaten 1943–2011 – Eine ungewöhnliche Geschichte des Gewöhnlichen*, Wien/Köln/Weimar 2012

Sunzi, *Die Kunst des Krieges*, München 2001

Sutter, Peter, *Zeit für eine andere Welt – Warum der Kapitalismus keine Zukunft hat*, Norderstedt 2011

Swietly, Ernst A., *Große Finanzkrisen – Ein Kompass aus der Wirtschaftsgeschichte*, Wien 2009

Taibbi, Matt, *Kleptopia – Wie uns Finanzindustrie, Politik und Banken für dumm verkaufen*, München 2012

Taghizadegan, Rahim, *Wirtschaft wirklich verstehen – Einführung in die Österreichische Schule der Ökonomie*, München, 2. Aufl. 2011

Taleb, Nassim Nicholas, *Der schwarze Schwan – Die Macht höchst unwahrscheinlicher Ereignisse*, München, 2. Aufl. 2010 a

Taleb, Nassim Nicholas, *Der schwarze Schwan – Konsequenzen aus der Krise*, München 2010b

Tichy, Roland, *Wohin treibt Europa?* Frankfurt am Main 2010

Überall, Frank, *Abgeschmiert – Wie Deutschland durch Korruption heruntergewirtschaftet wird*, Köln 2011

Ulfkotte, Udo, *Vorsicht Bürgerkrieg! Was lange gärt, wird endlich Wut*, Rottenburg, 4. Aufl. 2009

Ulrich, Peter, *Zivilisierte Marktwirtschaft – Eine wirtschaftsethische Orientierung*, Bern/Stuttgart/Wien 2010

Unsichtbares Komitee (Hg.), *Der kommende Aufstand*, Hamburg, 5. Aufl. 2010

Varoufakis, Yanis, *Der globale Minotaurus – Amerika und die Zukunft der Weltwirtschaft*, München 2012

Venske, Henning, *Lallbacken – Das wird man ja wohl noch sagen dürfen*, Frankfurt am Main 2011

Verfürth, Heinz, *Die Arroganz der Eliten*, Gütersloh 2008

Vobruba, Georg, *Der postnationale Raum – Transformation von Souveränität und Grenzen in Europa*, Weinheim/Basel 2012

Vogl, Joseph, *Das Gespenst des Kapitals*, Zürich 2010

Wagener, Hans-Jürgen, *Geld und Finanzmärkte*, München 2012

Wagenknecht, Sahra, *Wahnsinn mit Methode*, Berlin 2008

Wagenknecht, Sahra, *Freiheit statt Kapitalismus*, Frankfurt am Main 2011

Wagenknecht, Sahra, *Freiheit statt Kapitalismus* (Erweiterte Neuausgabe), Frankfurt am Main/New York 2012

Wallacher, Johannes, Matthias Rugel, *Die globale Finanzkrise als ethische Herausforderung*, Stuttgart 2011

von Wallwitz, Georg, *Odysseus und die Wiesel – Eine fröhliche Einführung in die Finanzmärkte*, Berlin 2011

Walter, Norbert, Jörn Quitzau, *Wer soll das bezahlen?* München 2011

Weber, Max, *Die protestantische Ethik und der Geist des Kapitalismus* (herausgegeben und eingeleitet von Dirk Kaesler), München, 3. Aufl. 2010

Weber, Samuel, *Geld ist Zeit – Gedanken zu Kredit und Krise*, Zürich/Berlin 2009

Weber, Thomas, *Das Einmaleins der Hedge Funds – Eine Einführung für Praktiker in hochentwickelte Investmentstrategien*, Frankfurt am Main, 2. Aufl. 2004

de Weck, Roger, *Nach der Krise – Gibt es einen anderen Kapitalismus?*, München 2009

Wehler, Hans-Ulrich, *Die neue Umverteilung: Soziale Ungleichheit in Deutschland*, München 2013

Wehr, Andreas, *Griechenland, die Krise und der Euro*, Köln, 2. Aufl. 2011

Weidenfeld, Ursula, Michael Sauga, *Gelduntergang – Wie Banken und Politik unsere Zukunft verspielen*, München 2012

Weik, Matthias, Marc Friedrich, *Der größte Raubzug der Geschichte – Warum die Fleißigen immer ärmer und die Reichen immer reicher werden*, Marburg 2012

Wessel, David, *Die Große Panik – Das Wettrennen zur Rettung der Weltwirtschaft*, München 2010

Weyh, Florian Felix, *Vermögen – Was wir haben, was wir können, was wir sind*, Frankfurt am Main 2006

Wickert, Ulrich, *Redet Geld, schweigt die Welt*, Hamburg 2011

Widmer, Urs, *Das Geld, die Arbeit, die Angst, das Glück*, Zürich 2002

Wieczorek, Thomas, *Euroland – Wo unser Geld verbrennt – Wer an dem Schlamassel schuld ist, und warum wir immer zahlen müssen*, München 2010

Wiggershaus, Rolf, *Die Frankfurter Schule*, Reinbek bei Hamburg 2010

Willke, Gerhard, *Neoliberalismus*, Frankfurt am Main, 2003

Willke, Gerhard, Kapitalismus, Frankfurt am Main 2006

Winter, Helen, Thomas Rommel, *Adam Smith für Anfänger – Der Wohlstand der Nationen*, München, 4. Aufl. 2010

Wippermann, Wolfgang, *Der Wiedergänger – Die vier Leben des Karl Marx*, Wien 2008

Wirsching, Andreas, *Der Preis der Freiheit – Geschichte Europas in unserer Zeit*, München 2012

Wittmann, Walter, *Finanzkrisen – woher sie kommen – wohin sie führen – wie sie zu vermeiden sind*, Zürich 2009

Wittmann, Walter, *Staatsbankrott – Warum Länder Pleite gehen – Wie es dazu kommt – Weshalb uns das was angeht*, Zürich, 3. Aufl. 2010

Wittmann, Walter, *Superkrise – Die Wirtschaftsblase platzt*, Zürich 2012

Wolf, Winfried, *Sieben Krisen – ein Crash*, Wien 2009

Wohlmeyer, Heinrich, *Empörung in Europa – Wege aus der Krise*, Wien 2012

Woltron, Klaus, *Die Perestroika des Kapitalismus – Ein Aufruf zum Systemwechsel*, St. Pölten/Salzburg 2009

Wörl, Volker, *Die Quittung – Die Finanzkrise. Und was wir daraus lernen können*, München/Zürich/Wien 2009

Wüllenweber, Walter, *Die Asozialen – Wie Ober- und Unterschicht unser Land ruinieren und wer davon profitiert*, München 2012

Zagst, Rudi, Johann Goldbrunner, Andreas Schlosser, *Zu nah an der Sonne – Die größten Pleiten der Finanzgeschichte*, München 2010

Zaki, Myret, *Dollardämmerung – Von der Leitwährung zur größten Spekulationsblase der Geschichte*, Zürich 2012

Zangl, Bernhard, Michael Zürn, *Frieden und Krieg*, Frankfurt am Main 2003

Zeise, Lucas, *Ende der Party – Die Explosion im Finanzsektor und die Krise der Weltwirtschaft*, Köln 2008

Zeise, Lucas, *Geld – der vertrackte Kern des Kapitalismus – Versuch über die politische Ökonomie des Finanzsektors*, Köln, 2. Aufl. 2011

Zeise, Lucas, *Euroland wird abgebrannt – Profiteure, Opfer, Alternativen*, Köln 2012

Ziesemer, Bernd, *Karl Marx für jedermann – Der erste Denker der Globalisierung*, Frankfurt am Main 2012

Zimmermann, Klaus F., Dorothea Schäfer, *Finanzmärkte nach dem Flächenbrand*, Wiesbaden 2010

Žižek, Slavoj, *Die bösen Geister des himmlischen Bereichs – Der linke Kampf um das 21. Jahrhundert*, Frankfurt 2011

Zobler, Marlen, Jens Bölscher, *Chronologie, Ursachen und Auswirkungen der Finanzkrise – Vom amerikanischen Immobilienboom zum globalen Bankencrash*, Norderstedt 2009

Zoche, Georg, *Welt – Macht – Geld – Ein Handbuch der monetären Macht*, München 2009

Zudeick, Peter, *Tschüss, Ihr da oben – Vom baldigen Ende des Kapitalismus*, Frankfurt am Main 2009

Zumach, Andreas, *Die kommenden Kriege*, Köln, 2. Aufl. 2005